Konrad Löw · Die Lehre des Karl Marx

Konrad Löw

Die Lehre des Karl Marx

Dokumentation – Kritik

div Deutscher Instituts-Verlag

CIP-Kurztitelaufnahme der Deutschen Bibliothek

Löw, Konrad:

Die Lehre des Karl Marx: Dokumentation - Kritik / Konrad Löw. [Hrsg. vom Inst. d. Dt. Wirtschaft]. - Köln: Deutscher Instituts-Verlag, 1982.

(div-Sachbuchreihe; 27)

ISBN 3-602-34828-8

NE: GT

Herausgegeben vom Institut der deutschen Wirtschaft

Gustav-Heinemann-Ufer 84,
Telefon 3 70 43 41, 5000 Köln 51
Lektorat: Frauke Lill-Roemer
Druck: Bercker GmbH, Kevelaer

Für Rita
in geistiger Zugewinngemeinschaft
stets auf das herzlichste verbunden

Inhaltsverzeichnis

Zweiter Teil
Politik

Vorwort

„Ich sage euch nicht: Folgt mir!
Glaubt blindlings meinen Worten!
Aber ich sage euch:
Folgt niemandem blindlings!
Vertraut nicht, sondern denkt!
Schafft euch in dem Widerstreit
der Meinungen mit gewissenhafter Sorge
eigene Überzeugung!“

(Carl Schurz, todesmutiger Revolutionär
der deutschen Ereignisse 1848,
später Innenminister in den USA)

„Zu unseren Lebzeiten kommt keiner an Karl Marx vorbei“ – meint Rainer Barzel,[1] und er hat recht. Welcher Deutsche, welcher Europäer hat noch nichts von Marx gehört, hat sich nicht ein Bild, *sein Bild,* von ihm gemacht?

Im Anschluß an einen Vortrag kam (von einem Sozialkundelehrer!) die vorwurfsvolle Frage: „Wollen Sie unser Marxbild zerstören?“ Die vorliegende Untersuchung geht von der Annahme aus, daß die Liebe zur Wahrheit größer ist als die Liebe zum unversehrten Bild, mag es auch noch so falsch sein.

Als Jurist, der sich auf verfassungsrechtliche Themen der Staaten in Deutschland eingerichtet hatte, kam ich wegen der engen Verknüpfung des DDR-Staatsrechts mit der marxistischen Ideologie nicht darum herum, auch Aussagen zu dieser Weltanschauung zu machen, wie sie mir durch Sekundärliteratur vermittelt worden war. Je mehr ich auf die Quellen zurückging, die auf den ersten Blick einem unerschöpflichen Strom gleichen, desto mehr mußte ich erkennen, daß ich mir kein wirklichkeitsgetreues Bild von Marx erarbeitet hatte.[2]

Die Mehrzahl derer, die die Marxsche Lehre publizistisch verbreiten, verbreiten bei Licht betrachtet ihre eigenen, nicht selten recht willkürlichen, „fortführenden", „zeitgemäßen" Interpretationen, „rekonstruierten Varianten"[3], wenn nicht gar Verfremdungen[4], und nicht alle gestehen das so unumwunden ein wie zum Beispiel Kolakowski und Cohen:

Kolakowski: „Diese Darstellung der wichtigsten Gedanken der materialistischen Geschichtsauffassung war so konzipiert, daß diese Lehre mit maximalem Wohlwollen interpretiert werden konnte, d. h., daß bestimmte aphoristische und verkürzte Formulierungen von Marx und Engels nicht wörtlich genommen werden sollten, wodurch sie Vorwürfen ausgesetzt wären ..."[5]

Cohen: „Meine Absicht ist es, eine Theorie der geschichtlichen Entwicklung zu konstruieren, die allen Anfechtungen standhält und die in breiter Übereinstimmung mit dem ist, was Marx zu diesem Thema sagte. Sicherlich würde er einiges finden, was ihm fremd vorkäme, doch besteht die Hoffnung, daß er dies als eine einigermaßen klare Erläuterung seines Denkens anerkennen würde ... Es ist nicht überheblich in Anspruch zu nehmen, eine weniger unordentliche Version seiner wichtigsten Vorstellungen anbieten zu wollen, als er sie selbst lieferte."[6]

Um nicht in den Fehler zu verfallen, einen nach eigenem Geschmack „verbesserten" Marx als Marxismus anzubieten, gibt es wohl nur *eine* zuverlässige Methode, das ausführliche Zitat. Insofern folge ich gerne dem Rate Engels: „Des weiteren möchte ich Sie bitten, diese Theorie in den Originalquellen und nicht aus zweiter Hand zu studieren . . .“[7] Daher versteht sich dieses Buch zunächst als Dokumentation. Die Lesbarkeit wird dadurch erleichtert, daß den jeweiligen Äußerungen von Marx, Engels und anderen der darin ausgesprochene Grundgedanke mit eigenen Worten, gleichsam als überprüfbarer Tenor, vorangestellt wird.

Und ein weiterer Hinweis Engels' verdient Würdigung: „Wer jetzt noch den Sozialismus bekämpfen will, wird mit Marx fertig werden müssen, gelingt ihm dies, dann braucht er freilich die dei minorum gentium [Götter aus geringeren Geschlechtern] nicht zu erwähnen.“[8]

Streng gesondert von der originalgetreuen Vermittlung des Marxschen Denkens folgt die ausführliche Kritik, deren Stichhaltigkeit jeder Leser unschwer selbst beurteilen kann.

Auch diese Studie[9] will ein wissenschaftlicher Beitrag zur Erforschung des in seiner Virulenz heute einmaligen Phänomens Kommunismus sein. Mit „wissenschaftlich“ meine ich:

1. Vom Leser wird keine Glaubensbereitschaft erwartet, sondern eine nach allen Seiten schonungslose Offenheit zum kritischen Mit- und Nachdenken.

2. Jede Behauptung ist, soweit der Sache nach möglich, zu begründen und zu belegen.

3. Alle Erkenntnisquellen sollen berücksichtigt werden, insbesondere dann, wenn sie sich widersprechen oder zu widersprechen scheinen.

4. Jede hier aufgestellte Behauptung wird als vorläufig angesehen, die zu ändern ist, wenn ihre Grundlagen entfallen oder fragwürdig werden.

5. Was in den Ausführungen der Klassiker des Marxismus als dunkel zu bezeichnen ist, wird nicht zugleich wegen der beliebigen Ausdeutbarkeit als erhellend angesehen. Dunkle, verschwommene, zweideutige Aussagen sind nicht nur in Schularbeiten, sondern in allen Bereichen strenger Wissenschaft unbefriedigend. Wer es anders sieht, möge an die kritischen, auf Hegel gemünzten Worte von Marx denken: „Alles sag ich euch ja, weil ich ein nichts euch gesagt.“[10]

Zu denen, die es anders sehen, zählt offenbar Werner Maihofer, wenn er zum Beispiel Marx lobt, weil er, einen Gedanken „mit dem ebenso dunklen wie erhellenden Begriff“[11] ausgedrückt habe. Dazu treffend Kolakowski: „Doch diese Flexibilität, mit der die Lehre mit den Tatsachen fertig wird, die sie zu widerlegen scheinen, verdankt sie nicht ihrem Scharfsinn, sondern ihrer Verschwommenheit . . .“[12]

Stets hatte ich beim Schreiben die Empfehlung Albert Einsteins vor Augen: „Alles sollte so einfach wie möglich gemacht werden, aber nicht einfacher.“ Es liegt an der Materie, daß einzelne Teile dieser Abhandlung unterschiedlich anspruchsvoll sind. Dem Laien, der sich zum ersten Mal mit dieser Thematik beschäftigt, ist zu empfehlen, zunächst den politischen Teil (Teil 2) zu lesen. – Auch kann die vorgezogene Auseinandersetzung mit meiner Kritik die scheinbar trockene Dokumentation appetitlich, schmackhaft und gut verdaulich machen.

Um die Lektüre zu erleichtern, wurden verschiedene Schrifttypen gewählt. Aussagen, denen besonderes Gewicht beigemessen wird, und Stichworte sind kursiv gesetzt, petit hingegen jene Passagen, die der eilige Leser überspringen kann, wenn ihm die vorausgegangene Behauptung nicht fragwürdig erscheint.

Dank gebührt allen, die mir auf die eine oder andere Weise behilflich gewesen sind, vor allem Professor Dr. Klaus Hornung, mein Freund Wolfgang Wothe, mein Assistent Dr. Peter Eisenmann, meine studentische Hilfskraft Wolfgang Weiß, mein Sohn Peter. Vorzügliche Schreibarbeit leistete Frau Lore Reiß.

Dankbar bin ich ferner allen, die fundierte Kritik üben oder weiterführende Ratschläge erteilen.

I. Einleitung

„Der größte Mann“, „die größte Errungenschaft“

Im Juni 1981 wurde in Trier eine 40 000 Bände umfassende Karl-Marx-Bibliothek feierlich eröffnet. Dabei sagte der Oberbürgermeister in seiner Ansprache, es gebe nicht wenige auf der Welt, denen weder Berlin noch Bonn noch München ein Begriff sei, die jedoch sehr wohl wüßten, was es mit Trier für eine Bewandtnis habe.[1]
Manch einer, der dies liest, mag sich fragen, ob hier nicht tourismuswirksamer Lokalpatriotismus der Vater der großen Worte gewesen sei. Mir kam ein chinesisches Gedicht in den Sinn, das die Behauptung des Bürgermeisters zu bestätigen scheint:
„Asiaten, Afrikaner,
Amerikaner, Australier,
Alle kommen, um Trier zu besuchen,
Nicht um Mosel zu trinken,
Nicht wegen der Sehenswürdigkeiten,
Aus alter Zeit
Sondern weil in dieser kleinen Stadt
Einst geboren wurde
Der größte Mann unseres Zeitalters.“[2]
„Der größte Mann unseres Zeitalters“, sagen Chinesen; er habe zusammen mit Engels „der Menschheit die größte Errungenschaft der Weltgeschichte“[3] geschenkt, ergänzt die marxistisch-leninistische Partei der DDR, die SED. Der Name Marx ist also vielen vertraut; sie haben sich ein Bild von ihm gemacht, jeder das seine. Manche dieser Bilder gleichen sich. Aber noch häufiger sind Widersprüche in Details wie auch das große Ganze betreffend.

Nicht einmal über das Äußere waren sich seine Zeitgenossen annähernd einig. Es ist geradezu belustigend zu lesen, wie unterschiedlich, ja widersprüchlich scheinbar evidente Eigenschaften von Marx gesehen wurden:

„Ich sehe Herrn und Frau Marx noch ganz deutlich vor mir. Er ist mir immer sehr groß vorgekommen, in jeder Beziehung."[4] Ein anderer: „Ein großer schlanker Mann"[5], ein dritter: „Eine hohe schlanke Gestalt."[6]

Daneben gibt es jene, die „von mittlerer Statur"[7] sprechen, und solche, die ihn als „kleinen, ziemlich schmächtigen Mann"[8] in Erinnerung haben, als Mann „von kleiner Statur, jedoch stämmig gebaut und von kräftiger Konstitution".[9]

„Klein", „groß", „schmächtig", „stämmig", so können zahlreiche Widersprüche über Statur und Aussehen von Marx aneinandergereiht werden. Augen: „intelligent, boshaft",[10] oder „etwas blöde",[11] „sanft".[12] „Die Nase hatte nichts auffälliges und zeigte nicht den geringsten semitischen Einschlag",[13] doch ebenso: „Nase dick".[14]

Was die Haarfarbe anlangt, finden wir Gegensätzliches in den Aufzeichnungen ein und derselben Person *eine* Begegnung betreffend: „Haare und Bart waren grau . . . und in seinem buschigen und vollen Haar zeigten sich nur hie und da weiße oder graue Strähnen."[15]

Vom 53jährigen Marx wird berichtet: „Und es erschien vor mir ein Greis . . . die ehrwürdige Gestalt eines Patriarchen."[16]

„Mit seinen 55 Jahren war Marx damals noch in einer recht kräftigen körperlichen Verfassung."[17] Vom 57jährigen (!) heißt es: „Marx ist jetzt 63 Jahre alt. Aber seine schlanke, die Mittelhöhe überragende Gestalt ist noch von jugendlichkräftiger Elastizität . . ."[18] Als Marx genau 60 war, schreibt ein Interviewer: „Er muß über 70 sein."[19]

Die massiven Fehlurteile und Widersprüche unterstreichen nicht nur die Richtigkeit der kriminologischen Weisheit, daß Menschen als Zeugen im Prozeß die schlechtesten Beweismittel sind. Sie sind zugleich typisch für das Urteil über den ganzen Marx, seinen Charakter, seine Motive, seinen Stellenwert als Wissenschaftler und Revolutionär, seine Wirkung auf Zeit und Nachwelt.

Die Widersprüche in den Personenbeschreibungen interessieren kaum. Es lohnt nicht die Mühe nachzuforschen, ob die exakte Größenangabe in einem Spitzelbericht: „Größe fünf Fuß 10–11 Zoll hannöversch Maß“[20] mit den amtlichen „fünf Fuß 2 Zoll“[21] preußisch Maß übereinstimmen, und was das in Zentimetern bedeutet. Auch der Charakter ist nur von untergeordneter Bedeutung, wenngleich er in Zweifelsfällen Rückschlüsse auf Impulse, Methoden und Ziele zuläßt. Entscheidend ist das Werk.

Ist der Versuch, sich ein eigenes Urteil über das Marxsche Werk zu bilden, nicht von vornherein zum Scheitern verurteilt, wenn so nahmhafte Persönlichkeiten wie Oswald v. Nell-Breuning gestehen: „Soviel ist gewiß: Darüber, was Marx wirklich gedacht, gemeint und gewollt hat, aber auch über die verschiedenen, von marxistischen und antimarxistischen Gelehrten wissenschaftlich vertretenen Deutungen des historischen und dialektischen Materialismus, kann nur noch ein engster Kreis von Fachleuten sachverständig und sachförderlich diskutieren; für alle anderen, zu denen auch der Schreiber dieser Zeilen sich zählen muß, ist das zu einer Geheimwissenschaft geworden, zu der ihnen der Schlüssel fehlt.“[22] Zuviel Bescheidenheit! Marx ist zwar keine Gute-Nacht-Lektüre. Wer aber bereit ist, die Texte studierend zu lesen, das heißt notfalls einzelne Sätze ein zweites Mal zu buchstabieren oder Erläuterungen heranzuziehen, ist nicht gezwungen, anderen gläubig abzunehmen, was sie aus Marx herauslesen oder in ihn hineininterpretieren.

Die Schwierigkeiten liegen weniger in den einzelnen Aussagen; sie entspringen vielmehr der mangelnden Systematik und Kohärenz. Insofern trifft v. Nell-Breuning genau ins Schwarze: „Wenn man sich für irgendeine Aussage auf Marx beruft und einen Beleg aus Marx dafür beibringt, muß man darauf gefaßt sein, daß einem ein anderer Marx-Text entgegengehalten wird, der tatsächlich oder angeblich das Gegenteil besagt."[23] Mit Marxzitaten können die Kapitalisten verflucht wie auch gepriesen werden, um nur ein Beispiel zu nennen:

> „Wenn das Geld ... ‚mit natürlichen Blutflecken auf einer Backe zur Welt kommt', so das Kapital von Kopf bis Zeh, aus allen Poren, blut- und schmutztriefend."[24]
>
> Andererseits: „Die Bourgeoisie reißt durch die rasche Verbesserung aller Produktionsinstrumente, durch die unendlich erleichterten Kommunikationen alle, auch die barbarischen Nationen in die Zivilisation. Die wohlfeilen Preise ihrer Waren sind die schwere Artillerie, mit der sie alle chinesischen Mauern in den Grund schießt, mit dem sie den hartnäckigsten Fremdenhaß der Barbaren zur Kapitulation zwingt."[25]
>
> Der Kapitalist zwingt „die Menschheit zur Produktion um der Produktion willen, daher zu einer Entwicklung der gesellschaftlichen Produktivkräfte und zur Schöpfung von materiellen Produktionsbedingungen, welche allein die reale Basis einer höheren Gesellschaftsform bilden können, deren Grundprinzip die volle und freie Entwicklung des Individuums ist."[26]

Damit haben wir schon einen der Gründe, warum sich so vielfältige, gegensätzliche Kräfte auf Marx berufen, warum das Urteil über Marx so unterschiedlich ausfällt. Wer nur die eine Seite widersprüchlicher Aussagen berücksichtigt, leistet der Fehlbeurteilung vorsätzlich oder leichtfertig Vorschub. Aber wer kann das Ganze überblicken, um zu wissen, ob die gerade vorgefundene Textstelle Marx verbindlich wiedergibt oder ob sie nicht durch eine widersprüchliche Äußerung aufgehoben wird, zumindest aber als Rätsel zurückbleibt? Die Marx/Engels-Werke umfassen 41 Bände, beanspruchen nicht weniger Platz als der Brockhaus und Meyers Enzyklopädie zusammen. So betrachtet ist man versucht zu kapitulieren. Andererseits gibt es Kenner, die behaupten, Marx habe nicht eine einzige abgeschlossene systematische Abhandlung hinterlassen. Was er bis 1844, seinem 26. Lebensjahr, geschrieben habe, nehme alles Spätere vorweg;[27] das Kommunistische Manifest, die Einleitung zur Kritik der politischen Ökonomie und das Kapital erhielten die Quintessenz seiner Lehre. Die Wahrheit liegt in der Mitte. Weder der Form noch dem Inhalt nach kann das literarische Werk von Marx mit einer Enzyklopädie verglichen werden. Vier Jahrzehnte kreisen seine Gedanken um ein Thema, die kapitalistische Wirtschaft, und dementsprechend breit, üppig wuchernd, repetiv sind seine Ausführungen. Dennoch kennt der, der nur die vorhin erwähnten Veröffentlichungen liest, nicht den ganzen Marx. So enthalten auch die Briefe, die 13 Bände füllen, wichtige Hinweise. Folglich muß der Leser, der nicht die Zeit hat, sich selbst durch alle Bände hindurchzuwühlen, sich darauf verlassen, daß die Auswahl, die ihm vorgelegt wird, nichts Wesentliches verschweigt. Dafür verbürge ich mich ehrenwörtlich.

Diese Untersuchung beschränkt sich auf die acht wichtigsten Teilbereiche der Marxschen Lehre, die jedoch nicht selbständig nebeneinanderstehen, sondern eng ineinander verwoben sind. Die ersten vier Kapitel (II bis V) sind mehr theoretischer Natur, die folgenden vier (VI bis IX) überwiegend politisch, praktisch, situationsbezogen.

Bezüglich der Kapitel II bis V wird der hier vertretene Standpunkt, daß es sich um *die* Elemente der Marxschen Lehre handle (Materialismus, Dialektik, Histomat und politische Ökonomie), auch von der sowjet-marxistischen Schule geteilt.[28] Sie sind jeweils einer besonderen akademischen Disziplin zugeordnet: »Wissenschaftlicher" Atheismus (Theologie), Philosophie, Geschichte, Volkswirtschaftslehre.

Von kaum geringerer Bedeutung ist das Verhältnis von Marx zur Arbeiterbewegung (VI), zur Demokratie (VII), zur Frage der Parteistruktur (VIII) und schließlich zum Wesen des Staates und der kommunistischen Zukunftsgesellschaft (IX).

Zu Beginn der Kapitel III bis IX wird jeweils gezeigt, daß die Aussagen von Marx (und Engels) ganz unterschiedliche Ausdeutungen und Wertungen gefunden haben. Diesen Wirrwarr der Meinungen etwas zu entflechten, zugleich aber auch „die größten Errungenschaften der Menschheit" ebenso nüchtern wie schonungslos – „sei es gelegen oder ungelegen" – auszuleuchten, ist *das* Anliegen dieses Buches. Nach der Lektüre soll der Leser in der Lage sein, sich ein fundiertes eigenes Urteil über Geist und Lehre des Dr. Karl Marx zu bilden.

Erster Teil

DIE ELEMENTE DES MARXISMUS

II. Stoff vor Geist – der Materialismus

1. Was heißt Materialismus?

„Aus nichts wird nichts." Dieser Satz ist in Philosophie und Wissenschaft unbestritten. Die Welt ist eine Realität. Also muß sie von etwas anderem gemacht worden, aus etwas anderem hervorgegangen sein oder ohne Anfang aus sich selbst heraus existieren. Wäre dieses andere nicht wesensmäßig von der Welt verschieden, so wäre es nur die Welt in einem früheren Zustand, also eine Erscheinungsform der zeitlosen Welt. Eine der Bezeichnungen für das, aus dem die Welt hervorgegangen sein könnte, ist Gott. Seine Andersartigkeit läge in der Macht, Neues hervorzubringen – Einsicht, Wille, Schöpferkraft.

Wer diese Annahme leugnet, ist Atheist. Abgesehen von jener Position, die für sich oder allgemein die Beantwortbarkeit der Frage nach dem Urgrund der Welt bestreitet, gibt es, wiederum unstreitig, nur die beiden geschilderten Standpunkte: *Theismus* (vom griechischen theos: Gott) und *Atheismus*.

Für die Atheisten ist die Materie (vom lateinischen materia: Stoff) *die erste Wirklichkeit, der Urgrund des Seins. Daher die Bezeichnung Materialist oder Materialismus,* genauer: theoretischer Materialismus.

Dieser Materialismus, der theoretische, darf nicht verwechselt werden mit dem platten, auch praktischer genannten, Materialismus, dessen Anhänger Engels recht treffend beschrieben hat: „Der Philister versteht unter Materialismus Fressen, Saufen, Augenlust, Fleischeslust und hoffärtiges Wesen, Geldgier, Geiz, Habsucht, Profitmacherei und Börsenschwindel, kurz, alle die schmierigen Laster, denen er selbst im Stillen frönt; und unter Idealismus den Glauben an Tugend, allgemeine Menschenliebe und überhaupt eine ‚bessere Welt', womit er vor andern renommiert, woran er selbst aber höchstens glaubt, solange er den auf seine gewohnheitsmäßigen ‚materialistischen' Exzesse notwendig folgenden Katzenjammer oder Bankrott durchzumachen pflegt . . ."[1]

Den Gegensatz zum praktischen Materialismus bildet, wie bereits aus dem Zitat folgt, der praktische (ethische) Idealismus.

Der theoretische Materialismus hat zwei Entsprechungen, einerseits den theistischen Spiritualismus (vom lateinischen spiritus: Geist) mit dem Geist als erster Wirklichkeit, andererseits den Idealismus, der die Idee, die Vorstellung für bestimmend hält.

2. (Marx und) Engels

Während seines Studiums wurde Marx Atheist. In mehreren Veröffentlichungen hat er dieser Weltauffassung Ausdruck verliehen, am deutlichsten und ausführlichsten bereits in einer seiner ersten Veröffentlichungen, in „Zur Kritik der Hegelschen Rechtsphilosophie", geschrieben Ende 1843 bis Januar 1844:

„Das *religiöse* Elend ist in einem der *Ausdruck* des wirklichen Elends und in einem die *Protestation* gegen das wirkliche Elend. Die Religion ist der Seufzer der bedrängten Kreatur, das Gemüt einer herzlosen Welt, wie sie der Geist geistloser Zustände ist. Sie ist das *Opium* des Volks.

Die Aufhebung der Religion als des *illusorischen* Glücks des Volkes ist die Forderung seines *wirklichen* Glücks. Die Forderung, die Illusionen über seinen Zustand aufzugeben, ist die *Forderung,* einen Zustand aufzugeben, der der Illusion bedarf. Die Kritik der Religion ist also im *Keim* die *Kritik des Jammertales,* dessen *Heiligenschein* die Religion ist."[2]

Der Atheismus ist für Marx offenbar eine Selbstverständlichkeit. Er schildert nicht näher, wie er dazu gekommen ist. Systematische Aussagen über Materialismus suchen wir in seinen Schriften vergebens.[3]

Engels übertrifft insofern *seinen Freund erheblich.* Vor allem in „Ludwig Feuerbach und der Ausgang der klassischen deutschen Philosophie", 1888, also fünf Jahre nach dem Tode von Marx erschienen, finden sich zahlreiche einschlägige Äußerungen, die sich wie folgt zusammenfassen lassen:

1. Die Welt ist erkennbar.
2. Die Grundfrage aller Philosophie ist die nach dem Verhältnis von Denken und Sein. Was ist primär, was sekundär?
3. Jene, die dem Geist zeitlichen Vorrang einräumen, nennen wir Idealisten.
4. Jene, die der Materie zeitlichen Vorrang einräumen, nennen wir Materialisten.
5. „Materie" ist eine Abkürzung für die Gesamtheit aller sinnlich wahrnehmbaren Stoffe.

6. Die Grundformen alles Seins sind Raum und Zeit.
7. Die Bewegung ist die Daseinsweise der Materie.
8. Die Materie ist nicht ein Erzeugnis des Geistes, sondern der Geist ist selbst nur das höchste Produkt.
9. Der Materialismus faßt die Welt so auf, „wie sie sich selbst einem jeden gibt".
10. Die Welt ist ein Komplex von Prozessen; ewige Wahrheiten gibt es nicht.
11. Wahr und falsch, gut und schlecht, identisch und verschieden, notwendig und zufällig sind Gegensätze von nur relativer Gültigkeit.
12. Die Wissenschaft dient den Interessen der Arbeiter.

Vergegenwärtigen wir uns diese Thesen anhand der Ausführungen Engels':
„Daneben gibt es aber noch eine Reihe andrer Philosophen, die die Möglichkeit einer Erkenntnis der Welt oder doch einer erschöpfenden Erkenntnis bestreiten ... Das Entscheidende zur Widerlegung dieser Ansicht ist bereits von Hegel gesagt, soweit dies vom idealistischen Standpunkt möglich war; was Feuerbach Materialistisches hinzugefügt, ist mehr geistreich als tief. Die schlagendste Widerlegung dieser wie aller andern philosophischen Schrullen ist die Praxis, nämlich das Experiment und die Industrie. Wenn wir die Richtigkeit unsrer Auffassung eines Naturvorgangs beweisen können, indem wir ihn selbst machen, ihn aus seinen Bedingungen erzeugen, ihn obendrein unsern Zwecken dienstbar werden lassen, so ist es mit dem Kantschen unfaßbaren ‚Ding an sich' zu Ende."[4]

„Die Frage nach dem Verhältnis des Denkens zum Sein, des Geistes zur Natur, die höchste Frage der gesamten Philosophie hat also, nicht minder als alle Religion, ihre Wurzeln in den bornierten und unwissenden Vorstellungen des Wildheitszustandes . . . Je nachdem diese Frage so oder so beantwortet wurde, spalteten sich die Philosophen in zwei große Lager. Diejenigen, die die Ursprünglichkeit des Geistes gegenüber der Natur behaupteten, also in letzter Instanz eine Weltschöpfung irgend einer Art annahmen – und diese Schöpfung ist oft bei den Philosophen, z. B. bei Hegel, noch weit verzwickter und unmöglicher als im Christentum –, bildeten das Lager des Idealismus. Die andern, die die Natur als das Ursprüngliche ansahen, gehören zu den verschiedenen Schulen des Materialismus . . ."[5]

„Der Stoff, die Materie ist nichts andres als die Gesamtheit der Stoffe, aus der dieser Begriff abstrahiert, die Bewegung als solche nichts als die Gesamtheit aller sinnlich wahrnehmbaren Bewegungsform; Worte wie Materie und Bewegung sind nichts als *Abkürzungen,* in die wir viele verschiedene sinnlich wahrnehmbare Dinge zusammenfassen nach ihren gemeinsamen Eigenschaften."[6]

„*Die Bewegung ist die Daseinsweise der Materie.* Nie und nirgends hat es Materie ohne Bewegung gegeben oder kann es sie geben. Bewegung im Weltraum, mechanische Bewegung kleinerer Massen auf den einzelnen Weltkörpern, Molekularschwingungen als Wärme oder als elektrische oder magnetische Strömung, chemische Zersetzung und Verbindung, organisches Leben – in einer oder der andern dieser Bewegungsformen oder in mehreren zugleich befindet sich jedes einzelne Stoffatom der Welt in jedem gegebenen Augenblick. Alle Ruhe, alles Gleichgewicht ist nur relativ, hat nur Sinn in Beziehung auf diese oder jene bestimmte Bewegungsform."[7]

„Die Materie ist nicht ein Erzeugnis des Geistes, sondern der Geist ist selbst nur das höchste Produkt der Materie."[8]

„Die Trennung von der Hegelschen Philosophie erfolgte auch hier durch die Rückkehr zum materialistischen Standpunkt. Das heißt, man entschloß sich, die wirkliche Welt – Natur und Geschichte – so aufzufassen, wie sie sich selbst einem jeden gibt, der ohne vorgefaßte idealistische Schrullen an sie herantritt; man entschloß sich, jede idealistische

Schrulle unbarmherzig zum Opfer zu bringen, die sich mit den in ihrem eignen Zusammenhang, und in keinem phantastischen, aufgefaßten Tatsachen nicht in Einklang bringen ließen."[9]

„Der große Grundgedanke, daß die Welt nicht als ein Komplex von fertigen *Dingen* zu fassen ist, sondern ein Komplex von *Prozessen,* worin die scheinbar stabilen Dinge nicht minder wie ihre Gedankenabbilder in unserm Kopf, die Begriffe, eine ununterbrochene Veränderung des Werdens und Vergehens durchmachen, in der bei aller scheinbaren Zufälligkeit und trotz aller momentanen Rückläufigkeit schließlich eine fortschreitende Entwicklung sich durchsetzt – dieser große Grundgedanke ist, namentlich seit Hegel, so sehr in das gewöhnliche Bewußtsein übergegangen, daß er in dieser Allgemeinheit wohl kaum noch Widerspruch findet. Aber ihn in der Phrase anerkennen und ihn in der Wirklichkeit im einzelnen auf jedem zur Untersuchung kommenden Gebiet durchführen, ist zweierlei. Geht man aber bei der Untersuchung stets von diesem Gesichtspunkt aus, so hört die Forderung endgültiger Lösungen und ewiger Wahrheiten ein für allemal auf; man ist sich der notwendigen Beschränktheit aller gewonnenen Erkenntnisse stets bewußt, ihre Bedingtheit durch die Umstände, unter denen sie gewonnen wurde; aber man läßt sich auch nicht mehr imponieren durch die der noch stets landläufigen alten Metaphysik unüberwindlichen Gegensätze von Wahr und Falsch, Gut und Schlecht, Identisch und Verschieden, Notwendig und Zufällig; man weiß, daß diese Gegensätze nur relative Gültigkeit haben, daß das jetzt für wahr Erkannte seine verborgne, später hervortretende falsche Seite ebenso gut hat wie das jetzt als falsch Erkannte seine wahre Seite, kraft deren es früher für wahr gelten konnte; daß das behauptete Notwendige sich aus lauter Zufälligkeiten zusammensetzt und das angeblich Zufällige die Form ist, hinter der die Notwendigkeit sich birgt – und so weiter."[10]

„... je rücksichtsloser und unbefangener die Wissenschaft vorgeht, desto mehr befindet sie sich im Einklang mit den Interessen und Strebungen der Arbeiter ... Die deutsche Arbeiterbewegung ist die Erbin der deutschen klassischen Philosophie."[11]

3. Lenins „Materie“

Engels’ Materialismuslehre findet bei Lenin offene Ohren. Nur in *einem* wesentlichen Punkt glaubt er, Engels nicht folgen zu können, nämlich in der Definition dessen, was Materie ist:

Die Sowjetideologie spricht von einem „historischen Verdienst Lenins“, das darin bestehe, „daß er – gestützt auf die Erkenntnisse von Marx und Engels – eine exakte Definition des Materiebegriffs erarbeitete, die diesen endgültig von allen historisch wandelbaren, einzelwissenschaftlichen Vorstellungen über die Struktur und die Eigenschaften einzelner Materieformen schied.“[12] *Lenins Definition der Materie* hat folgenden Wortlaut: „Die Materie ist eine philosophische Kategorie zur Bezeichnung der objektiven Realität, die dem Menschen in seinen Empfindungen gegeben ist, die von unseren Empfindungen kopiert, fotografiert, abgebildet wird und unabhängig von ihnen existiert.“[13]

Dazu heißt es im DDR-amtlichen Lehrbuch: „Diese Definition berücksichtigt, daß die erkenntnistheoretischen Begriffe Materie und Bewußtsein die umfassendsten Begriffe sind, die man nur bestimmen kann, indem man sie zueinander in Beziehung setzt, durch den Hinweis auf das, was primär und was sekundär ist. Sie stellt eine Verallgemeinerung jener Entdeckungen dar, die Beziehung zur Materieauffassung hatten und haben. Sie ermöglicht eine Abgrenzung von jeder Form des Idealismus, vom subjektiven Idealismus durch den Hinweis auf die Existenz der Materie außerhalb und unabhängig vom menschlichen Bewußtsein; von jeder Form des objektiven Idealismus durch den Hinweis darauf, daß es außerhalb und unabhängig vom Bewußtsein nur sich bewegende Materieformen gibt – also keine ‚absoluten Ideen', ‚Götter' usw."[14] „Der Materiebegriff ist ein philosophischer Begriff und kein naturwissenschaftlicher. Der heute noch in der Physik verwendete ‚Materiebegriff', in dem Materie mit Stoff gleichgesetzt wird, ist ein Ergebnis der klassischen Physik und des mechanischen Materialismus; er ist philosophisch nicht haltbar."[15]

4. Die heutige Sowjetideologie

Die Schriften von Marx, Engels, Lenin haben den Rang heiliger Bücher. In den zeitgenössischen parteiamtlichen Darstellungen des Materialismus werden praktisch nur sie zitiert, wobei im Konfliktfall, zum Beispiel hinsichtlich des Materiebegriffs, Lenin die höchste Autorität ist. Soweit Lenin die Gefolgschaft verweigert werden muß (wie in der Lehre vom Staat; siehe Kapitel IX 3), geschieht dies nicht ausdrücklich, wird die Revision tunlichst kaschiert.

Die Darstellung des Materialismus stimmt, von der eben erwähnten Ausnahme abgesehen, mit der Auffassung der Klassiker weitgehend überein. Gewisses Eigengewicht kommt den folgenden Sätzen zu:

> „Die dialektisch-materialistische Lösung der Grundfrage der Philosophie ist kein Postulat, keine Hypothese, sondern eine unwiderlegbar bewiesene Erkenntnis, die auf der Verall-

gemeinerung der Praxis und der Erkenntnisse der Wissenschaften beruht. Sie ist die Grundlage des wissenschaftlichen Atheismus."[16]

„Die atheistische Bildung, die Kritik der Religion sind dem *praktischen Klassenkampf* gegen die Bourgeoisie, für den Aufbau des Sozialismus und Kommunismus untergeordnet. Ohne auf ideologischem Gebiet von den Positionen des wissenschaftlichen Atheismus abzuweichen und dem religiösen Glauben Zugeständnisse zu machen, ist die praktische Politik der kommunistischen Bewegung auf die Herstellung und Festigung des engen Bündnisses der Arbeiterklasse mit allen, auch den religiös gebundenen Werktätigen gerichtet."[17]

„Die materialistisch-dialektische Beantwortung der Grundfrage der Philosophie bedeutet:

1. Die Materie existiert vor dem Bewußtsein und unabhängig vom Bewußtsein. Sie ist unerschaffbar und unzerstörbar, ewig und unendlich. Alle Veränderung und Entwicklung in der materiellen Welt ergibt sich aus Ursachen, die in der materiellen Welt selbst liegen, aus dem Wirken der materiellen dialektischen Widersprüche. Die Materie existiert unabhängig vom Bewußtsein, das Bewußtsein aber nicht unabhängig von der Materie. Ohne Materie kein Bewußtsein. Es hat das zentrale Nervensystem des Menschen zur materiellen Voraussetzung.

2. Das Bewußtsein ist ‚bewußt gewordenes Sein'. Es ist Widerspiegelung der außerhalb des Bewußtseins und unabhängig von ihm existierenden materiellen Welt, einschließlich der Welt des Menschen, der menschlichen Gesellschaft und Geschichte. Die Widerspiegelung gibt uns ein annähernd adäquates Abbild der objektiven Realität. Die Welt ist erkennbar. Die Widerspiegelung ist jedoch kein passiver Abdruck der Außenwelt im Bewußtsein, sondern ein *aktiver, schöpferischer Prozeß,* der letztlich durch die praktische, materielle Tätigkeit des gesellschaftlichen Menschen zur Veränderung der Welt bedingt und vermittelt ist."[18]

5. Kritik – Zusammenfassende Wertung

Lenin nannte Marx den „Fortführer und genialen Vollender der drei größten Hauptströmungen des 19. Jahrhunderts in den drei fortgeschrittensten Ländern der Menschheit: Der klassischen deutschen Philosophie, der klassischen englischen politischen Ökonomie und des französischen Sozialismus in Verbindung mit den revolutionären Lehren überhaupt."[19]

Die Einsicht, daß Marx und Engels auf fremden Ansichten und Thesen aufgebaut haben, verdient Anerkennung, auch wenn die gegenteilige Behauptung einer totalen Originalität handgreiflich abwegig gewesen wäre.

(Was dem Göttervater Marx recht ist, wird seinen Gegnern nicht zugebilligt. Sie gelten als Schmarotzer, wenn sie mit fremden naturwissenschaftlichen Entdeckungen argumentieren.[20])

Ist die Frage nach dem Urgrund des Seins an den Philosophen, an den Nationalökonomen oder an den Theoretiker des Sozialismus zu richten? Auf diesen drei Gebieten, die nach dem Lenin-Zitat als die Grundlagen des Marxismus angesprochen werden können, waren Marx und Engels teils aufgrund ihrer Aus- und Fortbildung, teils aufgrund ihrer praktischen Tätigkeit ausgewiesen. *Irgendeinen Zweig der Naturwissenschaften hat keiner an Hochschulen studiert,* keiner hat einschlägige Forschungen betrieben. Der Atheismus des Karl Marx war die Frucht seiner Begegnung mit dem akademischen Zeitgeist im Berlin der dreißiger Jahre: „Ein

Vorhang war gefallen, mein Allerheiligstes zerrissen, und es mußten neue Götter hineingesetzt werden."[21] Tiefsinnige Betrachtungen über den Materialismus fehlen, wie erwähnt, gänzlich, weshalb die Redewendung „Marx und Engels bestimmen den Materiebegriff ..."[22] eine bewußte Irreführung ist und nur auf Engels zutrifft. Nach Engels ist „Materie" eine Abkürzung für die Gesamtheit aller sinnlich wahrnehmbaren Stoffe.

Gäbe es diese Stoffe nicht auch dann, wenn keine wahrnehmungsfähigen Wesen existierten? Gäbe es das Licht nicht auch dann, wenn nichts und niemand Augen hätte? Aber sicher, würde Engels antworten. Die Materie ist unabhängig vom Bewußtsein.

Demnach ist es doch auch denkbar, daß die Wesen, die Sinne haben, nicht über alle jene Sinne verfügen, die zur Erfassung der Stoffe in ihrer Totalität erforderlich sind?

Und auch hierauf kann die Antwort nur ein eindeutiges Ja sein, trifft doch diese Beschreibung auf die Mehrzahl der uns bekannten Lebewesen zu. So betrachtet sind sie mängelbehaftet.

Bilden wir Menschen die große Ausnahme? Haben wir alle für die Erfassung der ganzen Realität erforderlichen Sinne? Engels würde wohl auch diese Frage bejahen, denn er wendet sich energisch gegen jene „Philosophen, die die Möglichkeit ... einer erschöpfenden Erkenntnis bestreiten."[23] Aber woher weiß er, daß gerade wir perfekt entwickelt sind?

Würde er auf unsere Erfahrung hinweisen, wäre dies nichts weiter als ein Zirkelschluß. Denn Erfahrungen können wir nur mit unseren Sinnen machen, und wenn wir über entsprechende Sinne nicht verfügen, tappen wir im Dunkeln, ohne es zu wissen.

Engels gab seinen materialistischen Betrachtungen einen naturwissenschaftlichen Anstrich. Immer wieder bemüht er Beispiele aus diesem Gebiet; aber sie halten nur selten das, was er sich davon verspricht. So glaubt er, die „philosophischen Schrullen" der Agnostiker mit den Hinweis auf „die Praxis, nämlich das Experiment und die Industrie" beiseite schieben zu können. Und in der Tat ist die beliebig wiederholbare Möglichkeit, naturwissenschaftliche Prozesse auszulösen, ein guter Beweis – aber nicht für die Fähigkeit „erschöpfender Erkenntnis der Welt", sondern nur einzelner Gegebenheiten.

Hier zeigt sich, wie sehr Engels Philosoph und wie wenig er Naturwissenschaftler gewesen ist. Die Kritik, die er an Darwin und der gesamten Naturwissenschaft übt, fällt auf ihn selbst zurück:

> „Es ist allerdings ein harter, aber nicht abzuweisender Vorwurf gegen Darwin, daß er sofort am Ende ist, wo ihm der Faden der Abstammung reißt. Leider verdient ihn unsere gesamte Naturwissenschaft. Wo ihr der Faden der Abstammung reißt, ist sie ‚am Ende'."[24]

Engels ist dort nicht am Ende, wo ihm Beweise fehlen. Die schlichte Behauptung, dem sei so und nicht anders, füllt häufig die wissenschaftliche Lücke, wie wir noch des öftern sehen werden. Geradezu angenehm nüchtern ist demgegenüber, zumindest in diesem Punkt, die heutige Sowjetideologie:

> „Der Prozeß der Erkenntnis der Materie kann deshalb niemals vollendet sein. Unser Wissen von der materiellen Welt trägt unvermeidlich Näherungscharakter. Die Erkenntnis der Materie und ihrer Eigenschaften ist ein Prozeß des unendlichen Eindringens in ihr Wesen und ihre unendliche Mannigfaltigkeit."[25]

Die naturwissenschaftlichen Ausflüge Engels haben sich nicht bezahlt gemacht: Lenin zumindest war davon offenbar nicht angetan. Er formuliert einen neuen Materiebegriff, einen naturwissenschaftlich unangreifbaren. Denn der erste und letzte Baustein des Alls ist für ihn nicht länger ein Gegenstand nur naturwissenschaftlicher Forschungsarbeit, sondern eine „philosophische Kategorie". Die Philosophie aber ist keine Wissenschaft.

„Philosophie steht ... neben den Wissenschaften, geht ihnen zeitlich voraus, begleitet und ergänzt sie ..."[26]

Der Atheist Lenin, der, wie Marx, die Metaphysik als Opium abqualifiziert, entzieht den elementaren Baustein seiner Lehre, die Materie, den kritischen Blicken der Physik und begeht damit jenen Fehler, den er anderen zum Vorwurf macht.

Er räumt damit ein, daß die letzten Fragen offenbar nur philosophisch spekulativ, aber nicht wissenschaftlich exakt beantwortet werden können, daß sein Atheismus, sein Materialismus nicht wissenschaftlich fundiert ist.

Auch die folgenden Bestandteile seiner Materiedefinition sind wenig hilfreich: „Die Materie ist eine philosophische Kategorie *zur Bezeichnung der objektiven Realität, die dem Menschen in seinen Empfindungen gegeben ist . . .*"

Für den Theisten ist auch Gott eine objektive Realität, eine vom menschlichen Geist unabhängige Wirklichkeit, auf die Lenins Beschreibung zutrifft.

„Weiter heißt Materialismus überhaupt nichts" meint Engels, als „die wirkliche Welt – Natur und Geschichte – so aufzufassen, wie sie sich selbst einem jeden gibt, . . ."[27] Aber gibt sich die Welt einem jeden so, wie sie wirklich ist? Wie gewaltig waren über Jahrtausende hinweg die Lücken und Irrtümer in der Natur-Auffassung! Wir wissen heute: Im Großen wie im Kleinen ist die Natur ganz anders, als sie sich dem Naturmenschen gibt, der, wie Engels sagt, „ohne vorgefaßte idealistische Schrullen an sie herantritt." In seinem Weltbild regieren Sonne und Mond das All. Die Sterne kleben am Himmelszelt, das auf geheimnisvolle Weise aus den Weltmeeren emporsteigt. Daß sich ein kompakter Stein bei atomphysikalischer Betrachtung geradezu verflüchtigt, käme ihm nicht einmal im Traum in den Sinn.

Die Explosion des Wissens dauert an, nimmt sogar an Geschwindigkeit zu, und wir können heute noch nicht ahnen, welcher Irrtümer die Gegenwart in wenigen Jahrzehnten überführt sein wird.

Im Großen wie im Kleinen ist die Welt anders, als sich selbst die Schulweisheit unserer Großväter träumen ließ. Was die Physiker heute über die Welt aussagen, ist teilweise unvorstellbar, kann man nur in Formeln fassen. Das vierdimensionale Raum-Zeit-Kontinuum, die Abhängigkeit der Zeit von der Geschwindigkeit, das Lichtquant als Korpuskel und Welle zugleich übersteigen unser Begreifen. Das Wesen der Materie ist längst noch nicht entschleiert.

Was für die quantitativen Extreme gilt, kann das nicht auch für die temporären gelten, zum Beispiel für Engels Antwort auf die selbstgestellte Frage: „Was ist das Ursprüngliche, der Geist oder die Natur?“ Zuvor schon wies er darauf hin: „Die Frage nach dem Verhältnis des Denkens zum Sein, des Geistes zur Natur [ist] die höchste Frage der gesamten Philosophie.“[28] Seine Antwort ist bekannt, nämlich „daß die stoffliche, sinnlich wahrnehmbare Welt, zu der wir selbst gehören, das einzig Wirkliche, und daß unser Bewußtsein und Denken, so übersinnlich es scheint, das Erzeugnis eines stofflichen, körperlichen Organs, des Gehirns ist.“[29]

Hat Engels irgendwelche Beweise für die Richtigkeit seiner Annahme?

„Der deutsche Sozialismus macht neuerdings recht erklecklich in höherm Blech“,[30] meint Engels mit Blick auf einen sozialistischen Konkurrenten, Dühring. „Höheres Blech“ ist es auch, wenn Engels in seiner „höchsten Frage der gesamten Philosophie“ Denken und Geist auf eine Stufe hebt und dem Sein wie auch der Natur gegenüberstellt. Soweit ersichtlich, behauptet kein Idealist, ein Nichts könne denken. Vielmehr sind sich alle darüber einig, daß das Denken die Funktion eines Seienden ist und daher das Denken niemals als primär in Betracht kommt.

> Für Engels ist das „Verhältnis des Denkens zum Sein, des Geistes zur Natur ... eine einzige Frage; in Wirklichkeit handelt es sich jedoch nicht um *ein* Problem, sondern um zwei auf völlig verschiedenen Gebieten liegende Probleme, nämlich um das erkenntnistheoretische (Denken und Sein) und das ontologisch-metaphysische (Geist und Natur bzw. Materie) Problem. Engels setzte das Sein mit der Materie, das Denken mit dem Geist gleich; folglich bedeutete für ihn der erkenntnistheoretische Primat des Seins der Erkenntnis gegenüber auch den Primat der Materie gegenüber dem Geist und den Geistesprodukten."[31]

Engels behauptet, die Materie sei ursprünglich gegenüber dem Geist. Gleichzeitig muß er behaupten, daß die Materie ohne Anfang in der Zeit sei und die *Potenz* aufweise, *Geist zu produzieren. Wie will er wissen, daß diese Potenz nicht immer schon realisiert war?*

Engels Unbekümmertheit in der Aufstellung von unbeweisbaren Behauptungen wird jedoch in den Schatten gestellt durch die Sowjetideologie, die sich nicht scheut, dem Satz „ohne Materie kein Bewußtsein", die Feststellung folgen zu lassen: „Es hat das Zentralnervensystem des Menschen zur materiellen Voraussetzung."[32]

Dieser menschheitsgeschichtliche Solipsismus (nichts außer uns) ist geradezu grotesk, steht im scharfen Widerspruch zu der anderen materialistischen Annahme, nämlich der Unendlichkeit der

Materie in Raum und Zeit. Mag die Wahrscheinlichkeit, daß sich die Materie zu ihrer höchsten Entwicklungsform (Bewußtsein?) aufschwingt, noch so gering sein, so hat sie sich gleichwohl unendliche Male schon verwirklicht und ist gegenwärtig Wirklichkeit außerhalb des Lebensraumes der Menschen. Das ist eine unumstößliche mathematische Weisheit: $\infty \cdot x = \infty$; eine minimale Wahrscheinlichkeit, der unendlich viele Chancen eingeräumt werden, verwirklicht sich ungezählte Male.

Offen ist die Frage, ob die von uns bruchstückhaft wahrnehmbare materielle Welt einschließlich der mit ihr verwobenen geistigen Phänomene die einzige Wirklichkeit ist. Das wird von den Materialisten bejaht. Diese Auffassung ist nicht, wie der eben skizzierte Solipsismus, unlogisch, aber mangels plausibler Argumente willkürlich und nicht minder anmaßend.

Der „Beweis", den das DDR-amtliche Lehrbuch anbietet, ist das klassische Beispiel eines Zirkelschlusses: „Da im übrigen die Materie die einzige Realität außerhalb des Bewußtseins ist, kann es neben der Materie und dem Bewußtsein nicht noch eine ‚dritte Realität' geben."[33]

Besser ist die materialistische Position hinsichtlich der Erschaffung der Welt. Ihre Ablehnung des Schöpfungsglaubens stützen sie auf das Gesetz von der Erhaltung der Energie. Danach bleibt trotz Veränderung der Energieformen die gesamte Energiemasse konstant. Doch wird dadurch der Schöpfungsglaube widerlegt? Nichts zwingt zu der Annahme, daß, wenn die Welt geschaffen wurde, die Energiemenge wachsen oder abnehmen müsse.

„Wenn Engels ‚das Gesetz von der Erhaltung und Verwandlung der Energie‘ als Beweis für die Unerschaffbarkeit und Unzerstörbarkeit der Welt ansieht, so ist dem von erkenntnistheoretischem Standpunkt aus entgegenzuhalten, daß diese Sätze sich auf innerweltliche Umwandlungen beziehen. Ihr Sinn ist der, daß bei natürlichen Prozessen, in denen ein materielles Gebilde in ein anderes umgewandelt wird, die Summe der Masse und Energie vor und nach der Umwandlung die gleiche ist. Über das Entstehen des Gesamtsystems machen diese Sätze überhaupt keine Aussage. Ob das Gesamtsystem einen zeitlichen Anfang hatte oder nicht, in beiden Fällen könnte in gleicher Weise die Gesamtsumme von Masse und Energie bei innerweltlichen Umwandlungsprozessen konstant bleiben.“[34]

Für Engels sind Wahr und Falsch, Gut und Schlecht, Identisch und Verschieden, Notwendig und Zufällig Gegensätze von nur relativer Gültigkeit. Aber stimmt das? Die Behauptung, daß Engels 1820 in Barmen (heute Wuppertal-Barmen) geboren wurde, ist, nach allem was wir wissen, wahr. Sie kann auch falsch sein, wenn unsere Informationen nicht zutreffen. Sie kann aber nicht zugleich wahr und falsch sein. Und auch die Behauptung, sie sei relativ wahr, gibt keinen Sinn. Das Gesagte gilt für alle Tatsachenfeststellungen. Sind sie richtig, so sind sie ganz richtig und nicht nur relativ. Eine Feststellung kann annähernd richtig sein; sie ist dann aber nicht ganz richtig. Eine Feststellung kann aus mehreren einzelnen Aussagen bestehen. Alle können dann richtig sein oder einige oder keine. *„Relative Wahrheiten“ sind Gedankengebilde, die ihre Geburt einem begrifflichen Wirrwarr verdanken.*

Mit den meisten seiner Formulierungen erweckt Engels ganz und gar nicht den Eindruck, als ob er nur relative Wahrheiten verkünden wollte, so wenn er schreibt: „wir ... haben die

Gewißheit, daß die Materie in allen ihren Wandlungen ewig dieselbe bleibt, daß keines ihrer Attribute je verlorengehen kann, und daß sie daher auch mit derselben eisernen Notwendigkeit, womit sie auf der Erde ihre höchste Blüte, den denkenden Geist, wieder ausrotten wird, ihn anderswo und in anderer Zeit wieder erzeugen muß."[35]

Für die anderen Begriffspaare gilt das Gesagte entsprechend. Wenn identisch bedeutet: unter jedem Gesichtspunkt gleich, dann ist das Identische nicht relativ, sondern absolut identisch und das relativ „Identische" ist nicht identisch.

Fassen wir zusammen: *Wesentliche Elemente der materialistischen Weltanschauung sind unbewiesene Behauptungen, manche sogar nachweislich falsch.*

Dennoch gilt für den sowjetischen Machtbereich: „Die dialektisch-materialistische Lösung der Grundfrage der Philosophie ist kein Postulat, keine Hypothese, sondern eine unwiderlegbar bewiesene Erkenntnis, die auf der Verallgemeinerung der Praxis und der Erkenntnisse der Wissenschaften beruht. Sie ist die Grundlage des wissenschaftlichen Atheismus."[36]

Nicht die Unfähigkeit, den Ausgangspunkt unseres Seins zu beweisen, verdient Kritik, sondern die Behauptung, man wisse über die Materie in allen wesentlichen Fragen Bescheid.

Aus dem „wissenschaftlich" fundierten Atheismus wird die Verpflichtung zum Kampf gegen jede Form des transzendentalen Glaubens gefolgert: Bündnisse mit religiös gebundenen Werktätigen sind taktische, zeitlich befristete Maßnahmen. Sind die entschiedeneren Gegner vernichtet, werden auch sie liquidiert.

Dieser Verdacht, der sich dem kritischen Leser aufgedrängt haben dürfte, wird sogar ausdrücklich bestätigt: „Das Buch von Engels [Anti-Dühring] ist ein Musterbeispiel für die Anwendung des marxistischen Prinzips der Parteilichkeit in der Philosophie.“[37] Die philosophischen Ausführungen stehen im Dienst politisch-revolutionärer Ideen. Nicht die Wahrheit ist letztlich gefragt, sondern die revolutionäre Nützlichkeit.

Wie schon dem Leninschen Materiebegriff zu entnehmen war, verhalten sich die Naturwissenschaften gegenüber Theismus und Atheismus indifferent, nicht so einzelne Naturwissenschaftler: Schon der Vater hat den Studenten Karl darauf hingewiesen: „Doch ein großer Hebel für die Moral ist der reine Glaube an Gott. Du weißt, ich bin nichts weniger als ein Fanatiker. Aber dieser Glaube ist dem Menschen früh oder spät ein wahres Bedürfnis, und es gibt Augenblicke im Leben, wo auch der Gottesleugner unwillkürlich zur Anbetung des Höchsten hingezogen wird. Und gemein ist es . . . [Papier beschädigt] denn was Newton, Locke und Leibniz geglaubt, dem darf sich jeder unterwerfen.“[38]

Max Planck: „Es gibt keine Materie an sich. Alle Materie entsteht und besteht nur durch die eine Kraft, welche die Atomteilchen im winzigsten Sonnensystem des Atoms zusammenhält. So müssen wir hinter dieser Kraft einen bewußten intelligenten Geist annehmen. Ich scheue mich nicht, diesen geheimnisvollen Schöpfer ebenso zu benennen, wie ihn alle Kulturvölker dieser Erde genannt haben, nämlich Gott.“[39]

Der Nobelpreisträger Wolfgang Pauli stellte dem Nobelpreisträger Werner Heisenberg die Frage: „Glaubst du eigentlich an einen persönlichen Gott? Ich weiß natürlich, daß es schwer ist, einer solchen Frage einen klaren Sinn zu geben, aber die Richtung der Frage ist doch wohl erkennbar.“ Heisenberg antwortete: „Darf ich die Frage auch anders formulieren? ... Dann würde sie so lauten: Kannst du oder kann man der zentralen Ordnung der Dinge oder des Geschehens, an der ja nicht zu zweifeln ist, so unmittelbar gegenübertreten, mit ihr so unmittelbar in Verbindung treten wie dies bei der Seele eines anderen Menschen möglich ist? ... Wenn du so fragst, würde ich mit ja antworten.“[40]

Führende Naturwissenschaftler schließen aus der unbestreitbaren Ordnung, die das All beseelt, auf den ordnenden Geist, eine personale Seele. Wer ihnen auf diesem ungeschützten Pfad zu folgen wagt, erfährt beglückend, was Dag Hammarskjöld, der frühere UNO-Generalsekretär, in die Worte gekleidet hat: *„Du wagst dein ja und erfährst einen Sinn. Du wiederholst dein ja und alles bekommt Sinn. Wenn alles Sinn hat, wie kannst du anderes leben als ein Ja.“*[41]

III. Das Grundgesetz des Alls – Die materialistische Dialektik

1. Wesen und Bedeutung der Engelsschen Dialektik

Dialektik kommt vom griechischen *dialegesthai* das heißt überlegen, sich unterreden. Die dialektike techne, die Kunst der Unterredung, stand schon in der Antike in Blüte. Viele bedeutende Abhandlungen sind in Dialogform abgefaßt. Seit damals ist, im Sprachschatz der Philosophie, Dialektik ein vielgebrauchtes, aber auch vieldeutiges Wort. Hegel war es, der zu Beginn des 19. Jahrhunderts der Dialektik zu besonderem Ansehen verholfen hat, indem er die dialektische Methode zu seiner Philosophie machte. Hegel beeinflußte das Denken von Marx und Engels nachhaltig. Aber sie haben sich keinesfalls sklavisch an ihn gehalten, vielmehr seinen Ausgangspunkt negiert, ihn, wie Marx und Engels mehrmals anschaulich sagen, umgedreht, das heißt vom Kopf auf die Füße gestellt.

Während Marx sich im wesentlichen darauf beschränkte, die Dialektik als Grundgesetz der Menschheitsgeschichte auszugeben, machte Engels sie zum Grundgesetz des Alls. Engels ist also der Klassiker der „marxistischen“ Dialektik. Doch damit steht er nicht gegen Marx, vielmehr hat Marx diese Betrachtungsweise voll und ganz gebilligt[1]: Engels hat seine Dialektik des Alls vor allem im „Anti-Dühring“ entfaltet. Marx half ihm bei der Sammlung des Materials, las das Manuskript und ergänzte es mit einem Kapitel aus seiner Feder. Die DDR-amtliche Auffassung: „Daher drückt der ‚Anti-Dühring‘ von Anfang bis zum Ende den Standpunkt von beiden aus – von Engels und Marx“[2] ist unbedenklich und kann sich auf Äußerungen von Marx[3] und Engels[4] berufen. Engels beschreibt recht eingängig die Besonderheiten, Stärken und Schwächen der Hegelschen Dialektik und die materialistischen Neuerungen:

„Ihren Abschluß fand diese neuere deutsche Philosophie im Hegelschen System, worin zum ersten Mal – und das ist sein großes Verdienst – die ganze natürliche, geschichtliche und geistige Welt als ein Prozeß, d. h. als in steter Bewegung, Veränderung, Umbildung und Entwicklung begriffen dargestellt und der Versuch gemacht wurde, den inneren Zusammenhang in dieser Bewegung und Entwicklung nachzuweisen. Von diesem Gesichtspunkt aus erschien die Geschichte der Menschheit nicht mehr als ein wüstes Gewirr sinnloser Gewalttätigkeiten, die vor dem Richterstuhl der jetzt gereiften Philosophenvernunft alle gleich verwerflich sind und die man am besten so rasch wie möglich vergißt, sondern als der Entwicklungsprozeß der Menschheit selbst, dessen allmählichen Stufengang durch alle Irrwege zu verfolgen und dessen innere Gesetzmäßigkeit durch alle scheinbaren Zufälligkeiten hindurch nachzuweisen jetzt die Aufgabe des Denkens wurde.

Daß Hegel diese Aufgabe nicht löste, ist hier gleichgültig. Sein epochemachendes Verdienst war, sie gestellt zu haben ... Hegel war Idealist, d. h., ihm galten die Gedanken seines Kopfs nicht als die mehr oder weniger abstrakten Abbilder der wirklichen Dinge und Vorgänge, sondern umgekehrt galten ihm die Dinge und ihre Entwicklung nur als die verwirklichten Abbilder der irgendwo schon vor der Welt existierenden ‚Idee'. Damit war alles auf den Kopf gestellt und der wirkliche Zusammenhang der Welt vollständig umgekehrt. Und so richtig und genial auch manche Einzelzusammenhänge von Hegel aufgefaßt wurden, so mußte doch aus den angegebenen Gründen auch im Detail vieles geflickt, gekünstelt, konstruiert, kurz verkehrt ausfallen. Das Hegelsche System als solches war eine kollossale Fehlgeburt – aber auch die letzte ihrer Art . . .

Die Einsicht in die totale Verkehrtheit des bisherigen deutschen Idealismus führte notwendig zum Materialismus, aber wohlgemerkt, nicht zum bloß metaphysischen, ausschließlich mechanischen Materialismus des 18. Jahrhunderts."[5]

Die materialistische Dialektik – kurz: Diamat – *liefert* nach ihrem Selbstverständnis im Gegensatz zum überkommenen Vulgärmaterialismus *die Erklärung für den Aufstieg der Materie vom Niederen zum Höheren.* Sie ist der *Zauberschlüssel zur Lösung der schwierigsten* natur- und gesellschaftswissenschaftlichen *Fragen:*

„An einem riesigen Tatsachenmaterial zeigt Engels, daß die Anwendung der dialektisch-materialistischen Methode die Lösung der kompliziertesten Probleme der Naturwissenschaften und Gesellschaftswissenschaften sichert."[6]

Sie ist das Fundament der proletarischen Revolution. Lenin betont es immer wieder:

„Die Anwendung der materialistischen Dialektik bei der radikalen Umarbeitung der gesamten politischen Ökonomie, ihre Anwendung auf die Geschichte, auf die Naturwissenschaft, die Philosophie, die Politik und die Taktik der Arbeiterklasse – das ist es, was Marx und Engels vor allem interessiert, hierzu haben sie das Wesentlichste und Neueste beigetragen, das ist der geniale Schritt, den sie in der Geschichte des revolutionären Denkens vorwärts getan haben."[7]

„Sie alle nennen sich Marxisten, fassen aber den Marxismus unglaublich pedantisch auf. Das Entscheidende im Marxismus haben sie absolut nicht begriffen: nämlich seine *revolutionäre Dialektik.*"[8]

Sie garantiert schließlich den Endsieg:

„Die um die politische Macht kämpfende Arbeiterklasse benutzt die Theorie der Dialektik, um zu beweisen, daß es in allen Bereichen der Wirklichkeit eine Entwicklung und Höherentwicklung gibt, daß deren Triebkräfte den jeweiligen Materieformen selbst inhärent sind und demzufolge die Ablösung des Kapitalismus durch den Sozialismus ein gesetzmäßiger Prozeß ist . . ."[9]

Nichts kann unterschiedlicher bewertet werden als die materialistische Dialektik. Den einen ist sie das Höchste, was menschlicher Geist je geschaut, den anderen dummes Zeug, Spiegelfechterei, eine Trickkiste für Demagogen und falsche Propheten.

Die größte Errungenschaft der Weltgeschichte:

„Karl Marx und Friedrich Engels . . . schenkten der Menschheit die größte Errungenschaft der Weltgeschichte . . . Die überragende Größe von Marx und Engels beruht in erster Linie auf ihrer Leistung als Wissenschaftler. Mit der Ausarbeitung des dialektischen und historischen Materialismus entdeckten sie die objektiven Entwicklungsgesetze der Natur und Gesellschaft."[10]

Kern der marxistischen Philosophie:

„Die materialistische Dialektik ist kein Teil der marxistisch-leninistischen Philosophie neben anderem. Sie durchdringt ihren gesamten Inhalt und darüber hinaus den Marxismus-Leninismus insgesamt.“[11]

Primitiv:

„Neben der Primitivität der Engelsschen Erkenntnistheorie trug auch die neuere Entwicklung der Physik . . . wesentlich zum Entstehen revisionistischer Strömungen innerhalb des Marxismus bei.“[12]

Wertloser Dilettantismus:

„Engels versuchte die Vereinheitlichung der Wissenschaft mit den Mitteln von 1875 durchzuführen. Er war in der Naturwissenschaft noch mehr Dilettant als in Philosophie und Volkswirtschaft; sein Wissen stammte hauptsächlich aus den populärwissenschaftlichen Schriften seiner Zeit.“[13]

„Wir wollen die Zitate aus den läppischen Büchern nicht weiter fortsetzen. Unnötig zu sagen, daß die ‚Dialektik‘ für die praktische Naturwissenschaft als Methode wertlos ist, was immer die Marxisten darüber behaupten mögen.“[14]

„Es scheint, als seien die leichtfertigen Formeln von Engels, in denen die logischen Relationen mit den physischen Verhältnissen in eins gesetzt werden, eher das Ergebnis seiner philosophischen Unausgebildetheit als einer durchdachten Theorie: Engels war, trotz seiner immensen Kenntnisse und seiner intellektuellen Flexibilität in philosophischer Hinsicht ein Dilettant . . .“[15]

Nichts von Hegel verstanden:

„Darum haben die Links-Hegelianer bei Hegel eigentlich nichts verstanden . . . Das trifft ganz besonders bei Karl

Marx zu, dessen empirisch-dialektische Spielereien auch bis in das Vorzimmer der Hegelschen ‚Philosophie der Geschichte' nicht reichen und mit den Grundideen des Systems überhaupt nichts zu tun haben."[16]

Ein einziger ungeheuerer Widerspruch:

„So kommt es, daß der dialektische Materialismus nicht nur in seiner Lehre den Widerspruch als das wesentlichste Element der Wirklichkeit verkündet, sondern in sich selbst einen einzigen ungeheueren Widerspruch darstellt."[17]

Die Auflösung des Denkens:

„Die Dialektik ist nach allem totale methodische Auflösung des Denkens. ‚Dialektische Logik' ist Antilogik unter der falschen Bezeichnung ‚Logik'.[18]

Die Zerstörung der Persönlichkeit:

„Anstatt sich gemäß den Grundregeln der wissenschaftlichen Ehrlichkeit zu verhalten, räumen die Wortführer des dialektischen Materialismus gerade soviel ein, wie sie keinesfalls vermeiden können, und versuchen zu ‚beweisen', daß das notgedrungen Zugestandene dem dialektischen Materialismus entspreche ... Wer dauernd in Doppeldeutigkeiten und Widersprüchlichkeiten ‚denkt', löst sich als Persönlichkeit geistig auf."[19]

Wer hat recht?

Engels selbst liefert die Gliederung seiner Lehre der Dialektik, und zwar entsprechend den einzelnen Gesetzen:

„Es ist also die Geschichte der Natur wie der menschlichen Gesellschaft, aus der die Gesetze der Dialektik abstrahiert werden. Sie sind eben nichts anderes als die allgemeinsten

Gesetze dieser beiden Phasen der geschichtlichen Entwicklung sowie des Denkens selbst. Und zwar reduzieren sie sich der Hauptsache nach auf drei:
Das Gesetz des Umschlagens von Quantität in Qualität und umgekehrt;
das Gesetz von der Durchdringung der Gegensätze;
das Gesetz von der Negation der Negation."[20]

2. „Das Gesetz des Umschlagens von Quantität in Qualität"

„Dieses Grundgesetz der materialistischen Dialektik besagt, daß in den Entwicklungsprozessen in der Natur, in der Gesellschaft und im Denken quantitative Änderungen innerhalb einer bestimmten Qualität schließlich zu sprunghaften qualitativen Änderungen, zum Entstehen einer neuen Qualität führen."[21]

„Die *Qualität* der Dinge und Erscheinungen besteht darin, daß sie eine innerlich zusammenhängende, relativ beständige Gesamtheit von Merkmalen darstellen, die sowohl die Spezifik und den Unterschied eines Dinges oder einer Erscheinung gegenüber anderen als auch ihre Ähnlichkeit mit anderen Dingen oder Erscheinungen ausmacht."[22]

„Die Quantität stellt sich dar in Größe, Umfang, Anzahl, Gewicht, räumlicher und zeitlicher Ausdehnung, Grad und Intensität der Veränderung struktureller Anordnung usw. der Dinge und Erscheinungen."[23]

Engels verdeutlicht das Gesagte mehrmals am Beispiel der Abkühlung oder Erhitzung von Wasser:

„Dies ist ganz die Hegelsche Knotenlinie von Maßverhältnissen, wo bloß quantitative Steigerung oder Abnahme an gewissen bestimmten Knotenpunkten einen *qualitativen* Sprung verursacht, z. B. bei erwärmtem oder abgekühltem

Wasser, wo der Siedepunkt und der Gefrierpunkt die Knoten sind, an denen der Sprung in einen neuen Aggregatzustand – unter Normaldruck – sich vollzieht, wo also Quantität in Qualität umschlägt."[24]

Höchst aufschlußreich auch die Beispiele, die Engels unter der Überschrift „Quantität und Qualität" anführt:

Im Anschluß an zwei ausführliche Dühring-Zitate schreibt Engels: „Der Gedankeninhalt der beiden angeführten Stellen faßt sich in dem Satz zusammen, daß Widerspruch = Widersinn ist, und daher in der wirklichen Welt nicht vorkommen kann. Dieser Satz mag für Leute von sonst ziemlich gesundem Menschenverstand dieselbe selbstverständliche Geltung haben wie der, daß gerade nicht krumm und krumm nicht gerade sein kann. Aber die Differentialrechnung setzt, ungeachtet aller Proteste des gesunden Menschenverstandes, Gerade und Krumm unter gewissen Umständen dennoch gleich und erreicht damit Erfolge, die der auf den Widersinn der Identität von Gerade und Krumm sich versteifende gesunde Menschenverstand nie fertigbringt ... Die Bewegung selbst ist ein Widerspruch; sogar schon die einfache mechanische Fortbewegung kann sich nur dadurch vollziehen, daß ein Körper in einem und demselben Zeitmoment an einem Ort und zugleich an einem andern Ort, an einem und demselben Ort und nicht an ihm ist. Und die fortwährende Setzung und gleichzeitige Lösung dieses Widerspruchs ist eben die Bewegung.

Hier haben wir also einen Widerspruch, der ‚in den Dingen und Vorgängen selbst objektiv vorhanden und sozusagen leibhaftig anzutreffen ist' ...

Wenn schon die einfache mechanische Ortsbewegung einen Widerspruch in sich enthält, so noch mehr die höhern Bewegungsformen der Materie und ganz besonders das organische Leben und seine Entwicklung. Wir sahen oben, daß das Leben gerade vor allem darin besteht, daß ein Wesen in jedem Augenblick dasselbe und doch ein anderes ist. Das Leben ist also ebenfalls ein in den Dingen und Vorgängen selbst vorhandener, sich stets setzender und lösender Widerspruch ...“[25]

Auch in der Mathematik „wimmelt es von Widersprüchen. Es ist z. B. ein Widerspruch, daß eine Wurzel von A eine Potenz von A sein soll, und doch ist $A^{\frac{1}{2}} = \sqrt{A}$. Es ist ein Widerspruch, daß eine negative Größe das Quadrat von etwas sein soll, denn jede negative Größe, mit sich selbst multipliziert, gibt ein positives Quadrat. Die Quadratwurzel aus Minus Eins ist daher nicht nur ein Widerspruch, sondern sogar ein absurder Widerspruch, ein wirklicher Widersinn. Und dennoch ist $\sqrt{-1}$ ein in vielen Fällen notwendiges Resultat richtiger mathematischer Operationen; ja, noch mehr, wo wäre die Mathematik, niedre wie höhere, wenn ihr verboten würde, mit $\sqrt{-1}$ zu operieren?“[26]

3. „Das Gesetz von der Durchdringung der Gegensätze“

Eine zusammenhängende Darstellung dessen, was Engels mit diesem „Gesetz“ meint, suchen wir vergebens. In der DDR-amtlichen Darstellung dieses „Gesetzes“ wird Engels auch nur zweimal zitiert. Das eine dieser Zitate führt zu jenem Kapitel, das Engels mit „Dialektik, Quantität und Qualität“ überschrieben hat, das zweite zu den „Materialien zum ‚Anti-Dühring‘“. Folgen wir also dem DDR-Lehrbuch „Dialektischer und historischer Materialismus“.

„Unter den von Marx und Engels aufgedeckten allgemeinen dialektischen Gesetzen der Bewegung und Entwicklung der Natur, der Gesellschaft und des Denkens nimmt das Gesetz der Einheit und des Kampfes der Gegensätze einen besonderen Platz ein. Marx nannte den Widerspruch ‚die Springquelle aller Dialektik'."[27]
„Dieses Grundgesetz der Dialektik deckt die *innere Quelle* aller Bewegung und Entwicklung in der materiellen Welt auf, weist nach, daß diese Bewegung und Entwicklung *Selbstbewegung* und *Selbstentwicklung* ist, und widerlegt ebenso alle metaphysischen Konzeptionen über irgendeinen ‚ersten Anstoß' sowie alle idealistischen Auffassungen, die die Triebkraft der Bewegung und Entwicklung ebenfalls außerhalb der materiellen Prozesse, letztlich in ‚Gott', suchen . . .

Ungeachtet der Resultate der Wissenschaften und der gesellschaftlichen Praxis erklären viele bürgerliche Philosophen auch heute noch, es gäbe in Natur und Gesellschaft keine Widersprüche. Nur im Denken der Menschen könnten Widersprüche auftreten."[28]

„Die wissenschaftliche, dialektisch-materialistische Auffassung vom Widerspruch als Quelle und Triebkraft der Selbstbewegung und Entwicklung in Natur, Gesellschaft und im Denken wurde erst von der Klassenposition der Arbeiterklasse, der einzig konsequent-revolutionären Klasse der bürgerlichen Gesellschaft, aus möglich . . ."
„Wodurch sind die dialektischen Widersprüche in der objektiven Realität charakterisiert? Zunächst läßt sich feststellen, daß sich die Dinge und Erscheinungen in der materiellen Welt voneinander unterscheiden. Unterschiede existieren überall, zwischen allen Erscheinungen und allen Seiten ein und derselben Erscheinung der objektiven Realität. Natürlich gibt es nicht nur Unterschiede zwischen den Dingen und Erscheinungen. Sie weisen auch gleichartige, gemeinsame Züge auf. Es gibt jedoch keine Dinge und Erscheinungen, die absolut gleichartig (identisch) wären."[29]

„Die Seiten eines dialektischen Widerspruchs sind *nicht absolute* Gegensätze – sonst könnte von dialektischen Gegensätzen keine Rede sein. Zwischen ihnen besteht Vermittlung.

So sind körperliche und geistige Arbeit Seiten ein und derselben Erscheinung, ein und desselben sozialen Prozesses, der gesellschaftlichen Produktion. In diesem Sinne schließen die Gegensätze nicht nur einander aus, sondern durchdringen auch einander."[30]

„Die Einheit der Gegensätze ist relativ und zeitweilig. Sie bleibt bestehen, solange der Widerspruch zur Lösung nicht reif ist. Ist der Widerspruch zur Lösung reif, verschwindet die jeweilige Einheit der Gegensätze und macht einer neuen Einheit von Gegensätzen Platz (usw. ohne Ende). Der Kampf der Gegensätze dagegen ist absolut."[31]

„Widersprüchlich ist auch die menschliche Erkenntnis. Sie ist, schrieb Lenin, ‚die ewige, unendliche Annäherung des Denkens an das Objekt'. Die *Widerspiegelung* der Natur im menschlichen Denken ist nicht ‚tot', nicht ‚abstrakt', *nicht ohne Bewegung, nicht ohne Widersprüche,* sondern im ewigen *Prozeß* der Bewegung, des Entstehens der Widersprüche und ihrer Lösung aufzufassen."

„Die dialektischen Widersprüche existieren in allen Grundformen der sich bewegenden Materie, in allen Dingen und Erscheinungen der objektiven Realität. Sie tragen damit allgemeinen Charakter. Die Widersprüche selbst befinden sich ununterbrochen in Entwicklung.

Sie verändern und entwickeln sich entsprechend ihren Existenzbedingungen im Prozeß des Kampfes der Gegensätze. Die gegensätzlichen Seiten und Tendenzen jedes dialektischen Widerspruchs verändern sich und spielen im Entwicklungsprozeß eine unterschiedliche Rolle. Sie erfüllen unterschiedliche Funktionen. Sie sind z. B. entweder Träger des Neuen oder des Alten, des Entwicklungsfähigen oder des Überlebten usw."[32]

4. „Das Gesetz von der Negation der Negation“

Unter der Überschrift „Dialektik. Negation der Negation“ führt Engels aus:

> „Aber was ist denn diese schreckliche Negation der Negation, die Herrn Dühring das Leben so sauer macht, die bei ihm dieselbe Rolle des unverzeihlichen Verbrechens spielt, wie im Christentum die Sünde wider den Heiligen Geist? – Eine sehr einfache, überall und täglich sich vollziehende Prozedur, die jedes Kind verstehen kann, sobald man den Geheimniskram abstreift, unter dem die alte idealistische Philosophie sie verhüllte, und unter dem sie ferner zu verhüllen das Interesse hülfloser Metaphysiker vom Schlage des Herrn Dühring ist. Nehmen wir ein Gerstenkorn. Billionen solcher Gerstenkörner werden vermahlen, verkocht und verbraut, und dann verzehrt.
>
> Aber findet solch ein Gerstenkorn die für es normalen Bedingungen vor, fällt es auf günstigen Boden, so geht unter dem Einfluß der Wärme und Feuchtigkeit eine eigene Veränderung mit ihm vor, es keimt; das Korn vergeht als solches, wird negiert, an seine Stelle tritt die aus ihm entstandene Pflanze, die Negation des Korns. Aber was ist der normale Lebenslauf dieser Pflanze? Sie wächst, blüht, wird befruchtet und produziert schließlich wieder Gerstenkörner, und sobald diese gereift, stirbt der Halm ab, wird seinerseits negiert. Als Resultat dieser Negation der Negation haben wir wieder das anfängliche Gerstenkorn, aber nicht einfach, sondern in zehn-, zwanzig-, dreißigfacher Anzahl.
>
> Getreidearten verändern sich äußerst langsam, und so bleibt sich die Gerste von heute ziemlich gleich mit der von vor 100 Jahren. Nehmen wir aber eine bildsame Zierpflanze, z. B. eine Dahlia oder Orchidee; behandeln wir den Samen und die aus ihm entstehende Pflanze nach der Kunst des Gärtners, so erhalten wir als Ergebnis dieser Negation der Negation nicht nur mehr Samen, sondern auch qualitativ verbesserten Sa-

men, der schönere Blumen erzeugt, und jede Wiederholung dieses Prozesses, jede neue Negation der Negation steigert diese Vervollkommnung. – Ähnlich wie beim Gerstenkorn vollzieht sich hier dieser Prozeß bei den meisten Insekten, z. B. Schmetterlingen; sie entstehen aus dem Ei durch Negation des Eies, machen ihre Verwandlungen durch bis zur Geschlechtsreife, begatten sich und werden wieder negiert, indem sie sterben, sobald der Gattungsprozeß vollendet und das Weibchen seine zahlreichen Eier gelegt hat."[33]

In „Dialektischer und historischer Materialismus" wird ergänzend ausgeführt:

„Das Gesetz der Negation der Negation ist – wie die beiden bisher behandelten dialektischen Grundgesetze – ein allgemeines Bewegungs- und Entwicklungsgesetz der Natur, der Gesellschaft und des Denkens. Während das Gesetz des Umschlagens quantitativer Veränderungen in qualitative und umgekehrt den ‚Mechanismus' des Übergangs von einem alten qualitativen Zustand in einen neuen charakterisiert und das Gesetz der Einheit und des Kampfes der Gegensätze die innere Quelle der Entwicklung bildet, so bestimmt das Gesetz der Negation der Negation vor allem die Richtung der Entwicklung (im Ergebnis eines ganzen Zyklus der Entwicklung). Es schließt den fortschreitenden Charakter der Entwicklung, ihren ‚spiralförmigen' Verlauf, ihre zyklische Gestalt ein."[34]

„Die Negation (lateinisch negare – ablehnen, verneinen) des Alten durch das Neue erfolgt notwendig im Prozeß der Lösung von Widersprüchen, des Umschlagens aus einer Qualität in eine andere. Das Neue (das, was den Entwicklungsbedingungen entspricht) negiert das Alte (das den Entwicklungsbedingungen nicht mehr Entsprechende). Dies gilt für die gesamte objektive Realität."[35]

„Die Schwierigkeit besteht oft darin, daß das Alte sich als ‚Neues' zu maskieren versucht. Vor allem unter antagonistischen Verhältnissen ist das der Fall. Die Maskierung des historisch Überholten als ‚Modernes' und ‚Neues' ist ein charakteristisches ideologisches Mittel der imperialistischen Bourgeoisie im Klassenkampf...

Eine wichtige Aufgabe der politischen Führung durch die Partei der Arbeiterklasse besteht darin, die Keime des Neuen in der gesellschaftlichen Entwicklung überall aufzuspüren, sorgsam zu hegen und zu pflegen. Die Orientierung auf das Neue ist von grundsätzlicher Bedeutung für die gesellschaftliche Position, die ein Mensch in der sozialistischen Gesellschaft einnimmt. Prinzipiell und in erster Linie heißt orientieren auf das Neue, sich auf die Arbeiterklasse zu orientieren, denn sie ist der Repräsentant des Neuen in unserer Epoche."[36]

„In der materiellen Welt zeigt sich, daß die in einem objektiven Bezugssystem eingetretene erste Negation selbst wieder negiert wird und daß hierbei eine *scheinbare* Rückkehr zum Ausgangspunkt eintritt, allerdings bei Aufbewahrung der positiven Züge der bisherigen Entwicklung."

„Die dialektische Negation der Negation enthält also eine gewisse Wiederholung von Zügen und Elementen früherer Entwicklung. Doch ist das keine vollständige, sondern nur eine teilweise Wiederholung; eine Wiederholung nicht sosehr des Wesens als vielmehr der Form."[37]

„Die materialistische Dialektik bejaht durchaus das Vorhandensein von Kreisläufen in der Natur (z. B. den Kreislauf des Wassers). Sie verneint auch nicht den Kreislauf in der unendlichen und ewigen Bewegung der Materie. Die Entwicklung der Materie verläuft nicht nur in aufsteigender Linie, denn das würde das Vorhandensein eines absoluten Anfangs oder Endpunktes der Entwicklung voraussetzen."[38]

5. Freiheit und Notwendigkeit

Das 11. Kapitel von Engels „Anti-Dühring" trägt die Überschrift „Moral und Recht, Freiheit und Notwendigkeit". Wie in den anderen Kapiteln steht auch hier eine zeitbedingte, heute gänzlich belanglose Polemik gegen einen anderen sozialistischen Konkurrenten im Vordergrund.

Bemerkenswert scheint jedoch die Feststellung:

> „Nicht in der geträumten Unabhängigkeit von den Naturgesetzen liegt die Freiheit, sondern in der Erkenntnis dieser Gesetze, und in der damit gegebenen Möglichkeit, sie planmäßig zu bestimmten Zwecken wirken zu lassen. Es gilt dies mit Beziehung sowohl auf die Gesetze der äußern Natur, wie auf diejenigen, welche das körperliche und geistige Dasein des Menschen selbst regeln – zwei Klassen von Gesetzen, die wir höchstens in der Vorstellung, nicht aber in der Wirklichkeit voneinander trennen können. Freiheit des Willens heißt daher nichts anderes als die Fähigkeit, mit Sachkenntnis entscheiden zu können."[39]

In „Ludwig Feuerbach . . ." wird Engels konkreter; der Verlauf der Geschichte wird durch Gesetze bestimmt:

> „Nun aber erweist sich die Entwicklungsgeschichte der Gesellschaft in einem Punkt als wesentlich verschiedenartig von der Natur. In der Natur sind es . . . lauter bewußtlose, blinde Agenzien . . . Dagegen in der Geschichte der Gesellschaft sind die Handelnden lauter mit Bewußtsein begabte, mit Überlegung oder Leidenschaft handelnde, auf bestimmte Zwecke hinarbeitende Menschen; nichts geschieht ohne bewußte Absicht, ohne gewolltes Ziel. Aber dieser Unterschied, so wichtig er für die geschichtliche Untersuchung namentlich einzelner Epochen und Begebenheiten ist, kann nichts ändern an der Tatsache, daß der Lauf der Geschichte durch innere allgemeine Gesetze beherrscht wird . . . Nur selten geschieht das Gewollte, in den meisten Fällen durchkreuzen und widerstreiten sich die vielen gewollten Zwecke oder sind diese Zwecke selbst von vorneherein undurchführbar oder die Mittel unzureichend. So führen die Zusammenstöße der zahllosen Einzelwillen und Einzelhandlungen auf geschichtlichem Gebiet einen Zustand herbei, der ganz dem in der bewußtlosen Natur herrschenden analog ist."[40]

Das DDR-amtliche Lehrbuch macht es noch deutlicher: „All das bedeutet selbstverständlich nicht, daß der Mensch dem Wirken der objektiven Gesetze hilflos ausgeliefert ist. Wie die gesamte gesellschaftliche Praxis beweist, ist der Mensch durchaus in der Lage, die Gesetze planmäßig und bewußt für seine Zwecke auszunutzen. Das setzt allerdings deren Erkenntnis voraus. Ohne ein entsprechendes Wissen von den Gesetzen, auf deren Gewinnung alle wissenschaftliche Tätigkeit gerichtet ist, ist es nicht möglich, die objektiven Gesetze im menschlichen Handeln zielgerichtet auszunutzen."[41]

„Bei allen Bestimmungen, die den objektiven Gesetzen in Natur und Gesellschaft gleichermaßen zukommen, darf jedoch ein wesentlicher Unterschied hinsichtlich ihrer Wirkungsweise nicht außer acht gelassen werden. Die Naturgesetze wirken ohne unser Zutun. Die menschliche Tätigkeit ist keine notwendige Bedingung dafür, daß sie sich durchsetzen. Anders verhält es sich in der Gesellschaft. Hier wirken bewußte Wesen. Alle gesellschaftlichen Prozesse sind das Ergebnis des Handelns der Menschen, die stets mit Bewußtsein und Willen tätig sind. Daraus folgt, daß sich die gesellschaftlichen Gesetze nur in der Tätigkeit von Menschen, von Gruppen, Klassen und Schichten, die sich stets bestimmte Ziele setzen, realisieren. Die Tätigkeit der Menschen ist immer – in jeder ökonomischen Gesellschaftsformation – eine unabdingbare, notwendige und spezifische Wirkungsbedingung der gesellschaftlichen Gesetzmäßigkeiten. Hier knüpften bürgerliche Geschichtsphilosophen und Soziologen an und folgern, die menschliche Geschichte sei, da sie von Menschen gemacht werde, nicht von objektiven Gesetzen beherrscht. Diese Schlußfolgerung ist völlig unbegründet ..."[42]

6. Kritik

In der Darlegung des dialektischen Materialismus zitiert das DDR-amtliche Lehrbuch Lenin, der mit Bezug auf ideologische Gegner glaubt feststellen zu können: „Das ist alles kompletter Unsinn."[43]

Für uns ist Lenin ebensowenig ein Gegner wie Marx oder Engels. Ihre so weit verbreitete, allgemeine Gültigkeit beanspruchende Lehre ist jedoch eine Herausforderung zur kritischen Prüfung aller wesentlichen Punkte. Ein pauschales Unwerturteil „alles kompletter Unsinn" verbietet sich ebenso wie unkritischer Beifall.

a) Dialektik und Fortschritt

Marx verstand sich, wie schon erwähnt, als Dialektiker. Die Dialektik ist, wie Lenin es zutreffend ausdrückt, die „lebendige Seele"[44] des ganzen Marxismus-Leninismus. Der eigentliche „Klassiker" des dialektischen Materialismus ist Friedrich Engels.[45] Eine Fundgrube einschlägiger Äußerungen bildet seine polemische Auseinandersetzung mit dem sozialistischen Zeitgenossen Dühring. Im Vorwort des Instituts für Marxismus-Leninismus beim ZK der SED heißt es:

„Der ‚Anti-Dühring' ist vor allem ein philosophisches Werk."[46] Hat auch Engels seine Überlegungen als Philosophie verstanden? Dagegen spricht seine Feststellung: „Die Dialektik ist aber weiter nichts als die Wissenschaft von den allgemeinen Bewegungs- und Entwicklungsgesetzen der Natur, der Menschengesellschaft und des Denkens."[47] Ferner sein Urteil: „Mit Hegel schließt die Philosophie überhaupt ab . . ."[48] Die Verfrachtung Engels durch die Sowjetideologen aus dem Reich der strengen Wissenschaften in die Philosophie erinnert fatal an Lenin und seinen philosophischen Materiebegriff (siehe Kapitel II 2).

Soll auf diese Weise auch in der Dialektik den Naturwissenschaftlern ein „Off-limits" entgegengehalten werden?

Hegel ist jenes Zwitterwesen, auf das Marx und Engels immer wieder, mal lobend, mal despektierlich hinweisen. Marx spricht vom Sieg „des gesunden Menschenverstandes über die Hegelsche Spekulation."[49] Mal ist Hegel „der Zwerg",[50] mal ein „großer Denker".[51] Freilich, die Dialektik steht bei ihm auf dem Kopf. Man muß sie umstülpen, um den rationellen Kern in der mystischen Hülle zu entdekken.[52]

„So sehr diese Dialektik unbedingt das letzte Wort aller Philosophie ist, so sehr ist es andererseits nötig, sie von dem mystischen Schein, den sie bei Hegel hat, zu befreien."[53] Die Perversion der Hegelschen Dialektik durch Marx und Engels war eine totale, und zwar in zwei Dimensionen: Der Geist wurde durch die Materie, die positive Synthese durch die Negation ersetzt.

Bezeichnend ist, wie Marx Dialektiker wurde und seiner Dialektik Gestalt zu geben suchte. In einem Brief an den Vater vom 10. November 1837 heißt es:

„Ich hatte Fragmente der Hegelschen Philosophie gelesen, deren groteske Felsenmelodie mir nicht behagte ...
Ich schrieb einen Dialog von ungefähr 24 Bogen: ‚Kleanthes, oder vom Ausgangspunkt und notwendigen Fortgang der Philosophie'. Hier vereinte sich einigermaßen Kunst und Wissen, die ganz auseinander gegangen waren, und ein rüstiger Wandrer schritt ich ans Werk selbst, an eine philosophisch-dialektische Entwicklung der Gottheit, wie sie als Begriff an sich, als Religion, als Natur, als Geschichte sich manifestiert. Mein letzter Satz war der Anfang des Hegelschen Systems ..."[54]

Die materialistische Dialektik gilt „als die Wissenschaft von den allgemeinen Bewegungs- und Entwicklungsgesetzen der Natur, der Menschengesellschaft und des Denkens.“[55] „Die materialistische Dialektik versteht unter Entwicklung eine Bewegung in aufsteigender Linie, die Übergänge von niederen zu höheren Qualitäten einschließt, also zur Entstehung von Neuem führt und nicht umkehrbar ist.“[56]

Demnach erscheint die gesamte Geschichte als ein Prozeß des Fortschritts zu Neuem und Höherem. Das aber widerspricht, wie bereits dargelegt (siehe Kapitel II 5), der Annahme, die Welt sei ewig. Denn dann hätte der jetzige Zustand, ja das Non-plus-ultra, schon vor unendlicher Zeit erreicht sein müssen. Das ist so sonnenklar, daß es auch von den Marxisten nicht durchgehend bestritten werden kann. Schon Engels hat das offen eingestanden:

> „Millionen Jahre mögen darüber vergehen ... aber unerbittlich rückt die Zeit heran ... wo nach und nach auch die letzte Spur organischen Lebens verschwindet ...“[57]

Freilich, er tröstet sich und uns mit der Zusicherung, die Talfahrt beginne erst in einer fernen Zukunft:

> „Wir brauchen hier nicht auf die Frage einzugehen, ob diese Anschauungsweise durchaus mit dem jetzigen Stand der Naturwissenschaft stimmt, die der Existenz der Erde selbst ein mögliches, ihrer Bewohnbarkeit aber ein ziemlich sichres Ende vorhersagt, die also auch der Menschengeschichte nicht nur einen aufsteigenden, sondern auch einen absteigenden Ast zuerkennt. Wir befinden uns jedenfalls noch ziemlich weit von dem Wendepunkt, von wo an es mit der Geschichte der Gesellschaft abwärts geht ...“[58]

Woher weiß Engels, daß der Wendepunkt in ferner Zukunft liegt? Die Antwort darauf bleibt er uns schuldig.

Noch drängender aber ist die Frage, warum die Sowjetideologie einerseits vom gesetzmäßigen permanenten Fortschritt spricht und andererseits die durch den Atheismus bedingte Kreisbewegung nicht leugnet? Der Widerspruch wird nicht nur nicht ausgeräumt, er wird vielmehr kultiviert und propagandistisch fortgepflanzt. Grund hierfür ist der Wille, beide Positionen zu besetzen: einerseits die materialistische, andererseits, um die Massen anzulocken, die vom „geschichtlichen Fortschritt der Menschheit zur kommunistischen Völkergemeinschaft".[59]

b) Das Gesetz des Umschlagens von Quantität in Qualität

„Dieses Grundgesetz der materialistischen Dialektik besagt, daß in den Entwicklungsprozessen in der Natur, in der Gesellschaft und im Denken quantitative Veränderungen innerhalb einer bestimmten Qualität schließlich zu sprunghaften qualitativen Änderungen . . . führen."[60]

Das kann nicht überzeugen. Dagegen spricht:

1. Das „Gesetz" kann *keine Allgemeingültigkeit* beanspruchen. Ob ein Gramm Sand oder eine Million Kubikmeter – ein qualitativer Unterschied ist ebensowenig festzustellen wie zwischen dem Wasser in der hohlen Hand eines Kindes und dem Stillen Ozean.

2. Unter allen von den Vertretern des Diamat vorgebrachten Beispielen befindet sich nicht eines, bei dem die neue Qualität einer Daseinsweise höherer Ordnung angehört. Gerade darauf käme es aber entscheidend an. Denn die Dialektik will doch dartun, wie es zur Höherentwicklung im Verlaufe des Geschichtsprozesses gekommen ist.

3. Engels' Beispiel des Gefrierens und Verdunstens von Wasser ist auch sonst recht fragwürdig. Beide Umwandlungen vollziehen sich nicht aufgrund quantitativer Veränderungen des Wassers, sondern der Wassertemperatur. Die Temperatur macht aber weder bei null Grad noch bei hundert irgendwelche Sprünge.

4. Zudem ist weder das Verdunsten noch das Gefrieren ein plötzlicher Vorgang. Dampf ist über dem Wasser stets vorhanden, sonst käme es zum Beispiel nicht zur Wolkenbildung. Bei steigender Temperatur nimmt die Verdunstung zu.

   Das sich abkühlende Wasser erreicht bei vier Grad seine größte Dichte. Dann werden die Moleküle sperriger. Die Eisbildung setzt ein.

„Der Sprung ist der gesetzmäßige Prozeß des Übergangs von einer Qualität zu einer anderen oder höheren ..."[61] Auch hier ist die Verallgemeinerung handgreiflich falsch. Aus dem menschlichen Embryo wird im Verlaufe von weit mehr als einem halben Jahrhundert ein Greis – ganz ohne Sprung.

Oder besteht zwischen Embryo und Greis kein qualitativer Unterschied, jedoch zwischen Wasser und Wasserdampf, zwischen flüssigem und festem Blei?

„Der Sprung . . . ist durch die gesamte vorangegangene quantitative Veränderung vorbereitet worden . . .“ Auch diese Feststellung hält keiner Prüfung stand. Intensive radioaktive Bestrahlung hat gewaltige genetische Veränderungen zur Folge, ohne daß dem allmähliche quantitative Veränderungen vorausgegangen wären.

„Der Sprung . . . bedeutet zugleich das Abbrechen der allmählichen quantitativen Veränderung.“ Wirklich? Die allmähliche quantitative Veränderung findet mit dem „Sprung“ aus Wasserdampf in Wasser, aus Wasser in Eis und umgekehrt nicht ihr Ende. Wasser und Eis werden sich weiter abkühlen, wenn keine wärmespendende Energie vorhanden ist.

Gänzlich indiskutabel ist, was Engels sonst noch zu bieten hat; und es nimmt nicht wunder, daß diese Beispiele nicht einmal andeutungsweise in den neueren Büchern der Sowjetideologie Erwähnung finden.

Erinnert sei an den „Widerspruch“, der sogar an der einfachen Ortsbewegung nachweisbar sein soll.

„Die Bewegung selbst ist ein Widerspruch; sogar schon die einfache mechanische Ortsbewegung kann sich nur dadurch

> vollziehen, daß ein Körper in einem und demselben Zeitmoment an einem Ort und zugleich an einem anderen Ort, an einem und demselben Ort und nicht an ihm ist."[62]

Meint er mit „Zeitmoment" einen Zeitpunkt, so bewegt sich innerhalb dieses Punktes, der begrifflich keine Ausdehnung hat, nichts, kein Lichtstrahl, auch nur einen Millimeter. Meint er jedoch einen Zeitraum, so ist klar, daß ein in Bewegung befindlicher Körper seine Position verändert, selbst eine Schnecke im Bruchteil einer Sekunde. Ein Widerspruch ist in der Wirklichkeit nicht zu entdecken, nur zwischen Wirklichkeit und der Engelsschen Betrachtungsweise.

Keinen Deut besser sein Beispiel des organischen Lebens, wonach „ein Wesen in jedem Augenblick dasselbe und doch ein andres ist. Das Leben ist also ebenfalls ein in den Dingen und Vorgängen selbst vorhandener, sich stets setzender und lösender Widerspruch . . ."[63]

Richtig ist, daß ich heute nicht unter jedem Gesichtspunkt identisch bin mit dem, der ich gestern war. Gestern war ich einen Tag jünger, einige Gramm schwerer oder leichter etc. Die für das Personsein wesentlichen Merkmale sind jedoch identisch. Nur ein begrifflicher Wirrwarr entdeckt Widersprüche, wo keine sind.

Die mathematischen Beispiele sind von gleicher Güte. Es ist zum Beispiel kein Widerspruch, daß $A^{\frac{1}{2}} = \sqrt{A}$, sondern nur eine andere Schreibweise. Die Wurzel aus einer negativen Zahl ist gerade nichts Reales, sondern, wie es ausdrücklich heißt, etwas Imaginäres.

Schließlich ist zu fragen, ob diese Beispiele der realen „Widersprüche“ überhaupt im Zusammenhang mit dem Gesetz „Quantität und Qualität“ anzuführen sind, wie Engels dies getan hat, oder nicht eher unter das zweite oder dritte „Gesetz“ fallen.

c) Das Gesetz von der Durchdringung der Gegensätze

Diesem Gesetz wird in der Sowjetideologie „ein besonderer Platz“[64] eingeräumt. Für Lenin ist es „Kern“ und „Wesen“[65] der Dialektik. Zutreffend, aber zugleich auch trivial, ist die einleitende Bemerkung, „daß sich die Dinge und Erscheinungen in der materiellen Welt unterscheiden.“[66] Das hat noch niemand bezweifelt. Unterschiedliche Seiten, Tendenzen etc., die in dem Verhältnis des wechselseitigen sich Ausschließens und Bedingens stehen, werden Gegensätze genannt. Aber schon das erste und offenbar beste Beispiel verrät die Anfechtbarkeit der ganzen Doktrin. Erbanlage und Umwelteinflüsse sind keine Gegensätze, sondern zwei verschiedene Kräfte, die auf das Lebewesen einwirken, in mancher Hinsicht sich gegenseitig fördern, in mancher hemmen. Von einem „wechselseitigen Ausschließen“ kann offenbar nicht die Rede sein.

Es wird auch nicht dadurch richtig, daß es heißt, „unter dem wechselseitigen Ausschließen unterschiedlicher Seiten, Tendenzen usw.“ sei „zu verstehen, daß sie aktiv verändernd aufeinander einwirken ...“[67] Die Erbanlage wirkt nicht auf die Umwelt und die Umwelt nicht auf die Erbanlage ein, sondern beide beeinflussen die Entwicklung des Lebewesens. Die Einwirkung auf die Erbanlage ist die große Ausnahme.

„Der dialektische Widerspruch ist Einheit und Kampf der Gegensätze“[68], sagt man heute. Dieser scheinbar harmlose Satz hat es in sich. Bei näherem Zusehen straft er Engels’ Feststellungen über die Widersprüche in der Natur und in der Mathematik Lügen, weil, wie oben ausgeführt, diese Beispiele so hoffnungslos unzutreffend sind, weil Widersprüche in der Natur wie in der Mathematik nicht nachgewiesen werden können. Freilich, eine ausdrückliche Distanzierung von Engels unterbleibt. Vielmehr wird so getan, als sei die Lehre unverändert geblieben:

> „Es ist für viele Vertreter der bürgerlichen Philosophie bezeichnend, daß sie dialektische und logische Widersprüche gleichsetzen und von dieser Voraussetzung aus den Kampf gegen die materialistische Dialektik mit der Behauptung führen, der dialektische Materialismus unterstelle eine logische Widersprüchlichkeit in Natur und Gesellschaft. Diese Argumentation entbehrt jeder Grundlage.“[69]

Unter all den Beispielen, die genannt werden, ist nicht eines, das für die Richtigkeit des „Gesetzes“ spricht. Überall werden solche *„dialektische* Widersprüche“ aufgezeigt; aber was beweist die Feststellung: „Ein dialektischer Widerspruch besteht auch zwischen der Unendlichkeit der materiellen Welt und der Endlichkeit unserer Erkenntnis“[70]? Wie gewaltig ist dann erst der „dialektische Widerspruch“ zwischen der Unendlichkeit der materiellen Welt und der Auffassungsgabe niedriger Lebewesen? Diese Philosophie führt doch keinen Schritt weiter, vermittelt keine neuen Erkenntnisse und Einsichten. Wofür ist sie nütze?

Die Einheit der Gegensätze sei relativ und zeitweilig, „sie bleibt bestehen, solange der Widerspruch zur Lösung nicht reif ist. Ist der Widerspruch zur Lösung reif, verschwindet die jeweilige Einheit der Gegensätze und macht einer neuen Einheit von Gegensätzen Platz . . .“[71]

Der Hinweis auf das Beispiel Erbanlage und Umwelt genügt, um die Fragwürdigkeit auch dieser Sätze deutlich werden zu lassen. Selbst wenn man bei besonderen Gegebenheiten von einem Widerstreit zwischen Erbanlage und Umwelt sprechen kann, einen Widerspruch, der zur Lösung reif ist, vermag nicht einmal die Phantasie zu konstruieren, vor allem kein Verschwinden der jeweiligen Einheit der Gegensätze, der Erbanlage oder Umwelt.

d) Negation der Negation

Auf den Sozialisten Proudhon gemünzt, der es gewagt hatte, selbständig zu denken, spöttelte Marx 1847 in „Das Elend der Philosophie“ über das gelehrt klingende Kauderwelsch seines Konkurrenten: „. . . Position, Opposition, Komposition. Um griechisch zu sprechen, haben wir These, Antithese und Synthese. Für die, welche die Hegelsche Sprache nicht kennen, lassen wir die Weihungsformel folgen: Affirmation, Negation, Negation der Negation. Das nennt man Reden. Es ist zwar kein Hebräisch, mit Verlaub des Herrn Proudhon; aber es ist die Sprache dieser reinen, vom Individuum getrennten Vernunft."[72] Doch der Spott über dieses ungewöhnliche Vokabular des Gegners hindert weder ihn noch Engels, ihr System mit den gleichen Worten und Gedankengebilden aufzubauen: „Die Negation ... des Alten durch das Neue erfolgt notwendig im Prozeß der Lösung von Widersprüchen ... Im ewigen Prozeß der Bewegung der materiellen Welt löst ein qualitativer Zustand den anderen ab ..."[73]

Rufen wir uns, damit das Gesagte anschaulich wird, Engels Beispiele ins Gedächtnis: Fällt ein Gerstenkorn „auf günstigen Boden, so geht unter dem Einfluß der Wärme und der Feuchtigkeit eine eigne Veränderung mit ihm vor, es keimt; das Korn vergeht als solches, wird negiert, an seine Stelle tritt die aus ihm entstandne Pflanze, die Negation des Korns."[74]

Aber stimmt das? Vergeht das Korn als solches? Es ändert seine Gestalt, es entfaltet sich. Die Veränderung der Gestalt, die Entfaltung der Anlagen als Negation zu bezeichnen, ist purer Unsinn. Wie oft würde sich der Mensch im Verlaufe seines Lebens negieren? Ist der Säugling die Negation des Embryos, das Kleinkind die Negation des Säuglings?

Die Gerste, die wir heute auf unseren Feldern antreffen, ist ein Entwicklungs- und Zuchtprodukt.

Vom Standpunkt unserer Bedürfnisse aus betrachtet, ist sie wertvoller als ihre Ahnen. Aber sind unsere Bedürfnisse der Maßstab zur Beantwortung der Frage, ob die Gerste heute höherwertig ist? Vielleicht ist sie so degeneriert, daß sie den Lebenskampf auf dem freien Felde ebensowenig durchstehen könnte wie unsere Haustiere. Und wie kommt es, daß trotz angeblicher steter positiver Entwicklung Millionen von Tierarten, zum Beispiel die Dinosaurier, ausgestorben sind?

Auch das Beispiel aus der Mathematik kann nur den überzeugen, der es nicht versteht oder der nicht bereit ist nachzudenken.

> „Nehmen wir eine beliebige algebraische Größe, also a. Negieren wir sie, so haben wir –a (minus a). Negieren wir diese Negation, indem wir – a mit – a multiplizieren, so haben wir + a^2, d. h. die ursprüngliche positive Größe, aber auf einer höhern Stufe, nämlich auf der der zweiten Potenz.“[75]

–a ist nicht die Negation von + a; Null ist die Negation. Minus a ist kein negativer Wert. Wenn es zum Beispiel den Abfluß von Geld ausdrücken soll, so entspricht dem beim Empfänger eine gleichgroße Einnahme. $-a \cdot -a$ entspricht also nicht der Negation der Negation. Schließlich ist das Ergebnis weder qualitativ noch quantitativ höher. 2^2 ist durchaus nichts qualitativ Höherwertiges als $2 \cdot 2$. Auch quantitativ stellt die Potenz keinesfalls notwendig eine Steigerung dar: $0{,}5^2 = 0{,}25$.

Das Neue negiert das Alte, haben wir gehört. Und weiter heißt es im SED-Lehrbuch der Dialektik: „Die Schwierigkeit besteht oft darin, daß das Alte sich als ‚Neues' zu maskieren versucht ... Eine wichtige Aufgabe der politischen Führung durch die Partei der Arbeiterklasse besteht darin, die Keime des Neuen in der gesellschaftlichen Entwicklung überall aufzuspüren, sie sorgsam zu hegen und zu pflegen."[76]

Was das „Alte" ist, das vergehen soll, und was das „Neue" ist, das gehegt werden soll, entscheidet die Partei unter dem Gesichtspunkt ihrer Machterhaltung und Machtentfaltung. Und damit wird deutlich, warum diese „Gesetze" trotz ihrer Wissenschaftsfeindlichkeit mit Zähnen und Klauen verteidigt werden. Sie sind eine Waffe im Kampf um die Macht; sie ermöglichen, trotz aller Irrtümer, stets zu behaupten, man habe recht gehabt und werde weiter recht haben.

Dieses harte Unwerturteil trifft nicht in erster Linie die Marx-Epigonen, sondern Marx und Engels. Schon 1844 erkannte das Arnold Ruge: „Bon! Marx hat das Talent, alles zu behaupten und alles zu beweisen, ein wahrer Eulenspiegel in der Dialektik.[77] Marx selbst: „Es ist möglich, daß ich mich blamiere. Indes ist dann immer mit einiger Dialektik wieder zu helfen. Ich habe natürlich meine Aufstellungen so gehalten, daß ich im umgekehrten Fall auch recht habe."[78]

Des öfteren schreibt er sinngemäß wie folgt: „Was die Entwicklung der *Wertform* betrifft, so habe ich Deinen Rat befolgt und *nicht* befolgt, um mich auch in dieser Hinsicht dialektisch zu verhalten."[79]

„Nehmen wir ein Beispiel. Kein philosophischer Satz hat sosehr den Dank beschränkter Regierungen und den Zorn ebenso beschränkter Liberaler auf sich geladen wie der berühmte Satz Hegels: ‚Alles was wirklich ist, ist vernünftig, und alles was vernünftig ist, ist wirklich.‘

Das war doch handgreiflich die Heiligsprechung alles Bestehenden, die philosophische Einsegnung des Despotismus, des Polizeistaats, der Kabinettsjustiz, der Zensur.... Bei Hegel aber ist keineswegs alles, was besteht, ohne weiteres auch wirklich. Das Attribut der Wirklichkeit kommt bei ihm nur demjenigen zu, was zugleich notwendig ist; ‚die Wirklichkeit erweist sich in ihrer Entfaltung als die Notwendigkeit‘; eine beliebige Regierungsmaßregel – Hegel führt selbst das Beispiel ‚einer gewissen Steuereinrichtung‘ an – gilt ihm daher auch keineswegs schon ohne weiteres als wirklich ...

Nun ist aber die Wirklichkeit nach Hegel keineswegs ein Attribut, das einer gegebenen gesellschaftlichen oder politischen Sachlage unter allen Umständen und zu allen Zeiten zukommt. Im Gegenteil. Die römische Republik war wirklich, aber das sie verdrängende römische Kaiserreich auch. Die französische Monarchie war 1789 so unwirklich geworden, d. h. so aller Notwendigkeit beraubt, so unvernünftig, daß sie vernichtet werden mußte durch die große Revolution ... Hier war also die Monarchie das Unwirkliche, die Revolution das Wirkliche. Und so wird im Laufe der Entwicklung alles früher Wirkliche unwirklich, verliert seine Notwendigkeit, sein Existenzrecht, seine Vernünftigkeit; an die Stelle des absterbenden Wirklichen tritt eine neue, lebensfähige Wirklichkeit – friedlich, wenn das Alte verständig genug ist, ohne Sträuben mit Tode abzugehen, gewaltsam, wenn es sich gegen diese Notwendigkeit sperrt ...“[80]

Die allseitige argumentative Verwendbarkeit der Dialektik stellt auch das hier häufig zitierte Lehrbuch unter Beweis. Es ist erschienen, als die Entspannungseuphorie ihren Höhepunkt erreicht hatte, 1974. Dementsprechend heißt es:

> „Entwicklung wird als Entstehen und Vergehen gefaßt, als Prozeß, der zur Herausbildung von etwas qualitativ Neuem führt. So sehen wir z. B., wie sich gegenwärtig eine qualitativ neue Lage in Europa herausbildet, eine Wende vom kalten Krieg zur Entspannung.“[81]

Die nächste Ausgabe wird dieses Beispiel durch ein anderes ersetzen. Nicht nur Hitler hat auf das kurze Gedächtnis seiner Gefolgsleute vertraut. Übrigens auch die politische Rechte nahm die Dialektik – nicht minder erfolgreich, nicht minder „schlüssig“ in ihre Dienste. Ist nicht die Weltherrschaft des Judentums die Negation des Zustandes der Rassereinheit, der auf höherer Stufe durch die Weltherrschaft der besten Rasse wiederhergestellt werden muß?[82]

e) Freiheit und Notwendigkeit

Angeblich mündet die Menschheitsgeschichte mit absoluter Notwendigkeit in den Sozialismus-Kommunismus. Warum dann hartes Rudern im Dienste der Kommunistischen Partei, wenn der Strom der Zeit ohnehin ins Gelobte Land trägt? Der Sieg ist sicher, daran darf nicht gezweifelt werden, aber auch nicht daran, daß alle Kräfte für den Sieg mobilisiert werden müssen. Das ist ein echter Widerspruch, der aber, weil unerwünscht, im kommunistischen Machtbereich nicht erwähnt werden darf. Auf welche Weise wird der Widerspruch kaschiert? Durch geschicktes Vermengen der Begriffe „Notwendigkeit“ und „Gesetz“.

Notwendig ist, was nicht anders sein kann, wobei zu unterscheiden ist zwischen dem, woran ein einzelner nichts zu ändern vermag, und dem, was die Menschheit als Ganzes hinnehmen muß. Auf den Ablauf vieler Gesetze haben wir keinen Einfluß, zum Beispiel im fernen Weltall. Dieser Gesetzesvollzug ist für uns eine Notwendigkeit. Andere Gesetze hingegen können wir auslösen und steuern. Die Vorgänge in einem Motor sind gesetzmäßig. Deshalb wissen wir auch über die Leistungsfähigkeit genau Bescheid. Die Leistungsfähigkeit ist aber abhängig von der Ausgestaltung des Motors usw., und darauf haben wir bestimmenden Einfluß. Nicht zuletzt ist es uns überlassen, ob wir ihn in Betrieb nehmen oder nicht.

Damit ist alles Wesentliche zu den marxistischen Ausführungen über Freiheit und Notwendigkeit gesagt. Einsicht in die Notwendigkeit ist noch keine Freiheit, auch wenn sich bezüglich dieser Annahme die Marxisten auf Hegel berufen können. Denn das Wissen um meine Vergänglichkeit macht mich nicht frei. Die Kenntnis jener Gesetze, die wir steuern können, macht uns freier. Aber die menschliche Freiheit geht erheblich darüber hinaus. Eine Unzahl höchstpersönlicher Entscheidungen hat nichts zu tun mit der Anwendung von Gesetzen, und doch gehören diese Entscheidungen zum Wesensgehalt der Freiheit.

Obwohl – nach Engels – in der Menschheitsgeschichte „nichts geschieht ohne bewußte Absicht“, ist es „Tatsache, daß der Lauf der Geschichte durch innere allgemeine Gesetze beherrscht wird.“[83] Mit anderen Worten: Die Menschen müssen, ob sie wollen oder nicht, die Voraussetzungen für die kommunistische Revolution schaffen. Als Begründung führt er an, daß die Resultate des Wollens letztlich doch nicht den Absichten entsprechen oder die Absichten den historischen Gesetzen gemäß vorprogrammiert sind. Er und Freund Marx sind es, die diese Gesetze als erste durchschaut haben und daher die Zukunft kennen, worauf unter IV näher einzugehen ist.

In der gegenwärtigen Sowjetideologie nimmt diese Lehre groteske Züge an, so wenn es heißt, „daß die Klasse der Bourgeoisie aufgrund ihres Klasseninteresses nicht in der Lage ist, die Gesetzmäßigkeiten der gesellschaftlichen Entwicklung aufzudekken."[84]

Dazu zwei Einwände:

1. Ein Kollektiv kann nicht denken, kann nicht erkennen. Diese Fähigkeiten sind den einzelnen Menschen vorbehalten. Wenn es keine geistige Selbständigkeit der einzelnen Glieder der Klassen gäbe, wie hätten dann die Bourgeois Marx, Engels, Lenin so ganz den proletarischen Standpunkt einnehmen, ja schlechterdings entscheidend ausformulieren können?

2. Wie verächtlich haben sich alle drei über das Proletariat geäußert![85] „Komplettere Esel als diese deutschen Arbeiter gibt es wohl nicht"[86], meint Marx. Nach Lenin sind die Proletarier ohne geistige Führung durch Bürgerliche nicht einmal in der Lage, über ein gewerkschaftliches Bewußtsein hinauszukommen:

„Wir haben gesagt, daß die Arbeiter ein sozialdemokratisches Bewußtsein *gar nicht haben konnten*. Dieses konnte ihnen nur von außen gebracht werden. Die Geschichte aller Länder zeugt davon, daß die Arbeiterklasse aus eigener Kraft nur ein trade-unionistisches Bewußtsein hervorzubringen vermag . . ."[87]

f) Zusammenfassende Wertung

Am 18. Oktober 1827 unterhielten sich Goethe und Hegel. Goethe brachte das Gespräch auf die Dialektik. „Es ist im Grunde weiter nichts", sagte Hegel, als der geregelte, methodisch ausgebildete Widerspruchsgeist, der jedem Menschen innewohnt, und welche Gabe sich groß erweiset in Unterscheidung des Wahren vom Falschen." „Wenn nur", wandte Goethe ein, „solche geistigen Künste und Gewandtheiten nicht häufig gemißbraucht und dazu verwendet würden, um das Falsche wahr und das Wahre falsch zu machen!" „Dergleichen geschieht wohl", räumte Hegel ein, „aber nur von Leuten, die geistig krank sind."[88]

Ob Hegel wirklich seine innerste Überzeugung ausgesprochen, seine Dialektik auf das „weiter nichts" reduziert hat, ist fraglich. Sicher hingegen ist, daß *diese* Dialektik keine selbständige Wissenschaft, sondern eine Selbstverständlichkeit für jeden Wissenschaftler ist. Er drängt darauf, seine Erkenntnisse und Einsichten mit Kollegen, insbesondere solchen, die anderer Ansicht sind, auszutauschen. („Bitte polemisieren Sie so scharf wie möglich gegen meine Ansichten in den Punkten, wo wir differieren." Eine Bitte von Marx? – ganz ausgeschlossen. Max Weber in einem Brief vom 18. April 1906 an Gottl. Ottilienfeld.) In diesem Sinne ist Dialektik nicht nur unbedenklich, sondern unumgänglich notwendig. Ob durch das vieldeutige Wort „Dialektik" der Gedankenaustausch fruchtbarer wird, ist jedoch zu bezweifeln.

Die materialistische Dialektik hat damit nichts gemein. Im Gegenteil, der Pluralismus wird ausdrücklich verworfen. Im parteiamtlichen Lehrbuch der Dialektik heißt es: „Jede Forderung nach ‚Pluralität', nach Koexistenz mehrerer Weltanschauungen innerhalb der Arbeiterklasse, ist reaktionär, widerspricht den objektiv bedingten Klasseninteressen der Arbeiter und den wissenschaftlichen Prinzipien der marxistisch-leninistischen Theorie."[89]

Die Kritik an der materialistischen Dialektik ergibt:

1. Die „Gesetze" sind schlichte Behauptungen ohne jegliche stichhaltige Beweise.

2. Was Engels an „Beweisen" anzubieten hat, ist indiskutabel.

   Er selbst räumt ein, daß er sich auf diesem Gebiet „höchstens in der Eigenschaft eines Dilettanten . . . bewegen kann",[90] was ihn aber nicht daran hindert, sich auf Hunderten von Seiten mit dem despektierlichen Ton eigener Unfehlbarkeit zu äußern.

Obwohl die Sowjetideologie das Vermächtnis der Klassiker heilig hält und darauf immer wieder hinweist, werden die insbesondere von Engels bemühten Beispiele aus dem Bereich der Naturwissenschaften nahezu gänzlich unterdrückt. Ja man kann nicht umhin festzustellen: „Es versteht sich von selbst, daß in den vergangenen Jahrzehnten einer stürmischen und revolutionären Entwicklung aller Naturwissenschaften einzelne Details der 'Dialektik der Natur' und vor allem jenes Tatsachenmaterial, auf das sich Engels stützte, überholt sind."[91]

3. Obwohl es heißt, die materialistische Dialektik sei „die einzige wissenschaftliche weltanschauliche Grundlage für die Entwicklung der Natur- und der Gesellschaftswissenschaften",[92] gibt es in Ost und West keinen Naturwissenschaftler, der die „Gesetze" der Dialektik bei seinen Forschungen benutzt.[93] Sie sind nicht nur unwissenschaftlich, sondern wissenschaftsfeindlich und haben beispielsweise dazu geführt, daß sowohl Einsteins Relativitätstheorie als auch die Kybernetik jahrelang in der Sowjetunion abgelehnt werden mußten, ein Faktum, das man heute schamhaft verschweigt. Man geht sogar soweit, den Eindruck zu erwecken, als seien diese epochalen Erkenntnisse auf Engels Mist gewachsen:

> „Einsteins Relativitätstheorie konkretisiert die Thesen von Engels über Materie, Bewegung, Raum und Zeit ... Am Beispiel der Kybernetik und vieler neu entstandener Zweige der Naturwissenschaft, wie der physikalischen Chemie ..., bestätigt sich voll und ganz die Voraussage von Engels ..."[94]

Wir dürfen sicher sein, daß Engels an seine dialektischen „Gesetze“ geglaubt hat, und ebenso sicher, daß die Sowjetideologen nicht daran glauben. Den offenen wissenschaftlichen Dialog müssen sie scheuen. Wie aber können sie denen, die gezwungen sind, ein gläubiges Ja zu sprechen, plausibel machen, daß der Diamat im Westen nicht ernstgenommen wird?

Der Fehler der Antikommunisten sei das „objektivistische Herangehen“ an den Diamat, lautet die Begründung:

> „Man kann heute feststellen, daß gerade das objektivistische Herangehen zu einem festen Bestandteil der antikommunistischen Manipulation geworden ist, und man kann nicht deutlich genug herausarbeiten, wie dieser Mechanismus funktioniert, um auch den Versuchen der ideologischen Aufweichung des sozialistischen Bewußtseins zu begegnen.“[95]

Auch diese Methode, den Gegnern den „Objektivismus“ anzukreiden, hat eine geheiligte Tradition:

> „. . . nur vom Standpunkt der Interessen der Arbeiterklasse, nur durch die Parteinahme für die Arbeiterklasse, ist die wissenschaftliche Erkenntnis der Gesellschaft in ihrem allgemeinen, objektiv gesetzmäßigen Zusammenhang, ist die richtige Orientierung des revolutionären Handelns und die erfolgreiche praktische Veränderung der Gesellschaft in Richtung auf die klassenlose kommunistische Gesellschaft möglich. ‚Die Parteilosigkeit‘, schreibt Lenin, ‚ist in der bürgerlichen Gesellschaft nur ein heuchlerischer, verhüllter, passiver Ausdruck der Zugehörigkeit zur Partei der Satten, zur Partei der Herrschenden, zur Partei der Ausbeuter, Parteilosigkeit ist eine bürgerliche Idee.‘“[96]

Noch unverhüllter das Vorwort des Instituts für Marxismus-Leninismus beim ZK der KPdSU:

> „Das Buch von Engels ist ein Musterbeispiel für die Anwendung des marxistischen Prinzips der Parteilichkeit in der Philosophie."[97]

> Wer im Machtbereich der kommunistischen Parteien dennoch objektiv sein möchte, setzt sich dem existenzvernichtenden Vorwurf aus, zur „Partei der Satten . . . zur Partei der Ausbeuter" zu gehören.

Nicht die Wahrheit ist gefragt, auch nicht das Streben nach Objektivität, sondern der Standpunkt der Partei; und trotzdem wird die Tugend der Wahrhaftigkeit, die der Sowjetideologe verwerfen muß, um sein ideologisches Fundament nicht zu gefährden, allen anderen abgesprochen.

Die Marxisten lieben nicht den Irrtum des Irrtums wegen, sondern sie lieben die Macht. Dialektisch gesprochen: Der Unsinn der materialistischen Dialektik hat einen tiefen Sinn. Er besteht darin, daß der, der dialektisch argumentiert, immer recht behält. Es ist für die geistige Auseinandersetzung ungemein wichtig, sich die drei dialektischen Tricks zu vergegenwärtigen:

1. Die Behauptung, daß in allen Dingen und Erscheinungen widersprüchliche Elemente stekken. Je nach Bedarf wird das eine oder das andere Element aus dem Zylinder gezaubert. Im Kampf um das Selbstbestimmungsrecht fremder Völker wird die Souveränität der sozialistischen Staaten betont. Besinnt sich einer davon auf die-

se Parole und will einen eigenen Weg im Sozialismus gehen, folgt unter Hinweis auf das Element der brüderlichen Verbundenheit die Androhung des Einmarsches der Roten Armee.

2. Die Behauptung, das Neue negiere das Alte, verbunden mit der Einschränkung, daß sich historisch überholtes als „Neues“ kaschieren kann. Die Partei prüft dann, ob eingetretene Veränderungen Neues oder Altes verkörpern.

Welche Partei? – Die Kommunistische!

Nein, nicht jede, sondern die KPdSU, ist es doch keine wissenschaftliche, sondern eine nackte Machtfrage (DDR 1953, Ungarn 1956, CSSR 1968, Polen 1980).

3. Die Dialektik, die „Negation der Negation“, wird als „eine sehr einfache, überall und täglich sich vollziehende Prozedur, die jedes Kind verstehen kann“[98] hingestellt. Wer es dennoch wagt, kritisch zu fragen, stempelt sich damit zum Idioten, denn er beweist, daß er geistig weniger entwickelt ist als ein Kind.

Engels irrt, wenn er meint, die materialistische Dialektik sei „unsere schärfste Waffe“.[99] Die sozialistische Staatengemeinschaft wird nicht durch die Dialektik, sondern durch die Rote Armee zusammengehalten. Die Dialektik dient nur dazu, den rücksichtslosen Machtmißbrauch zu übertünchen.

Betrüblich ist nicht so sehr, daß der Unsinn der materialistischen Dialektik in die Welt gesetzt worden ist. Betrüblicher ist schon, daß soviele, weil sie ihn nicht durchschauen, Beifall klatschen. Am betrüblichsten aber, daß Millionen Menschen genötigt werden, den Unsinn als geistige Großtat anzubeten.

An letzterem können wir in absehbarer Zeit nicht viel ändern. Aber bürgerliche Wissenschaftler tragen Mitschuld daran, daß an unseren Universitäten immer noch junge Menschen von der materialistischen Dialektik schwärmen. Nach der Lektüre meines Buches „Warum fasziniert der Kommunismus?“ meinte ein sehr namhafter Kollege und Marxismusforscher, er sehe es ebenso, würde aber in einem Buche, das Anspruch auf Wissenschaftlichkeit erhebe, nie so harte Urteile aussprechen.

Ich meine, die Härte des Urteils muß der Deutlichkeit der Erkenntnis entsprechen. Vorsichtiges Lavieren gibt dem Irrtum neue Nahrung. Vorbildlich ist für mich Ernst Topitsch, der seine Abhandlung „Dialektik – Politische Wunderwaffe?“ mit den Worten abschließt:

„Während die Linke jedes sachlich auch noch so wenig begründete Argument mit äußerster Folgerichtigkeit ausschlachtet, wenn sie sich davon propagandistische Vorteile erwartet, scheint die bürgerliche Seite in einer Art von narkotischem Tiefschlaf gar nicht zu bemerken, aus welcher Position sachlicher Stärke sie die Auseinandersetzung mit ihren Gegnern führen könnte. Sie verläßt sich offenbar darauf, daß die Wahrheit sich von selbst durchsetzen wird. Doch das ist zumal in politisch relevanten Fragen ein höchst verhängnisvoller Irrtum, der nur denen in die Hände arbeitet, die hinter der Maske der Befreiung und Beglückung der Menschheit deren totale Unterwerfung anstreben.“[100]

IV. Menschheitsgeschichte als Abfolge von Notwendigkeiten – Der historische Materialismus

1. Wesen und Bedeutung der Marxschen Geschichtslehre

Als Atheist war Marx Materialist. Hegels Dialektik faszinierte ihn auf seine Weise. Engels Naturdialektik billigte er. Doch ausführlicher ist er auf diese Themen nicht eingegangen, insbesondere kann sich keine dieser Auffassungen auf Marx als Urheber berufen. Anders verhält es sich mit dem historischen Materialismus (Histomat). Insofern ist Marx der Baumeister, der vorhandenes Material in eigenwilliger, origineller Weise zusammengefügt hat.[1] Freilich, auch diesbezüglich gibt es keine längeren Abhandlungen aus seiner Feder, was, wenn wir uns die Fülle seiner schriftlichen Äußerungen vergegenwärtigen und seinen Anspruch, das Gesetz der Geschichte erkannt zu haben,[2] doch sehr überrascht. Andererseits ist Engels beizupflichten, der behauptet, Marx habe „kaum etwas geschrieben, wo sie [seine Geschichtsauffassung] nicht eine Rolle spielt."[3]

Worum geht es im Histomat? „Er beantwortet", so heißt es seitens der SED, „die Grundfrage der Philosophie in bezug auf Gesellschaft und ihre Geschichte, die Frage nach dem Verhältnis von gesellschaftlichem Sein und gesellschaftlichem Bewußtsein, dialektisch-materialistisch. Er erforscht von dieser philosophischen Grundposition aus die allgemeinen Gesetze der gesellschaftlichen Entwicklung."[4]

Vollzieht sich die Menschheitsgeschichte gesetzmäßig, und ist es Marx gelungen, dieses Gesetz zu entdecken? Die Meinungen sind sehr geteilt, wie Kolakowski betont:

> „Es gibt nur wenige Texte in der Geschichte des menschlichen Denkens, die eine derartige Menge von Polemik, Widerspruch und zerstrittenen Interpretationen ausgelöst haben wie eben dieser Text",[5] die klassische Formulierung des Histomat durch Marx.

Paul Lafargue, ein Schwiegersohn von Marx, gehört zum großen Kreis jener, die den Histomat mit überschwenglichen Worten bewundern:

> „Hauptsächlich bedaure ich den Verlust jener Notizen, die ich mir an jenem Abend machte, als Marx mir mit jener Fülle von Beweisen und Reflexionen, die nur ihm eigen war, seine geniale Theorie von der Entwicklung der menschlichen Gesellschaft dargelegt hatte. Es war, als zerrisse ein Schleier vor meinen Augen; zum ersten Male empfand ich klar die Logik der Weltgeschichte und konnte ich die dem Anscheine nach so widerspruchsvollen Erscheinungen der Entwicklung der Gesellschaft und der Ideen auf ihre materiellen Ursachen zurückführen. Ich war davon wie geblendet, und jahrelang blieb mir dieser Eindruck. Dieselbe Wirkung hatte es auf die Madrider Sozialisten, als ich ihnen mit meinen schwachen Mitteln diese Theorie entwickelte, die großartigste der Marxschen Theorien und zweifellos eine der großartigsten überhaupt, die das menschliche Hirn je erdachte."[6]

Ganz konträr Walter Theimer, der den „Historiker" Marx mit dem Riesen Prokrustes vergleicht:

> „Alle diese Geschichts-Sinngeber haben natürlich mit der Schwierigkeit zu kämpfen, daß die Geschichte neben dem Material, das ihre Thesen zu bestätigen scheint, mindestens ebensoviel Material bietet, das diesen Thesen sichtlich widerspricht. Sie helfen sich durch entsprechende Filtrierung des geschichtlichen Tatsachenmaterials. Sie lassen weg, was nicht zu ihrer Lehre paßt, und richten das volle Scheinwerferlicht auf jene ausgewählten Tatsachen, die im Einklang mit ihrer These stehen; im Notfall werden diese entsprechend überbetont oder breit ausgewalzt, so daß anscheinend nichts mehr daneben erforderlich ist. Der Riese Prokrustes machte es in der klassischen Sage ebenso mit seinen Gästen; waren sie für sein Bett zu lang, so schnitt er die überstehenden Gliedmaßen weg, waren sie aber zu kurz, so dehnte er sie gewaltsam, bis sie in das Bett hineinpaßten. Auch den Schöpfern des Marxismus war dieses Verfahren nicht fremd."[7]

Wie lauten die Thesen und Texte, die das Marxsche Geschichtsbild wiedergeben?

2. Das „gesellschaftliche Sein"

Der namhafte Kultursoziologe Alexander Rüstow zitiert in seinem Buche „Ortsbestimmung der Gegenwart" Karl Marx: „Es ist nicht das Bewußtsein des Menschen, das ihr Sein, sondern umgekehrt ihr gesellschaftliches Sein, das ihr Bewußtsein bestimmt" und meint, Marx habe sich mit dieser Formulierung zum Begründer der historischen Soziologie gemacht, mindestens Auguste Comte ebenbürtig. Auch Karl Popper zeigt sich von diesem „Epigramm" tief beeindruckt.[8] Aber ist es wirklich ein Epigramm?

Es lohnt sich, Rüstows Begründung seines überschwenglichen Lobes genauer zu betrachten.

„Das eigentliche Reale, die wirkliche Wirklichkeit, das dem Menschen als Ausgangspunkt und Grundlage unmittelbar Gegebene, ist weder, wie für den Idealismus, der Geist, noch, wie für den Materialismus, der Stoff, sondern unser tägliches Leben, das wirkliche konkrete Sein des Menschen als Gemeinschaftswesen, als gesellig lebendes Tier, als ζῷον πολιτικόν, der Alltag, wie er sich täglich und stündlich vor unser aller Augen abspielt, die gleiche gesellschaftliche Realität, wie sie in der realistischen Malerei und in dem realistischen Gesellschaftsroman der gleichen Zeit den Gegenstand der Darstellung bildet, während sie bis dahin weder für die Kunst noch für die Wissenschaft als würdiger Gegenstand ernsthaft sachlicher Beschäftigung gegolten hatte, vielmehr aus einer Art von sozialer Prüderie verdrängt worden war. Im Gegensatz zum Idealismus nennt Marx das Materialismus, irreführender Weise, und Lenin und Stalin sind dieser vulgären Irreführung tatsächlich erlegen und haben sie zum Dogma des bolschewistischen Glaubensbekenntnisses erhoben. In Wirklichkeit hat diese Anschauung mit Materialismus im naturphilosophischen Sinne unmittelbar nicht das geringste zu tun, und man würde sie zutreffender soziologischen Realismus oder soziologische Geschichtsauffassung nennen . . .

Da in diesem berühmten Satz das ‚gesellschaftliche Sein' des Menschen genau den Bereich deckt, der den Gegenstand der Soziologie bildet, so ist hier in der Tat zum ersten Mal ausdrücklich – und mit genialer Kühnheit des Wurfs – die Aufgabe der Kultursoziologie bezeichnet.

Diese soziologische Geschichtsauffassung bedeutet einen ungeheueren und grundlegenden wissenschaftlichen Fortschritt von äußerster Fruchtbarkeit, wodurch sich Marx als Begründer der historischen Soziologie mindestens ebenbürtig neben Comte als Begründer der systematischen stellt. Was seitdem in historischer Soziologie einschließlich Religionssoziologie, Wissenssoziologie usw. geleistet worden ist, verdankt ihm Entscheidendes und wäre ohne ihn nicht möglich gewesen. Wir historischen Soziologen sind letzten Endes sämtlich seine Schüler, wie auch immer wir seine politische Zielsetzung beurteilen mögen."[9]

Rüstow deutet jedoch den „berühmten" Satz offenbar unrichtig. Das folgt meines Erachtens nicht nur aus der Summe der Marxschen Lehre, sondern auch aus dem unmittelbaren Kontext dieses Satzes. Entscheidend für das menschliche Bewußtsein ist nach Marx nicht der menschliche Alltag mit seinen Höhen und Tiefen, seinen Freuden und Leiden, wie Rüstow Marx deutet, sondern nur ein Ausschnitt daraus, nämlich das Erwerbsleben. Aber auch dieses nicht generell, vielmehr die Eigentumsfrage: Ist der Arbeiter Eigentümer der Rohstoffe, der Maschinen, der Produkte? – ein Aspekt, den Rüstows Deutung gar nicht erwähnt.[10] Für Marx ist die Abschaffung des Eigentums an den Produktionsmitteln der Dreh- und Angelpunkt der Geschichte.

Die Marxschen Ausführungen sind diesbezüglich von seltener Deutlichkeit. Schon im „Kommunistischen Manifest" steht: „Eure Ideen selbst sind Erzeugnisse der bürgerlichen Produktions- und Eigentumsverhältnisse."[11]

Wenig später schreibt er:
„Die gesellschaftlichen Verhältnisse, worin die Individuen produzieren, *die gesellschaftlichen Produktionsverhältnisse ändern sich also, verwandeln sich mit der Veränderung und Entwicklung der materiellen Produktionsmittel, der Produktionskräfte. Die Produktionsverhältnisse in ihrer Gesamtheit bilden das, was man die gesellschaftlichen Verhältnisse, die Gesellschaft nennt, und zwar, eine Gesellschaft auf bestimmter, geschichtlicher Entwicklungsstufe,* eine Gesellschaft mit

eigentümlichem, unterscheidendem Charakter. Die *antike* Gesellschaft, die *feudale* Gesellschaft, die *bürgerliche* Gesellschaft sind solche Gesamtheiten von Produktionsverhältnissen, deren jede zugleich eine besondre Entwicklungsstufe in der Geschichte der Menschheit bezeichnet."[12]

Einleitend zu der „klassischen Stelle“, die den von Rüstow zitierten Satz einschließt, zeigt Marx, daß der Gedanke, den Rüstow ihm zuordnet, von Hegel und anderen stammt, daß er selbst diesen Gedanken nur in erheblich eingeschränkter Fassung akzeptiert: „Meine Untersuchung mündete in dem Ergebnis, daß Rechtsverhältnisse wie Staatsformen weder aus sich selbst zu begreifen sind, noch aus der sogenannten allgemeinen Entwicklung des menschlichen Geistes, sondern vielmehr in den materiellen Lebensverhältnissen wurzeln, deren Gesamtheit Hegel, nach dem Vorgang der Engländer und Franzosen des 18. Jahrhunderts, unter dem Namen ‚bürgerliche Gesellschaft‘ zusammenfaßt, daß aber die Anatomie der bürgerlichen Gesellschaft in der politischen Ökonomie zu suchen sei. Die Erforschung der letztern, die ich in Paris begann, setzte ich fort zu Brüssel, wohin ich infolge eines Ausweisungsbefehls des Herrn Guizot übergewandert war. Das allgemeine Resultat, das sich mir ergab und, einmal gewonnen, meinen Studien zum Leitfaden diente, kann kurz so formuliert werden: Die Produktionsweise des materiellen Lebens bedingt den sozialen, politischen und geistigen Lebensprozeß überhaupt. Es ist nicht das Bewußtsein der Menschen, das ihr Sein, sondern umgekehrt ihr gesellschaftliches Sein, das ihr Bewußtsein bestimmt. Auf einer gewissen Stufe ihrer Entwicklung geraten die materiellen Produktivkräfte der Gesellschaft in Widerspruch mit den vorhandenen Produktionsverhältnissen oder, was nur ein juristischer Ausdruck dafür ist, mit den Eigentumsverhältnissen, innerhalb deren sie sich bisher bewegt hatten. Aus Entwicklungsformen der Produktivkräfte schlagen diese Verhältnisse in Fesseln derselben um. Es tritt dann eine Epoche sozialer Revolution ein. Mit der Veränderung der ökonomischen Grundlage wälzt sich der ganze ungeheure Überbau langsamer oder rascher um. In der Betrachtung solcher Umwälzungen muß man stets unterscheiden zwischen der materiellen, naturwissenschaftlich treu zu konstatierenden Umwälzung in den ökonomischen Produktionsbedingungen und den juristischen, politischen, religiösen, künstlerischen oder philosophischen, kurz, ideologischen Formen, worin sich die Menschen dieses Konflikts bewußt werden und ihn ausfechten. So wenig man das, was ein Individuum ist, nach dem beurteilt, was es sich selbst dünkt, ebensowenig kann man eine solche Umwälzungsepoche aus ihrem Bewußtsein beurteilen, sondern muß vielmehr dies Bewußtsein aus den Widersprüchen des materiellen Lebens, aus dem vorhandenen Konflikt zwischen gesellschaftlichen Produktivkräften und Produktionsverhältnissen erklären.[13]

Ein etwas besserer Schachzug wäre es gewesen, hätte Rüstow für seine Marx-Eloge jene der „Thesen über Feuerbach" zitiert, in der es heißt: „Aber das menschliche Wesen ist kein dem einzelnen Individuum innewohnendes Abstraktum. In seiner Wirklichkeit ist es das ensemble der gesellschaftlichen Verhältnisse."[14] Doch auch dann müßte sich Rüstow mit dem Einwand auseinandersetzen, daß Marx etwa zur gleichen Zeit bei anderer Gelegenheit diese Stelle erheblich relativiert, indem er das Gesagte dahingehend präzisiert: „Übrigens ist es ganz einerlei, was das Bewußtsein alleine anfängt, wir erhalten aus diesem ganzen Dreck nur das eine Resultat, daß diese drei Momente, die Produktionskraft, der gesellschaftliche Zustand und das Bewußtsein, in Widerspruch untereinander geraten können und müssen, weil mit der *Teilung der Arbeit* die Möglichkeit, ja die Wirklichkeit gegeben ist, daß die geistige und materielle Tätigkeit – daß der Genuß und die Arbeit, Produktion und Konsumtion, verschiedenen Individuen zufallen, und die Möglichkeit, daß sie nicht in Widerspruch geraten, nur darin liegt, daß die Teilung der Arbeit wieder aufgehoben wird ... Mit der Teilung der Arbeit, in welcher alle diese Widersprüche gegeben sind und welche ihrerseits wieder auf der naturwüchsigen Teilung der Arbeit in der Familie und der Trennung der Gesellschaft in einzelne, einander entgegengesetzte Familien beruht, ist zu gleicher Zeit auch die Verteilung, und zwar die *ungleiche,* sowohl quantitative wie qualitative Verteilung der Arbeit und ihrer Produkte gegeben, also das Eigentum, das in der Familie, wo die Frau und die Kinder die Sklaven des Mannes sind, schon seinen Keim, seine erste Form hat. Die freilich noch sehr rohe, latente Sklaverei in der Familie ist das erste Eigentum, das übrigens hier schon vollkommen der Definition der modernen Ökonomie entspricht, nach der es die Verfügung über fremde Arbeitskraft ist. Übrigens sind Teilung der Arbeit und Privateigentum identische Ausdrücke – in dem Einen wird in Beziehung auf die Tätigkeit dasselbe ausgesagt, was in dem Andern in bezug auf das Produkt der Tätigkeit ausgesagt wird."[15]

Ergebnis: Das gesellschaftliche Sein ist für Marx die Produktionsweise. Das entspricht auch der sowjetamtlichen Interpretation.[16] Hätte Marx nicht selbst ausgeführt, was er letztlich mit „gesellschaftlichem Sein" meint, könnte recht Gegensätzliches hineininterpretiert werden, zum Beispiel mein Leben in der Gesellschaft oder die Gesamtheit des gesellschaftlichen Geflechts, das mich umgibt, oder: „Sage mir, mit wem du umgehst, und ich sage dir, wer du bist." Ohne nähere Bestimmung wäre der Satz kaum mehr als ein Orakelspruch.

Bemerkenswert erscheint auch, daß Engels glaubt, das Eigenschaftswort „gesellschaftlich" unbedenklich weglassen zu können:

„Es zeigt sich aber auch sofort bei näherer Betrachtung, daß der anscheinend so einfache Satz, daß das Bewußtsein der Menschen von ihrem Sein abhängt und nicht umgekehrt . . ."[17]

3. Basis und Überbau

Zu den „Brennstäben" der Marxschen Theorie zählen die Worte Basis und Überbau, Produktivkräfte und Produktionsverhältnisse. Auch wenn uns Marx diesbezüglich keine systematische Abhandlung bietet, wird doch hinlänglich klar, was mit den genannten Worten gesagt sein soll.

Produktivkräfte sind alle jene Kräfte, die der Mensch zur Gewinnung seiner Lebensmittel einsetzt, die geistigen (Verstand und Erfahrung), die physischen (Arbeitskraft) und die in Werkzeug und Maschinen vergegenständlichten geistig-physischen Kräfte (Arbeitsgerät).

Übereinstimmend heißt es im DDR-amtlichen Lehrbuch:

„Die Produktivkräfte der Gesellschaft sind jene Kräfte, die die Menschen entwickeln und einsetzen, um ihren Stoffwechsel mit der Natur zu vollziehen, um ihr materielles Leben zu produzieren und zu reproduzieren."[18]

Produktionsverhältnisse sind die Rechtsbeziehungen der am Produktionsprozeß beteiligten Menschen zu den Rohstoffen, den Arbeitsgeräten und den Arbeitsprodukten. Marx nennt die Produktionsverhältnisse auch „Eigentumsverhältnisse“[19], doch ist diese Sicht wohl zu eng. Die schuldrechtlichen Beziehungen zwischen den Arbeitern einerseits, von Marx unmittelbare Produzenten genannt, und den Eigentümern der Rohstoffe und Arbeitsprodukte, insbesondere der Arbeitsgeräte andererseits, zählen hierher.

Auch insofern übereinstimmend schreibt das Lehrbuch: „Ausgangspunkt der Produktion und damit auch der Produktionsverhältnisse ist die Verbindung der unmittelbaren Produzenten mit den Produktionsmitteln, ohne die die Produktion nicht stattfinden kann. Der jeweils herrschende Typ des Eigentums an den Produktionsmitteln stellt sich deshalb zunächst in einer bestimmten gesellschaftlichen Form der Verbindung dieser beiden notwendigen Momente jeder Produktion dar.“[20]

Karl Marx: „Die besondre Art und Weise, worin diese Verbindung bewerkstelligt wird, unterscheidet die verschiednen ökonomischen Epochen der Gesellschaftsstruktur.“[21]

Machen wir uns das Gesagte anhand von Beispielen klar. Der Sklave ist weder Herr der Rohstoffe noch der Arbeitsgeräte oder Arbeitsprodukte. Insofern gleicht er dem Leibeigenen und dem Arbeiter im Kapitalismus. Die Rechtsposition des Leibeigenen ist jedoch dadurch besser, daß der Feudalherr keine unbeschränkte Verfügungsmacht über ihn hat. Noch besser stellt sich – in rechtlicher Hinsicht – der moderne Arbeiter, da er über seine Arbeitskraft frei verfügen, das heißt Arbeit und Arbeitsplatz wählen und verlassen kann.

Basis, auch Produktionsweise genannt, ist die von Marx gewählte Bezeichnung für die Gesamtheit der Produktionsverhältnisse.

Als *Überbau* bezeichnet Marx die rechtliche und politische Ordnung eines Gemeinwesens. Zum Überbau zählen vor allem Kunst, Kultur, Moral, Philosophie, Religion.

In der sogenannten klassischen Formulierung des historischen Materialismus hat Marx diese Ansicht in folgende Worte gekleidet:

> „In der gesellschaftlichen Produktion ihres Lebens gehen die Menschen bestimmte, notwendige, von ihrem Willen unabhängige Verhältnisse ein, Produktionsverhältnisse, die einer bestimmten Entwicklungsstufe ihrer materiellen Produktivkräfte entsprechen. Die Gesamtheit dieser Produktionsverhältnisse bildet die ökonomische Struktur der Gesellschaft, die reale Basis, worauf sich ein juristischer und politischer Überbau erhebt und welcher bestimmte gesellschaftliche Bewußtseinsformen entsprechen."[22]

Wenn wir die diesem Zitat folgenden, bereits in anderem Zusammenhang angeführten Sätze mit berücksichtigen, wonach die Produktionsweise den sozialen, politischen und geistigen Lebensprozeß bedingt und nicht umgekehrt, wird klar, daß Basis und Überbau zueinander im Verhältnis von Ursache und Wirkung stehen.

Bemerkenswert ist ferner, daß es sich dabei um eine Konstante im Denken von Marx handelt und er diese Gedanken schon 14 Jahre früher, 1845, fast wortgleich zu Papier gebracht hat:

„Die Moral, Religion, Metaphysik und sonstige Ideologie und die ihnen entsprechenden Bewußtseinsformen behalten hiermit nicht länger den Schein der Selbständigkeit. Sie haben keine Geschichte, sie haben keine Entwicklung, sondern die ihre materielle Produktion und ihren materiellen Verkehr entwickelnden Menschen ändern mit dieser ihrer Wirklichkeit auch ihr Denken und die Produkte ihres Denkens. Nicht das Bewußtsein bestimmt das Leben, sondern das Leben bestimmt das Bewußtsein."[23]

Auch eine Reihe anderer Aussprüche drängen zu der Annahme, daß Marx die Basis als Fundament betrachtet hat, mit dem die Menschheitsgeschichte steht und fällt:

„Der *Kommunismus* ist deswegen unserm Heiligen unbegreiflich, weil die Kommunisten weder den Egoismus gegen die Aufopferung noch die Aufopferung gegen den Egoismus geltend machen und theoretisch diesen Gegensatz weder in jener gemütlichen noch in jener überschwenglichen, ideologischen Form fassen, vielmehr seine materielle Geburtsstätte nachweisen, mit welcher er von selbst verschwindet."[24]

Aussprüche von Engels weisen in die gleiche Richtung, z. B.: „Hiernach erschien jetzt der Sozialismus nicht mehr als zufällige Entdeckung dieses oder jenes genialen Kopfs, sondern als das notwendige Erzeugnis des Kampfes zweier geschichtlich entstandenen Klassen, des Proletariats und der Bourgeoisie."[25]

Wir müssen zur Kenntnis nehmen, daß Marx gelegentlich auch das Gegenteil behauptet, so in den Thesen über Feuerbach, nämlich, „daß die Umstände von den Menschen verändert ... werden."[26]

Engels meint dazu: „... rasch hingeschrieben ..."[27] Und in der Tat, nach 1847 hat er sich offenbar festgelegt.

Marx und Engels betonen immer wieder, daß die Produktionsverhältnisse nicht den Produktivkräften davonlaufen können. Versuchen sie es dennoch, hat es furchtbare Konsequenzen:

„Die sozialen Verhältnisse sind eng verknüpft mit den Produktivkräften. Mit der Erwerbung neuer Produktivkräfte verändern die Menschen ihre Produktionsweise . . .[28]

„In der Wirklichkeit trug sich die Sache natürlich so zu, daß die Menschen sich jedes Mal so weit befreiten, als nicht ihr Ideal vom Menschen, sondern die existierenden Produktivkräfte ihnen vorschrieben und erlaubten. Allen bisherigen Befreiungen lagen indes beschränkte Produktivkräfte zugrunde, deren für die ganze Gesellschaft unzureichende Produktion nur dann eine Entwicklung möglich machte, wenn die Einen auf Kosten der Andern ihre Bedürfnisse befriedigten und dadurch die Einen – die Minorität – das Monopol der Entwicklung erhielten, während die Andern – die Majorität – durch den fortgesetzten Kampf um die Befriedigung der notwendigsten Bedürfnisse einstweilen (d. h. bis zur Erzeugung neuer revolutionierender Produktivkräfte) von aller Entwicklung ausgeschlossen wurden. So hat sich die Gesellschaft bisher immer innerhalb eines Gegensatzes entwickelt, der bei den Alten der Gegensatz von Freien und Sklaven, im Mittelalter der von Adel und Leibeigenen, in der neueren Zeit der von Bourgeoisie und Proletariat ist."[29]

„Eine Gesellschaftsformation geht nicht unter, bevor alle Produktivkräfte entwickelt sind, für die sie weit genug ist, und neue höhere Produktionsverhältnisse treten nie an die Stelle, bevor die materiellen Existenzbedingungen derselben im Schoß der alten Gesellschaft selbst ausgebrütet worden sind."[30] „Diese Entwicklung der Produktivkräfte" ist „auch deswegen eine absolut notwendige praktische Voraussetzung, weil ohne sie nur der *Mangel* verallgemeinert, also mit der *Notdurft* auch der Streit um das notwendige wiederbeginnen und die ganze alte Scheiße sich herstellen müßte . . ."[31]

4. Der Klassenkampf

Die Existenz von Klassen und den Kampf dieser Klassen hatten Engländer[32], Franzosen[33] und Deutsche[34] längst vor Marx diagnostiziert. Das ist unbestreitbar und wurde schon von Marx anerkannt.[35] Aber nie vorher hat der Klassenkampf („les luttes des classes", „strife of classes") in politischen Theorien eine solche Rolle gespielt wie bei Marx.

Den ersten Teil des Manifests der Kommunistischen Partei beginnen Marx und Engels mit den Worten: „Die Geschichte aller bisherigen Gesellschaft ist die Geschichte von Klassenkämpfen."[36]

Und trotzdem haben uns Marx und Engels keine Klassenlehre, keine Definition der Klassen hinterlassen.[37] Erst Lenin schließt diese Lücke:

> „Als Klassen bezeichnet man große Menschengruppen, die sich voneinander unterscheiden nach ihrem Platz nach einem geschichtlich bestimmten System der gesellschaftlichen Produktion, nach ihrem (größtenteils in Gesetzen fixierten und formulierten) Verhältnis zu den Produktionsmitteln, nach ihrer Rolle in der gesellschaftlichen Organisation der Arbeit und folglich nach der Art der Erlangung und der Größe des Anteils am gesellschaftlichen Reichtum, über den sie verfügen. Klassen sind Gruppen von Menschen, von denen die eine sich die Arbeit einer andern aneignen kann infolge der Verschiedenheit ihres Platzes in einem System der gesellschaftlichen Wirtschaft."[38]

Für Lenin ist die Einsicht in die Interessen der Klassen schlechthin der Schlüssel zum Verständnis des Weltprozesses:

„Die Menschen waren in der Politik stets die einfältigen Opfer von Betrug und Selbstbetrug, und sie werden es immer sein, solange sie nicht lernen, hinter allen möglichen moralischen, religiösen, politischen und sozialen Phrasen, Erklärungen und Versprechungen die Interessen dieser oder jener Klasse zu suchen.“[39]

Auch über die Entstehung der Klassen lassen uns die ersten Marxisten im unklaren. Heute heißt es:

„Die Teilung der Gesellschaftsmitglieder in Klassen ist eine historische Erscheinung. Der Klassengesellschaft ging die klassenlose Urgesellschaft voraus, die Klassenspaltung folgt also nicht aus der 'Natur des Menschen‘. Vielmehr bildeten sich die Klassen zusammen mit einer Konzentration der Produktionsmittel in den Händen weniger heraus, mit dem Privateigentum an den hauptsächlichen Produktionsmitteln.“[40]

Wenige Seiten später lesen wir im amtlichen Lehrbuch:

„Die Marxisten-Leninisten lassen sich bei der Analyse der antagonistischen Klassengesellschaft von der Erkenntnis des dialektischen Materialismus leiten, daß die Quelle aller Entwicklung gerade in der Einheit und im Kampf gegensätzlicher Seiten und Tendenzen zu finden ist. Im Kampf der gegensätzlichen Klassen entdeckten Marx und Engels die Triebkraft der antagonistischen Gesellschaft.“[41]

Nachdem die Ursünde begangen worden war, der dialektische Widerspruch Einzug gehalten hatte, zeigte sich, daß die Sünde Segen spendet. Jede neue Gesellschaftsformation ist ein Fortschritt. Sie zeichnet sich aus durch bessere Produktivkräfte, vor allem wirksameres Arbeitsgerät und knowhow. Auch die rechtliche Stellung des Arbeiters hat sich, wie geschildert, positiv entwickelt. Dies alles fördert das Bewußtsein der sozialen Lage, die durch Unterdrückung und Ausbeutung gekennzeichnet ist. So kommt es zu Spannungen, die sich schließlich in einer Revolution entladen. Dadurch entsteht eine neue Produktionsweise.

> Marx: „Auf einer gewissen Stufe ihrer Entwicklung geraten die materiellen Produktivkräfte der Gesellschaft in Widerspruch mit den vorhandenen Produktionsverhältnissen ... innerhalb deren sie sich bisher bewegt hatten. Aus Entwicklungsformen der Produktivkräfte schlagen diese Verhältnisse in Fesseln derselben um. Es tritt dann eine Epoche sozialer Revolution ein.“[42]

Das Basis-Überschau-Schema

<table>
<tr><td rowspan="2">Überbau</td><td>Philosophie, Moral, Kunst Kultur, Religion</td><td rowspan="2">Bewußtsein</td></tr>
<tr><td>Politik – Recht</td></tr>
<tr><td>Basis</td><td>Produktionsweise
– Produktionsverhältnisse
– Produktivkräfte
  – Arbeitserfahrung
  – Arbeitsgerät
  – Arbeiter</td><td>gesellschaftliches Sein</td></tr>
</table>

Der eigentliche Motor der Menschheitsgeschichte ist danach die Arbeitserfahrung, die zur Verbesserung der Werkzeuge führt. Der Umgang mit qualitativ besseren Werkzeugen bewirkt eine Steigerung der Arbeitserfahrung, was sich wiederum auf die

Qualität der Werkzeuge auswirkt usw. Aus diesem Wechselspiel der Kräfte resultiert der Fortschritt. – So ist Marx wohl zu verstehen, denn deutlich äußert er sich nicht.

5. Die Fünf-Stadien-Lehre

Mit der Ursünde kam der Klassenkampf. „Freier und Sklave, Patrizier und Plebejer, Baron und Leibeigener, Zunftbürger und Gesell, kurz, Unterdrükker und Unterdrückte standen im steten Gegensatz zueinander . . . Die aus dem Untergang der feudalen Gesellschaft hervorgegangne moderne bürgerliche Gesellschaft hatte die Klassengegensätze nicht aufgehoben."[43] Nach der Marx-Leninschen Lehre gibt es insgesamt fünf solcher Produktionsweisen: Urgesellschaft, Sklavenhaltergesellschaft, Feudalismus, Kapitalismus, Sozialismus/Kommunismus.

a) Menschwerdung und Urgesellschaft

Der Motor der Menschheitsgeschichte wird im Wechselspiel zwischen dem Arbeitsgerät und der auf Arbeitserfahrung beruhenden Erkenntnis gesehen, welche Verbesserungen der Arbeitsgeräte möglich sind. Wie aber kam es zur Geburt der Menschheit? Durch die Anfertigung von Arbeitsgerät!

Der Mensch sammelt – nach Marx und Engels – am Arbeitsgerät Erfahrung, die ihn befähigt, besseres

Arbeitsgerät zu entwickeln. Marx schreibt im „Kapital“: „Der Gebrauch und die Schöpfung von Arbeitsmitteln, obgleich im Keim schon gewissen Tierarten eigen, charakterisieren den spezifisch menschlichen Arbeitsprozeß ...“[44] Was in Engels „Die heilige Familie“ noch nebulos ausformuliert worden ist: „Der Arbeiter schafft sogar den Menschen“[45] – findet eine breite, unzweideutige Ausgestaltung in „Anteil der Arbeit an der Menschwerdung des Affen“[46]:

> „Hunderttausende von Jahren – in der Geschichte der Erde nicht mehr als eine Sekunde im Menschenleben – sind sicher vergangen, ehe aus dem Rudel baumkletternder Affen eine Gesellschaft von Menschen hervorgegangen war. Aber schließlich war sie da. Und was finden wir wieder als den bezeichnenden Unterschied zwischen Affenrudel und Menschengesellschaft? *Die Arbeit* ... Die Arbeit fängt an mit der Verfertigung von Werkzeugen.“[47]

b) Sklavenhaltergesellschaft

Die Werkzeuge haben die Menschwerdung bewirkt, die Werkzeuge, daß der Mensch mehr produzieren konnte, als er für sich selbst benötigte. Der Überschuß konnte ihm abgenommen werden und wurde ihm abgenommen – von einem stärkeren Menschen. Hat er den schwächeren nicht getötet, mußte ihm dieser hinfort als Sklave dienen.

> „Die Sklaverei war erfunden. Sie wurde bald die herrschende Form der Produktion bei allen über das alte Gemeinwesen hinaus sich entwickelnden Völkern, schließlich aber auch eine der Hauptursachen ihres Verfalls. Erst die Sklaverei machte die Teilung der Arbeit zwischen Ackerbau und In-

dustrie auf größerem Maßstab möglich, und damit die Blüte der alten Welt, das Griechentum. Ohne Sklaverei kein griechischer Staat, keine griechische Kultur und Wissenschaft; ohne Sklaverei kein Römerreich. Ohne die Grundlage des Griechentums und des Römerreichs aber auch kein modernes Europa. Wir sollten nie vergessen, daß unsere ganze ökonomische, politische und intellektuelle Entwicklung einen Zustand zur Voraussetzung hat, in dem die Sklaverei ebenso notwendig wie allgemein anerkannt war. In diesem Sinne sind wir berechtigt zu sagen, ohne antike Sklaverei kein moderner Sozialismus.

Es ist sehr wohlfeil, über Sklaverei und dergleichen in allgemeinen Redensarten loszuziehn und einen hohen sittlichen Zorn über dergleichen Schändlichkeit auszugießen. Leider spricht man damit weiter nichts aus als das, was jedermann weiß, nämlich, daß die antiken Einrichtungen unsern heutigen Zuständen und unsern durch diese Zustände bestimmten Gefühlen nicht mehr entsprechen. Wir erfahren damit aber kein Wort darüber, wie diese Einrichtungen entstanden sind, warum sie bestanden und welche Rolle sie in der Geschichte gespielt haben. Und wenn wir hierauf eingehn, so müssen wir sagen, so widerspruchsvoll und so ketzerisch das auch klingen mag, daß die Einführung der Sklaverei unter den damaligen Umständen ein großer Fortschritt war.“[48]

c) Feudalismus

„Das Haupteigentum bestand während der Feudalepoche . . . in Grundeigentum mit darangeketteter Leibeignenarbeit einerseits und eigner Arbeit mit kleinem, die Arbeit von Gesellen beherrschendem Kapital andrerseits.“[49]

„Die Entdeckung Amerikas, die Umschiffung Afrikas schufen der aufkommenden Bourgeoisie ein neues Terrain. Der ostindische und chinesische Markt, die Kolonisierung von Amerika, der Austausch mit den Kolonien, die Vermehrung der Tauschmittel und der Waren überhaupt gaben dem Handel, der Schiffahrt, der Industrie einen nie gekannten Aufschwung und damit dem revolutionären Element in der zerfallenden feudalen Gesellschaft eine rasche Entwicklung."[50]

d) Kapitalismus

Unter starker, auch sprachlicher Anlehnung an die oben zitierte allgemeine Beschreibung des Geschichtsprozesses durch Marx schildert Engels den Übergang vom Feudalismus zum Kapitalismus:

> „Auf einer gewissen Stufe wurden die von der Bourgeoisie in Bewegung gesetzten neuen Produktivkräfte – zunächst die Teilung der Arbeit und die Vereinigung vieler Teilarbeiter in einer Gesamtmanufaktur – und die durch sie entwickelten Austauschbedingungen und Austauschbedürfnisse unverträglich mit der bestehenden, geschichtlich überlieferten und durch Gesetz geheiligten Produktionsordnung, d. h. den zünftigen und den zahllosen andern persönlichen und lokalen Privilegien ... der feudalen Gesellschaftsverfassung. Die Produktivkräfte, vertreten durch die Bourgeoisie, rebellierten gegen die Produktionsordnung, vertreten durch die feudalen Grundbesitzer und die Zunftmeister; das Ergebnis ist bekannt. Die feudalen Fesseln wurden zerschlagen, in England allmählich, in Frankreich mit einem Schlag, in Deutschland ist man noch nicht damit fertig. Wie aber die Manufaktur auf einer bestimmten Entwicklungsstufe in Konflikt kam mit der feudalen, so ist jetzt schon die große Industrie in Konflikt geraten mit der an ihre Stelle gesetzten bürgerlichen Produktionsordnung ... Überproduktion und Massenelend, jedes die Ursache des andern, das ist der absurde Widerspruch, worin sie ausläuft und der eine Entfesselung der Produktivkräfte durch Änderung der Produktionsweise mit Notwendigkeit fordert."[51]

Im „Kapital“ nennt Marx England das Land, in dem der Übergang vom Feudalismus zum Kapitalismus eine „klassische Form“[52] besitzt.

„Obgleich die ersten Anfänge kapitalistischer Produktion uns schon im 14. und 15. Jahrhundert in einigen Städten am Mittelmeer sporadisch entgegentreten, datiert die kapitalistische Ära erst vom 16. Jahrhundert. Dort, wo sie auftritt, ist die Aufhebung der Leibeigenschaft längst vollbracht und der Glanzpunkt des Mittelalters, der Bestand souveräner Städte, seit geraumer Zeit im Erbleichen.“[53]

Charakteristisch für die Klassenstruktur der kapitalistischen Gesellschaftsformation sei die Vereinfachung der Klassengegensätze im Sinne einer Polarisierung der sozialen Kräfte in zwei große Grundklassen: Bourgeoisie und Proletariat.

„Die Bourgeoisie zwingt das Proletariat vor allem mit ökonomischen aber auch mit politischen und ideologischen Machtmitteln zu sein und zu bleiben, was es ist: eine von Eigentum an Produktionsmitteln freie, ausgebeutete Klasse, die Mehrwert erzeugt, den sich die Bourgeoisie aneignet. Gleichzeitig verwirklicht die Bourgeoisie das ökonomische Bewegungsgesetz der kapitalistischen Produktionsweise im Kampf gegen die Konkurrenten aus der eigenen Klasse und gegen andere soziale Kräfte, z. B. die Bauern und die Handwerker.“[54]

In der marxistischen Praxis verursacht die Einordnung der kleinen Bauern, der kleinen Handwerker und Handeltreibenden in das dichotome Weltbild erhebliches Kopfzerbrechen. Das gilt vor allem auch für die stets wachsene Zahl der Intelligenz:

„Die *Intelligenz* erlebt mit der Entwicklung des Kapitalismus eine beträchtliche Entwicklung und zwar quantitativ wie qualitativ . . . Ihrem sozialen Charakter nach ist die Intelligenz nicht einheitlich. Eine besondere Rolle spielt heute jener Teil der Intelligenz, der mit der Arbeiterklasse zusammen in der Industrie beschäftigt ist und immer mehr ausgebeutet wird ... Die ingenieur-technische Intelligenz in den entwickelten kapitalistischen Ländern rekonstruiert sich darum nicht mehr nur aus der Bourgeoisieklasse, sondern auch aus den Reihen der Werktätigen ... Die klassenmäßige Stellung und Haltung der Angehörigen der Intelligenz ist also von starken Gegensätzen gekennzeichnet ...“[55]

e) Sozialismus und Kommunismus

„In der Geschichte der vorkommunistischen Gesellschaftsformationen vollzog sich die gesellschaftliche Entwicklung im ganzen weitgehend spontan, das heißt unplanmäßig und ohne Erkenntnis der allgemeinen gesellschaftlichen Entwicklungsgesetze durch die Menschen ... Die sozialistische Produktionsweise kann sich nicht spontan im Schoße der alten, kapitalistischen Gesellschaft herausbilden; denn die neue Gesellschaft beruht auf dem gesellschaftlichen, dem gemeinsamen Eigentum an den Produktionsmitteln.“[56]

Marx selbst: „Mit der beständig abnehmenden Zahl der Kapitalmagnaten, welche alle Vorteile dieses Umwandlungsprozesses usurpieren und monopolisieren, wächst die Masse des Elends, des Drucks, der Knechtschaft, der Entartung, der Ausbeutung, aber auch die Empörung der stets anschwellenden und durch den Mechanismus des kapitalistischen Produktionsprozesses selbst geschulten, vereinten und organisierten Arbeiterklasse. Das Kapitalmonopol wird zur Fessel der Produktionsweise, die mit und unter ihm aufgeblüht ist.

Die Zentralisation der Produktionsmittel und die Vergesellschaftung der Arbeit erreichen einen Punkt, wo sie unverträglich werden mit ihrer kapitalistischen Hülle. Sie werden gesprengt, die Stunde des kapitalistischen Privateigentums schlägt. Die Expropriateurs werden expropriiert."[57]

„Mit dieser Gesellschaftsformation schließt daher die Vorgeschichte der menschlichen Gesellschaft ab."[58]

6. Kritik

Paul Lafargue gehört zu jenen, die vor dem Marxschen Geschichtsbild besonders tief in die Knie gegangen sind und, wie ausführlich zitiert, zu den höchsten Worten des Lobes gegriffen haben:

> „. . . Es war, als zerrisse ein Schleier vor meinen Augen; zum ersten Mal empfand ich klar die Logik der Weltgeschichte . . . Ich war davon wie geblendet . . . Die großartigste der Marxschen Theorien und zweifellos eine der großartigsten überhaupt, die das menschliche Hirn je erdacht."[59]

Verliert dieses Urteil dadurch an Wert, daß es aus dem Mund eines Mannes kommt, der mit Marx verschwägert war? Wohl kaum, und wenn schon, so taucht es doch die Großfamilie Marx in das milde Licht anheimelnden gegenseitigen Wohlwollens.

Doch dieser Schein trügt. Marx hielt nicht viel von seinen Schwiegersöhnen, auch nicht von Lafargue. Maksim Kovalevskij weiß zu berichten, Marx habe nicht selten die Teilnahme an einem Mittagessen davon abhängig gemacht, „daß sein viel zu redseliger Schwiegersohn nicht gleichzeitig mit ihm zusammen eingeladen werden soll".[60]

Marx nannte ihn mehrmals schriftlich einen „Narren", einen „Quacksalber", den „Abkömmling eines Gorillas". Er sei „leichtsinnig", „albern", habe „mehr Glück als Verstand", nachdem er ihm zunächst schmeichelhafte Charakterzüge zugebilligt hatte.[61] Marx selbst hat also den Wert des Lafargueschen Zeugnisses mit einem Fragezeichen versehen. Doch auch dann, wenn Lafargue nicht urteilsfähig gewesen sein sollte, ist noch nicht gesagt, daß sein Urteil den Tatsachen widerspricht.

a) Rechtfertigt der Histomat seine Bezeichnung?

Das Standardwissen des Durchschnittsbürgers über Marx und den Marxismus erschöpft sich weitgehend in der Annahme, Marx habe die materielle Not seiner Zeit gebrandmarkt, auf eine soziale Revolution hingewirkt und ein kommunistisches Schlaraffenland verheißen. So betrachtet fällt es nicht schwer, diese Lehre historischen Materialismus zu nennen, denn das Materielle scheint der Motor der Geschichte zu sein. Aber diese, auch unter Wissenschaftlern weitverbreitete Ansicht ist nicht marxistisch, wie oben schon ausgeführt. Nicht das Ausmaß der Befriedigung materieller Bedürfnisse ist für Marx entscheidend, sondern die Produktionsweise, wie jede substanzhaltige einschlägige Äußerung von Marx und Engels bestätigt und wie es Engels auch *ausdrücklich* sagt: *„Die Pro-*

duktionsverhältnisse in ihrer Gesamtheit bilden das, was man die gesellschaftlichen Verhältnisse, die Gesellschaft nennt ..."[62] Es verdient Erwähnung, daß Engels selbst diese Worte kursiv hat setzen lassen.

Wäre das sichere tägliche Brot der Prüfstein, so wären – immer nach dem Marxschen Geschichtsbild – jene Revolutionen vergebens gewesen, die zunächst der Sklaverei und später dem Feudalismus ein Ende setzten. Denn sie haben das tägliche Brot nicht sicherer gemacht:

> Engels: „Der Sklave ist ein für allemal verkauft; der Proletarier muß sich täglich und stündlich selbst verkaufen. Der einzelne Sklave, Eigentum *eines* Herrn, hat schon durch das Interesse dieses Herrn eine gesicherte Existenz, so elend sie sein mag; der einzelne Proletarier, Eigentum sozusagen der ganzen Bourgeoisie*klasse*, dem seine Arbeit nur dann abgekauft wird, wenn jemand ihrer bedarf, hat keine gesicherte Existenz."[63]

Teilung der Arbeit, an die Marx hier denkt, ist nicht die naturgegebene, auch wenn er die Familie beiläufig erwähnt,[64] sondern die bewußte, die absichtlich verwirklichte. Und auch die Eigentumsordnung ist etwas typisch Menschliches, eine Kulturleistung, die im Tierreich keine Entsprechung findet. Nicht die äußere Welt verändert sich und damit den Menschen, sondern das menschliche Bewußtsein schafft Neues, verändert die Welt. Nur in der Hand des Menschen ist der Hammer ein Arbeitsgerät. Nur der Mensch sammelt Arbeitserfahrung, die zur Verbesserung seiner Arbeitsgeräte dient. Und schließlich sind die Rechtsbeziehungen, die gleichsam die Seele der Produktionsweise bilden, etwas gänzlich Immaterielles. Wenn sich die Erde in den letzten 2000 Jahren so stark verändert hat, so ist das unbestreitbar nicht auf die Dynamik des Weltprozesses, sondern des seiner Fähigkeiten bewußtgewordenen menschlichen Geistes zurückzuführen.

Wo also begegnen wir an entscheidender Stelle dem Materiellen, das die Bezeichnung „historischer *Materialismus* rechtfertigt? Engels würde wohl mit dem Hinweis auf seine Grabrede anläßlich der Beerdigung von Marx antworten:

> „Wie Darwin das Gesetz der Entwicklung der organischen Natur, so entdeckte Marx das Entwicklungsgesetz der menschlichen Geschichte: die bisher unter ideologischen Überwucherungen verdeckte einfache Tatsache, daß die Menschen vor allen Dingen zuerst essen, trinken, wohnen und sich kleiden müssen, ehe sie Politik, Wissenschaft, Kunst, Religion usw. treiben können; daß also die Produktion der unmittelbaren materiellen Lebensmittel und damit die jedesmalige ökonomische Entwicklungsstufe eines Volkes ... die Grundlage bildet, aus der sich die Staatseinrichtungen, die Rechtsanschauungen, die Kunst und selbst die religiösen Vorstellungen der betreffenden Menschen entwikkelt haben, und aus der sie daher auch erklärt werden müssen – nicht, wie bisher geschehen, umgekehrt.“[65]

Während jedoch die Entdeckung Darwins sensationell neu war, war die „Entdeckung“ Marxens eine Trivialität. Schon in der Bibel heißt es: „Der Mensch lebt nicht vom Brot allein“,[66] woraus doch folgt, daß er auf Brot angewiesen ist und ferner, daß er über diese Tatsache oft das Spirituelle vergißt.

Die römische Plebs forderte zur gleichen Zeit: *Panem et circenses,* während sich die bessere Gesellschaft *primum edere, deinde philosophari* zum Wahlspruch erkor.

Aber selbst wenn im 19. Jahrhundert vorübergehend das Materielle des menschlichen Seins in Vergessenheit geraten und Marx für sich das Verdienst der Rückbesinnung der Gesellschaft beanspruchen dürfte, so wäre deshalb der weitere Gedankengang Engels noch lange nicht schlüssig. Seit Einführung der Arbeitsteilung, das heißt seit den fernsten Tagen der Menschheitsgeschichte besteht nicht für alle die gleiche Notwendigkeit, vor der Beschäftigung mit der Politik zunächst für den Lebensunterhalt zu sorgen. Schon längst vor Plato haben die einen Politik gemacht, die anderen Felder bestellt. Aber auch wenn sie beide Funktionen ausgeübt hätten, wäre nicht einzusehen, warum „die jedesmalige ökonomische Entwicklungsstufe“ das Bewußtsein *entscheidend* prägen sollte. Die Menschen fragen nicht primär danach, wie die Geräte beschaffen sind und wem die Geräte gehören, mit denen der Acker gepflügt worden ist, von dem sie ihr tägliches Brot beziehen, sondern ob sie Brot in ausreichender Menge haben.

b) Widersprüche im Basis-Überbau-Schema

Der historische Materialismus ist zunächst eine Theorie. Ihre Vertreter behaupten, sie würde auf Tatsachen fußen, die Gesetze des Entwicklungsprozesses der Menschheit aufzeigen und damit die Zukunft voraussehbar machen.

Die Theorie in ihrer groben Fassung, auf Details ist Marx kaum eingegangen, ist in sich nicht widerspruchsfrei. Vier Einwände sind besonders erwähnenswert:

1. Nach Marx gehören *Politik und Recht zum Überbau,* die *Produktionsverhältnisse* sind hingegen das wesentliche Element der *Basis.* Doch was sind die Produktionsverhältnisse anderes als Rechtsverhältnisse, schuldrechtliche und sachenrechtliche Beziehungen? Daher kann höchstens ein Teil des Rechts dem Überbau angehören.

2. Eine andere Ungereimtheit steckt in der Schilderung der *Menschwerdung:* Die erste Anfertigung von Arbeitsgerät sei die Geburtsstunde der Menschheit. Warum fertigen sich die Tiere allgemein kein Werkzeug? Weil sie entweder ihre Fähigkeit verkennen, es anzufertigen, oder den Wert von Werkzeug nicht zu durchschauen vermögen. Insofern also war das Tier „Vormensch" allen anderen Tieren geistig überlegen. Ist es – in der Gedankenführung von Marx und Engels – unter diesen Umständen nicht sinnvoller, den geistig einzigartigen „Vormenschen" schon als Menschen anzusprechen?

3. Die *ersten Menschen* lebten nach Marx *sündelos:* Sie kannten noch keine Arbeitsteilung, kein Privateigentum, keine Entfremdung und Ausbeutung. Warum wurden sie dann plötzlich böse und begannen zu sündigen? Offenbar weil sie mit ih-

rer Lage nicht voll zufrieden waren, weil sie sich von der Arbeitsteilung Vorteile im Kampf ums Dasein versprachen und die Praxis diesen Erwartungen gerecht wurde.

Zumindest der junge Marx will alle diese „Sünden“ beseitigt sehen. Doch damit würde die Rückkehr zu den Zuständen erfolgen, die das Böse in die Welt gerufen haben. Also ein circulus vitiosus!

4. Ganz zu Recht wird immer wieder auf den Widerspruch zwischen dem allgemeinen Weltgesetz der „Negation der Negation“ und der Behauptung, der *Kommunismus* sei die *letzte, unübersteigbare Gesellschaftsformation,* hingewiesen. Marx hat sich mit diesen Vorhaltungen nicht auseinandergesetzt. Die offizielle, parteiamtliche Erklärung lautet: „Das Gesetz der Negation der Negation wirkt in der kommunistischen Gesellschaftsformation mit derselben objektiven Notwendigkeit wie in allen anderen ökonomischen Gesellschaftsformationen.“[67]

Mit Blick auf den Kapitalismus wird das näher erläutert: „Es gibt nichts Ewiges, absolut Unveränderliches, sich ständig Gleichbleibendes. So ist die kapitalistische Gesellschaftsordnung auf einer bestimmten historischen Entwicklungsstufe entstanden, und sie wird notwendig wieder verschwinden. Auf einem großen Teil unseres Erdballs gehört sie schon längst der Vergangenheit an.“[68]

Aber dann heißt es hinsichtlich des Kommunismus: „Angesichts des bisherigen Verlaufs der Menschheitsgeschichte ... könnte die Frage auftreten, ob die Entwicklung des Kommunismus nicht wieder durch eine auf dem Privateigentum beruhende Klassengesellschaft negiert werden könnte. Das wird nicht der Fall sein. Zum Unterschied von allen vorangegangenen gesellschaftlichen Systemen ist die kommunistische Gesellschaft in der Lage, sich auf ihrer eigenen Grundlage schrankenlos zu vervollkommnen, den Produktivkräften ständigen Spielraum für ihre Entwicklung zu gewährleisten und der materiellen und geistigen Kultur Entfaltungsmöglichkeiten ohne Grenzen zu geben."[69] Dabei können sich die Sowjetideologen auf klare Aussagen von Marx berufen, zum Beispiel: „Die bürgerlichen Produktionsverhältnisse sind die letzte antagonistische Form des gesellschaftlichen Produktionsprozesses ..."[70]

Das angeblich allgemeingültige Weltgesetz der Negation der Negation kann also offenbar durch den denkenden Menschen hinfällig gemacht werden. In der Hand des Kommunisten wurde aus der absoluten Notwendigkeit ein schlichtes Gesetz, dem im Kommunismus der Boden für seine Wirksamkeit entzogen wird. *Welch krasser Widerspruch nicht nur zum „Weltgesetz Negation der Negation", sondern auch zum Materialismus, zeigt es doch den menschlichen Geist als den Herrn über „eherne, allgemeingültige Gesetze".*

c) Alle bisherige Geschichte nur Klassenkampf?

Abgesehen von den eben erwähnten Ungereimtheiten ist der Histomat eine in sich geschlossene Lehre. Fraglich ist, ob sie der Wirklichkeit gerecht wird.

Es ist Sache desjenigen, der eine Lehre verkündet, ihren Wahrheitsgehalt zu beweisen. Die Wissenschaften sind nicht phantasiefeindlich, im Gegenteil: Sie verdanken kühnen Einfällen sehr viel. Jede These ist zunächst wohl nur eine Annahme, die falsch oder richtig sein kann. Der Wissenschaftler wird sich daran machen, alle Fakten pro und kontra zusammenzutragen. Durch die Verifizierung von Thesen wächst das gesicherte Wissen, wobei auch das „gesicherte Wissen“ nie in die Schatzkammer des Unberührbaren verfrachtet werden darf. Phantasie ist notwendig und kann sehr nützlich sein. Aber nicht jede Ausgeburt des menschlichen Geistes ist schon ein Wert an sich. Verdienstvoll ist gewissenhafte Konfrontation mit der Wirklichkeit auch dann, wenn die Phantasie als irreal entlarvt wird. Phantasie, die sich ungeprüft als Erkenntnis ausgibt, ist jedoch keine Wissenschaft, auch wenn sie die wissenschaftliche Arbeit anderer beflügeln kann. Auf Marx trifft der Vorwurf zu, eine Theorie ausgebrütet und als fundierte Erkenntnis verbreitet zu haben, ohne sich mit den damals bekannten historischen Fakten auseinanderzusetzen. Freilich ist damit noch nicht gesagt, daß sein historisches Gedankengebilde nichts weiter ist als Einbildung. Geben wir der Geschichte das Wort:

Klassen und Klassenkämpfe sind unbestrittenermaßen keine Entdeckung von Marx. Marx und Engels waren jedoch die ersten, die den Klassenkampf verabsolutierten: „Die Geschichte aller bisherigen Gesellschaft ist die Geschichte von Klassenkämpfen."[71] Haben sie damit die Geschichtswissenschaft um eine Erkenntnis bereichert, oder haben sie die Geschichte verfälscht? Schon Engels ist es, der wenige Jahre nach dem Tode von Marx eine Korrektur vornimmt:

> In einer Anmerkung zur englischen Ausgabe von „Das Manifest der Kommunistischen Partei" (1888) bemerkt er zu dem eben zitierten Satz: „Das heißt, genau gesprochen, die *schriftlich* überlieferte Geschichte. 1847 war die Vorgeschichte der Gesellschaft, die gesellschaftliche Organisation, die aller niedergeschriebenen Geschichte vorausging, noch so gut wie unbekannt. Seitdem hat Haxthausen das Gemeineigentum an Boden in Rußland entdeckt, Maurer hat es nachgewiesen als die gesellschaftliche Grundlage, wovon alle deutschen Stämme geschichtlich ausgingen, und allmählich fand man, daß Dorfgemeinden mit gemeinsamem Bodenbesitz die Urform der Gesellschaft waren von Indien bis Irland . . ."[72]

Was also zunächst wie ein ehernes Gesetz klingt, erweist sich, wie Engels selbst zeigt, als Zustandsbeschreibung von begrenzter Gültigkeit. Betrachten wir unseren Kulturkreis. Stimmt es, daß jede Seite der Geschichte von Klassenkämpfen berichtet? Immer gab es Spannungen zwischen den Menschen untereinander, den Familien, Stämmen, Völkern und Staaten, häufig auch blutige Kämpfe und Kriege. Die Motive waren unterschiedlichster Art. Kain erschlug den Abel aus Mißgunst. Kampfeslust einerseits, Angst andererseits, Suche nach Lebensraum und seine Verteidigung, Herrschsucht, Ruhmsucht, das Bewußtsein einer religiösen oder historischen Mission und vieles mehr haben die Spannungen ausgelöst, und jede, noch dazu unbegründete monokausale Lehre ist schlechterdings lächerlich. Auch die Familien von Sozialisten bilden keine Ausnahmen; in und zwischen den sozialistischen Parteien und Staaten gibt es Streit und Krieg. Das sind doch nicht alles Klassenkämpfe?

Kämpfe gibt es nicht nur zwischen Klassen, sondern auch innerhalb der Klassen, wofür die Schriften von Marx und Engels beste Beweise liefern.[73]

Klassenkämpfe gibt es nicht oder sie bleiben unterschwellig, wo eiserner Despotismus jede Äußerung der Unzufriedenheit unterdrückt, mögen die sozialen Verhältnisse noch so sehr Anlaß zur Klage geben. Hingewiesen sei auf Deutschland unter Hitler und die Sowjetunion seit ihren Anfängen bis auf den heutigen Tag. Werden die Zügel gelockert, kommt es zur sozialpolitischen Explosion, DDR 1953, Ungarn/Polen 1956, CSSR 1968, Polen erneut seit 1980. Diese Fakten widerlegen augenfällig Marxens „Nachweis", daß die Klassenkämpfe durch die Diktatur des Proletariats ein für allemal zu Ende gehen. Oder gab und gibt es dort keine Diktatur des Proletariats im Marxschen Sinne?[74]

d) Ist alles Bewußtsein klassenbedingt?

Nach Marx ist alles Bewußtsein abhängig von der Produktionsweise. „Mit der Veränderung der ökonomischen Grundlage wälzt sich der ganze ungeheure Überbau langsamer oder rascher um. In der

Betrachtung solcher Umwälzungen muß man stets unterscheiden zwischen der materiellen, naturwissenschaftlich treu zu konstatierenden Umwälzung in den ökonomischen Produktionsbedingungen und den juristischen, politischen, religiösen, künstlerischen oder philosophischen, kurz ideologischen Formen ..."[75]

Doch auch diese Behauptung hat keinen höheren Wahrheitsgehalt als die anderen, die den Histomat bilden. Es gibt (echte) Demokratien, autoritäre und totalitäre *Staaten,* die sich sozialistisch nennen. Das Zivil- und Strafrecht – vom Wirtschafts-, Gesellschafts- und Handelsrecht abgesehen – der sozialistischen DDR, eines totalitär marxistischen Staates, dürfte mit dem Recht der Bundesrepublik Deutschland aufs Ganze gesehen immer noch mehr Gemeinsamkeiten aufweisen als die romanische mit der anglo-amerikanischen Rechtsordnung in der Hochblüte des Kapitalismus.

Die Geburtsstunden der großen *Religionen* können in keinen vernünftigen Zusammenhang mit dem Klassenkampf oder politischen Strukturen gebracht werden. „Das Christentum überlebte verschiedene Systeme und verschiedene ökonomische Formationen; ähnlich der Islam. Das Christentum veränderte sich selbstverständlich in vielerlei Hinsicht, veränderte die Interpretation seines Kanons, veränderte die Kirchenorganisation und die Liturgie, baute die Dogmen aus, erlebte Krisen, Schismen und innere Kämpfe. Und doch muß gesagt werden, sofern das Wort ‚Christentum' überhaupt sinnvoll gebraucht werden kann, dann nur unter der Voraussetzung, daß sich das Christentum nicht in jeder Hinsicht geändert hat und daß, allen Umständen zum Trotz, ein bestimmter wesentlicher Inhalt erhalten blieb, der sich den geschichtlichen Erschütterungen widersetzt hat.“[76]

Ganz besonders bedenklich und folgenschwer ist die Ansicht, auch die *Moral* sei klassenbedingt, verändere sich von Produktionsweise zu Produktionsweise:

„Und wie die Gesellschaft sich bisher in Klassengegensätzen bewegte, so war die Moral stets eine Klassenmoral; entweder rechtfertigte sie die Herrschaft und die Interessen der herrschenden Klasse, oder aber sie vertrat, sobald die unterdrückte Klasse mächtig genug wurde, Empörung gegen diese Herrschaft . . .“[77]

Wie ist es dann erklärlich, daß sich Dutzende von Staaten der ganzen Welt mit den unterschiedlichsten Wirtschaftsordnungen, auch die Sowjetunion und die DDR, zu einer Allgemeinen Erklärung der Menschenrechte zusammenfinden, deren Formulierungen primär als politische Ethik zu verstehen sind?

In der Präambel heißt es: „Da die Anerkennung der allen Mitgliedern der menschlichen Familie innewohnenden Würde und ihrer gleichen und unveräußerlichen Rechte die Grundlage der Freiheit, der Gerechtigkeit und des Friedens in der Welt bildet,
da Verkennung und Mißachtung der Menschenrechte zu Akten der Barbarei führten, die das Gewissen der Menschheit tief verletzt haben, und da die Schaffung einer Welt, in der den Menschen, frei von Furcht und Not, Rede- und Glaubensfreiheit zuteil wird, als das höchste Bestreben der Menschheit verkündet worden ist,

da es wesentlich ist, die Menschenrechte durch die Herrschaft des Rechtes zu schützen, damit der Mensch nicht zum Aufstand gegen Tyrannei und Unterdrückung als letztem Mittel gezwungen wird ... verkündet die Generalversammlung die vorliegende Allgemeine Erklärung der Menschenrechte ..."

Die Klassenmoral erinnert an jene Stammesmoral, wonach jeder Fremde ein Feind und daher unschädlich zu machen sei. Auch die Angehörigen anderer Klassen gelten den Klassenkampfideologen als Feinde und werden dementsprechend behandelt. Dieser Gedankengang hat Geschichte gemacht.

Für Marx gibt es überhaupt kein sittlich wertvolles Handeln. Alle „Sittlichkeit" ist produktionsbedingt. Die Menschen können nicht anders, als die Umstände es erlauben. Im Kapitalismus sind sie Egoisten, im Kommunismus Altruisten:

„Der *Kommunismus* ist deswegen unserm Heiligen rein unbegreiflich, weil die Kommunisten weder den Egoismus gegen die Aufopferung noch die Aufopferung gegen den Egoismus geltend machen und theoretisch diesen Gegensatz weder in jener gemütlichen noch in jener überschwenglichen, ideologischen Form fassen, vielmehr seine materielle Geburtsstätte nachweisen, mit welcher er von selbst verschwindet."[78] Damit wird den Menschen die Freiheit zur sittlichen Entscheidung, die personale Würde, abgesprochen.

Die Religionen haben, wie betont, ihre eigene Basis neben und nicht auf der jeweiligen Produktionsweise. In allen religiös geprägten Gesellschaften ist die *Kunst* maßgeblich beeinflußt vom Glaubensgut (Hebräer!), dient meist sakralen Zwecken. Die

Kunst ist weitgehend Spiegelbild der herrschenden geistigen Strömungen. Die Herrschaftsverhältnisse folgen aber – worauf noch näher einzugehen ist – nicht der Veränderung der Produktionsweise, sondern umgekehrt. Auf die Gemeinsamkeiten zwischen der Kunst des Dritten Reiches und dem sozialistischen Realismus hat schon Milovan Djilas hingewiesen.[79]

e) Das Arbeitsgerät der gesellschaftsbildende Faktor?

Neues Arbeitsgerät ist Voraussetzung und auslösendes Moment für eine neue Gesellschaftsformation, behauptet Marx:

> „Mit der Erwerbung neuer Produktivkräfte verändern die Menschen ihre Produktionsweise, und mit der Veränderung der Produktionsweise, der Art, ihren Lebensunterhalt zu gewinnen, verändern sie alle ihre gesellschaftlichen Verhältnisse."[80]

Marx gibt ein Beispiel: „Die Handmühle ergibt eine Gesellschaft mit Feudalherren, die Dampfmühle eine Gesellschaft mit industriellen Kapitalisten."[81] Damit haben sich seine Leser offenbar zu begnügen. Doch der kritische Geist möchte von Marx wissen, wie war die Mühle in der Sklavenhaltergesellschaft beschaffen? Sicherlich auch eine Handmühle? Wie ist sie beschaffen in den sozialistischen Staaten? Wo gibt es in den kapitalistischen Staaten noch Dampfmühlen? Wenn die Entwicklung längst darüber hinausgeschritten ist, warum ist dann die Produktionsweise immer noch eine kapitalistische? Wenn die Gesellschaftsformation vom Entwicklungsstand der Technik abhängt, dann müssen doch die Mühlen in den sozialistischen Staaten denen in den kapitalistischen Staaten zumindest ebenbürtig sein! Sind sie das? Die sozialistischen Staaten sind doch dauernd auf den Erwerb von technischem Know-how seitens der kapitalistischen Staaten bedacht, kaufen dort laufend Maschinen und ganze Fabrikanlagen, unbestritten nicht altes Eisen zum Verschrotten für die so rare westliche Valuta. Fragen über Fragen, auf die Marx ebensowenig eine Antwort geben konnte wie jene, die ihn im Fokus ihrer Monstranz eingeschreint haben.

f) Der Histomat und die historische Wahrheit der Gesellschaftsformationen

1. *Die egalitäre Urgesellschaft* ist eine weitere unbewiesene und unbeweisbare These von Marx. Heute ist die Wissenschaft davon überzeugt, daß die soziopolitischen Organisationen primitiver Völker keineswegs herrschaftsfrei sind, sondern im Gegenteil eher Analogien zu totalitären Systemen aufweisen.[82] Arbeitsteilung und persönliches Eigentum waren ihnen jedoch durchaus nicht fremd.

2. *Die Sklavenhaltergesellschaft*[83] entspringt wohl der Einsicht, daß gefangene Feinde nicht nur unschädlich (wie Tote), sondern sogar sehr nützlich sein können.

   Sklaverei gab es nicht überall, sondern – im europäischen Bereich – vorzüglich nur in Griechenland und im Römischen Reich. Das allein ist schon ein gewichtiges Argument gegen die „allgemeingültige“ Lehre.

Andererseits gab es Sklaverei nicht nur in der Antike, sondern es gibt sie auch im Kapitalismus und Sozialismus, ein Phänomen, das wiederum den marxistischen Rahmen sprengt, mit dem der Marxismus sich nicht systematisch auseinandersetzt, obwohl er das Faktum zur Kenntnis nimmt.[84] Erst vor gut 100 Jahren wurde in den USA die Sklaverei abgeschafft. Im Hitlerreich waren Millionen KZ-Insassen und Hiwis in den mörderischen Rüstungsprozeß eingespannt. Nicht besser ist der Rechtsstatus jener Millionen, die in den Arbeitslagern der Sowjetunion ihrer Arbeitskraft beraubt wurden und werden.

Aber noch gewichtiger ist die Tatsache, daß nicht die Sklaven ihre Ketten sprengten, sondern ganz andere Kräfte der Sklavenhaltergesellschaft ein Ende bereiteten. Es gab zwar Sklavenaufstände. Die gefährlichsten fanden statt im zweiten und ersten vorchristlichen Jahrhundert, zum Beispiel unter dem Anführer Spartakus. Seine Aufstände wurden, wie die anderen auch, im Blute ertränkt, und das alte Leben nahm seinen Gang. Es dauerte noch Jahrhunderte, bis das durch Lasterhaftigkeit zersetzte weströmische Reich im Strudel der Völkerwanderung unterging. Auch in den USA waren es nicht die Sklaven, die sich befreiten, sondern ein aus humanitären Gründen ausgelöster Bürgerkrieg der Nordstaaten gegen die Südstaaten hat das Werk der Befreiung vollbracht.

Bezeichnend wiederum, wie sehr Marx die wirtschaftliche Bedeutung der Sklaverei für das 19. Jahrhundert überschätzt und wie sehr er daher die Folgen ihrer Aufhebung verkannt hat: „Die direkte Sklaverei ist der Angelpunkt der bürgerlichen Industrie, ebenso wie die Maschinen etc. Ohne Sklaverei keine Baumwolle; ohne Baumwolle keine moderne Industrie. Die Sklaverei hat den Kolonien ihren Wert gegeben; die Kolonien haben den Welthandel geschaffen; und der Welthandel ist die Bedingung der Großindustrie. So ist die Sklaverei eine ökonomische Kategorie von der höchsten Wichtigkeit.

Ohne die Sklaverei würde Nordamerika, das fortgeschrittenste Land, sich in ein patriarchalisches Land verwandeln. Man streiche Nordamerika von der Weltkarte, und man hat die Anarchie, den vollständigen Verfall des Handels und der modernen Zivilisation. Laßt die Sklaverei verschwinden, und ihr streicht Amerika von der Weltkarte.“[85] (Zwei Jahrzehnte später war die Sklaverei verschwunden. Und die USA?!)

Die Staatssklaven des Dritten Reiches konnten ebenfalls ihr Joch nicht aus eigener Kraft abschütteln.

3. Nahezu die gleichen Einwände ergeben sich, wenn wir die Marxsche Lehre am *Feudalismus* messen. Nirgendwo Spuren dafür, daß die Theorien jener Philosophen, die den Geist der englischen, amerikanischen und französischen Revolution geprägt haben, durch das Niveau der Arbeitsgeräte oder die Produktionsverhältnisse beeinflußt worden sind.

Vor allem waren es wiederum nicht die am meisten Unterdrückten, die Revolution machten, sondern andere Stände. Die Leibeigenen spielten dabei keine entscheidende Rolle. Ebensowenig wie die Sklaven hatten sie ein Klassenbewußtsein. Die Bauernaufstände in Deutschland waren eine Episode ohne unmittelbare und dauernde Folgen. Die englische Revolution nahm ihren Ausgang vom Versuch der Monarchie, das Parlament zu entmachten und den Absolutismus auch auf der Insel einzubürgern. Nicht minder gilt das Gesagte für die Rebellion der nordamerikanischen Kolonien Englands. *No taxation, without representation* lautete die Losung, die den Kampf auslöste. Der revolutionäre Funke sprang über auf Frankreich, wo die Bürger nicht länger die Privilegien des Hofes, des Adels und der hohen Geistlichkeit hinnehmen wollten. Als es in Deutschland 1848 zur Revolution kam, war die Leibeigenschaft längst abgeschafft. Andererseits: Sind die arbeitenden Menschen in der sozialistischen DDR keine Leibeigenen, wenn sie, um der Arbeitskraft nicht verlustig zu gehen, daran gehindert werden, in den Westen zu ziehen? – Feudalismus im sozialistischen Gewande!

4. *Der Kapitalismus* sei gekennzeichnet durch eine permanente Revolution der Produktivkräfte. Wer bewirkt sie? Die Arbeiter, die am Arbeitsgerät neue Einsichten gewinnen? – Das kommt auch vor. Aber zum weitaus größeren Teil sind die Wissenschaftler die Neuerer, sind die Verbesserungen auf extreme Arbeitsteilung zurückzuführen, auf die Arbeit von Menschen, die im Marxschen Welttheater nur eine Statistenrolle spielen.

Nach Marxens Theorie stehen die Proletarier an der Spitze des Fortschritts. Die Wirklichkeit: Sie waren überwiegend gegen die industrielle Revolution. Sie forderten die Abschaffung der Eisenbahnen und der Dampfschiffahrt. „Alle diese Elemente waren die Kerntruppen von Aufständen und Rebellionen, aber weit zerstreut, weit auseinander, nicht gerade Repräsentanten einer neuen höheren Produktionsstufe, sondern das Gegenteil: kraß rückschrittlich und von der gesellschaftlichen Entwicklung bereits hoffnungslos überholt."[86]

Mit der Entwicklung der Produktivkräfte müßten sich die inneren Widersprüche des Systems vermehren. Demgemäß heißt es in der Sowjetideologie: „Im ‚Kapital' gab Karl Marx ein klassisches Beispiel für die Analyse der Entwicklung von Widersprüchen. Er zeigte, wie die Kapitalisten auf der Jagd nach Profit gezwungen sind, den gesellschaftlichen Charakter der Produktion immer mehr zu entwickeln. Je weiter jedoch die Produktion vergesellschaftet wird, desto mehr verschärft sich ihr Widerspruch zum Privateigentum an Produktionsmitteln. Damit reift die Notwendigkeit heran, das kapitalistische Eigentum an den Produktionsmitteln durch das gesellschaftliche sozialistische Eigentum abzulösen."[87] Tatsächlich ändern sich die Produktionsverhältnisse laufend, aber nicht revolutionär, nicht im Sinne der Marxschen Verelendungstheorie[88] und nicht in Richtung auf stärkere einseitige Abhängigkeit.

g) Die Oktoberrevolution Erfüllung der Marxschen Vorhersage?

Alle historischen Fakten scheinen dem historischen Materialismus zu widersprechen. Aber da gab es doch die Oktoberrevolution in Rußland. Ist sie nicht Bestätigung der Marxschen Lehre an einem entscheidend wichtigen Punkt? Die Sowjetideologen sehen es so:

> „Der objektive Charakter der gesellschaftlichen Gesetze ist nicht nur theoretisch bewiesen, sondern auch in der Praxis bestätigt. Das zeigt sich z. B. im Sieg der Großen Sozialistischen Oktoberrevolution . . ."[89]

Die Oktoberrevolution wurde in der Tat von Leuten inszeniert, die sich nicht nur Bolschewisten, sondern auch Marxisten, Sozialisten, Kommunisten nannten, die auf die Abschaffung des Privateigentums an den Produktionsmitteln hinsteuerten und vielleicht auch eine klassenlose Gesellschaft begründen wollten.

Aber war es eine Revolution im Marxschen Sinne, nach den Vorstellungen von Marx und mit den Auswirkungen, die Marx vorhergesagt hatte? Die Antwort darauf ist ein klares Nein. Die Gründe sind:

1. Nach Marx vollzieht sich der revolutionäre Prozeß zunächst im Bereich der Basis, im Arbeitsleben. Historische Beispiele dafür: der Arbeiteraufstand in der DDR 1953, die Gewerkschaftsbewegung in Polen Anfang der achtziger Jahre. Freilich, diese Revolutionen waren nicht gegen

die kapitalistische, sondern die sozialistische Wirtschaftsordnung gerichtet. Der Überbau, also die politische Ordnung, folgt nach:

„Mit der Veränderung der ökonomischen Grundlage wälzt sich der ganze ungeheure Überbau langsamer oder rascher um. In der Betrachtung solcher Umwälzung muß man stets unterscheiden zwischen der materiellen, naturwissenschaftlich treu zu konstatierenden Umwälzung in den ökonomischen Produktionsbedingungen und den juristischen, politischen, religiösen, künstlerischen oder philosophischen, kurz, ideologischen Formen ...“[90]

Engels hat die schroffe, eindimensionale Diktion abgemildert, von einer Revision kann nicht die Rede sein:

„Nach materialistischer Geschichtsauffassung ist das *in letzter Instanz* bestimmende Moment in der Geschichte die Produktion und Reproduktion des wirklichen Lebens. Mehr hat weder Marx noch ich je behauptet.

Wenn nun jemand das dahin verdreht, das ökonomische Moment sei das *einzig* Bestimmende, so verwandelt er jenen Satz in eine nichtssagende, abstrakte, absurde Phrase.

Die ökonomische Lage ist die Basis, aber die verschiedenen Momente des Überbaus – politische Formen des Klassenkampfes und seine Resultate – Verfassungen, nach gewonnener Schlacht durch die siegende Klasse festgestellt usw. – Rechtsformen, und nun gar die Reflexe aller dieser wirklichen Kämpfe im Gehirn der Beteiligten, politische, juristische, philosophische Theorien, religiöse Anschauungen und deren Weiterentwicklung zu Dogmensystemen, üben auch ihre Einwirkung auf den Verlauf der geschichtlichen Kämpfe aus und bestimmen in vielen Fällen vorwiegend deren *Form*. Es ist eine Wechselwirkung aller dieser Momente, worin schließlich durch alle die unendliche Menge von Zufälligkeiten ... als Notwendiges die ökonomische Bewegung sich durchsetzt.“[91]

In Rußland wurde jedoch erst die Regierung (eine sozialistische unter Kerenski!) von Nichtproletariern wie Lenin gestürzt und dann mit der formalen Änderung der Produktionsverhältnisse begonnen. (Tatsächlich haben die Arbeiter und Bauern heute nicht mehr Rechte, als sie unter den Zaren beanspruchen konnten. Lew Kopelew, Träger des Friedenspreises des Deutschen Buchhandels 1981, aus der Sowjetunion widerrechtlich ausgebürgert, behauptet daher auch: „Es gab keine bolschewistische Revolution in Rußland, es war eine bolschewistische Konterrevolution." Im selben Atemzug weist er auf den Kronstädter Matrosenaufstand 1921 hin, dessen Schlachtruf „Sowjets ohne Bolschewiken" dem Leninschen Zentralismus galt.[92])

2. Nach Marx und Engels hat der sozialistischen Revolution die volle Entfaltung des Kapitalismus voranzugehen:

> „Die vom modernen Sozialismus erstrebte Umwälzung ist, kurz ausgedrückt, der Sieg des Proletariats über die Bourgeoisie und die Neuorganisation der Gesellschaft durch Vernichtung aller Klassenunterschiede. Dazu gehört nicht nur ein Proletariat, das diese Umwälzung durchführt, sondern auch eine Bougeoisie, in deren Händen sich die gesellschaftlichen Produktionskräfte soweit entwickelt haben, daß sie die endgültige Vernichtung der Klassenunterschiede gestatten. Auch bei Wilden und Halbwilden bestehen häufig keine Klassenunterschiede, und jedes Volk hat einen solchen Zustand durchgemacht. Ihn wieder herzustellen, kann uns schon deswegen nicht einfallen, weil aus ihm, mit der Entwicklung der gesellschaftlichen Produktivkräfte, die Klassenunterschiede notwendig hervorgehn. Erst auf einem gewissen, für unsere Zeitverhältnisse sogar sehr hohen Entwicklungsgrad der gesellschaftlichen Produktivkräfte wird

es möglich, die Produktion so hoch zu steigern, daß die Abschaffung der Klassenunterschiede ein wirklicher Fortschritt, daß sie von Dauer sein kann, ohne einen Stillstand oder gar Rückgang in der gesellschaftlichen Produktionsweise herbeizuführen. Diesen Entwicklungsgrad haben die Produktivkräfte aber erst erhalten in den Händen der Bourgeoisie. Die Bourgeoisie ist demnach auch nach dieser Seite hin eine ebenso notwendige Vorbedingung der sozialistischen Revolution wie das Proletariat selbst. Ein Mann also, der sagen kann, daß diese Revolution in einem Lande leichter durchzuführen sei, weil dasselbe *zwar* kein Proletariat, *aber* auch keine Bourgeoisie besitze, beweist damit nur, daß er vom Sozialismus noch das Abc zu lernen hat.

Die russischen Arbeiter – und diese Arbeiter sind ... ‚Landarbeiter, und als solche keine Proletarier, sondern *Eigentümer*' ..."[93]

„Schülerhafte Eselei! Eine radikale soziale Revolution ist an gewisse historische Bedingungen der ökonomischen Entwicklung geknüpft. Letztere sind ihre Voraussetzungen. Sie ist also nur möglich, wo mit der kapitalistischen Produktion das industrielle Proletariat wenigstens eine bedeutende Stellung in der Volksmasse einnimmt."[94]

In Rußland war der Kapitalismus 1917 unbestrittenermaßen noch meilenweit von seiner vollen Entwicklung entfernt. Er war kaum über das Embryonalstadium hinausgelangt.

3. Die in industrieller Hinsicht führenden Staaten sollten als erste den Weg in den Sozialismus beschreiten. Engels zählt sie einzeln auf:

„Die kommunistische Revolution wird daher keine bloß nationale, sie wird eine in allen zivilisierten Ländern, d. h. wenigstens in England, Amerika, Frankreich und Deutschland gleichzeitig vor sich gehende Revolution sein. Sie wird sich in jedem dieser Länder rascher oder langsamer entwickeln, je nach dem das eine oder das andre Land eine ausgebildetere Industrie, einen größeren Reichtum, eine bedeutendere Masse von Produktivkräften besitzt. Sie wird daher in Deutschland am langsamsten und schwierigsten, in England am raschesten und leichtesten durchzuführen sein."[95]

England wird zuerst genannt. Schließlich ist England für Marx das klassische Land des Kapitalismus,[96] „die kapitalistische Produktionsweise hier allein völlig entwickelt"[97]. „In keinem anderen Lande hat Despotie des Kapitals und die Arbeitssklaverei einen so hohen Grad der Entwicklung erreicht wie in Großbritannien ... Gerade deshalb auch ist niemand so sehr kompetent und berufen wie die britische Arbeiterklasse, Führer der großen Bewegung zu sein, deren Ergebnis schließlich die völlige Emanzipation der Arbeit sein muß. Sie ist dies durch das klare Bewußtsein ihrer Lage, durch ihre gewaltige zahlenmäßige Überlegenheit, ihre Erfahrung aus den verheerenden Kämpfen der Vergangenheit und ihre moralische Stärke der Gegenwart. Die Millionen Arbeiter Großbritanniens haben als erste die reale Basis für die neue Gesellschaft gelegt ..."[98]

Die *USA* haben nach Marx und Engels ebenfalls eine führende Position: „Daß in einem demokratischen Repräsentativstaat wie Nordamerika die Klassenkollisionen bereits eine Form erreicht haben, zu der die konstitutionellen Monarchien erst hingedrängt werden, davon weiß er [ein ideologischer Gegner] natürlich Nichts."[99] Von *Frankreich* wird der Funken nach Deutschland springen.[100] Doch bezüglich *Rußland* stellt Engels, ein Jahr vor seinem Tod, ausdrücklich fest, es befinde sich auf „vorkapitalistischer Stufe".[101]

4. Kein Land kann allein den Sozialismus einführen. Das folgt schon aus dem oben Zitierten und wird von Marx und Engels mehrmals mit Nachdruck betont:

„Der Kommunismus ist empirisch nur als die Tat der herrschenden Völker 'auf einmal' und gleichzeitig möglich, was die universelle Entwicklung der Produktivkraft und den mit ihm zusammenhängenden Weltverkehr voraussetzt."[102]

Rußland hat jedoch allein sozialistische Revolution gemacht. Alle Versuche Lenins, auch andere Staaten, zum Beispiel Ungarn und Bayern, in den Strudel der Revolution zu reißen, mißlangen. Lenin scheint zunächst fest an das Marx-Wort geglaubt zu haben: „Es ist eine absolute Wahrheit, daß wir ohne die deutsche Revolution zugrundegehen."[103]

5. Nicht Intelligenzler, hungrige Soldaten und landlose Bauern sollten, wie es dann in Rußland gleichwohl geschah, das Pulverfaß der Revolution entzünden, sondern Proletarier:

„Ihr [der Bourgeoisie] Untergang und der Sieg des Proletariats sind gleich unvermeidlich."[104]

„Eine radikale soziale Revolution ... ist also nur möglich, wo mit der kapitalistischen Produktion das industrielle Proletariat wenigstens eine bedeutende Stellung in der Volksmasse einnimmt."[105]

„... die erste Voraussetzung einer proletarischen Revolution, nämlich ein industrielles Proletariat ..."[106]

Wie versuchen Lenin und seine Gefolgsleute diese marxistische Hypothek, die auf der Oktoberrevolution lastet, vergessen zu machen?

Unter Berufung auf Lenin darf auch Marx ausdrücklich korrigiert werden: „Lenin entwickelte den Marxismus schöpferisch weiter. Bestimmte Thesen und Schlußfolgerungen von Marx und Engels, die inzwischen veraltet waren, ersetzte er durch neue, der historischen Situation entsprechende Thesen und Schlußfolgerungen. So überprüfte Lenin, nachdem er das Gesetz der ungleichmäßigen ökonomischen und politischen Entwicklung des Kapitalismus in der Epoche des Imperialismus entdeckt hatte, die alte, von Marx und Engels unter den Bedingungen des vormonopolistischen Kapitalismus aufgestellte Behauptung, die sozialistische Revolution könne nicht in einem einzigen Lande siegen, sie könne nur gleichzeitig in allen oder in der Mehrzahl der zivilisierten Länder siegen."[107]

Auf die anderen marxistischen Bedenken gegen die Rote Revolution wird, dem Beispiel Lenins folgend, nicht oder nur höchst unwirsch eingegangen:

> „Ich kenne den ganzen Vorrat der stereotypen, abgenutzten marxistischen Phrasen, die in Wirklichkeit kleinbürgerliche Lappalien sind, von denen Sie sich nicht trennen können ... Lassen Sie sich gesagt sein, darüber sind wir hinaus. All das liegt hinter uns. All das ist nichts als marxistische Haarspalterei. Wir haben das von uns abgetan wie jene unvermeidlichen Kinderkrankheiten, durch die jede Klasse und jede Gesellschaft hindurch muß, und von denen sie sich trennt, wenn sie ein neues Morgenrot am Horizont erblickt."[108]

Keiner der zitierten Klassikertexte (IV 6 g) wird in den Lehrbüchern angeführt.

Als ich im Februar 1981 vor Mitgliedern der Tschechoslowakischen Akademie der Wissenschaften einen Vortrag über die inneren Widersprüche des Marxismus halten konnte, brachte ich auch die antimarxistische sozialistische Revolution in Rußland zur Sprache. Gemäß dem, was in den parteiamtlichen Lehrbüchern dazu gesagt wird – petit gesetzt! – in einem Halbsatz[109] – lautete die Antwort: „Rußland war das schwächste Glied in der Kette imperialistischer Staaten. Also kam es dort zuerst zur Revolution."

Ich wandte ein, diese Argumentation sei zwar die im sozialistischen Lager übliche, aber doch recht wenig überzeugend. Warum sollte in Rußland die sozialistische Revolution beginnen, wenn die englischen oder amerikanischen Arbeiter seit Jahrzehnten extremster Ausbeutung ausgesetzt seien. Darauf eine der seltenen glaubwürdigen, nicht aus der Retorte genommenen Äußerungen: „Das ist wirklich paradox!"

h) Zusammenfassende Wertung

„Die Frage, ob dem menschlichen Denken gegenständliche Wahrheit zukomme – ist keine Frage der Theorie, sondern eine *praktische* Frage. In der Praxis muß der Mensch die Wahrheit, das heißt Wirklichkeit und Macht, Diesseitigkeit seines Denkens beweisen. Der Streit über die Wirklichkeit oder Nichtwirklichkeit des Denkens – das von der Praxis isoliert ist – ist eine rein *scholastische* Frage."[110]

Niemand anders als Marx selbst hat diese trefflichen Beurteilungskriterien ausformuliert. Er wußte also, worauf es ankommt, doch er selbst hat sich nicht daran gehalten. Die Geschichte Süd- und Mitteleuropas ist für ihn die Geschichte der ganzen Welt. Aber auch mit dem Teil, den er für das Ganze nimmt, verfährt er willkürlich. Die geschichtlichen Fakten des Abendlandes sind für ihn ein Baukasten. Was in seinen Bauplan des Heilsprozesses paßt, wird genommen. Risse und Lücken werden dauerelastisch verkittet. Soweit er überhaupt andere Kontinente erwähnt, sind seine Äußerungen nebulös, nichtssagend oder widersprüchlich:

„In großen Umrissen können asiatische, antike, feudale und modern bürgerliche Produktionsweisen als progressive Epochen der ökonomischen Gesellschaftsformation bezeichnet werden."[111] (Daher ist in der marxistisch-leninistischen Literatur eine umfangreiche Diskussion über die sogenannte asiatische Produktionsweise möglich. Insofern darf man ausnahmsweise unterschiedliche Auffassungen vertreten, sogar die richtige, nämlich daß es sich um eine gänzlich selbständige, besondere Produktionsweise handelt[112], wodurch letztlich der Histomat als Weltprinzip erschüttert wird.)[113]

Eine führende russische Sozialistin, Vera Sassulitsch, Mitbegründerin der marxistischen Gruppe „Befreiung der Arbeit" wandte sich brieflich – knapp zwei Jahre vor seinem Tod – an Marx und bat ihn, er möge die russische Dorfgemeinde in sein System einordnen, da die Meinungen unter seinen russischen Anhängern geteilt seien. Welche Schwierigkeiten sie damit Marx bereitete, geht daraus hervor, daß er vier Entwürfe verfaßte, im Schnitt um ein Vielfaches länger als das letztlich abgeschickte Antwortschreiben, in dem es einleitend heißt:

„Eine Nervenkrankheit, die mich seit 10 Jahren periodisch befällt, hat mich gehindert, früher auf Ihren Brief vom 16. Februar zu antworten. Ich bedaure, Ihnen keine bündige, für die Öffentlichkeit bestimmte Auskunft über die Frage geben zu können, die Sie an mich zu stellen mir die Ehre erwiesen haben. Es sind bereits Monate vergangen, seitdem ich dem St. Petersburger Komitee eine Arbeit über den Gegenstand versprochen habe. Dennoch hoffe ich, daß einige Zeilen genügen werden, um Sie von jedem Zweifel über das Mißverständnis hinsichtlich meiner sogenannten Theorie zu befreien."[114] Abschließend deutet er vorsichtig an, „daß diese Dorfgemeinde der Stützpunkt der sozialen Wiedergeburt ist; damit sie aber in diesem Sinne wirken kann, müßte man zuerst die zerstörenden Einflüsse, die von allen Seiten auf sie einstürmen, beseitigen . . .[115]

Der Grund für diese unschlüssige, zögernde Antwort war wohl der, daß er einerseits sechs Jahre früher eindeutig den orthodoxen Standpunkt vertreten hatte,[116] andererseits aber in erster Linie als Revolutionär und nicht als Dogmatiker fühlte, er und sein Schaffen in Rußland den meisten Anklang gefunden hatten (dort die erste fremdsprachige Herausgabe von „Das Kapital" – Marx: „Es freut mich natürlich außerordentlich . . ."[117]) und er die Machtergreifung seiner Gefolgsleute unbedenklich mit der rhetorisch zu kaschierenden Preisgabe seiner Doktrin erkauft hätte. Das heißt, der Praktiker Marx hätte wie Lenin 1917 in Rußland Revolution gemacht – gegen Marx den Theoretiker.[118]

Als das dörfliche Gemeineigentum am Boden immer mehr zugunsten des Privateigentums zusammenschmolz, erklärte Engels, nach Marxens Tod, Rußland müsse kapitalistisch werden, bevor es sozialistisch werden könne.[119]

Aus dem Histomat spricht also nicht die Geschichte, sondern der Herr über die Geschichte, nicht der Historiker, sondern der Demiurgos. Der Histomat ist die Travestie der mosaisch-christlichen Heilslehre, wie ich an anderer Stelle eingehend nachgewiesen habe.[120]

Der Historiker fragt nicht nach dem Sinn der Geschichte, sondern nach dem Was und Wie. Marx jedoch „entdeckte" den Sinn. Die Geschichtswissenschaft befaßt sich nicht mit Heilsgeschichte. Der Histomat aber ist Heilsgeschichte und steht damit außerhalb der Geschichtswissenschaft.

Der Histomat hat unter der Obhut der selbsternannten Nachlaßverwalter keine Qualitätssteigerung erfahren. Vergegenwärtigen wir uns die Zusammenfassung im parteiamtlichen Lehrbuch: „Das Wesen der revolutionären Umwälzung in der Geschichtsauffassung besteht 1. in der Entdeckung der materiellen Grundlage aller gesellschaftlichen Entwicklung, im Nachweis, daß in letzter Instanz die materielle Produktion alle anderen Bereiche des gesellschaftlichen Lebens bestimmt; 2. in der Entdeckung der Volksmassen als des wirklichen Schöpfers der Geschichte; 3. in der Erkenntnis, daß die Geschichte der Gesellschaft ein naturgeschichtlicher, objektiven Gesetzen unterliegender Entwicklungsprozeß ökonomischer Gesellschaftsformen ist."[121]

Die erste Behauptung kann zwar mit Marx-Zitaten belegt werden, ist aber in dieser Form nicht präzise, gibt vielmehr zu Mißverständnissen reichlich Anlaß. „Die Entdeckung der Volksmassen als des wirklichen Schöpfers der Geschichte" besagt unter anderem, daß auch die Sklavenhaltergesellschaft, Feudalismus und Kapitalismus auf das Wirken der Volksmassen zurückzuführen sind. Satz drei richtet sich selbst, nach all dem was vorher über „Gesetz" und Wirklichkeit gesagt werden mußte.

Marx und Engels saßen zwar nicht um den Katheder von Hegel, aber sie waren, wie sie gerne bekennen, seine gelehrigen Schüler und scharfsinnigen Kritiker. Sie haben von ihm gelernt, aber leider nicht aus seinen Fehlern, sondern seine Fehler. Ihre Kritik an Hegel ist zugleich die treffendste Kritik am eigenen Lehrgebäude:

Es genügt, daß wir beim Lesen des folgenden Textes „absolute Idee" durch „Kommunismus", „Hegel" durch „Marx" ersetzen:

„Sosehr also auch Hegel . . . betont, daß diese ewige Wahrheit nichts andres ist als . . . der geschichtliche Prozeß selbst, so sieht er sich doch selbst gezwungen, diesem Prozeß ein Ende zu geben, weil er eben mit seinem System irgendwo zu Ende kommen muß. In der 'Logik' kann er dieses Ende wieder zum Anfang machen, indem hier der Schlußpunkt, die absolute Idee – die nur insofern absolut ist, als er absolut nichts von ihr zu sagen weiß – sich in die Natur ‚entäußert', d. h. verwandelt, und später im Geist, d. h. im Denken und in der Geschichte wieder zu sich selbst kommt. Aber am Schluß der ganzen Philosophie ist ein ähnlicher Rückschlag in den Anfang nur auf *einem* Weg möglich. Nämlich indem man das Ende der Geschichte darin setzt, daß die Menschheit zur Erkenntnis eben dieser absoluten Idee kommt, und erklärt, daß diese Erkenntnis der absoluten Idee in der Hegelschen Philosophie erreicht ist. Damit wird aber der ganze dogmatische Inhalt des Hegelschen Systems für die absolute Wahrheit erklärt, im Widerspruch mit seiner dialektischen, alles Dogmatische auflösenden Methode; damit wird die revolutionäre Seite erstickt unter der überwuchernden konservativen . . .

Es versteht sich von selbst, daß kraft der Notwendigkeiten des ‚Systems' er hier oft genug zu jenen gewaltsamen Konstruktionen seine Zuflucht nehmen muß . . ."[122]

„Auch hier hat die Philosophie der Geschichte, des Rechts, der Religion, usw. darin bestanden, daß an die Stelle des in den Ereignissen nachzuweisenden wirklichen Zusammenhangs ein im Kopf des Philosophen gemachter gesetzt wurde, daß die Geschichte im Ganzen wie in ihren einzelnen Teilstücken gefaßt wurde als die allmähliche Verwirklichung von Ideen, und zwar natürlich immer nur der Lieblingsideen des Philosophen selbst. Die Geschichte arbeitete hiernach unbewußt aber mit Notwendigkeit, auf ein gewisses, von vornherein feststehendes ideelles Ziel los, wie z. B. bei Hegel auf die Verwirklichung seiner absoluten Idee, und die unverrückbare Richtung auf diese absolute Idee bildete den inneren Zusammenhang in den geschichtlichen Ereignissen. An die Stelle des wirklichen, noch unbekannten Zusammenhangs setzte man somit eine neue – unbewußte oder allmählich zum Bewußtsein kommende – mysteriöse Vorsehung.“[123]

Eben war von den „Lieblingsideen des Philosophen“ die Rede. Klassenkampf und Kommunismus sind die Lieblingsideen des Philosophen Marx: „Hier in England geht der Klassenkampf aufs erfreulichste voran.“[124] Die Sehnsucht nach Krisen bestimmt ihr Denken: "Der panic [sic!] ist jedenfalls viel zu früh gekommen und kann uns möglicherweise eine gute solide Krisis . . . kosten.“[125]
Die revolutionäre Sehnsucht hat sie jedoch nicht so sehr verblendet, daß sie nicht von der theoretischen Realität zumindest vorübergehend verunsichert worden wären: „Ich glaube, in 14 Tagen geht es in Preußen los. Wenn diese Gelegenheit vorübergeht, ohne benutzt zu werden, und wenn die Leute sich dies gefallen lassen, dann können wir ruhig einpacken mit unseren revolutionären Siebensachen . . .“[126]

Die Gelegenheit ging ungenutzt vorüber, und dennoch haben Marx und Engels ihren Histomat nicht eingepackt.

„Es lebe die Geschichtszeichnung großen Stils!“[127] – so Friedrich Engels. Wer wollte bestreiten, daß alle Anhänger des Histomat diese Losung treu befolgen?

V. Fluch und Segen – „Das Kapital“

1. Das Lebenswerk

Marxens literarisches Erbe gleicht eher einer Aphorismensammlung als einem Lehrbuch: Viele Äußerungen zu vielen Themen. Nicht nur das, sondern auch viele Äußerungen zu einem Thema, letztere teils im wesentlichen identisch, teils in Nuancen oder gänzlich verschieden. Zentrale Begriffe seiner Gedanken läßt er undefiniert, einzelne inhaltsschwere Worte gebraucht er mit unterschiedlicher Bedeutung. Grundsätzliches über Materialismus und Dialektik suchen wir vergebens. Der Histomat, der sein ganzes Denken durchzieht, wird dem überraschten Publikum wie der höchst komprimierte und apodiktische Tenor eines sensationellen, rechtskräftigen Endurteils vorgetragen. Eine eingehende Auseinandersetzung mit dem Sachverhalt, eine ausführliche Darstellung und auf nachprüfbare Beweise abgestützte Begründung hielt Marx für überflüssig.

Ein Teilbereich bildet eine Ausnahme, nämlich die vierte historische Gesellschaftsformation, der Kapitalismus. Das war seine Welt. In sie war er hineingeboren. Und doch war es, paradox formuliert, nicht seine Welt. Er lehnte sie ab, bekämpfte sie, wollte sie überwinden, verkündete immer wieder mit spitzer journalistischer Feder über Jahrzehnte hinweg ihren notwendigen Untergang. Aber das genügte ihm nicht. Hier wollte er mehr sein als wortgewandter, treffsicherer Chefredakteur, mehr als abstrahierender, deduzierender Philosoph, nämlich: strenger, untrüglicher, jeden Widerspruch ausschließender Wissenschaftler. Ein Werk sollte entstehen, das nach Umfang und Bedeutung seinesgleichen sucht.

Nach Ansicht der orthodoxen Marxisten, insbesondere der KPdSU, ist ihm dies voll gelungen: „Das Kapital" ist „das größte methodologische und polit-ökonomische Werk des Marxismus": „Das ‚Kapital' ist das Hauptwerk von Karl Marx, das eine allseitige und tiefschürfende philosophische, ökonomische und historische Begründung des wissenschaftlichen Kommunismus liefert. Im ‚Kapital' brachte Marx alle Bestandteile seiner Lehre zur höchsten Synthese. Die materialistische Dialektik, die materialistische Geschichtsauffassung und die Mehrwerttheorie, all diese großartigen Errungenschaften des Marxismus stellen in ihrer Gesamtheit das theoretische Fundament des wissenschaftlichen Kommunismus dar."[1]

„Unter den geistigen Werten, die die vieltausendjährige Zivilisationsgeschichte der Menschheit geschaffen hat, würde es schwerfallen, eine ähnlich großartige Schöpfung zu finden wie das ‚Kapital' von Karl Marx. Das ‚Kapital' erhellt den Weg des internationalen Proletariats und der proletarischen Revolution in der Welt. Von ihm geht das unauslöschliche Licht aus, das das Bewußtsein des Proletariats und aller Unterdrückten mit der wissenschaftlichsten, revolutionärsten und vollständigsten Weltanschauung, mit dem dialektischen und historischen Materialismus – der ideologischen Basis des wissenschaftlichen Kommunismus – erfüllt.

Das ‚Kapital' entfacht in den Herzen des Proletariats und aller Unterdrückten eine außergewöhnliche Energie, einen unerschöpflichen revolutionären Geist und eine beflügelnde Kampfstimmung, die alte Welt zu zerschlagen und eine neue Welt zu schaffen."[2]

Doch nur ein kleiner Bruchteil, nicht ein Zehntel, des Geplanten erhielt von ihm die endgültige Fassung, wurde von ihm mit dem Imprimatur versehen:

„Ich betrachte das System der bürgerlichen Ökonomie in dieser Reihenfolge: *Kapital, Grundeigentum, Lohnarbeit; Staat, auswärtiger Handel, Weltmarkt.* Unter den ersten drei Rubriken untersuche ich die ökonomischen Lebensbedingungen der drei großen Klassen, worin die moderne bürgerliche Gesellschaft zerfällt; der Zusammenhang der drei andern Rubriken springt in die Augen. Die erste Abteilung des ersten Buchs, das vom Kapital handelt, besteht aus folgenden Kapiteln ..."[3]

„Nun, die ganze Scheiße soll zerfallen in sechs Bücher: 1. Vom Kapital. 2. Grundeigentum. 3. Lohnarbeit. 4. Staat. 5. Internationaler Handel. 6. Weltmarkt."[4]

Das Druckreife wurde dafür gleich mehrfach publiziert, insbesondere in „Zur Kritik der politischen Ökonomie"[5] und, acht Jahre später, in „Das Kapital – Kritik der politischen Ökonomie"[6]:

„Das Werk, dessen ersten Band ich dem Publikum übergebe, bildet die Fortsetzung meiner 1859 veröffentlichten Schrift: ‚Zur Kritik der Politischen Oekonomie". Die lange Pause zwischen Anfang und Fortsetzung ist einer langjährigen Krankheit geschuldet, die meine Arbeit wieder und wieder unterbrach.

Der Inhalt jener frühen Schrift ist resümiert im ersten Kapitel dieses Bandes. Es geschah dies nicht nur des Zusammenhangs und der Vollständigkeit wegen. Die Darstellung ist verbessert. Soweit es der Sachverhalt irgendwie erlaubte, sind viele früher nur angedeuteten Punkte hier weiter entwikkelt, während umgekehrt dort ausführlich Entwickeltes hier nur angedeutet wird. Die Abschnitte über die Geschichte der Wert- und Geldtheorie fallen jetzt natürlich ganz weg. Jedoch findet der Leser der früheren Schrift in den Noten zum ersten Kapitel neue Quellen zur Geschichte jener Theorie eröffnet."[7]

Im folgenden soll dieser von Marx verfaßte und autorisierte Text von „Das Kapital" inhaltlich skizziert und anschließend kritisch gewürdigt werden. Die Beschränkung auf den ersten Teil erscheint nicht nur deshalb gerechtfertigt, weil er in seinen Vorzügen und Schwächen für das Ganze steht, auch nicht nur, weil Kritik an den anderen Teilen auf den berechtigten Einwand stieße, es handle sich eben nicht um abschließend redigierte Texte, manches sei gar nur lückenhafter Rohentwurf, sondern weil Marx auch Band 2 und 3 der Öffentlichkeit hätte übergeben können, wenn er die Schlußredaktion emsig betrieben hätte. Das Material, aus dem Engels den 2. und 3. Band formte, lag nahezu schon Jahrzehnte vor Marxens Tod vor:

Engels: „Das dem Datum nach jetzt folgende Manuskript ist das von Buch III. Es ist wenigstens größtenteils 1864 und 1865 geschrieben. Erst nachdem dies im wesentlichen fertig, ging Marx an die Ausarbeitung von Buch I, des 1867 gedruckten ersten Bandes. Dies Manuskript von Buch III bearbeite ich jetzt für den Druck.

Aus der nächsten Periode – nach Erscheinen des Buch I – liegt vor für Buch II eine Sammlung von vier Manuskripten in Folio, von Marx selbst I–IV numeriert. Davon ist Manuskript I (150 Seiten), vermutlich von 1865 oder 1867 datierend, die erste selbständige, aber mehr oder weniger fragmentarische Bearbeitung von Buch II in seiner gegenwärtigen Einteilung."[8]

Marx an Engels am 31. Juli 1865: „Was nun meine Arbeit betrifft, so will ich Dir darüber reinen Wein einschenken. Es sind noch drei Kapitel zu schreiben, um den theoretischen Teil (die ersten drei Bücher) fertig zu machen. Dann ist noch das vierte Buch, das historisch-literarische, zu schreiben, was mir relativ der leichteste Teil ist, da alle Fragen in den ersten drei Büchern gelöst sind, dies letzte also mehr Repetition in historischer Form ist. Ich kann mich aber nicht entschließen, irgend etwas wegzuschicken, bevor das Ganze vor mir liegt."[9]

Richtig und wichtig ist schließlich die Feststellung Engels im Vorwort zur englischen Ausgabe: „Unsere Übersetzung umfaßt nur das erste Buch des Werkes. Aber dieses erste Buch ist in hohem Maße ein Ganzes in sich selbst und hat zwanzig Jahre lang für ein selbständiges Werk gegolten."[10]

Der wissenschaftliche Rang und der praktische Wert der „Bibel der Arbeiterklasse", wie Band I des Kapitals oft genannt wurde,[11] ist bis heute umstritten. Daß „Das Kapital" in den sozialistischen Staaten heute noch zu den heiligen Büchern zählt, ist geradezu selbstverständlich. Auch im Westen registrieren wir teils lachhaft schwärmerische Verehrung, teils Superlob aus dem Munde renommierter Wissenschaftler:

„Gewiß wir alle haben ‚Das Kapital' gelesen, wir alle lesen es! Seit einem Jahrhundert etwa können wir es jeden Tag in aller Deutlichkeit lesen. In den Aktionen und Träumen unserer Geschichte, ihren Auseinandersetzungen und Konflikten, in den Niederlagen und Siegen der Arbeiterbewegung – unserer einzigen Hoffnung und Bestimmung. Seit wir ‚zur Welt gekommen sind', hören wir nicht auf ‚Das Kapital' zu lesen: In den Schriften und Worten derer, die es für uns – gut oder schlecht – gelesen haben, der Lebenden oder Toten."[12]

„Als Wirtschaftstheoretiker vielmehr hat Marx die mit Abstand bedeutendste wissenschaftliche Leistung zu verzeichnen, die einem deutschen Nationalökonomen in der zweiten Hälfte des 19. Jahrhunderts gelungen ist. Die vier Bände seines ‚Kapital‘ (von denen freilich nur der erste fertig wurde und zu seinen Lebzeiten erschien) sind das Ergebnis einer bewundernswerten Beherrschung und Durchdringung der gesamten wirtschaftswissenschaftlichen Literatur aller Kulturnationen, in die er sich in seinem Londoner Exil im British Museum maulwurfsartig einwühlte, und eines bohrenden Scharfsinns, dessen zugespitzte Intensität sich nur mit der seines wirtschaftstheoretischen Meisters Riccardo vergleichen läßt.“[13]

„‚Das Kapital‘ ist natürlich das Meisterwerk, auf dem das weltweite Ansehn von Marx beruht.“[14]

„‚Das Kapital‘ ist ein Werk von unglaublichem Fleiß, Engagement und Können.“[15]

Nicht minder überraschend als das Lob Bürgerlicher ist das Desinteresse sozialistischer Persönlichkeiten am „Kapital“. Wir wissen kaum von einem, daß er es gelesen hat. Wegen Ungenießbarkeit nicht gelesen haben es sicherlich: August Bebel und Otto Wels.[16] Bruno Kreisky soll gesagt haben, es gäbe nur einen Grund, warum man vor ihm Respekt haben müsse, nämlich weil er sich durch „Das Kapital“ hindurchgeschunden habe.

Die Kritik von links begann schon sehr früh, ging dem Werk geradezu voraus. Der linksradikale Publizist Arnold Ruge bemerkte bereits 1844: „Wenn Marx sich nicht durch Wüstheit, Hochmut und tolles Arbeiten umbringt und in kommunistischer Originalität nicht allen Sinn für einfache, noble Form verliert, so ist von seiner großen Belesenheit und selbst von seiner gewissenlosen Dialektik noch etwas zu erwarten ... Noch halte ich es für möglich, daß er ein recht großes und recht abstruses Buch fertig bringt, in das er alles hineinpropft, was er aufgehäuft hat.“[17]

Eugen Dühring, Sozialist wie Marx, gehört zu den ersten Kritikern nach dem Erscheinen des Werkes: „In solchen wüsten Konzeptionen, die halb geschichtlich und halb logisch sein sollen, in der Tat aber nur Bastarde historischer und logischer Phantastik sind, geht das Unterscheidungsvermögen des Verstandes samt allem ehrlichen Begriffsgebrauch unter.“[18]

Unübertrefflich hart auch die Kritik eines der geistig führenden Sozialisten des 20. Jahrhunderts, Hendrik de Mans: „In der Tat: wohl selten hat ein kolossalerer wissenschaftlicher Berg eine winzigere wissenschaftliche Maus geboren wie die Marxsche Mehrwerttheorie. Sicher zeigt kein Teil des Marxschen Werkes deutlicher als sie, wie vergeblich das Bemühen ist, mit der Wirtschaftskategorie der sozialen Wirklichkeit beizukommen. Was sie beweist, wußte schon ein jeder; worauf es einem jeden ankommt und was ein jeder aus ihr schließt, nämlich die Unsittlichkeit des kapitalistischen Profitsystems, das eben beweist sie nicht; sie begnügt sich damit, diese stillschweigend vorauszusetzen. Die stillschweigende Voraussetzung ist denn auch, der sie allein ihre Popularität verdankt ...“[19]

Auch jene Stelle de Mans soll nicht unerwähnt bleiben, die, wenn sie richtig ist, aus der „bedeutendsten wissenschaftlichen Leistung ... des 19. Jahrhunderts“ (wie Rüstow es sah) ein Glaubensbüchlein macht: „Mit verstandesmäßiger Erkenntnis hat all dies nichts zu tun. Deswegen prallt auch jede Kritik, die das Verstandesmäßige für ein Absolutes hält, an Marx wirkungslos ab. Das *Kapital* gehört nicht zu jenen Büchern, die sich widerlegen lassen. Die unzähligen hochgelehrten Abhandlungen, die seit zwei Menschenaltern zu seiner Widerlegung gedruckt worden sind – meist von strebsamen jungen deutschen Privatdozenten, die damit zugleich ihre staatserhaltende Gesinnung und ihre Immunität gegen Leserschlafsucht beweisen wollen – hätte ungedruckt bleiben können, ohne daß es den geringsten Unterschied gemacht hätte."[20]

Selbst auf die Gefahr, die „Leserschlafsucht" zu steigern, verdient „Das Kapital" eine geraffte Darstellung und Erläuterung. Denn die fundierte Erkenntnis der Langeweile und der wissenschaftlichen Unangreifbarkeit mangels wissenschaftlich prüfbarer Substanz wäre ebenfalls ein wissenschaftlicher Gewinn.

Worin ist die angebliche Schlafdrogenwirkung begründet? Am Stoff, an der Darstellungsweise? Ist das Absicht oder Unvermögen? Ist es wirklich so, daß „Das Kapital" nur mangels wissenschaftlich prüfbarer Substanz wissenschaftlich unangreifbar ist?

Mit dem Kapital steht und fällt der ganze wissenschaftliche Sozialismus. Es ist – unter Berücksichtigung der Vorarbeiten – Marxens einziges, zumindest der Form nach wissenschaftliches „marxistisches" Werk. Sein Leben, seine Gesundheit hat er ihm geschenkt. Wenn die Gedanken des „Kapital" nicht gediegen sind, obwohl er sie über Jahrzehnte ausgetragen hat, was dann? Alles andere sind doch nur Aperçus, flüchtige, mehrdeutige, unsystematische Herzensergüsse eines zornigen Mannes. Als Wissenschaftler, ja als seriöser Denker steht und fällt Marx mit dem Kapital.

Die folgende Darstellung, einschließlich der Kapitelüberschriften, entspricht in der Systematik dem Band 1 von „Das Kapital“. Dieser Band trägt den Titel: „Der Produktionsprozeß des Kapitals“. Die wissenschaftliche Qualität eines Buches hängt nicht davon ab, ob es allgemein verständlich ist oder nicht. Daraus folgt, daß eine umständliche Ausdrucksweise die Wertschätzung nicht heben dürfte. Da Publikationen dem Gedankenaustausch oder der Information Dritter zu dienen bestimmt sind, ist es vielmehr ein Mangel, wenn der Gedankenfluß durch unnötige Sprachbarrieren erschwert wird.

Ich bin der Auffassung, daß Marx seine ökonomischen Gedanken nicht nur unförmig aufgebläht, sondern auch in eine unnötig komplizierte sprachliche Form gekleidet hat. (Er selbst: „Mit Ausnahme des Abschnitts über die Wertform wird man daher dies Buch nicht wegen Schwerverständlichkeit anklagen können.“[21]) Gerade deshalb erscheint es besonders wichtig, den Sinn der Marxschen Ausführungen mit weniger geschraubten Worten jeweils voranzustellen. Der Leser kann dann selbst anhand der nachfolgenden Originaltexte die Richtigkeit des Resümees prüfen und sich ein eigenes Urteil über die Marxsche Ausdrucksweise und ihre Motive bilden.

Wichtig ist, daß sich der Leser von „Das Kapital" und der folgenden Exzerpte stets die Grundannahmen von Marx vergegenwärtigt. Worum geht es ihm? Er will nachweisen, daß es im Kapitalismus zwei Hauptklassen gibt, die Arbeiter und die Schmarotzer. Die Arbeiter arbeiten mehr als sie verbrauchen. Wie kommen die anderen in den Genuß der Mehrarbeit? Warum und wie muß diese Gesellschafts- und Wirtschaftsordnung ein Ende nehmen?

2. „Ware und Geld"

Dieser Abschnitt, der erste, umfaßt gut 100 Druckseiten und ist in drei, dem Umfang nach recht unterschiedliche Kapitel gegliedert: „Die Ware" (a), „Der Austauschprozeß" (b), „Das Geld oder die Warenzirkulation" (c).

a) „Die Ware"

Wie allgemein üblich (schon Aristoteles) unterscheidet auch Marx zwischen Gebrauchswert und Tauschwert der Ware. Will ich mit einer Sache Handel treiben, so interessiert mich der Tauschwert: Was bekomme ich dafür? Sachen, die ich nur gebrauchen will, haben für mich nur einen Gebrauchswert. „Die Ware ist zunächst ein äußerer Gegenstand, ein Ding, das durch seine Eigenschaften menschliche Bedürfnisse irgendeiner Art befriedigt."[22] „Der Gebrauchswert verwirklicht sich nur im Gebrauch oder der Konsumtion."[23]

„Der Tauschwert erscheint zunächst als das quantitative Verhältnis, die Proportion, worin sich Gebrauchswerte einer Art gegen Gebrauchswerte anderer Art austauschen, ein Verhältnis, das beständig mit Zeit und Ort wechselt. Der Tauschwert scheint daher etwas Zufälliges und rein Relatives . . ."[24]

Marx schildert diesen Sachverhalt in schier unübertrefflicher Breite.

Eine Stilprobe: „Eine gewisse Ware, ein Quarter Weizen z. B. tauscht sich mit x Stiefelwichse oder mit y Seide oder mit z Gold usw., kurz mit andern Waren in den verschiedensten Proportionen. Mannigfache Tauschwerte also hat der Weizen statt eines einzigen. Aber da x Stiefelwichse, ebenso y Seide, ebenso z Gold usw. der Tauschwert von einem Quarter Weizen ist, müssen x Stiefelwichse, y Seide, z Gold usw. durch einander ersetzbare oder einander gleich große Tauschwerte sein."[25]

Wie kann der absolute Wert ermittelt werden?

„Durch das Quantum der in ihm enthaltenen ‚wertbildenden Substanz', der Arbeit. Die Quantität der Arbeit selbst mißt sich an ihrer Zeitdauer, und die Arbeitszeit besitzt wieder ihren Maßstab an bestimmten Zeitteilen, wie Stunde, Tag usw."[26]

Dabei kommt es nicht auf die reale Arbeitszeit dieses oder jenes „faulen oder ungeschickten" Arbeiters an, sondern auf die „gesellschaftlich notwendige Arbeitszeit".[27]

„Die Wertgröße einer Ware bliebe daher konstant, wäre die zu ihrer Produktion erheischte Arbeitszeit konstant. Letztere wechselt aber mit jedem Wechsel in der Produktivkraft der Arbeit. Die Produktivkraft der Arbeit ist durch mannigfache Umstände bestimmt, unter anderen durch den Durchschnittsgrad des Geschickes der Arbeiter, die Entwicklungsstufe der Wissenschaft und ihrer technologischen Anwendbarkeit ..."[28]

„Arbeit ist ... nicht die einzige Quelle der von ihr produzierten Gebrauchswerte, des stofflichen Reichtums. Die Arbeit ist sein Vater ... und die Erde seine Mutter."[29]

Das ändert aber nach Marx, der sich dabei ausdrücklich auf Adam Smith beruft[30] – nichts daran, daß allein die Arbeitskraft neue Werte schafft:

> „Rock und Leinwand sind aber nicht nur Werte überhaupt, sondern Werte von bestimmter Größe, und nach unsrer Unterstellung ist der Rock doppelt soviel wert als 10 Ellen Leinwand. Woher diese Verschiedenheit ihrer Wertgrößen? Daher, daß die Leinwand nur halb soviel Arbeit enthält als der Rock, so daß zur Produktion des letzteren die Arbeitskraft während doppelt soviel Zeit verausgabt werden muß als zur Produktion der erstern."[31]

Im Tauschwert steckt, so betont Marx immer wieder, ein „Rätsel", ein „Geheimnis":

> „Das Geheimnis aller Wertform steckt in dieser einfachen Wertform. Ihre Analyse bietet daher die eigentliche Schwierigkeit."[32]

Genießen wir wieder eine Stilprobe dessen, was uns schon in der extrem gerafften Fassung vertraut ist, bei Marx aber Dutzende von Seiten füllt:

„Im Wertverhältnis, worin der Rock das Äquivalent der Leinwand bildet, gilt also die Rockform als Wertform. Der Wert der Ware Leinwand wird daher ausgedrückt im Körper der Ware Rock, der Wert einer Ware im Gebrauchswert der andren. Als Gebrauchswert ist die Leinwand ein vom Rock sinnlich verschiednes Ding, als Wert ist sie ‚Rockgleiches' und sieht daher aus wie ein Rock. So erhält sie eine von ihrer Naturalform verschiedne Wertform. Ihr Wertsein erscheint in ihrer Gleichheit mit dem Rock wie die Schafsnatur des Christen in seiner Gleichheit mit dem Lamm Gottes."[33]

Schrittchen für Schrittchen tastet sich Marx vorwärts. Er läßt keine Möglichkeit aus, *einen* Gedanken in alle nur denkbaren sprachlichen Formen zu kleiden. Wurde auf den letzten 20 Seiten der Wert eines Rockes in Leinwand ausgedrückt und umgekehrt, wird dem Leser im nächsten Abschnitt klargemacht, daß auch andere Parameter in Betracht kommen.

Die Überleitung zu dem, was damit dem Leser an geistiger Leistung abverlangt wird, ist typisch und exemplarisch zugleich: „Indes geht die einzelne Wertform von selbst in eine vollständigere Form über. Vermittelst derselben wird der Wert einer Ware A zwar in nur einer Ware von andrer Art ausgedrückt. Welcher Art aber diese zweite Ware, ob Rock, ob Eisen, ob Weizen usw., ist durchaus gleichgültig. Je nachdem sie also zu dieser oder jener andren Warenart in ein Wertverhältnis tritt, entstehn verschiedne einfache Wertausdrücke einer und derselben Ware. Die Anzahl ihrer möglichen Wertausdrücke ist nur beschränkt durch die Anzahl von ihr verschiedner Warenarten. Ihr vereinzelter Wertausdruck verwandelt sich daher in die stets verlängerbare Reihe ihrer verschiednen einfachen Wertausdrücke.

B) Totale oder entfaltete Wertform

z Ware A = u Ware B oder = v Ware C oder = w Ware D oder = x Ware E oder = etc. (20 Ellen Leinwand = 1 Rock oder = 10 Pfd. Tee oder = 40 Pfd. Kaffee oder = 1 Quarter Weizen oder = 2 Unzen Gold oder = ½ Tonne Eisen oder = etc.)“[34]

Die Versuchung ist groß, immer weiter zu zitieren, weil es schier unglaublich ist, daß die Wiederholungen kein Ende nehmen. Die folgenden Worte von Marx sind hier besonders treffend: Unter der Überschrift „Mängel der totalen oder entfalteten Wertform“ führt er einleitend aus: „Erstens ist der relative Wertausdruck der Ware unfertig, weil seine Darstellungsreihe nie abschließt. Die Kette, worin eine Wertgleichung sich zu andern fügt, bleibt fortwährend verlängerbar durch jede neu auftretende Warenart, welche das Material eines neuen Wertausdrucks liefert.“[35]

Mit großem Abstand kommt die nächste neue Instruktion. An die Stelle der Leinwand als Äquivalentform tritt nun Geld. Und damit es der Dümmste begreift, wird diese „Sensation“ mehr als ein Dutzend Male auf einer Seite wiederholt.[36]

Im Folgenden wendet sich Marx dem „Geheimnis“ der Ware zu. Man hat Schwierigkeiten, ihm zu folgen. Das Geheimnis ist so geheimnisvoll, daß es nicht für jedermann als Geheimnis erkennbar ist.

„Woher entspringt also der rätselhafte Charakter des Arbeitsprodukts, sobald es Warenform annimmt? Offenbar aus dieser Form selbst. Die Gleichheit der menschlichen Arbeiten erhält die sachliche Form der gleichen Wertgegenständlichkeit der Arbeitsprodukte, das Maß der Verausgabung menschlicher Arbeitskraft durch ihre Zeitdauer erhält die Form der Wertgröße der Arbeitsprodukte, endlich die Verhältnisse der Produzenten, worin jene gesellschaftlichen Bestimmungen ihrer Arbeiten betätigt werden, erhalten die Form eines gesellschaftlichen Verhältnisses der Arbeitsprodukte.

Das Geheimnisvolle der Warenform besteht also einfach darin, daß sie den Menschen die gesellschaftlichen Charaktere ihrer eignen Arbeit als gegenständliche Charaktere der

Arbeitsprodukte selbst, als gesellschaftliche Natureigenschaften dieser Dinge zurückspiegelt, daher auch das gesellschaftliche Verhältnis der Produzenten zur Gesamtarbeit als ein außer ihnen existierendes gesellschaftliches Verhältnis von Gegenständen. Durch dies Quidproquo werden die Arbeitsprodukte Waren, sinnlich übersinnliche oder gesellschaftliche Dinge ... Um daher eine Analogie zu finden, müssen wir in die Nebelregion der religiösen Welt flüchten. Hier scheinen die Produkte des menschlichen Kopfes mit eignem Leben begabte, untereinander und mit den Menschen in Verhältnis stehende selbständige Gestalten. So in der Warenwelt die Produkte der menschlichen Hand."[37]

Die „Nebelregion" des „Geheimnisvollen der Warenform" umhüllt wiederum viele Seiten. Stets aufs neue Sätze wie: „Der Wert verwandelt vielmehr jedes Arbeitsprodukt in eine gesellschaftliche Hieroglyphe. Später suchen die Menschen den Sinn der Hieroglyphe zu entziffern, hinter das Geheimnis ihres eignen gesellschaftlichen Produkts zu kommen, denn die Bestimmung der Gebrauchsgegenstände als Werte ist ihr gesellschaftliches Produkt so gut wie die Sprache."[38] Oder: „Derartige Formen bilden eben die Kategorien der bürgerlichen Ökonomie. Es sind gesellschaftlich gültige, also objektive Gedankenformen für die Produktionsverhältnisse dieser historisch bestimmten gesellschaftlichen Produktionsweise, der Warenproduktion. Aller Mystizismus der Warenwelt, all der Zauber und Spuk, welcher Arbeitsprodukte auf Grundlage der Warenproduktion umnebelt, verschwindet daher sofort, sobald wir zu andren Produktionsformen flüchten."[39]

Als Kontrast zur bürgerlichen Produktionsweise folgt seitenlang Robinson: „Da die politische Ökonomie Robinsonaden liebt, erscheine zuerst Robinson auf seiner Insel ... Vom Beten u. dgl. sprechen wir hier nicht, da unser Robinson daran sein Vergnügen findet und derartige Tätigkeit als Erholung betrachtet."[40]

„Versetzen wir uns nun von Robinsons lichter Insel in das finstre europäische Mittelalter. Statt des unabhängigen Mannes finden wir hier jedermann abhängig – Leibeigne und Grundherrn, Vasallen und Lehnsgeber, Laien und Pfaffen. Persönliche Abhängigkeit charakterisiert ebensosehr die gesellschaftlichen Verhältnisse der materiellen Produktion als die auf ihr aufgebauten Lebenssphären."[41]

Vom Feudalismus springt er behend zum Kommunismus, in dem alles „durchsichtig einfach" ist.

„Stellen wir uns endlich, zur Abwechslung, einen Verein freier Menschen vor, die mit gemeinschaftlichen Produktionsmitteln arbeiten und ihre vielen individuellen Arbeitskräfte selbstbewußt als eine gesellschaftliche Arbeitskraft verausgaben. Alle Bestimmungen von Robinsons Arbeit wiederholen sich hier, nur gesellschaftlich statt individuell. Alle Produkte Robinsons waren sein ausschließlich persönliches Produkt und daher unmittelbar Gebrauchsgegenstände für ihn. Das Gesamtprodukt des Vereins ist ein gesellschaftliches Produkt. ... Die gesellschaftlichen Beziehungen der Menschen zu ihren Arbeiten und ihren Arbeitsprodukten bleiben hier durchsichtig einfach in der Produktion sowohl als in der Distribution."[42]

Und, da für Marx nichts selbstverständlicher ist als die Behauptung, daß allein die Arbeit den Wert bestimmt, heißt es am Schluß des 1. Kapitels: „Wie sehr ein Teil der Ökonomen von dem der Warenwelt anklebenden Fetischismus oder dem gegenständlichen Schein der gesellschaftlichen Arbeitsbestimmungen getäuscht wird, beweist u. a. der langweilig abgeschmackte Zank über die Rolle der Natur in der Bildung des Tauschwerts. Da Tauschwert eine bestimmte gesellschaftliche Manier ist, die auf ein Ding verwandte Arbeit auszudrücken, kann er nicht mehr Naturstoff enthalten als etwa der Wechselkurs."[43]

b) „Der Austauschprozeß"

Auch hier wird der Leser nicht überfordert. Nicht die Fakten, nur die Formulierungen können Schwierigkeiten bereiten. Das Kapitel beginnt: „Die Waren können nicht selbst zu Markte gehn und sich nicht selbst austauschen. Wir müssen uns also nach ihren Hütern umsehn, den Warenbesitzern. Die Waren sind Dinge und daher widerstandslos gegen den Menschen. Wenn sie nicht willig, kann er Gewalt brauchen, in andren Worten, sie nehmen."[44]

Am Ende des letztzitierten Satzes macht Marx eine Anmerkung. Sie verdient als Muster Marxscher Anmerkungen wörtliche Wiedergabe: „Im 12., durch seine Frömmigkeit so berufenen Jahrhundert, kommen unter diesen Waren oft sehr zarte Dinge vor. So zählt ein französischer Dichter jener Zeit unter den Waren, die sich auf dem Markt von Landit einfanden, neben Kleidungsstoffen, Schuhe, Leder, Ackergeräten, Häuten usw., auch ‚femmes folles de leur corps' auf."

Hauptinhalt dieser Seiten ist die Erkenntnis: „Nur die gesellschaftliche Tat kann eine bestimmte Ware zum allgemeinen Äquivalent machen . . . so wird sie Geld."[45]

„Der Gebrauchswert der Geldware verdoppelt sich. Neben ihrem besondren Gebrauchswert als Ware, wie Gold z. B. zum Ausstopfen hohler Zähne, Rohmaterial von Luxusartikeln usw. dient, erhält sie einen formalen Gebrauchswert, der aus ihren spezifischen gesellschaftlichen Funktionen entspringt.

Da alle andren Waren nur besondre Äquivalente des Geldes, das Geld ihr allgemeines Äquivalent, verhalten sie sich als besondre Waren zum Geld als der allgemeinen Ware.“[46]

Am Ende des Kapitels, das trotz seiner zehn Seiten nicht mehr hergibt als das Gesagte, findet sich noch die Auflösung eines Rätsels: „Das Rätsel des Geldfetischs ist daher nur das sichtbar gewordne, die Augen blendende Rätsel des Warenfetischs.“[47]

c) „Das Geld oder die Warenzirkulation“

Das Kapitel beginnt: „Ich setze überall in dieser Schrift, der Vereinfachung halber, Gold als die Geldware voraus.

Die erste Funktion des Goldes besteht darin, der Warenwelt das Material ihres Wertausdrucks zu liefern oder die Warenwerte als gleichnamige Größen, qualitativ gleiche und quantitativ vergleichbare, darzustellen. So funktioniert es als allgemeines Maß der Werte, und nur durch diese Funktion wird Gold, die spezifische Äquivalentware, zunächst Geld.“[48] Auch hier kann man unbedenklich Seiten überschlagen, ohne etwas Nennenswertes zu unterschlagen.

Zwischendurch kommt ein Satz, der das schier endlose Spalier der Selbstverständlichkeiten unterbricht, zum Beispiel: „Als Maß der Werte kann Gold nur dienen, weil es selbst Arbeitsprodukt, also der Möglichkeit nach ein veränderlicher Wert ist.“[49]

Lesenswert wohl auch die folgende Passage, in der verdeutlicht wird, daß Gold ohne weiteres in Eisen umgetauscht werden kann, die Umwandlung von Eisen in Gold nicht so einfach ist:

„Um also praktisch die Wirkung eines Tauschwerts auszuüben, muß die Ware ihren natürlichen Leib abstreifen, sich aus nur vorgestelltem Gold in wirkliches Gold verwandeln, obgleich diese Transsubstantiation ihr ‚saurer‘ ankommen mag als dem Hegelschen ‚Begriff‘ der Übergang aus der Notwendigkeit in die Freiheit oder einem Hummer das Sprengen seiner Schale oder dem Kirchenvater Hieronymus das Abstreifen des alten Adam.“[50]

Auch daran anknüpfend wieder ein sinnig sinnlicher Exkurs von Marx:

„Wenn Hieronymus in seiner Jugend viel mit dem materiellen Fleisch zu ringen hatte, wie sein Wüstenkampf mit schönen Frauenbildern zeigt, so im Alter mit dem geistigen Fleisch. ‚Ich glaubte mich‘, sagt er z. B. ‚im Geist vor dem Weltrichter‘. ‚Wer bist du?‘ fragte eine Stimme. ‚Ich bin ein Christ.‘ ‚Du lügst‘, donnerte der Weltrichter. ‚Du bist nur ein Ciceroianer!‘“[51]

Im folgenden wird es streng dialektisch. Es geht um „die Metamorphose der Waren“. Wie gelangt in der monetären Wirtschaft der Eigentümer von Tauschwerten zu anderen Tauschwerten oder Gebrauchswerten? Ein Schulkind würde sagen: Der Bauer verkauft seine Kartoffeln. Mit dem Erlös kauft er sich Werkzeug. Auch Marx sieht es so. Aber vorab wird das Ganze in ein dialektisches Problem verwandelt: „Man sah, daß der Austauschprozeß der Waren widersprechende und einander ausschließende Beziehungen einschließt. Die Entwicklung der Ware hebt diese Widersprüche nicht auf, schafft aber die Form, worin sie sich bewegen können. Dies ist überhaupt die Methode, wodurch sich wirkliche Widersprüche lösen. Es ist z. B. ein Widerspruch, daß ein Körper beständig in einen andren fällt und ebenso beständig von ihm wegflieht. Die Ellipse ist eine der Bewegungsformen, worin dieser Widerspruch sich ebensosehr verwirklicht als löst.

Soweit der Austauschprozeß Waren aus der Hand, worin sie Nicht-Gebrauchswerte, in die Hand überträgt, worin sie Gebrauchswerte, ist er gesellschaftlicher Stoffwechsel."[52]

Am Ende steht die Feststellung: „Besieht sich der Leinweber nun das Endresultat des Handels, so besitzt er Bibel statt Leinwand, statt seiner ursprünglichen Ware eine andre vom selben Wert, aber verschiedner Nützlichkeit. In gleicher Weise eignet er sich seine andren Lebens- und Produktionsmittel an. Von seinem Standpunkt vermittelt der ganze Prozeß nur den Austausch seines Arbeitsprodukts mit fremdem Arbeitsprodukt, den Produktenaustausch."[53]

Dem Ganzen wird ein wissenschaftlicher Anstrich verliehen durch die Formel: „Ware – Geld – Ware.

W – G – W.“ Wer es noch nicht verstanden haben sollte, Marx wiederholt das Gesagte mit der von keinem Sonderschullehrer zu übertreffenden Geduld noch seitenlang.

Am Schluß wird es wieder hoch dialektisch. Verkauf und Kauf als Einheit von Gegensätzen:

> „Daß die selbständig einander gegenübertretenden Prozesse eine innere Einheit bilden, heißt ebensosehr, daß ihre innere Einheit sich in äußeren Gegensätzen bewegt. Geht die äußerliche Verselbständigung der innerlich Unselbständigen, weil einander ergänzenden bis zu einem gewissen Punkt fort, so macht sich die Einheit gewaltsam geltend durch eine – Krise. Der der Ware immanente Gegensatz von Gebrauchswert und Wert, von Privatarbeit, die sich zugleich als unmittelbar gesellschaftliche Arbeit darstellen muß, von besondrer konkreter Arbeit, die zugleich nur als abstrakt allgemeine Arbeit gilt, von Personifizierung der Sache und Versachlichung der Personen – dieser immanente Widerspruch erhält in den Gegensätzen der Warenmetamorphose seine entwickelten Bewegungsformen.“[54]

Am Ende dieses Kapitels folgen Betrachtungen über das Geld in den Händen des Schatzbildners und als Mittel zur Tilgung von Zahlungsverpflichtungen. Diese Besonderheiten spielen im weiteren Gedankengang keine Rolle.

3. „Die Verwandlung von Geld in Kapital“

So lautet die Überschrift des 2. Abschnitts von „Das Kapital“. Die gebetsmühlenähnlichen Tautologien reichen bis in die Überschriften. Denn auch das 4. Kapitel ist ausdrücklich diesem Thema gewidmet. Das Wesentliche dieses Abschnitts verdeutlicht Marx mit den Worten:

„Die unmittelbare Form der Warenzirkulation ist W – G – W, Verwandlung von Ware in Geld und Rückverwandlung von Geld in Ware, verkaufen um zu kaufen. Neben dieser Form finden wir aber eine zweite, spezifisch unterschiedne vor, die Form G – W – G, Verwandlung von Geld in Ware und Rückverwandlung von Ware in Geld, kaufen, um zu verkaufen. Geld, das in seiner Bewegung diese letztre Zirkulation beschreibt, verwandelt sich in Kapital, wird Kapital und ist schon seiner Bestimmung nach Kapital."[55]

„Der Kreislauf W – G – W geht aus von dem Extrem einer Ware und schließt ab mit dem Extrem einer andren Ware, die aus der Zirkulation heraus und der Konsumtion anheimfällt. Konsumtion, Befriedigung von Bedürfnissen, mit einem Wort, Gebrauchswert ist daher sein Endzweck. Der Kreislauf G – W – G geht dagegen aus von dem Extrem des Geldes und kehrt schließlich zurück zu demselben Extrem. Sein treibendes Motiv und bestimmender Zweck ist daher der Tauschwert selbst."[56]

„Der Prozeß G – W – G schuldet seinen Inhalt . . . keinem qualitativen Unterschied seiner Extreme, denn sie sind beide Geld, sondern nur ihrer quantitativen Verschiedenheit. Schließlich wird der Zirkulation mehr Geld entzogen, als anfangs hineingeworfen ward. Die zu 100 Pfd. St. gekaufte Baumwolle wird z. B. wieder verkauft zu 100 + 10 Pf. St. oder 110 Pfd. St."[57]

„Als bewußter Träger dieser Bewegung wird der Geldbesitzer Kapitalist. Seine Person, oder vielmehr seine Tasche, ist der Ausgangspunkt und der Rückkehrpunkt des Geldes."[58]

Die ökonomischen Betrachtungen werden mit antijüdischen und theologisch-christlichen Bildern veranschaulicht:

„Der Kapitalist weiß, daß alle Waren, wie lumpig sie immer aussehn oder wie schlecht sie immer riechen, im Glauben und in der Wahrheit Geld, innerlich beschnittne Juden sind und zudem wundertätige Mittel, um aus Geld mehr Geld zu machen.

Wenn in der einfachen Zirkulation der Wert der Waren ihrem Gebrauchswert gegenüber höchstens die selbständige Form des Geldes erhält, so stellt er sich hier plötzlich dar als eine prozessierende, sich selbst bewegende Substanz, für welche Ware und Geld beide bloße Formen. Aber noch mehr. Statt Warenverhältnisse darzustellen, tritt er jetzt sozusagen in ein Privatverhältnis zu sich selbst. Er unterscheidet sich als ursprünglicher Wert von sich selbst als Mehrwert, als Gott Vater von sich selbst als Gott Sohn, und beide sind vom selben Alter und bilden in der Tat nur eine Person, denn nur durch den Mehrwert von 10 Pfd. St. werden die vorgeschossenen 100 Pfd. St. Kapital, und sobald sie dies geworden, sobald der Sohn und durch den Sohn der Vater erzeugt, verschwindet ihr Unterschied wieder und sind beide Eins, 110 Pfd. St."[59]

Marx geht davon aus, daß Äquivalent gegen Äquivalent getauscht wird. Wie kann dann aus G G', also mehr Geld entstehen? Für Marx wiederum ein geheimnisvoller, ein dialektischer Widerspruch:

„Kapital kann also nicht aus der Zirkulation entspringen, und es kann ebensowenig aus der Zirkulation nicht entspringen. Es muß zugleich in ihr und nicht in ihr entspringen.

Ein doppeltes Resultat hat sich also ergeben.

Die Verwandlung des Geldes in Kapital ist auf Grundlage dem Warentausch immanenter Gesetze zu entwickeln, so daß der Austausch von Äquivalenten als Ausgangspunkt gilt. Unser nur noch als Kapitalistenraupe vorhandner Geldbesitzer muß die Waren zu ihrem Wert kaufen, zu ihrem Wert verkaufen, und dennoch am Ende des Prozesses mehr Wert herausziehn, als er hineinwarf. Seine Schmetterlingsentfaltung muß in der Zirkulationssphäre und muß nicht in der Zirkulationssphäre vorgehn. Dies sind die Bedingungen des Problems. Hic Rhodus, hic salta!"[60]

Wie Alexander den Gordischen Knoten, so löst Marx diesen schier unlösbaren Widerspruch: „Um aus dem Verbrauch einer Ware herauszuziehn, müßte unser Geldbesitzer so glücklich sein, innerhalb der Zirkulationssphäre, auf dem Markt, eine Ware zu entdecken, deren Gebrauchswert selbst die eigentümliche Beschaffenheit besäße, Quelle von Wert zu sein, deren wirklicher Verbrauch also selbst Vergegenständlichung von Arbeit wäre, daher Wertschöpfung. Und der Geldbesitzer findet auf dem Markt eine solche spezifische Ware vor – das Arbeitsvermögen oder die Arbeitskraft."[61]

„Zur Verwandlung von Geld in Kapital muß der Geldbesitzer also den freien Arbeiter auf dem Warenmarkt vorfinden, frei in dem Doppelsinn, daß er als freie Person über seine Arbeitskraft als seine Ware verfügt, daß er andrerseits andre Waren nicht zu verkaufen hat, los und ledig, frei ist von allen zur Verwirklichung seiner Arbeitskraft nötigen Sachen."[62]

Es folgen dann Betrachtungen über den wahren Wert der Ware Arbeitskraft: „Diese eigentümliche Ware, die Arbeitskraft, ist nun näher zu betrachten. Gleich allen andren Waren besitzt sie einen Wert. Wie wird er bestimmt?

Der Wert der Arbeitskraft, gleich dem jeder andren Ware, ist bestimmt durch die zur Produktion, also auch Reproduktion, dieses spezifischen Artikels notwendige Arbeitszeit."[63]

Nun werden die Faktoren für die Berechnung der Arbeitskraft mitgeteilt, eine Rechnung, die mehr Unbekannte aufweist als das Alphabet Buchstaben:

> „Soweit sie Wert, repräsentiert die Arbeitskraft selbst nur ein bestimmtes Quantum in ihr vergegenständlichter gesellschaftlicher Durchschnittsarbeit. Die Arbeitskraft existiert nur als Anlage des lebendigen Individuums. Ihre Produktion setzt also seine Existenz voraus. Die Existenz des Individuums gegeben, besteht die Produktion der Arbeitskraft in seiner eignen Reproduktion oder Erhaltung. Zu seiner Erhaltung bedarf das lebendige Individuum einer gewissen Summe von Lebensmitteln. Die zur Produktion der Arbeitskraft notwendige Arbeitszeit löst sich also auf in die zur Produktion dieser Lebensmittel notwendige Arbeitszeit, oder der Wert der Arbeitskraft ist der Wert der zur Erhaltung ihres Besitzers notwendigen Lebensmittel. Die Arbeitskraft verwirklicht sich jedoch nur durch ihre Äußerung, betätigt sich nur in der Arbeit. Durch ihre Betätigung, die Arbeit, wird aber ein bestimmtes Quantum von menschlichem Muskel, Nerv, Hirn usw. verausgabt, das wieder ersetzt werden muß. Diese vermehrte Ausgabe bedingt eine vermehrte Einnahme. Wenn der Eigentümer der Arbeitskraft heute gearbeitet hat, muß er denselben Prozeß morgen unter denselben Bedingungen von Kraft und Gesundheit wiederholen können. Die

Summe der Lebensmittel muß also hinreichen, das arbeitende Individuum als arbeitendes Individuum in seinem normalen Lebenszustand zu erhalten. Die natürlichen Bedürfnisse selbst, wie Nahrung, Kleidung, Heizung, Wohnung usw., sind verschieden je nach den klimatischen und andren natürlichen Eigentümlichkeiten eines Landes. Andrerseits ist der Umfang sog. notwendiger Bedürfnisse, wie die Art ihrer Befriedigung, selbst ein historisches Produkt und hängt daher großenteils von der Kulturstufe eines Landes, unter andrem auch wesentlich davon ab, unter welchen Bedingungen, und daher mit welchen Gewohnheiten und Lebensansprüchen die Klasse der freien Arbeiter sich gebildet hat. Im Gegensatz zu den andren Waren enthält also die Wertbestimmung der Arbeitskraft ein historisches und moralisches Element. Für ein bestimmtes Land, zu einer bestimmten Periode jedoch, ist der Durchschnitts-Umkreis der notwendigen Lebensmittel gegeben.

Der Eigentümer der Arbeitskraft ist sterblich. Soll also seine Erscheinung auf dem Markt eine kontinuierliche sein, wie die kontinuierliche Verwandlung von Geld in Kapital voraussetzt, so muß der Verkäufer der Arbeitskraft sich verewigen, ‚wie jedes lebendige Individuum sich verewigt, durch Fortpflanzung'. Die durch Abnutzung und Tod dem Markt entzogenen Arbeitskräfte müssen zum allermindesten durch eine gleiche Zahl neuer Arbeitskräfte beständig ersetzt werden. Die Summe der zur Produktion der Arbeitskraft notwendigen Lebensmittel schließt also die Lebensmittel der Ersatzmänner ein, d. h. der Kinder der Arbeiter, so daß sich diese Race eigentümlicher Warenbesitzer auf dem Warenmarkte verewigt."[64]

„Es ist eine außerordentlich wohlfeile Sentimentalität", meint Marx, „diese aus der Natur der Sache fließende Wertbestimmung der Arbeitskraft grob zu finden . . ."[65]

Am Schluß stellt Marx triumphierend fest: „Das Geheimnis der Plusmacherei muß sich endlich enthüllen."[66]

4. „Die Produktion des absoluten Mehrwerts"

a) „Arbeitsprozeß und Verwertungsprozeß"

Der vierte Abschnitt beginnt mit einer gänzlich antimaterialistischen Betrachtung: „Eine Spinne verrichtet Operationen, die denen des Webers ähneln, und eine Biene beschämt durch den Bau ihrer Wachszellen manchen menschlichen Baumeister. Was aber von vornherein den schlechtesten Baumeister vor der besten Biene auszeichnet, ist, daß er die Zelle in seinem Kopf gebaut hat, bevor er sie in Wachs baut. Am Ende des Arbeitsprozesses kommt ein Resultat heraus, das beim Beginn desselben schon in der Vorstellung des Arbeiters, also schon ideell vorhanden war."[67]

Doch gehört diese Betrachtung zum Thema?

Im folgenden beschreibt Marx den Arbeitsprozeß in der kapitalistischen Wirtschaft: „Der Arbeitsprozeß, wie er als Konsumtionsprozeß der Arbeitskraft durch den Kapitalisten vorgeht, zeigt nun zwei eigentümliche Phänomene.

Der Arbeiter arbeitet unter der Kontrolle des Kapitalisten, dem seine Arbeit gehört. Der Kapitalist paßt auf, daß die Arbeit ordentlich vonstatten geht und die Produktionsmittel zweckmäßig verwandt werden, also kein Rohmaterial vergeudet und das Arbeitsinstrument geschont, daß heißt nur so weit zerstört wird, als sein Gebrauch in der Arbeit ernötigt [sic!].

Zweitens aber: Das Produkt ist Eigentum des Kapitalisten, nicht des unmittelbaren Produzenten, des Arbeiters. Der Kapitalist zahlt z. B. den Tageswert der Arbeitskraft. Ihr Gebrauch, wie der jeder andren Ware, z. B. eines Pferdes, das er für einen Tag gemietet, gehört ihm also für den Tag. Dem Käufer der Ware gehört der Gebrauch der Ware, und der Besitzer der Arbeitskraft gibt in der Tat nur den von ihm verkauften Gebrauchswert, indem er seine Arbeit gibt. Von dem Augenblicke, wo er in die Werkstätte des Kapitalisten trat, gehörte der Gebrauchswert seiner Arbeitskraft, also ihr Gebrauch, die Arbeit, dem Kapitalisten. Der Kapitalist hat durch den Kauf der Arbeitskraft die Arbeit selbst als lebendigen Gärungsstoff den toten ihm gleichfalls gehörigen Bildungselementen des Produkts einverleibt. Von seinem Standpunkt ist der Arbeitsprozeß nur die Konsumtion der von ihm gekauften Ware Arbeitskraft, die er jedoch nur konsumieren kann, indem er ihr Produktionsmittel zusetzt. Der Arbeitsprozeß ist ein Prozeß zwischen Dingen, die der Kapitalist gekauft hat, zwischen ihm gehörigen Dingen. Das Produkt dieses Prozesses gehört ihm daher ganz ebensosehr als das Produkt des Gärungsprozesses in seinem Weinkeller."[68]

Wie ein Lehrer, der fürchtet, die grauen Theorien könnten der Aufmerksamkeit Abbruch tun, beliebt Marx nun, seinen Gedanken eine Schelmenkappe aufzusetzen: „Unser Freund, eben noch so kapitalübermütig, nimmt plötzlich die anspruchslose Haltung seines eignen Arbeiters an. Hat er nicht selbst gearbeitet? nicht die Arbeit der Überwachung, der Oberaufsicht über den Spinner verrichtet? Bildet diese seine Arbeit nicht auch Wert? Sein eigner overlooker und sein Manager zucken die Achseln. Unterdes hat er aber bereits mit heitrem Lächeln seine alte Physiognomie wieder angenommen. Er foppte uns mit der ganzen Litanei. Er gibt keinen Deut darum. Er überläßt diese und ähnliche faule Ausflüchte und hohle Flausen den dafür eigens bezahlten Professoren der politischen Ökonomie. Er selbst ist ein praktischer Mann, der zwar nicht immer bedenkt, was er außerhalb des Geschäfts sagt, aber stets weiß, was er im Geschäft tut."[69]

Der folgende Absatz bringt eine der Kernaussagen der Marxschen politischen Ökonomie: „Sehn wir näher zu. Der Tageswert der Arbeitskraft betrug 3 sh., weil in ihr selbst ein halber Arbeitstag vergegenständlicht ist, d. h. weil die täglich zur Produktion der Arbeitskraft nötigen Lebensmittel einen halben Arbeitstag kosten. Aber die vergangne Arbeit, die in der Arbeitskraft steckt, und die lebendige Arbeit, die sie leisten kann, ihre täglichen Erhaltungskosten und ihre tägliche Verausgabung, sind zwei ganz verschiedne Größen. Die erstere bestimmt ihren Tauschwert, die andre bildet ihren Gebrauchswert. Daß ein halber Arbeitstag nötig, um ihn während 24 Stunden am Leben zu erhalten, hindert den Arbeiter keineswegs, einen ganzen Tag zu arbeiten. Der Wert der Arbeitskraft und ihre Verwertung im Arbeitsprozeß sind also zwei verschiedne Größen. Diese Wertdifferenz hatte der Kapitalist im Auge, als er die Arbeitskraft kaufte. Ihre nützliche Eigenschaft, Garn oder Stiefel zu machen, war nur eine conditio sine qua non, weil Arbeit in nützlicher Form verausgabt werden muß, um Wert zu bilden.

Was aber entschied, war der spezifische Gebrauchswert dieser Ware, Quelle von Wert zu sein und von mehr Wert, als sie selbst hat. Dies ist der spezifische Dienst, den der Kapitalist von ihr erwartet. Und er verfährt dabei den ewigen Gesetzen des Warenaustausches gemäß. In der Tat, der Verkäufer der Arbeitskraft, wie der Verkäufer jeder andren Ware, realisiert ihren Tauschwert und veräußert ihren Gebrauchswert. Er kann den einen nicht erhalten, ohne den andren wegzugeben. Der Gebrauchswert der Arbeitskraft, die Arbeit selbst, gehört ebensowenig ihrem Verkäufer, wie der Gebrauchswert des verkauften Öls dem Ölhändler. Der Geldbesitzer hat den Tageswert der Arbeitskraft bezahlt; ihm gehört daher ihr Gebrauch während des Tages, die tagelange Arbeit. Der Umstand, daß die tägliche Erhaltung der Arbeitskraft nur einen halben Arbeitstag kostet, obgleich die Arbeitskraft einen ganzen Tag wirken, arbeiten kann, daß daher der Wert, den ihr Gebrauch während eines Tags schafft, doppelt groß ist als ihr eigner Tageswert, ist ein besondres Glück für den Käufer, aber durchaus kein Unrecht gegen den Verkäufer."[70]

Die letzten Sätze verdienen es, erneut gelesen zu werden. Sie sind auf den ersten Blick absolut sensationell. Selbst im Manchesterliberalismus geschieht danach der arbeitenden Klasse kein Unrecht. Auch das ist Marx, wie ihn nicht einer unter einhundert Marxisten kennt, obwohl diese Ansicht das ganze „Kapital" durchzieht und er weitere Seiten darauf verwendet, mit immer neuen Worten klarzumachen, daß „die Gesetze des Warenaustausches in keiner Weise verletzt"[71] werden.

b) „Konstantes und variables Kapital“

Nach Marx ist Kapitalist, wie schon erwähnt, jeder, der Geld ausgibt, um mehr Geld zu verdienen. Doch Geld wächst nur dann, wenn es in den Produktionsprozeß einfließt (G – W – G). *Marx unterscheidet zwei Arten von Waren, in die das Geld investiert werden kann: Rohstoffe, Maschinen einerseits, Arbeitskraft andererseits.* Ersteren gibt er die Bezeichnung *konstantes Kapital,* letzterem *variables Kapital.* Konstant bedeutet, im Gegensatz zum variablen Kapital, daß es keinen Mehrwert schafft. Marx bestreitet nicht, daß neue Maschinen die Produktivität der Arbeitskraft steigern können, doch der Wert der Produkte, die in der gleichen Zeiteinheit hergestellt werden, bleibt gleich:

> „Nimm an, irgendeine Erfindung befähige den Spinner, in 6 Stunden so viel Baumwolle zu verspinnen wie früher in 36 Stunden. Als zweckmäßig nützliche, produktive Tätigkeit hat seine Arbeit ihre Kraft versechsfacht. Ihr Produkt ist ein sechsfaches, 36 statt 6 Pfund Garn. Aber die 36 Pfund Baumwolle saugen jetzt nur so viel Arbeitszeit ein als früher 6 Pfund. Sechsmal weniger neue Arbeit wird ihnen zugesetzt als mit der alten Methode, daher nur noch ein Sechstel des früheren Werts.“[72]

Marx übersieht nicht, daß auch der Rohstoff und die Maschinen am Wertbildungsgesetz beteiligt sind, die Rohstoffe jedoch nur mit ihren Gestehungskosten, die Maschinen mit dem Wert ihrer Abnutzung: „Es zeigt sich so schlagend, daß ein Produktionsmittel nie mehr Wert an das Produkt abgibt, als es im Arbeitsprozeß durch Vernichtung seines eignen Gebrauchswerts verliert.“[73]

Wer den Mehrwert auch auf andere Faktoren zurückführen will, erfährt durch Marx z. B. folgende auch sonst bezeichnende Würdigung: „Man begreift daher die Abgeschmacktheit des faden J. B. Say, der den Mehrwert (Zins, Profit, Rente) aus den ‚services productifs' ableiten will, welche die Produktionsmittel, Erde, Instrumente, Leder usw., durch ihre Gebrauchswerte im Arbeitsprozesse leisten. Herr Wilhelm Roscher, der es nicht leicht läßt, artige apologetische Einfälle schwarz auf weiß zu registrieren, ruft aus: ‚Sehr richtig bemerkt J. B. Say, ‚Traite', t. I, ch. 4: der durch eine Ölmühle nach Abzug aller Kosten hervorgebrachte Wert sei doch etwas Neues, von der Arbeit, wodurch die Ölmühle selbst geschaffen worden, wesentlich Verschiednes.' Sehr richtig! Das von der Ölmühle hervorgebrachte ‚Öl' ist etwas sehr Verschiednes von der Arbeit, welche der Bau der Mühle kostet. Und unter ‚Wert' versteht Herr Roscher solches Zeug wie ‚Öl' da ‚Öl' Wert hat, ‚in der Natur' aber sich Steinöl vorfindet, wenn auch relativ nicht ‚sehr viel' ... Es geht der Roscherschen Natur mit dem Tauschwert wie der törichten Jungfrau mit dem Kind, das nur ‚ganz klein war'. Derselbe ‚Gelehrte' (‚savant sérieux') bemerkt noch bei oben erwähnter Gelegenheit: ‚Die Schule Ricardos pflegt auch das Kapital unter den Begriff Arbeit zu subsumieren als ‚aufgesparte Arbeit'. Dies ist ungeschickt (!), weil (!) ja (!) der Kapitalbesitzer (!) doch (!) mehr (!) getan hat als die bloße (?!) Hervorbringung (?) und (??) Erhaltung desselben (wesselbigen?): eben (?!?) die Enthaltung vom eignen Genusse, wofür er z. B. (!!!) Zinsen verlangt.' Wie ‚geschickt'! diese ‚anatomisch-physiologische Methode' der politischen Ökonomie, die aus bloßem ‚Verlangen' ja doch eben ‚Wert' entwickelt."[74] (Alle Ausrufe-Fragezeichen sind von Marx.)

c) „Die Rate des Mehrwerts"

Das nächste Kapitel ist für jeden, der nicht zumindest Amateurmathematiker ist, zunächst abschreckend. Zahlen über Zahlen, kleine und große Buchstaben, die Zahlen symbolisieren, Formeln und Gleichungen. Doch wer sich nicht entmutigen läßt, kann rasch die verwirrende Fülle auf einen ganz schlichten Nenner bringen, nämlich: „Das Kapital C zerfällt in zwei Teile, eine Geldsumme c, die für Produktionsmittel, und eine andre Geldsumme v, die für Arbeitskraft verausgabt wird; c stellt den in konstantes, v den in variables Kapital verwandelten Wertteil vor.“[75]

Der Kapitalist investiert Geld. Marx gebraucht dafür die Bezeichnung C (früher G). C wird in Ware (W) verwandelt. Die Ware wird verkauft. Das Resultat ist C' (= C + m). Mit dem Buchstaben C, C', c, v, m spielt Marx mit der ihm eigenen Virtuosität seitenlang Variationen über ein Thema C = c + v; C' = c + v + m, wobei er nicht minder häufig beliebige Zahlen an ihre Stelle setzt.

Ein Beispiel: „Wir setzen also zunächst den konstanten Kapitalteil gleich Null. Das vorgeschoßne Kapital reduziert sich daher von c + v auf v, und der Produktenwert c + v + m auf das Wertprodukt v + m. Gegeben das Wertprodukt = 180 Pfd. St., worin sich die während der ganzen Dauer des Produktionsprozesses fließende Arbeit darstellt, so haben wir den Wert des variablen Kapitals = 90 Pfd. St. abzuziehn, um den Mehrwert = 90 Pfd. St. zu erhalten. Die Zahl 90 Pfd. St. = m drückt hier die absolute Größe des produzierten Mehrwerts aus. Seine proportionelle Größe aber, also das Verhältnis, worin das variable Kapital sich verwertet hat, ist offenbar bestimmt durch das Verhältnis des Mehrwerts zum variablen Kapital oder ist ausgedrückt in $\frac{m}{v}$. Im obigen Beispiel also in $^{90}/_{90}$ = 100%.“[76]

d) „Der Arbeitstag“

Das siebte Kapitel hat, wie erwähnt, einen mathematischen Anstrich, das achte zunächst einen geometrischen. Es trägt die Überschrift „Der Arbeitstag“. Marx unterteilt ihn in den Teil, der für die Reproduktion der Arbeitskraft erforderlich ist (notwendige Arbeitszeit) und den restlichen Teil, in der er Mehrwert schafft. Welche Spielwiese für den, der es bei seiner Darstellung nicht eilig hat: „Die Variation des Arbeitstags bewegt sich daher innerhalb physischer und sozialer Schranken. Beide Schranken sind aber sehr elastischer Natur und erlauben den größten Spielraum. So finden wir Arbeitstage von 8, 10, 12, 14, 16, 18 Stunden, also von der verschiedensten Länge.“[77]

Der Wissenschaftler und der Revolutionär gehen auch diese Strecke gemeinsam. Immer wieder nimmt der Revolutionär das Wort: „Das Kapital ist verstorbne Arbeit, die sich nur vampyrmäßig belebt durch Einsaugung lebendiger Arbeit, und um so mehr lebt, je mehr sie davon einsaugt. Die Zeit, während deren der Arbeiter arbeitet, ist die Zeit, während deren der Kapitalist die von ihm gekaufte Arbeitskraft konsumiert. Konsumiert der Arbeiter seine disponible Zeit für sich selbst, so bestiehlt er den Kapitalisten.“[78]

Die folgenden 70 Seiten schildern den Kampf um die Länge des Arbeitstages von der Mitte des 14. Jahrhunderts bis in Marxens Gegenwart. Schon die Überschriften zeigen, daß die arbeitenden Massen in diesem Kampf beachtliche Erfolge erzielten: „5. Der Kampf um den Normalarbeitstag. Zwangsgesetze zur Verlängerung des Arbeitstags von der Mitte des 14. bis zu Ende des 17. Jahrhunderts“, „6. Der Kampf um den Normalarbeitstag. Zwangsgesetzliche Beschränkung der Arbeitszeit. Die englische Fabrikgesetzgebung von 1833–1864"; ‚7. Der Kampf um den Normalarbeitstag. Rückwirkung der englischen Fabrikgesetzgebung auf andre Länder."

Die Ausführungen beginnen mit einer einprägsamen, rabiaten Formulierung: „‚Was ist ein Arbeitstag?'. Wie groß ist die Zeit, während deren das Kapital die Arbeitskraft, deren Tageswert es zahlt, konsumieren darf? Wie weit kann der Arbeitstag verlängert werden über die zur Reproduktion der Arbeitskraft selbst notwendige Arbeitszeit? Auf diese Fragen, man hat es gesehn, antwortet das Kapital: Der Arbeitstag zählt täglich volle 24 Stunden nach Abzug der wenigen Ruhestunden, ohne welche die Arbeitskraft ihren erneuerten Dienst absolut versagt."[79] Und dann folgen die unüberbietbaren Anklagen gegen das Kapital, die häufig mit den Berichten der vom Unterhaus eingesetzten Fabrikinspektoren belegt werden:

> „Das Kapital, das so ‚gute Gründe' hat, die Leiden der es umgebenden Arbeitergeneration zu leugnen, wird in seiner praktischen Bewegung durch die Aussicht auf zukünftige Verfaulung der Menschheit und schließlich doch unaufhaltsame Entvölkerung so wenig und so viel bestimmt als durch den möglichen Fall der Erde in die Sonne. In jeder Aktienschwindelei weiß jeder, daß das Unwetter einmal einschlagen muß, aber jeder hofft, daß es das Haupt seines Nächsten trifft, nachdem er selbst den Goldregen aufgefangen und in Sicherheit gebracht hat. Après moi le déluge! ist der Wahlruf jedes Kapitalisten und jeder Kapitalistennation. Das Kapital ist daher rücksichtslos gegen Gesundheit und Lebensdauer des Arbeiters, wo es nicht durch die Gesellschaft zur Rück-

sicht gezwungen wird. Der Klage über physische und geistige Verkümmerung, vorzeitigen Tod, Tortur der Überarbeit, antwortet es: Sollte diese Qual uns quälen, da sie unsre Lust (den Profit) vermehrt?"[80]

Diese Anklage endet mit einem recht befriedigenden Befund: „Die Festsetzung eines normalen Arbeitstages ist das Resultat eines vielhundertjährigen Kampfes zwischen Kapitalist und Arbeiter."[81]

Der historische Exkurs schließt mit der Festlegung: „An die Stelle des prunkvollen Katalogs der ‚unveräußerlichen Menschenrechte' tritt die bescheidne Magna Charta eines gesetzlich beschränkten Arbeitstags, die ‚endlich klarmacht, wann die Zeit, die der Arbeiter verkauft, endet, und wann die ihm selbst gehörige Zeit beginnt'. Quantum mutatus ab illo!"[82]

Aber schon im nächsten Kapitel kehrt Marx zu seinem Dogma der absoluten Verelendung zurück und tut in seinen weiteren theoretischen Überlegungen so, als sei die Verlängerung der Arbeitszeit eine von mehreren Möglichkeiten, den Mehrwert zu steigern: „Wird die Rate des Mehrwerts verdoppelt, oder der Arbeitstag statt von 6 zu 9, von 6 zu 12 Stunden verlängert . . ."[83]

Andere Möglichkeiten sind: Die Einstellung zusätzlicher Arbeitskräfte, die Reduzierung der Zeit, die zur Beschaffung des Lebensunterhalts erforderlich ist und die Steigerung der Arbeitsintensität.

Am Schluß des Kapitels feiert seine Entfremdungstheorie Auferstehung:

„Das Kapital entwickelte sich ferner zu einem Zwangsverhältnis, welches die Arbeiterklasse nötigt, mehr Arbeit zu verrichten, als der enge Umkreis ihrer eignen Lebensbedürfnisse vorschrieb. Und als Produzent fremder Arbeitsamkeit, als Auspumper von Mehrarbeit und Exploiteur von Arbeitskraft übergipfelt es an Energie, Maßlosigkeit und Wirksamkeit alle frühern auf direkter Zwangsarbeit beruhenden Produktionssysteme ... Die Produktionsmittel verwandelten sich sofort in Mittel zur Einsaugung fremder Arbeit. Es ist nicht mehr der Arbeiter, der die Produktionsmittel anwendet, sondern es sind die Produktionsmittel, die den Arbeiter anwenden. Statt von ihm als stoffliche Elemente seiner produktiven Tätigkeit verzehrt zu werden, verzehren sie ihn als Ferment ihres eignen Lebensprozesses, und der Lebensprozeß des Kapitals besteht nur in seiner Bewegung als sich selbst verwertender Wert."[84]

5. „Die Produktion des relativen Mehrwerts"

Mit diesen Worten ist der längste der insgesamt sieben Abschnitte von „Das Kapital" (Bd. 1) überschrieben. Der Abschnitt umfaßt nicht weniger als 200 Seiten. Worum geht es? Durch Verlängerung der Arbeitszeit kann der Mehrwert nicht beliebig gesteigert werden. Gibt es andere Methoden? Marx: „Durch Verlängrung des Arbeitstags produzierten Mehrwert nenne ich absoluten Mehrwert; den Mehrwert dagegen, der aus Verkürzung der notwendigen Arbeitszeit und entsprechender Veränderung im Größenverhältnis der beiden Bestandteile des Arbeitstags entspringt – relativen Mehrwert."[85]

Welche Möglichkeiten gibt es? Marx greift zunächst einen Gedanken auf, der schon vorher trotz seiner Selbstverständlichkeit ausführlich unterbreitet worden ist: „Die Linie a c, a ——— b —— c, stelle z. B. einen zwölfstündigen Arbeitstag vor, das Stück a b 10 Stunden notwendige Arbeit, das Stück b c 2 Stunden Mehrarbeit. Wie kann nun die Produktion von Mehrwert vergrößert, d. h. die Mehrarbeit verlängert werden, ohne jede weitere Verlängrung oder unabhängig von jeder weiteren Verlängrung von a c?

Trotz gegebener Grenzen des Arbeitstags a c scheint b c verlängerbar, wenn nicht durch Ausdehnung über seinen Endpunkt c, der zugleich der Endpunkt des Arbeitstags a c ist, so durch Verschiebung seines Anfangspunkts b in entgegengesetzter Richtung nach a hin."[86] Obwohl diese Binsenweisheit niemand ernstlich bestreiten wird, verschwendet Marx darauf nochmals 10 Seiten, endend mit den Worten: „Die Entwicklung der Produktivkraft der Arbeit, innerhalb der kapitalistischen Produktion, bezweckt, den Teil des Arbeitstags, den der Arbeiter für sich selbst arbeiten muß, zu verkürzen, um grade dadurch den andren Teil des Arbeitstags, den er für den Kapitalisten umsonst arbeiten kann, zu verlängern."[87]

Im folgenden geht es um „Kooperation". Sie sei typisch für kapitalistische Produktion und geeignet, den relativen Mehrwert zu erhöhen: „Die kapitalistische Produktion beginnt, wie wir sahen, in der Tat erst, wo dasselbe individuelle Kapital eine größere Anzahl Arbeiter gleichzeitig beschäftigt, der Arbeitsprozeß also seinen Umfang erweitert und

Produkt auf größerer quantitativer Stufenleiter liefert."[88] Die Kooperation senkt nach Marx die Kosten und steigert die Produktion überproportional:

„... die Produktion einer Werkstatt für 20 Personen kostet weniger Arbeit als die von 10 Werkstätten für zwei Personen ..."[89]

„Abgesehn von der neuen Kraftpotenz, die aus der Verschmelzung vieler Kräfte in eine Gesamtkraft entspringt, erzeugt bei den meisten produktiven Arbeiten der bloße gesellschaftliche Kontakt einen Wetteifer und eine eigne Erregung der Lebensgeister (animal spirits), welche die individuelle Leistungsfähigkeit der einzelnen erhöhen ..."[90]

Als Begründung dienen Sätze wie: „Im planmäßigen Zusammenwirken mit andern streift der Arbeiter seine individuellen Schranken ab und entwickelt sein Gattungsvermögen."[91]

Zur Kooperation gehört die Arbeitsteilung. Auch hier erweist sich Marx als Meister in der Darstellung dessen, worauf es nicht ankommt, was auch nicht kurzweilig ist, sondern schlichtweg auf ermüdende Weise ablenkt und vom Weiterlesen abhält:

Dafür ein Beispiel: „Aus dem individuellen Werk eines Nürnberger Handwerkers verwandelte sich die Uhr in das gesellschaftliche Produkt einer Unzahl von Teilarbeitern, wie Rohwerkmacher, Uhrfedermacher, Zifferblattmacher, Spiralfedermacher, Steinloch- und Rubinhebelmacher, Zeigermacher, Gehäusemacher, Schraubenmacher, Vergolder, mit vielen Unterabteilungen, wie z. B. Räderfabrikant (Messing- und Stahlräder wieder geschieden), Triebmacher, Zeigerwerkmacher, acheveur de pignon (befestigt die Räder auf den Trieben, poliert die facettes usw.), Zapfenmacher, planteur de finissage (setzt verschiedne Räder und Triebe in das Werk), finnisseur de barillet (läßt Zähne einschneiden, macht die Löcher zur richtigen Weite, härtet Stellung und Gesperr), Hemmungmacher, bei der Zylinderhemmung wieder Zylindermacher, Steigradmacher, Unruhemacher, Requettemacher (das Rückwerk, woran die Uhr reguliert wird), planteur d'échappement (macht Federhaus und Stellung ganz fertig, Stahlpolierer, Räderpolierer, Schraubenpolierer, Zahlenmaler, Blattmacher (schmilzt das Email auf das Kupfer), fabricant de pendants (macht bloß die Bügel des Gehäuses), finisseur de charnieère (steckt den Messingstift in die Mitte des Gehäuses etc.), faiseur de secret (macht die Federn im Gehäuse, die den Deckel aufspringen machen) graveur, ciseleur, polisseur de boîte usw., usw. . . ."[92]

Ein Schuß sexgarnierter Skandalgeschichte kann dieses Lexikonwissen nicht lebendig machen:

„Vor dem Verbot der Arbeit von Weibern und Kindern (unter 10 Jahren) in Minen fand das Kapital die Methode, nackte Weiber und Mädchen, oft mit Männern zusammengebunden, in Kohlen- und andren Minen zu vernutzen, so übereinstimmend mit seinem Moralkodex und namentlich auch seinem Hauptbuch, daß es erst nach dem Verbot zur Maschinerie griff."[93] Er macht sich nicht die Mühe, irgendeinen Beleg dafür anzubieten.

Immer wieder nennt Marx „Die Maschinerie das gewaltige Mittel . . ., die Produktivität der Arbeit zu steigern"[94] und bemerkt nicht minder häufig, ohne jegliche Begründung, „daß der Mehrwert nicht aus den Arbeitskräften entspringt, welche der Kapitalist durch die Maschine ersetzt hat, sondern umgekehrt aus den Arbeitskräften, welche er an ihr beschäftigt. Der Mehrwert entspringt nur aus dem variablen Teil des Kapitals . . ."[95]

Immer wieder auch, trotz des 75 Seiten langen Nachweises, daß sich die Arbeitszeit laufend verkürzt hat, Behauptungen wie: „Daher das merkwürdige Phänomen in der Geschichte der modernen Industrie, daß die Maschine alle sittlichen und natürlichen Schranken des Arbeitstags über den Haufen wirft. Daher das ökonomische Paradoxon, daß das gewaltigste Mittel zur Verkürzung der Arbeitszeit in das unfehlbarste Mittel umschlägt, alle Lebenszeit des Arbeiters und seiner Familie in disponible Arbeitszeit für die Verwertung des Kapitals zu verwandeln.“[96]

Der relative Mehrwert erfährt eine Steigerung auch durch „Intensifikation der Arbeit“: „Die intensivere Stunde des 10stündigen Arbeitstags enthält jetzt so viel oder mehr Arbeit, d. h. verausgabte Arbeitskraft, als die porösere Stunde des zwölfstündigen Arbeitstags. Ihr Produkt hat daher so viel oder mehr Wert als das der poröseren 1⅕ Stunden. Abgesehn von der Erhöhung des relativen Mehrwerts durch die gesteigerte Produktivkraft der Arbeit, liefern jetzt z. B. 3⅓ Stunden Mehrarbeit auf 6⅔ Stunden notwendiger Arbeit dem Kapitalisten dieselbe Wertmasse wie vorher 4 Stunden Mehrarbeit auf 8 Stunden notwendiger Arbeit.“[97]

Marx legt in der üblichen Breite dar, wie durch technische Neuerungen die Geschwindigkeit der Maschinen gesteigert werden konnte und damit auch die Arbeit der sie bedienenden Menschen zunimmt:

> „Die Verbesserung der Dampfmaschine erhöht die Anzahl ihrer Kolbenschläge in einer Minute und erlaubt zugleich, durch größere Kraftsparung einen umfangreichren Mechanismus mit demselben Motor zu treiben, bei gleichbleibendem oder selbst fallendem Kohlenverzehr.“[98]

Unter der Überschrift „Maschinerie und große Industrie“ behauptet Marx, die Umrüstung auf Maschinen sei an sich segensreich, aber nicht im Kapitalismus: „Da also die Maschinerie an sich betrachtet die Arbeitszeit verkürzt, während sie kapitalistisch angewandt den Arbeitstag verlängert, an sich die Arbeit erleichtert, kapitalistisch angewandt ihre Intensität steigert, an sich ein Sieg des Menschen über die Naturkraft unterjocht, an sich den Reichtum des Produzenten vermehrt, kapitalistisch angewandt ihn verpaupert usw. ...“[99] Im folgenden schildert Marx den Krisenzyklus am Beispiel der Baumwollindustrie:

> Von 1770 bis 1815 Baumwollindustrie gedrückt oder stagnant 5 Jahre. Während dieser ersten 45 jährigen Periode besaßen die englischen Fabrikanten das Monopol der Maschinerie und des Weltmarkts. 1815 bis 1821 gedrückt, 1822 bis 1923 prosperierend, 1824 Aufhebung der Koalitionsgesetze, allgemeine große Ausdehnung der Fabriken, 1825 Krise; 1826 großes Elend und Aufstände unter den Baumwollarbeitern; 1827 leise Beßrung, 1828 großer Anwachs von Dampfwebstühlen und Ausfuhr: 1829 übergipfelt die Ausfuhr, besonders nach Indien, alle frühren Jahre; 1830 überfüllte Märkte, großer Notstand, 1831 bis 1833 fortdauernder Druck; der Handel nach Ostasien (Indien und China) wird dem Monopol der Ostindischen Kompanie entzogen“ usw.[100]

Marx verschweigt weder, wie oben gezeigt, die gesetzlichen Maßnahmen zur Verkürzung der Arbeitszeit, noch die „Fabrikgesetzgebung“, die sich mit dem Schutz der Gesundheit und der Durchsetzung der allgemeinen Schulpflicht befaßt.

Einige typische Ausführungen aus diesem Kapitel: „Die Untersuchungskommission von 1840 hatte so schauderhafte und empörende Enthüllungen gemacht und einen solchen Skandal vor ganz Europa hervorgerufen, daß das Parlament sein Gewissen salvieren mußte durch den Mining Act von 1842, worin es sich darauf beschränkte, die Arbeit unter Tag von Weibern und von Kindern unter 10 Jahren zu verbieten.

Dann kam 1860 der Mines' Inspection Act, wonach Bergwerke von speziell dazu ernannten öffentlichen Beamten inspiziert werden, und Knaben zwischen 10 und 12 Jahren nicht beschäftigt werden sollen, außer wenn sie im Besitz eines Schulzeugnisses sind oder eine gewisse Anzahl Stunden die Schule besuchen. Dieser Akt blieb durchaus ein toter Buchstabe infolge der lächerlich geringen Anzahl der ernannten Inspektoren, der Winzigkeit ihrer Befugnisse und andrer Ursachen, die sich im Verlauf näher ergeben werden.

Eins der neusten Blaubücher über Bergwerke ist der 'Report from the Select Committee on Mines, together with . . . Evidence, 23 July 1866'. Er ist das Werk eines Ausschusses von Unterhausmitgliedern, bevollmächtigt, Zeugen vorzuladen und zu verhören . . ."[101]

Marxens Ausführungen unter „Große Industrie und Agrikultur" erinnern an das von ihm weit oben zitierte Sprichwort „Ne sutor ultra crepidam"! (Schuster bleib bei deinem Leisten)[102] Da finden sich Sätze wie: „In der Sphäre der Agrikultur wirkt die große Industrie am revolutionärsten, als sie das Bollwerk der alten Gesellschaft vernichtet, den ‚Bauer' . . ."[103] „Und jeder Fortschritt der kapitalistischen Agrikultur ist nicht nur ein Fortschritt in der Kunst, den Arbeiter, sondern zugleich in der Kunst, den Boden zu berauben, jeder Fortschritt in Steigerung seiner Fruchtbarkeit für eine gegebne Zeitfrist zugleich ein Fortschritt im Ruin der dauernden Quellen dieser Fruchtbarkeit. Je mehr ein

Land, wie die Vereinigten Staaten von Nordamerika z. B., von der großen Industrie als dem Hintergrund seiner Entwicklung ausgeht, desto rascher dieser Zerstörungsprozeß."[104]

6. „Die Produktion des absoluten und relativen Mehrwerts"

Hier läßt schon die Überschrift vermuten, daß es sich nur um Wiederholung und Zusammenfassung der beiden vorausgegangenen Abschnitte handeln kann. Und zu allem Überfluß lautet das 14. Kapitel: „Absoluter und relativer Mehrwert". Geradezu zwanghaft vorprogrammiert sind also Tautologien und Langeweile. Sie werden unterbrochen durch Beispiele, die zum Schmunzeln oder Widerspruch herausfordern: „Steht es frei, ein Beispiel außerhalb der Sphäre der materiellen Produktion zu wählen, so ist ein Schulmeister produktiver Arbeiter, wenn er nicht nur Kinderköpfe bearbeitet, sondern sich selbst abarbeitet zur Bereicherung des Unternehmers. Daß letztrer sein Kapital in einer Lehrfabrik angelegt hat, statt in einer Wurstfabrik, ändert nichts an dem Verhältnis."[105]

Im folgenden werden in eigenen Abschnitten die Faktoren des Mehrwerts variiert, das heißt geprüft, was geschieht bei: „Größe des Arbeitstags und Intensität der Arbeit konstant (gegeben), Produktivkraft der Arbeit variabel" oder bei „Konstanter Arbeitstag, konstante Produktivkraft der Arbeit, Intensität der Arbeit variabel", oder „Produktivkraft und Intensität der Arbeit konstant, Arbeitstag variabel". Und schließlich kann es sein, daß „gleichzeitige Variationen in Dauer, Produktivkraft und Intensität der Arbeit"eintreten. Marx: „Es ist hier offenbar eine große Anzahl Kombinationen möglich. Sie können in gleichem oder ungleichem Grad variieren, in derselben oder entgegengesetzten Richtung, ihre Variationen sich daher teilweise oder ganz aufheben." Marx hat auch recht mit der weiteren Feststellung: „Indes ist die Analyse aller möglichen Fälle nach den unter 1, 2 und 3 gegebenen Aufschlüssen leicht."[106]

7. „Der Arbeitslohn"

„Der Arbeitslohn" betitelt Marx den folgenden Abschnitt, dessen erste acht Seiten eine Wiederholung der Arbeitswertlehre mit Bezug auf die menschliche Arbeitskraft ist. Auch das Folgende bietet nichts Neues. Dennoch ist man vor Überraschungen nicht sicher, so wenn es zum Beispiel heißt: „Es ist allgemein bekannte Tatsache, daß je länger der Arbeitstag in einem Industriezweig, um so niedriger der Arbeitslohn. Fabrikinspektor A. Redgrave illustriert dies durch eine vergleichende Übersicht der zwanzigjährigen Periode von 1839–1859, wonach der Arbeitslohn in den dem Zehnstundengesetz unterworfenen Fabriken stieg, während er fiel in den Fabriken, wo 14 bis 15 Stunden täglich gearbeitet wird."[107]

Ist der Stücklohn nicht Beweis für die Unrichtigkeit der Arbeitswertlehre? Marx gibt darauf eine klare

Antwort: „Der Stücklohn ist nichts als verwandelte Form des Zeitlohns, wie der Zeitlohn die verwandelte Form des Wertes oder Preises der Arbeitskraft.“[108]

8. „Der Akkumulationsprozeß des Kapitals“

Zunächst schildert Marx die einfache Reproduktion: „So wenig eine Gesellschaft aufhören kann zu konsumieren, so wenig kann sie aufhören zu produzieren. In einem stetigen Zusammenhang und dem beständigen Fluß seiner Erneuerung betrachtet, ist jeder gesellschaftliche Produktionsprozeß daher zugleich Reproduktionsprozeß . . . Hat die Produktion kapitalistische Form, so die Reproduktion.“[109]

Dabei ist der Kapitalist nicht nur Nutznießer der Arbeitskraft, sondern auch des Arbeitslohns:

> „Wenn der Kapitalist einen Teil seines Kapitals in Arbeitskraft umsetzt, verwertet er damit sein Gesamtkapital. Er schlägt zwei Fliegen mit einer Klappe. Er profitiert nicht nur von dem, was er vom Arbeiter empfängt, sondern auch von dem, was er ihm gibt. Das im Austausch gegen Arbeitskraft veräußerte Kapital wird in Lebensmittel verwandelt, deren Konsumtion dazu dient, Muskel, Nerven, Knochen, Hirn vorhandner Arbeiter zu reproduzieren und neue Arbeiter zu zeugen. Innerhalb der Grenzen des absolut Notwendigen ist daher die individuelle Konsumtion der Arbeiterklasse Rückverwandlung der vom Kapital gegen Arbeitskraft veräußerten Lebensmittel in vom Kapital neu exploitierbare Arbeitskraft. Sie ist Produktion und Reproduktion des dem Kapitalisten unentbehrlichsten Produktionsmittels, des Arbeiters selbst. Die individuelle Konsumtion des Arbeiters bleibt also ein Moment der Produktion und Reproduktion des Kapitals,

ob sie innerhalb oder außerhalb der Werkstatt, Fabrik usw., innerhalb oder außerhalb des Arbeitsprozesses vorgeht, ganz wie die Reinigung der Maschine, ob sie während des Arbeitsprozesses oder bestimmter Pausen desselben geschieht. Es tut nichts zur Sache, daß der Arbeiter seine individuelle Konsumtion sich selbst und nicht dem Kapitalisten zulieb vollzieht."[110]

Unter der Überschrift „Verwandlung von Mehrwert in Kapital" schildert Marx die Kapitalbildung aus Mehrwert:

„Betrachten wir diesen Vorgang zunächst vom Standpunkt des einzelnen Kapitalisten. Ein Spinner z. B. habe ein Kapital von 10 000 Pf. St. vorgeschossen, wovon vier Fünftel in Baumwolle, Maschinen etc., das letzte Fünftel in Arbeitslohn. Er produziere jährlich 24 000 Pf. Garn zum Wert von 12 000 Pfd. St. Bei einer Rate des Mehrwerts von 100% steckt der Mehrwert im Mehrprodukt oder Nettoprodukt von 40 000 Pfd. Garn, einem Sechstel des Bruttoprodukts, zum Wert von 2000 Pfd. Sterling, den der Verkauf realisieren wird. Eine Wertsumme von 2000 Pfd. St. ist eine Wertsumme von 2000 Pfd. St. Man riecht und sieht diesem Gelde nicht an, daß es Mehrwert ist. Der Charakter eines Werts als Mehrwert zeigt, wie er zu seinem Eigner kam, ändert aber nichts an der Natur des Werts oder des Geldes.

Um die neu hinzugekommene Summe von 2000 Pfd. St. in Kapital zu verwandeln, wird also der Spinner, alle andern Umstände gleichbleibend, vier Fünftel davon vorschießen im Ankauf von Baumwolle usw. und ein Fünftel im Ankauf neuer Spinnarbeiter, die auf dem Markte die Lebensmittel finden werden, deren Wert er ihnen vorgeschossen hat. Dann fungiert das neue Kapital von 2000 Pfd. St. in der Spinnerei und bringt seinerseits einen Mehrwert von 400 Pfd. ein."[111] usw.

Ob die Unternehmer Verschwender oder Geizhälse sind, gehört sicherlich nicht hierher. Marx aber hat für diese Frage viele Seiten übrig:

Daraus eine Kostprobe: „Obgleich daher die Verschwendung des Kapitalisten nie den bona fide Charakter der Verschwendung des flotten Feudalherrn besitzt, in ihrem Hintergrund vielmehr stets schmutzigster Geiz und ängstliche Berechnung lauern, wächst dennoch seine Verschwendung mit seiner Akkumulation, ohne daß die eine die andre zu beabbruchen braucht. Damit entwickelt sich gleichzeitig in der Hochbrust des Kapitalindividuums ein faustischer Konflikt zwischen Akkumulations- und Genußtrieb.“[112]

Aussagekraft in der Sache kommt folgenden Sätzen zu: „Die Reproduktion der Arbeitskraft, die sich dem Kapital unaufhörlich als Verwertungsmittel einverleiben muß, nicht von ihm loskommen kann und deren Hörigkeit zum Kapital nur versteckt wird durch den Wechsel der individuellen Kapitalisten, woran sie sich verkauft, bildet in der Tat ein Moment der Reproduktion des Kapitals selbst. Akkumulation des Kapitals ist also Vermehrung des Proletariats.“[113]

Das eherne Lohngesetz aus der Feder von Marx lautet: „Wächst die Menge der von der Arbeiterklasse gelieferten und von der Kapitalistenklasse akkumulierten, unbezahlten Arbeit rasch genug, um nur durch einen außergewöhnlichen Zuschuß bezahlter Arbeit sich in Kapital verwandeln zu können, so steigt der Lohn, und alles andre gleichgesetzt, nimmt die unbezahlte Arbeit im Verhältnis ab. Sobald aber diese Abnahme den Punkt berührt, wo die das Kapital ernährende Mehrarbeit nicht mehr in normaler Menge angeboten wird, so tritt eine Reaktion ein: ein geringerer Teil der Revenue wird kapitalisiert, die Akkumulation erlahmt, und die steigende Lohnbewegung empfängt einen Gegenschlag. Die Erhöhung des Arbeitspreises bleibt also eingebannt in Grenzen, die die Grundlagen des kapitalistischen Systems nicht nur unangetastet lassen, sondern auch seine Reproduktion auf wachsender Stufenleiter sichern. Das in ein Naturgesetz mystifizierte Gesetz der kapitalistischen Akkumulation drückt also in der Tat nur aus, daß ihre Natur jede solche Abnahme im Exploitationsgrad der Arbeit oder jede solche Steigerung des Arbeitspreises ausschließt, welche die stetige Reproduktion des Kapitalverhältnisses und seine Reproduktion auf stets erweiterter Stufenleiter ernsthaft gefährden könnte."[114]

Ergänzt wird das eherne Lohngesetz durch „Das absolute, allgemeine Gesetz der kapitalistischen Akkumulation":

> Je größer der gesellschaftliche Reichtum, das funktionierende Kapital, Umfang und Energie seines Wachstums, also auch die absolute Größe des Proletariats und die Poduktivkraft seiner Arbeit, desto größer die industrielle Reservearmee. Die disponible Arbeitskraft wird durch dieselben Ursachen entwickelt wie die Expansivkraft des Kapitals. Die verhältnismäßige Größe der industriellen Reservearmee wächst also mit den Potenzen des Reichtums. Je größer aber diese Reservearmee im Verhältnis zur aktiven Arbeiterarmee, desto massenhafter die konsolidierte Überbevölkerung, deren Elend im umgekehrten Verhältnis zu ihrer Arbeitsqual steht. Je größer endlich die Lazarusschichte der Arbeiterklasse und die industrielle Reservearmee, desto größer der offizielle Pauperismus. *Dies ist das absolute, allgemeine Gesetz der kapitalistischen Akkumulation.*"[115]

Es folgt dann der umfangreiche Versuch, die Verelendung der englischen Arbeiterschaft nachzuweisen, aber nicht durch langfristige, weiträumige Übersichten, sondern durch Momentaufnahmen, wie die folgende:

„1. Bedfordshire. Wrestlingworth: Schlafzimmer ungefähr 12 Fuß lang und 10 breit, obgleich viele kleiner sind. Die kleine einstöckige Hütte wird oft durch Bretter in zwei Schlafstuben geteilt, oft ein Bett in einer Küche 5 Fuß 6 Zoll hoch. Miete 3 Üfd. St. Die Mieter haben ihre eignen Abtritte zu bauen, der Hauseigentümer liefert nur ein Loch. Sooft einer einen Abtritt baut, wird letzterer von der ganzen Nachbarschaft benutzt. Ein Haus namens Richardson von unerreichbarer Schöne. Seine Mörtelwände bauschten aus wie ein Damenkleid beim Knix. Ein Giebelende war konvex, das andre konkav, und auf dem letztren stand unglücklicherweise ein Schornstein, ein krummes Rohr von Lehm und Holz gleich einem Elefantenrüssel. Ein langer Stock diente als Stütze, um den Fall des Schornsteins zu verhindern. Tür und Fenster rautenförmig. Von 17 besuchten Häusern nur 4 mit mehr als 1 Schlafzimmer und diese 4 überstopft. Die einschläfrigen Cots bargen 3 Erwachsene mit 3 Kindern, ein verheiratetes Paar mit 6 Kindern usw.

Dunton: . . ."[116]

„Zum Schluß dieses Abschnitts müssen wir noch einen Augenblick nach Irland wandern. Zunächst die Tatsachen, worauf es hier ankommt. Irlands Bevölkerung war 1841 auf 8 222 664 Personen angewachsen, 1851 auf 6 623 985 zusammengeschmolzen, 1861 auf 5 850 309, 1866 auf 5½ Million, ungefähr auf ihr Niveau von 1801. Die Abnahme begann mit dem Hungerjahr 1846, so daß Irland in weniger als 20 Jahren mehr als 5/16 seiner Volksmenge verlor. Seine Gesamtemigration von Mai 1851 bis Juli 1865 zählte 1 591 487 Personen, die Emigration während der letzten 5 Jahre 1861–1865 mehr als eine halbe Million. Die Zahl der bewohnten Häuser verminderte sich von 1851–1861 um 52 990."[117]

Im letzten Kapitel analysiert Marx „Die sogenannte ursprüngliche Akkumulation" insbesondere am Beispiel Englands. Wie kam es, daß die einen reich wurden, die andern aber arm blieben?

„Die ‚glorious Revolution' (glorreiche Revolution) brachte mit dem Oranier Wilhelm III. die grundherrlichen und kapitalistischen Plusmacher zur Herrschaft. Sie weihten die neue Ära ein, indem sie den bisher nur bescheiden betriebenen Diebstahl an den Staatsdomänen auf kolossaler Stufenleiter ausübten. Diese Ländereien wurden verschenkt, zu Spottpreisen verkauft oder auch durch direkte Usurpation an Privatgüter annexiert. Alles das geschah ohne die geringste Beobachtung gesetzlicher Etikette. Das so fraudulent angeeignete Staatsgut samt dem Kirchenraub, soweit er während der republikanischen Revolution nicht abhanden gekommen, bildet die Grundlage der heutigen fürstlichen Domänen der englischen Oligarchie. Die bürgerlichen Kapitalisten begünstigten die Operation, u. a. um den Grund und Boden in einen reinen Handelsartikel zu verwandeln, das Gebiet des agrikolen Großbetriebs auszudehnen, ihre Zufuhr vogelfreier Proletarier vom Lande zu vermehren usw."[118]

„Die Väter der jetzigen Arbeiterklasse wurden zunächst gezüchtigt für die ihnen angetane Verwandlung in Vagabunden und Paupers. Die Gesetzgebung behandelte sie als ‚freiwillige' Verbrecher und unterstellte, daß es von ihrem guten Willen abhänge, in den nicht mehr existierenden alten Verhältnissen fortzuarbeiten."[119]

Der Schluß des Buches trägt apokalyptische Züge. Der Würgeengel trifft die vernichtende Feststellung: „Wenn das Geld, nach Augier, ‚mit natürlichen Blutflecken auf einer Backe zur Welt kommt', so das Kapital von Kopf bis Zeh, aus allen Poren, blut- und schmutztriefend."[120]

Im Urteilsspruch zieht Marx, wie in einem gewaltigen Schlußakkord, alle Register. Emotionales, Diamat und Histomat sind die Richter. Einstimmig verkünden sie: Der Kapitalismus ist dem Tode geweiht.

„Mit der beständig abnehmenden Zahl der Kapitalmagnaten, welche alle Vorteile dieses Umwandlungsprozesses usurpieren und monopolisieren, wächst die Masse des

Elends, des Drucks, der Knechtschaft, der Entartung, der Ausbeutung, aber auch die Empörung der stets anschwellenden und durch den Mechanismus des kapitalistischen Produktionsprozesses selbst geschulten vereinten und organisierten Arbeiterklasse. Das Kapitalmonopol wird zur Fessel der Produktionsweise, die mit und unter ihm aufgeblüht ist. Die Zentralisation der Produktionsmittel und die Vergesellschaftung der Arbeit erreichen einen Punkt, wo sie unverträglich werden mit ihrer kapitalistischen Hülle. Sie wird gesprengt. Die Stunde des kapitalistischen Privateigentums schlägt. Die Expropriateurs werden expropriiert.

Die aus der kapitalistischen Produktionsweise hervorgehende kapitalistische Aneignungsweise, daher das kapitalistische Privateigentum, ist die erste Negation des individuellen, auf eigne Arbeit gegründeten Privateigentums. Aber die kapitalistische Produktion erzeugt mit der Notwendigkeit eines Naturprozesses ihre eigne Negation. Es ist Negation der Negation. Diese stellt nicht das Privateigentum wieder her, wohl aber das individuelle Eigentum auf Grundlage der Errungenschaft der kapitalistischen Ära: der Kooperation und des Gemeinbesitzes der Erde und der durch die Arbeit selbst produzierten Produktionsmittel.

Die Verwandlung des auf eigner Arbeit der Individuen beruhenden, zersplitterten Privateigentums in kapitalistisches ist natürlich ein Prozeß ungleich mehr langwierig, hart und schwierig als die Verwandlung des tatsächlich bereits auf gesellschaftlichem Produktionsbetrieb beruhenden kapitalistischen Eigentums in gesellschaftliches. Dort handelte es sich um die Expropriation der Volksmasse durch wenige Ursurpatoren, hier handelt es sich um die Expropriation weniger Usurpatoren durch die Volksmasse."[121]

9. Kritik

a) Die inneren Widersprüche

Mit Blick auf den Marxismus-Leninismus ist von „innerer Geschlossenheit des Systems"[122], mit Blick auf „Das Kapital" von „bohrendem Scharfsinn"[123] die Rede. Demgegenüber ist festzustellen, daß allein schon die ökonomische Lehre von Marx viele und vielfältige theorieimmanente Widersprüche enthält. Ein Dutzend der bedeutsamsten sollen im folgenden aufgezeigt werden:

1. *Die Waren haben* nach Marx einen *objektiven Wert;* Marx ist kompromißloser Anhänger der objektiven Wertlehre.[124] *Objektive persönliche Werte* des Menschen (Würde, Freiheit und andere) *gibt es* hingegen für ihn *nicht* (siehe Kapitel IX 2 d). Oben wurde nachgewiesen (siehe Kapitel IV 6 a), daß der „historische Materialismus" nicht materialistisch ist. Die Marxsche Lehre insgesamt verdient jedoch diese Bezeichnung, da nur dem Brot, nicht aber dem Geist ein objektiver Wert zugesprochen wird. Dabei ist aber das Brot nur ein Lebensmittel, die Würde hingegen der Lebensmittelpunkt.

2. Für Marx ist die Arbeitskraft eine Ware wie jede andere auch, wie Brot und Wein, Schaufel und Maschine.[125] Wonach mißt sich ihr Wert? „Durch das Quantum der in ihm enthaltenen ‚wertbildenden Substanz', der Arbeit."[126] Doch *obwohl die Arbeitskraft eine Ware wie jede andere sein soll, bestimmt sich ihr Wert nicht durch die investierte Arbeit,* sondern auf äußerst komplizierte Weise:

Die erforderliche „Nahrung, Kleidung, Heizung, Wohnung usw. sind verschieden je nach den klimatischen und andren natürlichen Eigentümlichkeiten eines Landes. Andrerseits ist der Umfang sog. notwendiger Bedürfnisse, wie die Art ihrer Befriedigung, selbst ein historisches Produkt und hängt daher großenteils von der Kulturstufe eines Landes, unter andrem auch wesentlich davon ab, unter welchen Bedingungen, und daher mit welchen Gewohnheiten und Lebensansprüchen die Klasse der freien Arbeiter sich gebildet hat. Im Gegensatz zu den andren Waren enthält also die Wertbestimmung der Arbeitskraft ein historisches und moralisches Element."[127] Auch nationale Verschiedenheit spielt eine große Rolle.[128] Der Lohn schließt ferner „die Lebensmittel der Ersatzmänner ein, d. h. der Kinder der Arbeiter."[129]

3. Alle eben von Marx genannten Wertelemente der Arbeitskraft waren Elemente der *Reproduktion.* Marx behauptet jedoch: „Der Wert der Arbeitskraft ... ist bestimmt durch die zur Produktion, *also auch* [Hervorhebung K. L.] Reproduktion ... notwendige Arbeitszeit."[130]

   Auf welche Weise wird die bereits investierte Arbeit, die *Produktion,* entlohnt? Erhalten die Eltern, wenn sie die Kinder zum Arbeitsmarkt bringen, einen Kaufpreis so wie der Viehhändler? Nein! – Warum nicht, wenn es sich um eine gleichartige Ware handelt?

4. Nach Marx „steht nicht nur die Masse der Geburten und Todesfälle, *sondern die absolute Größe der Familien in umgekehrtem Verhältnis zur Höhe des Arbeitslohns,* also zur Masse der Lebensmittel, worüber die verschiednen Arbeiterkategorien verfügen ... Es erinnert an die massenhafte Reproduktion individuell schwacher und vielgehetzter Tierarten."[131] Fünfzig Seiten später schildert er jedoch, wie sich die Bevölkerung Irlands laufend verringert: von 8 222 664 Personen im Jahre 1841 auf 6 623 985 1851, auf 5 850 309 1861, auf 5,5 Millionen 1866.[132]

In diesem Zeitraum hat Irland keine der industriellen Revolution in England und den USA vergleichbare Entwicklung durchgemacht, vielmehr blieb es ein agrarisches Land. Daher suchten hunderttausende von Iren in diesen Ländern eine neue Heimat, wenngleich der Bevölkerungsschwund nicht allein mit der Auswanderung zu erklären ist.

5. Gerade das Beispiel Irlands zeigt, daß der *Kapitalismus nicht für die Bevölkerungsexplosion verantwortlich* gemacht werden kann. Die *Kapitalisten produzieren* Waren, aber *keine Proletarier.* Mag auch der Arbeiter im 19. Jahrhundert dem Unternehmer ziemlich schutzlos ausgeliefert gewesen sein, die Industrie war Arbeitgeber und wer Arbeit fand, konnte die schlimmsten Sorgen für den Augenblick zumindest vergessen. Marx selbst bemerkt: „Das irische Genie erfand eine ganz neue Methode, ein armes Volk Tausende von Meilen vom Schauplatz seines Elends wegzuhexen. Die in die Vereinigten Staaten übergesiedelten Auswanderer schicken jährlich Geldsummen nach Haus, Reisemittel für die Zurückgebliebenen. Jeder Trupp, der dieses Jahr auswandert, zieht nächstes Jahr einen andren Trupp nach. Statt Irland etwas zu kosten, bildet die Auswanderung so einen der einträglichsten Zweige seines Exportgeschäftes."[133]

Doch wie verträgt sich damit seine Feststellung: „Je größer der gesellschaftliche Reichtum, das funktionierende Kapital, Umfang und Energie seines Wachstums, also auch die absolute Größe des Proletariats und die Produktivkraft seiner Arbeit, desto größer die industrielle Reservearmee. Die disponible Arbeitskraft wird durch dieselben Ursachen entwickelt wie die Expansivkraft des Kapitals. Die verhältnismäßige Größe der industriellen Reservearmee wächst also mit den Potenzen des Reichtums. Je größer aber diese Reservearmee im Verhältnis zur aktiven Arbeiterarmee, desto massenhafter die konsolidierte Übervölkerung, deren Elend im umgekehrten Verhältnis zu ihrer Arbeitsqual steht. Je größer endlich die Lazarusschichte der Arbeiterklasse und die industrielle Reservearmee, desto größer der offizielle Pauperismus. Dies ist das absolute, allgemeine Gesetz der kapitalistischen Akkumulation."[134]

Die industrielle Reservearmee wuchs nicht am Hauptschauplatz der industriellen Revolution, den USA, sondern in der industriellen Brache Irland.

6. Zum *Fundament der* marxistischen *Kapitalismusanalyse* gehört das *„Äquivalenzgesetz"*. „Äquivalent wurde gegen Äquivalent ausgetauscht. Der Kapitalist zahlte als Käufer jede Ware zu ihrem Wert, Baumwolle, Spindelmasse, Arbeitskraft. Er tat dann, was jeder andre Käufer von Waren tut. Er konsumierte ihren Gebrauchswert."[135] Dem Verkäufer der Ware Arbeitskraft geschieht „durchaus kein Unrecht"[136], wie Marx mehrmals ausdrücklich betont. Aber gleichzeitig wird er nicht müde, mit

Blick auf den gleichen Vorgang von „ohne Äquivalent entwandt"[137] oder von „unbezahlter Arbeit"[138], von „unentgeltlich angeeignetem Mehrwert"[139], von „kapitalistischer Prellerei"[140] zu sprechen. Er merkt die Widersprüchlichkeit („Dieser ganze Verlauf, die Verwandlung seines Geldes in Kapital, geht in der Zirkulationssphäre vor und geht nicht in ihr vor"[141]), sucht sie, aber zwangsläufig vergebens, in der Sache. Doch sie dort zu suchen, wo sie steckt, nämlich in seiner Lehre, das kommt ihm nicht in den Sinn.

7. „Ein englischer und ein chinesischer Spinner z. B. mögen dieselbe Stundenzahl mit derselben Intensität arbeiten, so werden beide in einer Woche gleiche Werte erzeugen. Trotz dieser Gleichheit besteht ein ungeheurer Unterschied zwischen dem Wert des Wochenprodukts des Engländers, der mit einem gewaltigen Automaten arbeitet, und des Chinesen, der nur ein Spinnrad hat."[142] Engels führt „neunhundertneunundneunzig Tausendstel" der Produktivkraft auf die industrielle Revolution zurück, ohne die „ärgste Arbeitssklaverei . . . die Hungerleiderei allgemeine Regel . . ."[143] Das ist eine deutliche Sprache. In die gleiche Richtung zielt die Feststellung: „Die Produktivität der Maschine mißt sich daher an dem Grad, worin sie menschliche Arbeitskraft ersetzt."[144] Doch an anderer Stelle heißt es nicht minder deutlich: „Gleich jedem andren Bestandteil des konstanten Kapitals schafft die Maschine keinen Wert."[145]

Die Scheuklappenideologie absorbiert jegliche Vernunft. Die zuletzt zitierte Behauptung ist gleichsam Marxens freischwebende Lawinenschnur, an die er sich unverbrüchlich klammert. Wie brüchig sie ist, zeigt das Fehlen einer Verankerung an Fakten, mehr noch das Hinwegsehen über alle Fakten, die sich in den Weg stellen. Mehrwertschaffend ist nach Marx nur das variable, das in die Arbeitskraft investierte Kapital. Nicht mehrwertschaffend soll das sogenannte konstante Kapital sein, also Investitionen in Rohstoff und Arbeitsgerät. *Es verstößt gegen die Logik zu behaupten, Rohstoffe, Arbeitsgeräte und Arbeitskraft seien notwendige Voraussetzungen des Mehrwerts, den Mehrwert aber gleichwohl nur auf die Arbeitskraft zurückzuführen. Stellen wir uns einen vollautomatisierten Betrieb vor. Ist der ganze Mehrwert Verdienst des Arbeiters, der das Schaltpult und die Schalter überwacht?*

Bei näherem Zusehen zeigt sich ferner, daß *Investitionen in Arbeitsgerät letztlich Investitionen in Arbeitskraft* sind. Für den Unternehmer ist es eine Frage der Zweckmäßigkeit, ob er das notwendige Arbeitsgerät hausintern herstellen läßt oder von einem anderen Unternehmer kauft. Der Kiesgrubenausbeuter kann Pickel und Schaufel in der eigenen Werkstatt herstellen lassen oder als Teil oder als Fertigprodukt beziehen.

Und schließlich: *Wenn nur das in Arbeitskraft investierte Kapital Mehrwert schaffen würde, wer würde dann noch in Rohstoffe und Arbeitsgerät investieren?* Da aber praktisch alle Unternehmer in alle drei Produktionsfaktoren investieren, hat entweder Marx oder die gesamte Unternehmerschaft Unrecht. – *Die Höhe der Profite hängt auch nicht davon ab, ob die einzelnen Wirtschaftszweige kapital- oder arbeitsintensiv sind. Alle Unternehmen, gleichgültig welcher dieser beiden Kategorien sie zuzurechnen sind, haben bei der Kreditaufnahme die gleichen Zinskonditionen zu akzeptieren.*

8. Ähnlich verhält es sich mit dem *Management,* Marx: „Der Befehl des Kapitalisten auf dem Produktionsfeld wird jetzt so unentbehrlich wie der Befehl des Generals auf dem Schlachtfeld.

Alle unmittelbar gesellschaftliche oder gemeinschaftliche Arbeit auf größrem Maßstab bedarf mehr oder minder einer Direktion, welche die Harmonie der individuellen Tätigkeiten vermittelt und die allgemeinen Funktionen vollzieht, die aus der Bewegung des produktiven Gesamtkörpers im Unterschied von der Bewegung seiner selbständigen Organe entspringen. Ein einzelner Violinspieler dirigiert sich selbst, ein Orchester bedarf des Musikdirektors."[146] Doch wer glaubt, dem Unternehmer würde für diese unentbehrliche Leistung irgendein Anteil am Mehrwert zustehen, hat sich in Marx gründlich getäuscht. Solche Gedanken ernten nur Spott:

„Der gemütliche Glaube an das Erfindungsgenie, das der einzelne Kapitalist in der Teilung der Arbeit a priori ausübe, findet sich nur noch bei deutschen Professoren, wie Herrn Roscher z. B., der dem Kapitalisten, aus dessen Jupiterhaupt die Teilung der Arbeit fertig hervorspringe, zum Dank ‚diverse Arbeitslöhne' widmet.[147]

9. Daran schließt sich die Frage an, ob für Marx der *Unternehmer* ein *wertvoller oder parasitärer Zeitgenosse* ist. Soll er weiterwirken dürfen oder möglichst rasch verschwinden?

Schon im Kommunistischen Manifest werden die imposanten Leistungen der Bourgeoisie beschrieben:

„Die Bourgeoisie hat in ihrer kaum hundertjährigen Klassenherrschaft massenhaftere und kolossalere Produktionskräfte geschaffen als alle vergangenen Generationen zusammen. Unterjochung der Naturkräfte, Maschinerie, Anwendung der Chemie auf Industrie und Ackerbau, Dampfschifffahrt, Eisenbahnen, elektrische Telegraphen, Urbarmachung ganzer Weltteile, Schiffbarmachung der Flüsse, ganze aus dem Boden hervorgestampfte Bevölkerungen – welches frühere Jahrhundert ahnte, daß solche Produktionskräfte im Schoß der gesellschaftlichen Arbeit schlummerten."[148]

Der einzelne Unternehmer ist, wie gezeigt, im modernen Arbeitsprozeß unentbehrlich. Er ist es auch, der das Heil der Menschheit bewirkt:

„Als Fanatiker der Verwertung des Werts zwingt er rücksichtslos die Menschheit zur Produktion um der Produktion willen, daher zu einer Entwicklung der gesellschaftlichen Produktivkräfte und zur Schöpfung von materiellen Produktionsbedingungen, welche allein die reale Basis einer höheren Gesellschaftsform bilden können, deren Grundprinzip die volle und freie Entwicklung jedes Individuums ist."[149] Schließlich ist ja auch Freund Engels als Inhaber einer Fabrik ein Bourgeois, ein Kapitalist.

Andererseits ist für Marx „das Kapital von Kopf bis Zeh, aus allen Poren, blut- und schmutztriefend".[150] Dieses vernichtende Urteil nimmt keinen aus. Die Kollektivschuld jener, die – vielleicht nur aus Eigennutz, wer weiß und wer darf den ersten Stein aufheben? – den Menschen Arbeit geben und der Menschheit den Weg ins Glück bereiten, ist für ihn offenbar.

Doch dem kommunistischen Paradies geht die schlimmste Erniedrigung des Proletariats voraus: Unbeschränkte Arbeitszeit (10.), absolute materielle Verelendung des Proletariats (11.), seine Wehr- und Hilflosigkeit (12.).

10. „Der Kapitalist zahlt z. B. den Tageswert der Arbeitskraft. Ihr Gebrauch, wie der jeder andren Ware, z. B. eines Pferdes, das er für einen Tag gemietet, gehört ihm also für den Tag."[151] Ein ausführlicher Exkurs im „Kapital" (70 Seiten) trägt die Überschrift „Der Arbeitstag". Marx schildert dramatisch, wie die Bourgeois gegen eine *Verkürzung der Arbeitszeit* ankämpfen. Aber schließlich siegt die gute Sache. Am Ende heißt es: „An die Stelle des prunkvollen Katalogs der ‚unveräußerlichen Menschenrechte' tritt die bescheidne Magna Charta eines gesetzlich beschränkten Arbeitstags, die ‚endlich klarmacht', wann die Zeit, die der Arbeiter verkauft, endet, und wann die ihm selbst gehörige Zeit beginnt'."[152]

Der Leser atmet auf. Aber zu früh. In den folgenden theoretischen Auslassungen spricht Marx wieder so, als ob er die Quintessenz der historischen Entwicklung nie zu Papier gebracht hätte, zum Beispiel: „Daher das merkwürdige Phänomen in der Geschichte der modernen Industrie, daß die Maschine alle sittlichen und natürlichen Schranken des Arbeitstags über den Haufen wirft."[153]

11. Im „Kapital" wird auch die Entwicklungstendenz der *Löhne* sowohl historisch als auch theoretisch gestreift. Dabei sprechen manche Äußerungen für eine *Erhöhung,* andere lassen nichts Gutes erwarten. Da sich die Arbeitszeit zugegebenermaßen verringert hat, weist der folgende Satz auf eine Erhöhung der Löhne hin: „Es ist allgemein bekannte Tatsache, daß, je länger der Arbeitstag in einem Industriezweig, um so niedriger der Arbeitslohn."[154]

Ganz anders Engels:

„Hat nicht die Kürzung der Arbeitszeit genau die gleiche Bedeutung für den Arbeiter wie die Kürzung der Löhne? Offensichtlich ja; in dem einen wie in dem anderen Fall verschlechtert sich die Lage des Arbeiters gleichermaßen.[155]

In die gleiche Richtung deutet die Feststellung: „Da in jedem Jahr mehr Arbeiter beschäftigt werden als im vorhergehenden, so muß früher oder später der Punkt eintreten, wo die Bedürfnisse der Akkumulation anfangen, über die gewöhnliche Zufuhr von Arbeit hinauszuwachsen, wo also Lohnsteigerung eintritt."[156]

Doch hätte die Revolution noch eine historische Chance, wenn es auch ohne sie aufwärts ginge? Daher faßt Marx wieder das kapitalistische Fegefeuer ins Auge: „Die Verdammung eines Teils der Arbeiterklasse zu erzwungnem Müßiggang durch Überarbeit des andren Teils, und umgekehrt, wird Bereicherungsmittel des einzelnen Kapitalisten und beschleunigt zugleich die Produktion der industriellen Reservearmee auf einem den Fortschritt der gesellschaftlichen Akkumulation entsprechenden Maßstab."[157]

Zur Veranschaulichung dienen historische Momentaufnahmen: „Es wird dann im Detail nachgewiesen, daß der reelle Arbeitslohn auf dem Lande von 1737 bis 1777 um beinahe ein Viertel oder 25 Prozent gefallen ist . . . Dennoch ist die Lage des englischen Landarbeiters von 1770 bis 1780, sowohl was seine Nahrungs- und Wohnlichkeitszustände, als sein Selbstgefühl, Belustigungen usw. betrifft, ein später nie wieder erreichtes Ideal."[158]

Marx bietet Dutzende von Tabellen zu den unterschiedlichsten Themen wie „Einkommen aus Profiten"[159] oder „Wochendurchschnitt der Unterhaltungskosten pro Kopf".[160] Was wir aber vergebens suchen, sind neuere Tabellen über die Einkommensentwicklung der Arbeiter.

Kolakowski: „Es wurde darauf hingewiesen (Bertram Wolfe), daß in der 1. Auflage des ‚Kapital' verschiedene statistische Angaben bis 1865 bzw. 1866 berücksichtigt wurden, außer den Daten, die die Lohnbewegung betrafen; diese enden mit dem Jahr 1850, und in der 2. Auflage (1873) wurden die Statistiken durch neue Daten ergänzt, wiederum außer denen zur Bewegung der Arbeitslöhne. In der Tat, diese Bewegung sprach gegen die Theorie der Verelendung!"[161]

12. Der Kapitalismus werde in den Strudel der Revolution hineingerissen, denn die Diktatur der *Bourgeoisie* sei auf den *Ausbau ihrer Privilegien* zu Lasten des unterdrückten Proletariats bedacht. – Welcher Durchsetzungswille ist erforderlich, diese Vorhersage aufrechtzuerhalten, wenn man gleichzeitig nicht umhin kann, die *Ausdehnung des Wahlrechts* auf alle erwachsenen Männer, die *Durchsetzung des Koalitions- und Streikrechts* zur Kenntnis zu nehmen.[162] Marx mag recht haben mit der Feststellung: „Das Kapital ist daher rücksichtslos gegen Gesundheit und Lebensdauer des Arbeiters, wo es nicht durch die Gesellschaft zur Rücksicht gezwungen wird."[163] Aber die *englische Gesellschaft* war eben *schon vor Marx und unbestrittenermaßen gänzlich unabhängig von Marx auf dem Wege zu einer gerechteren Sozialordnung.* Nicht nur Engels' „Die Lage der arbeitenden Klasse in England", sondern auch „Das Kapital" stützt sich auf Schritt und Tritt auf die *Berichte der Fabrikinspektoren* und die „Reports" der vom Unterhaus eingesetzten Untersuchungsausschüsse.

Marx selbst intoniert ein hohes Lied auf sie:

„Wir würden vor unsren eignen Zuständen erschrecken, wenn unsre Regierungen und Parlamente wie in England, periodische Untersuchungskommissionen über die ökonomischen Verhältnisse bestallten, wenn diese Kommissionen mit derselben Machtvollkommenheit wie in England, zur Erforschung der Wahrheit ausgerüstet würden, wenn es gelänge, zu diesem Behuf ebenso sachverständige, unparteiische und rücksichtslose Männer zu finden, wie die Fabrikinspektoren Englands sind, seine ärztlichen Berichterstatter über ‚Public Health' (Öffentliche Gesundheit), seine Untersuchungskommissäre über die Exploitation der Weiber und Kinder, über Wohnungs- und Nahrungszustände usw."[164]

Engels: „Wir können aber nicht umhin, darauf aufmerksam zu machen, daß derselbe uns hier gleichzeitig eine große Masse des schätzbarsten geschichtlichen und statistischen Materials liefert, welches fast ohne Ausnahme aus den offiziellen, dem englischen Parlament vorgelegten Kommissionsberichten geschöpft ist."[165]

Auf derlei Kräfte ist auch das Ende des Sklavenhandels in England zurückzuführen. Letzteres wird von Marx nicht erwähnt. Seine Statistik läßt er auf dem Kulminationspunkt enden:

„Liverpool wuchs groß auf der Basis des Sklavenhandels. Es bildet seine Methode der ursprünglichen Akkumulation. Und bis heutzutag blieb die Liverpooler ‚Ehrbarkeit' Pindar des Sklavenhandels, welcher – vgl. die zitierte Schrift des Dr. Aikin von 1795 – ‚den kommerziellen Unternehmunsgeist bis zur Leidenschaft steigere, famose Seeleute bilde und enormes Geld einbringe'. Liverpool beschäftigte 1730 im Sklavenhandel 15 Schiffe, 1751: 53, 1760: 74, 1770: 96 und 1792: 132."[166] Alles Weitere paßt nicht in sein Bild. *Was wäre das für eine armselige Theorie, ließe sie sich von der Wirklichkeit irritieren.* Der notwendige Kollaps des Kapitalismus wurde schon Jahrzehnte früher vorhergesagt. Also bildet er das große schauerliche Amen. Die aufgezeigten gegenläufigen Tendenzen sind schlagartig vergessen.

b) Behauptung und Wirklichkeit

Es ist nicht der Arbeitsstil von Marx, Tatsachen zu ermitteln und daraus Schlüsse zu ziehen – nie hat er eine Fabrik aufgesucht oder Arbeiter befragt –, vielmehr stellt er Behauptungen auf und die Wiederholung der Behauptung tritt an die Stelle des Beweises. Tatsachen als Belege sind ihm willkommen, aber nicht Tatsachen als Kriterien des richtigen Denkens. Er geht von der Theorie aus und läßt sich von der Wirklichkeit kaum irritieren:

„Dann, nachdem das geschehn, stürzte ein blue Book nach dem anderen bei der letzten *Ausarbeitung* dazwischen, und ich war entzückt, meine theoretischen Resultate durch die facts vollständig bestätigt zu sehen."[167]

„Namentlich aber wäre es mir sehr wertvoll, wenn Sie einiges Antibürgerliche über die Grundeigentums- resp. Ackerbauverhältnisse in den Vereinigten Staaten auftreiben könnten. Da ich in dem II. Band die Grundrente behandle, wäre mir Material speziell gegen H. Careys ‚Harmonien' willkommen."[168]

Friedenthal: „Er las viel, unendlich viel in seinem britischen Museum. Immer jedoch, und nahezu ausschließlich, um seine bereits festgeformten und nicht einmal sehr zahlreichen Ansichten bestätigt zu finden. Man hat einige seiner dicken Notiz- und Auszugshefte verglichen mit den Originalen und gefunden, daß er ohne Skrupel ausließ, was ihm nicht ins Konzept paßte."[169]

Ein typisches, krasses Beispiel liefert ein Zitat aus einer Rede Gladestones: „Von 1842 bis 1852 wuchs das besteuerbare

Einkommen dieses Landes um 6% ... In den 8 Jahren von 1853 bis 1861 wuchs es, wenn wir von der Basis von 1853 ausgehn, um 20%. Die Tatsache ist so erstaunlich, daß sie beinahe unglaublich ist ... Diese berauschende Vermehrung von Reichtum und Macht ... ist ganz und gar auf die besitzenden Klassen beschränkt, ... aber, sie muß von indirektem Vorteil für die Arbeiterbevölkerung sein, weil sie die Artikel der allgemeinen Konsumtion verwohlfeilert ..."[169a]

Marx wurde darauf aufmerksam gemacht, daß Gladestone laut dem stenografischen Bericht des Unterhauses und der Meldung der Times vom darauffolgenden Tage ziemlich genau das Gegenteil gesagt hatte, nämlich: „Die Zahlen, welche ich angeführt habe, nehmen wenig oder gar keine Kenntnis ... von dem Eigentum der Arbeiterbevölkerung und von der Zunahme des Einkommens derselben ... Aber wenn wir die Durchschnittslage des britischen Arbeiters betrachten, sei es Bauer oder Bergmann, ungelernter oder gelernter Arbeiter, so wissen wir aus mannigfachen und unzweifelhaften Zeugnissen, daß in den letzten zwanzig Jahren eine derartige Vermehrung seiner Mittel zum Leben stattgefunden hat, daß wir sie beinahe für beispiellos in der Geschichte jeglichen Landes und jeglichen Zeitalters erklären können."[169b] Trotzdem sah Marx keine Veranlassung zu einer Korrektur in der nächsten Auflage.

In der Korrespondenz mit dem Freund, quasi hinter vorgehaltener Hand, wird sogar die positive Entwicklung der Löhne bedauert: „Wenn das noch einige Zeit so vorangeht, so werden die Movements für Lohnheraufsetzung anfangen. In Frankreich verdienen die Baumwollspinner auch seit einiger Zeit mehr als in den letzten Jahren ... Alles das sieht verdammt optimistisch aus, und der Henker weiß, wie lange das noch dauert ... Hier können nur ein paar grundschlechte Jahre helfen, und diese scheinen seit den Goldentdeckungen so leicht nicht mehr herzustellen."[170]

Gleiches gilt für große Ernte: „Leider scheint die Ernte in Nordostdeutschland, Polen und Rußland passabel, stellenweise gut zu werden. Hier hat auch das letzte gute Wetter gefruchtet. Aber Frankreich bleibt in der Sauce, und das ist schon viel."[171]

Als Kind seiner Zeit ist Marx in einem Grundirrtum befangen: Es gäbe einen *objektiven Wert der Ware.* Diese falsche Annahme hat zahlreiche Fehlschlüsse zur Folge; auf ihnen basiert seine zentrale Argumentation. Ohne sie bräche die Behauptung, im Kapitalismus könne das Elend der Massen nicht auf die Dauer gelindert werden, in sich zusammen.

Gekauft und verkauft wird jedoch nicht nach einem errechenbaren objektiven Wert, sondern nach subjektiver Wertschätzung, wobei sich die Kaufvertragspartner zwar über den Preis einigen, aber den Vertrag nur deshalb abschließen, weil dem Verkäufer die Ware etwas weniger wert ist als die Gegenleistung, dem Käufer etwas mehr. Andernfalls ist es eine Gefälligkeit, so wenn Geld gewechselt wird (Papiergeld gegen Münzen und umgekehrt). Das Gesagte wird besonders deutlich beim kommerziellen Wechsel von Währungen. Es gibt nicht einen, sondern zwei Kurse, den für Ankauf und den für Verkauf. Nach einem objektiven Wert zu forschen, ist unter diesen Umständen sinnlos und erfolglos.

Der Vorwurf, der Marx trifft, besteht darin, daß er die (inzwischen allgemein als falsch angesehene) *objektive Wertlehre nicht nur ungeprüft übernommen, sondern ihr sogar eine besonders ausschließliche Form gegeben hat, obwohl er damit unlösbare Widersprüche konstruiert hat.*

So finden sich bei David Ricardo und Adam Smith durchaus auch subjektive Gesichtspunkte (zum Beispiel Wert von Luxusgütern)[172], mit denen sich

Marx jedoch in keiner Weise auseinandersetzt, obwohl ihm ein einzigartiger Überblick über die einschlägige Literatur nachgerühmt wird. Jegliche Problematisierung unterbleibt. Die schlichte Behauptung, daß dem so sei, hat dem Leser zu genügen. Und damit jeder Zweifel erstirbt, wird die Behauptung stets aufs Neue wiederholt. Andere haben zu seiner Zeit in England (Stanley Jevons), in der Schweiz (Léon Walras) und in Österreich (Carl Menger) die subjektive Wertlehre entwickelt. Doch trotz dieser Verdienste sind *sie* nur Fachleuten namentlich bekannt.

Das Quantum der in der Ware enthaltenen Arbeit ist nach Marx der Maßstab des objektiven Werts. Was ist das für ein Wertgegenstand, der niemandem etwas wert ist, den niemand kauft, obwohl viel Arbeitszeit investiert worden ist?

Da die *objektive Wertlehre handgreiflich falsch* ist, *heute* deshalb auch *keine Vertreter* mehr findet, ist es müßig, sie ausführlich zu widerlegen. Damit fällt „Das Kapital" wie ein Kartenhaus in sich zusammen, insbesondere auch Marxens Lehre vom Mehrwert. „Wenn bei Capri die rote Sonne im Meer versinkt", so kann man darüber nachdenken, wie sehr sie sich im Wasser während der Nacht abkühlt. Wenn aber dieser Schlager das Naturgeschehn unzutreffend wiedergibt, entfallen offenbar die Anschlußfragen. Gibt es keinen objektiven Wert, so stellt sich nicht länger die Frage, ob die Arbeitszeit allein als wertbildender Faktor anzusprechen ist, wie Marx behauptet. Die vielfältigen „Rätsel", „Hieroglyphen", „Widersprüche", „Geheimnisse", die Marx aufzeigt, entpuppen sich dann als Scheinprobleme. *Der Marxsche „Zauber und Spuk" wird zum Schloßgeist im Museum der historischen Irrtümer. Damit erübrigt sich jedes weitere kritische Eingehen auf die Marxsche Arbeitswertlehre.*

Was aber bleibt, ist das unbestrittene und unbestreitbare Faktum, daß die Kombination von Arbeitskraft, Kapital und Rohstoffen *Mehrwert* erzeugt, wobei nur für Marx und die nicht regierenden Marxisten der *Verteilungsschlüssel* unproblematisch ist: Den Arbeitern gebührt der ganze Mehrwert, doch die Kapitalisten erhalten den ganzen Mehrwert. Wie versuchen die Kapitalisten den Mehrwert zu steigern? Marx gibt die unbegründete überraschende Antwort: Durch Senkung der Lebenshaltungskosten, weil ja dann – nach Marx – die Löhne fallen: „Die Entwicklung der Produktivkraft der Arbeit, innerhalb der kapitalistischen Produktion, bezweckt, den Teil des Arbeitstags, den der Arbeiter für sich selbst arbeiten muß, zu verkürzen, um grade dadurch den andren Teil des Arbeitstags, den er für den Kapitalisten umsonst arbeiten kann, zu verlängern."[173] Aber ist es nicht viel näherliegend, daß er die Anstrengungen unternimmt, um Extraprofite zu erzielen?

Ein Widerspruch zwischen Theorie und Wirklichkeit steckt auch in der Behauptung, die *Verbesserung des Arbeitsgeräts* erzwinge eine *Beschleunigung der menschlichen Arbeit.* Das kann der Fall sein. Eine zwangsläufige Relation gibt es nicht. Aufs Ganze gesehen hat die Verbesserung der Maschinen nicht nur die Verkürzung der Arbeitszeit ermöglicht, sondern auch die körperliche Belastung durch Arbeit verringert.

Hundert Jahre nach seinem Tod bedarf Marxens Behauptung, die große *Industrie zerstörte das Bollwerk der alten Gesellschaft, den Bauern,* keiner ausführlichen Widerlegung. Die Zahl der selbständigen Bauern hat zwar abgenommen, zerstört aber wurde das „Bollwerk der alten Gesellschaft"[174] nur im Sozialismus.

Das Gleiche gilt für die Vorhersage: „Und jeder Fortschritt der kapitalistischen Agrikultur ist nicht nur ein Fortschritt in der Kunst, den Arbeiter, sondern zugleich in der Kunst, den Boden zu berauben, jeder Fortschritt in Steigerung seiner Fruchtbarkeit für eine gegebne Zeitfrist zugleich ein Fortschritt im Ruin der dauernden Quellen dieser Fruchtbarkeit. Je mehr ein Land, wie die Vereinigten Staaten von Nordamerika z. B., von der großen Industrie als dem Hintergrund seiner Entwicklung ausgeht, desto rascher dieser Zerstörungsprozeß."[175] Bis auf den heutigen Tag wachsen die Hektarerträge.

Der Marxschen Annahme eines „durch kleinere Schwankungen unterbrochenen zehnjährigen Zyklus von Perioden mittlerer Lebendigkeit, Produktion unter Hochdruck, Krise und Stagnation"[144] hat schon Engels widersprochen.[176]

Am Ende des Buches zieht Marx einen Sittenspiegel aus der Tasche, auf dem zu lesen steht: Auf eine schmutzige Weise seid ihr Kapitalisten reich geworden. Die Richtigkeit all seiner Schilderungen unterstellt, so trifft der Vorwurf keineswegs alle, die über wirtschaftliche Macht verfügen. Untersuchungen zeigen, daß ein großer Prozentsatz derer, die heute zu den Reichen zählen, aus recht bescheidenen Verhältnissen mit Glück, Energie und Intelligenz aufgestiegen ist.[177]

c) Zusammenfassende Wertung

Anläßlich einer Tagung „Hundert Jahre ‚Das Kapital'", veranstaltet vom ZK der SED in Ost-Berlin, hieß es im Grußwort des Vertreters der Kommunistischen Partei Kanadas:

„Hätte man das eine Buch zu wählen, das mehr als jedes andere den Lauf der Weltgeschichte beeinflußt hat, so würde man zweifellos ‚Das Kapital' von Karl Marx wählen . . . Würden Sie die Mitglieder der Kommunistischen Partei oder auch der sozialistischen Partei eines beliebigen Landes fragen, ob sie das ‚Kapital' gelesen haben – ich glaube, Sie stimmen darin mit mir überein –, dann würden die meisten mit ‚nein' antworten, und fragte man sie danach, was sie über das Werk wissen, würden die meisten erwidern: ‚sehr wenig'. Wieviele junge Revolutionäre mögen es in den letzten 100 Jahren gewesen sein, die auf irgendeine Weise von der aufregenden und begeisternden Vision des Sozialismus angeregt, sich bei dieser oder jener Gelegenheit an das ‚Kapital' gewendet haben, hoffend, schnell die ‚Geheimnisse' dieser ‚neuen großen Idee' zu enträtseln, nur um es wieder beiseitezulegen, weil sie es für schwer hielten und es nicht verstanden? Viele von ihnen beschlossen daraufhin, oder es wurde ihnen vielleicht von erfahreneren und klügeren Genossen geraten ‚später darauf zurückzukommen'. Aber wieviele von ihnen sind später nie ‚darauf zurückgekommen'? Die Anzahl der Kommunisten und Sozialisten, die das ‚Kapital' nie gelesen haben und nur eine allgemeine Vorstellung von seinem Inhalt haben, ist heute in der Welt ungeheuer groß."[178]

Das war 100 Jahre früher nicht anders. Allein fünf Jahre vergingen, bis die ersten 1000 deutschsprachigen Exemplare abgesetzt werden konnten. Doch der Absatz ist kein Gradmesser für Qualität, vor allem nicht für den wissenschaftlichen Rang und Wert eines Buches.

Nach der intensiven Lektüre und Analyse von „Das Kapital" (I.) drängt sich aber die fast peinliche Frage auf, ob der Foliant – immerhin *das* Lebenswerk des „größten Mannes" – eine reelle Chance hätte, an einer deutschen Universität als Dissertation angenommen zu werden – den Wissensstand des Jahres 1867 und eine ideologiefreie Sachbehandlung vorausgesetzt.

Meine Annahme lautet: nein, und zwar aus fünf Gründen, wovon nicht jeder für sich allein, aber zumindest alle zusammen die Annahme tragen.

1. Auf naheliegende, zentrale Fragen wird nicht eingegangen, zum Beispiel ob nicht die – medizinisch bedingte – Bevölkerungsexplosion Hauptursache der sozialen Not sei.

2. Die Arbeit bietet keine, zumindest keine sachliche Auseinandersetzung mit anderen Ansichten, zum Beispiel nicht mit der subjektiven Werttheorie, obwohl dieser Komplex für das ganze Buch grundlegend ist.

3. An entscheidenden Stellen treten schlichte Behauptungen an die Stelle von Beweisen, Beweisversuchen oder dem Eingeständnis, daß es sich um eine Annahme handelt, zum Beispiel daß die Arbeitskraft eine Ware ist wie jede andere Ware auch und daher nach dem allgemeinen Wertgesetz gekauft werde.

4. Unversöhnliche Widersprüche finden sich in großer Zahl (siehe Kapitel V 9 a). (Dieser Mangel wäre neben 5. der Haupteinwand, der zum Scheitern führen müßte.)

5. Die Ausführungen sind in unvertretbarer Weise aufgebläht. Wo einige Zeilen genügten, finden sich Dutzende von Seiten. Das Werk ist ein Dikkicht von Tautologien, das man nur mit großem Zeitaufwand und nicht minder großer Energie durchdringen kann. Die 750 Seiten ließen sich ohne Verlust auf circa 5 Prozent davon, also circa 35 bis 40 Seiten reduzieren. Das Wertvollste am Buch, die historischen Exkursionen, würden dabei zwar unter den Tisch fallen. Doch wäre die Arbeit dann um einige Widersprüche ärmer. Denn Marx verwertet die Erkenntnisse der Exkursionen nicht. Sie waren für ihn kontraproduktiv und daher für das Ergebnis unbeachtlich.

War sich Marx dieser schweren Mängel bewußt?

Mit Blick auf Stirner urteilt Marx: „... unendliche Wiederholungen – beständiger Widerspruch mit sich selbst – Gleichnisse ohnegleichen ... Abhängigkeit von Hegelschen Traditionen ...“[179] Ist das nicht eine unbewußte Selbstkritik? Oder das Urteil über Macleod: „Er ist ein sehr gespreizter Esel, der jede banale Tautologie 1. in algebraische Formen bringt und 2. geometrisch konstruiert.“[180]

Sachlichen Auseinandersetzungen mit seinen Gegnern ging er zeitlebens aus dem Weg. Dazu war er unfähig. Hierin stimmen alle Biographien überein. Die Erfahrungen des Carl Schurz sind typisch: „Keiner Meinung, die von der seinen wesentlich abwich, gewährte er die Ehre einer einigermaßen respektvollen Erwähnung. Jeden, der ihm widersprach, behandelte er mit kaum verhüllter Verachtung. Jedes ihm mißliebige Argument beantwortete er ... mit beißendem Spott über die bemitleidenswerte Unwissenheit.“[181]

Behauptungen zu wiederholen, wo Beweise gefragt sind, ist ein probates Mittel für jene, deren Aufgabenstellung nicht Erkenntnis ist. *„Das Kapital“ wurde geschrieben, um die Richtigkeit einer vorab aufgestellten These zu beweisen* (Engels: „Wir waren verpflichtet, unsre Ansicht wissenschaftlich zu begründen“[182]), nicht um sie zu prüfen. Freilich, Spaß macht eine wissenschaftliche Arbeit, deren Stützpfeiler Annahmen und Widersprüche sind, nicht. Daher ist es nur zu verständlich, daß sich hinter dem Werk ein persönliches Drama verbirgt, daß er – gelegentlich auch Engels – es „Alp“[183], „das ‚verdammte‘ Buch“[184], „Saubuch“[185], „Scheiße“[186], „ökonomische Scheiße“[187] tituliert und jeden Vorwand begrüßt, der eine Verzögerung rechtfertigt[188], daß er sich nebenbei oder über Jahre hinweg mit Dingen beschäftigt, für die ein leidenschaftlicher Revolutionär, der eine Offenbarung niederschreibt, keine Zeit haben dürfte: nicht nur Fremdsprachen und – zum Teil gänzlich bedeutungslose – mathematische Probleme, auch primitivste Pornographie. Er rühmt sich: „Trotz meiner Belesenheit auf diesem Gebiete, glaube ich nicht, daß die chaude pisse [Tripper] jemals so poetisch beschrieben worden ist: . . .“[189] Dann folgen nicht weniger als 28 Verszeilen peinlichster Auslassungen in französischer Sprache, auf deren Übertragung ins Deutsche sogar die Herausgeber der Marx/Engels-Werke schamhaft verzichten!

Sechs Wochen vorher hat er gegenüber Freund Engels behauptet, er schreibe jetzt den Schluß des zweiten Buches.[190] Nimmt es wunder, daß über solche Abschweifungen der zweite Band keine Gestalt annimmt, ja gänzlich liegenbleibt? Freilich, die Behauptung, der zweite Band sei jetzt bis zum Schluß gediehen, war nur eine jener zahlreichen Lügen, mit denen er auch seine besten Freunde über Jahrzehnte hinweg hinters Licht führte und die uns jede seiner nicht anderweitig belegten Behauptungen fragwürdig erscheinen lassen.[191]

Erinnert Marx nicht an den *Lügenbaron Münchhausen,* wenn er am 28. Dezember 1846 gegenüber Annenkow bedauert:

„Ich hätte Ihnen gern mit diesem Brief mein Buch über die politische Ökonomie geschickt, aber bisher ist es mir nicht möglich gewesen, dieses Werk und die Kritik an den deutschen Philosophen und Sozialisten, von der ich Ihnen in Brüssel erzählte, drucken zu lassen. Sie können sich nicht vorstellen, auf welche Schwierigkeit eine solche Veröffentlichung in Deutschland stößt, einesteils von seiten der Polizei, anderen Teils von seiten der Verleger, die ja selbst die interessierten Vertreter all der Richtungen sind, die ich angreife."[192]

Doch seit über einem Jahr hatte er einen Verleger, Leske, der ihm einen Vorschuß von 1500 Franc gegeben hatte und der auf die Ablieferung des Manuskripts drängte.

Knapp 20 Jahre später, am 31. Juli 1865, beteuert er gegenüber Engels:

„Was nun meine Arbeit betrifft, so will ich Dir darüber reinen Wein einschenken. Es sind noch drei Kapitel zu schreiben, um den theoretischen Teil (die drei ersten Bücher) fertig zu machen."[193] Drei von insgesamt 95 Kapitel (Bd. 1: 24; Bd. 2: 21; Bd. 3: 52) waren damals angeblich unfertig. 18 Jahre (!) später muß Freund Engels schmerzhaft erkennen: „Neben vollständig ausgearbeiteten Stücken andres rein skizziert, alles Brouillon, mit Ausnahme von zwei Kapiteln. Die Belegzitate ungeordnet, haufenweise zusammengeworfen, bloß für spätere Auswahl gesammelt."[194]

Die *konkurrenzlose Zeilenschinderei* hat aber wohl noch stärker auf Marx gelastet als die inneren Widersprüche. Der Blähleibigkeit seiner Darstellung war er sich bewußt; dazu wurde er von Freund Engels geradezu animiert: „Die Hauptsache ist, daß Du erst wieder mit einem dicken Buch vor dem Publikum debütierst, und am besten mit dem Unverfänglichsten, der Historia."[195] In einem anderen Brief macht es Engels noch deutlicher, daß es auf den Inhalt gar nicht ankommt: „n'importe quoi [gleichgültig was]."[196] Auch die Qualität spielt keine Rolle: „Die Schwächen, die Dir auffallen, finden die Esel doch nicht heraus."[197]

Oben (5.) wurde seine sinnlos breite Schilderung einer Uhrenfabrik zitiert. Entweder Lexikonwissen oder Fachmann! Angesichts ähnlicher Auslassungen über Nähmaschinen wurde Marx für einen Exfabrikanten gehalten. Darauf er zu Engels: „Wenn die Leute nur wüßten, wie wenig ich von dem Zeug weiß."[198]

Er selbst bekennt mit einer Offenheit, die die Stimme verschlägt, das Mißverhältnis zwischen Umfang und Inhalt: „Ich dehne diesen Band mehr aus, da die deutschen Hunde den Wert der Bücher nach dem Kubikinhalt schätzen."[199]

Daher und nicht wegen des Niveaus die geradezu sprichwörtliche Ungenießbarkeit des Buches, die „In der Sache J. Robert Oppenheimer" den „Titelhelden" bemerken läßt: „Ich habe noch niemanden kennengelernt, der über die ersten 50 Seiten hinausgekommen wäre."

Es bietet einen höchst aufschlußreichen Einblick in das Denken von Marx, wenn wir lesen, was er in der Kritik an anderen von „dicken Büchern" hält und was wohl der Grund für sein „dickes Buch" gewesen ist. In „Debatten über Pressefreiheit" ironisiert er:

„Ihr Deutschen könnt euch nun mal nur umständlich aussprechen! Schreibt recht weitläufige Bücher über Staatseinrichtung, recht grundgelehrte Bücher, die niemand liest als der Herr Verfasser und der Herr Rezensent, . . .

Bedenkt, ihr guten Kinder, daß es sich hier um ,gelehrte Dinge' handelt, geht in die Schule der dicken Bücher, und ihr werdet uns Zeitungen schon liebgewinnen wegen unseres luftigen Formats, wegen unserer weltmännischen Leichtigkeit, die wahrhaft erquickend sind, nach den dicken Büchern.

Allerdings! Allerdings! Unsere Zeit hat nicht mehr jenen realen Sinn für Größe, den wir am Mittelalter bewundern. Seht unsere winzigen pietistischen Traktätlein, seht unsere philosophischen Systeme im kleinen Oktav, und nun wendet euren Blick auf die 20 Riesenfolianten des Duns Scotus. Ihr braucht die Bücher nicht zu lesen, schon ihr abenteuerlicher Anblick rührt euer Herz, schlägt eure Sinne, wie etwa ein gotisches Gebäude. Diese naturwüchsigen Riesenwerke wirken materiell auf den Geist; er fühlt sich erdrückt unter der Masse, und das Gefühl der Erdrücktheit ist der Anfang der Ehrfurcht. Ihr habt die nicht, die haben euch."[200]

Ist das nicht die Enthüllung der Absicht, die hinter seinen „dicken" Büchern steckt: Die Masse macht's. Sie soll jeden Zweifel an der Geistesfülle ersticken; das ist der Anfang der Ehrfurcht. Marx demonstriert das Gesagte an den „20 Riesenfolianten" des Duns Scotus, gleich als ob er vorausgeahnt hätte, daß auch er und Engels je 20 Folianten hinterlassen würden. (Doch Marx ist unerschöpflich, was wäre das für ein Marx, wenn sein Bücherstapel nicht höher wäre als der des Duns Scotus. Eingedenk der physikalischen Tatsache, daß die kinetische Wucht auch von der Masse abhängt, wird die neue Marx-Engels-Gesamtausgabe – MEGA – einhundert Bände füllen!)

Wie ist angesichts der Vielzahl kritischer Einwände die positive Würdigung von „Das Kapital" durch bürgerliche Wissenschaftler (siehe Kapitel V 1) erklär-

lich? Vergegenwärtigen wir uns beispielsweise die Ausführungen Rüstows. Es handelt sich ausschließlich um pauschales, nicht substantiiertes Lob, das sich daher einer exakten Auseinandersetzung entzieht. Ich habe fast den Eindruck, daß es sich nur um eine *captatio benevolentiae* handelt (wie mir ein anderer Lobspender für Marx brieflich ausdrücklich gebeichtet hat), um nachher um so glaubwürdiger Kritik anbringen zu können, ein vielleicht von der Wirkung her gesehen optimales Verfahren. Denn nachdem von „bohrendem Scharfsinn“ die Rede ist, kommt rasch als harte Attacke der Vorwurf eines „πρῶτον ψεῦδος“, einer Fundamentallüge des Marxschen Gedankengebäudes. Wenig später wird erneut der „ungeheuerste Scharfsinn“ gepriesen, mit dem Marx die Ausbeutung des Arbeiters als gesetzmäßig nachweisen wollte. Und dann: „Dieser Nachweis ist restlos gescheitert und wird heute von keinem ernsthaften wissenschaftlichen Nationalökonomen mehr aufrechterhalten.“[201] Ich habe für diese Kapriolen kein Verständnis.

Die Frage drängt sich auf, was ist das für ein Scharfsinn, der Widersprüche am laufenden Band produziert, der jahrelang Zeit hat, um diese Widersprüche monumental aufzublähen.

Besser schon die Begründung, die Padover für das „Meisterwerk“, das zu weltweitem Ansehen führte, bietet: „The qualities of style, irony, moral judgment, vision and social relevance have made Das Kapital a world classic.“[202]

Die Schreibweise ist an manchen Stellen unzweifelhaft eines guten Feuilletonisten würdig, Zynismus und Ironie stehen Marx zeitlebens zur Disposition, der rücksichtslosen Kritik alles Bestehenden, wozu eben auch die Wirtschafts- und Gesellschaftsordnung seiner Zeit zählt, hatte er sich von Anfang an verschrieben.[203] Soziale Bedeutung konnte das Buch jedoch erst erlangen, nachdem es sich eine expandierende Massenpartei als Bibel hatte aufschwatzen lassen. (Engels: „Die Sozialdemokraten werden nicht umhinkönnen, Das Kapital zur Bibel zu machen.“[204] An anderer Stelle: „Ich spreche darin ganz naiv von dem Faktum, daß man die sozialdemokratische Partei nicht mehr mit Stillschweigen behandeln dürfe, seit sie im Reichstag vertreten sei, und daß diese Herren dies Buch zu ihrer Bibel machen würden.“[205]) Marx wußte um die Qualitäten des Buches, „was so gelehrt aussieht und sogar griechische Noten enthält“[206], die einer Heiligsprechung förderlich sind.

Mit einer schier unüberbietbaren Emsigkeit haben Marx, Engels und viele Sympathisanten die Werbetrommel gerührt:

> „Aufs 'Lärmmachen‘ komme es an, nicht aufs Wie oder die Gründlichkeit. Alle Freunde werden alarmiert, Liebknecht, Kugelmann, Engels. Es ist keine Zeit zu verlieren – darauf, bis die möglichen Rezensenten das Buch tatsächlich gelesen haben, kann man nicht warten. Was tun? Engels, wie immer, weiß Rat: Er schreibt alle Kritiken selber. Gleichgültig für wen, welches Blatt, gleichgültig welcher Meinung, ob pro ob kontra. Das Unglaubliche geschieht, das jedenfalls in der Weltliteratur wohl einmalige – unter wechselnden Pseudonymen und auch unter realen Namen (Kugelmanns Kritiken waren von Engels verfaßt!“ und in allen erreichbaren Zeitungen publizieren der Autor und sein engster Mitarbeiter selbstverfaßte Kritiken, für sozialistische Blätter lobende, für bürgerliche Blätter vernichtende.“[207]

Den größten Erfolg hatte das Buch in Rußland, fernab vom Ort des Geschehens, wohingegen England, von dem es ja handelt,[208] bis heute nichts vom „Kapital" wissen will. Die Resonanz in Frankreich beschreibt Engels treffend: „Dies schwerfällige, gelehrttuende, dickleibige Werk, worin schließlich nicht nur sämtliche bisherigen Ökonomen, sondern auch sämtliche bisherigen Sozialisten die größten Grobheiten zu hören bekamen, machte auf die leichtsinnigen Franzosen durchaus keinen Eindruck." Es ist die Anwendung einer „arg mißhandelten Hegelschen philosophischen Methode auf eine seltsam mißverstandene Nationalökonomie ..."[209] Diese vernichtende Kritik ist eine literarische *aberratio ictus:* Engels zielte auf Proudhons *Philosophie de la misère* und traf Marxens Kapital.

Bessere Aufnahme fand es in den USA, weil in einer Annonce zu lesen stand, das Buch zeige, wie man zu Kapital komme. Von der schleppenden Kaufbereitschaft der Deutschen war schon die Rede, auch davon, daß die, die es in die Hand nahmen, es meist ungelesen wieder aus der Hand legten. Aber das hat dem Ansehen des Buches nicht geschadet. Es füllte offenbar eine schmerzliche Lücke. Die damals erstarkende SPD war nicht auf ein Godesberger Programm eingeschworen, sondern antikirchlich ausgerichtet. Auch der sozialistische Mensch sucht Halt, hält Ausschau nach einem Religionsersatz.[210] „Das Kapital" übernahm mangels Besserem die Rolle des heiligen Buches, wurde, wie Engels bestätigt, „die Bibel der Arbeiterklasse".[211] In ihr steht, so glaubt man zu wissen, worauf es ankommt. Sie ist Amulett, Talisman und Fetisch in einem.

Zu den pikantesten Stellen des „Kapitals" zählen jene Passagen, die als harte Kritik an der damaligen Wirtschaftsordnung gedacht waren, aber 100 Jahre später vor allem Gegebenheiten in den Staaten des „realen Sozialismus" treffen, so wenn Marx darauf hinweist, daß dem Maschinenarbeiter die Emigration bei schwerer Strafe verboten war.[212] Freilich, von Mauer, Stacheldraht, Minen, Schießbefehl ist dort nicht die Rede. Auch nicht davon, daß dieser „Republikfluchttatbestand" noch im 19. Jahrhundert gegolten hätte. Doch in den sozialistischen Staaten feiert er im 20. Jahrhundert eine beklagenswerte Wiedergeburt.

An einer anderen Stelle heißt es, daß „die Maschinerie an sich betrachtet die Arbeitszeit verkürzt, während sie kapitalistisch angewandt den Arbeitstag verlängert, an sich die Arbeit erleichtert, kapitalistisch angewandt ihre Intensität steigert, an sich ein Sieg des Menschen über die Naturkraft ist, kapitalistisch angewandt den Menschen durch die Naturkraft unterjocht, an sich den Reichtum des Produzenten vermehrt, kapitalistisch angewandt, ihn verpaupert usw. ..."[213] Ein Systemvergleich zwischen der sogenannten kapitalistischen und der sozialistischen Wirtschaftsordnung zeigt, daß jedes Wort ins Schwarze trifft, wenn an Stelle von „kapitalistisch" „sozialistisch" gesetzt wird.[214]

Zusammenfassend ist festzustellen: *Das Kapital enthält keine neuen, sachlich richtigen Erkenntnisse.* In einem depressiven Anfall gesteht es Marx dem Freund: „Das fängt an, mich zu langweilen. Im Grunde hat diese Wissenschaft seit A. Smith und

D. Ricardo keine Fortschritte mehr gemacht ...“[215] *Die mystifizierende Sprache* („aller Mystizismus der Warenwelt, all der Zauber und Spuk, welcher Arbeitsprodukte auf Grundlage der Warenproduktion umnebelt, ...“[216]) *führt zum Wesen des Buches.* Wiederum können wir Marx selbst für die Richtigkeit dieser Annahme in den Zeugenstand rufen. Engels soll für eine Zeitung ein Resümee verfassen. Er gesteht: „ Es ist verdammt schwer, die dialektische Methode dem Revue lesenden Engländer klarzumachen, und mit den Gleichungen W – G – W etc. kann ich doch dem Mob nicht kommen.“[217]. Darauf Marx: „Der Pseudocharakter macht die Sache (die an sich = 0) keineswegs leicht verständlich. Umgekehrt. Die Kunst besteht darin, den Leser so zu mystifizieren und ihm Kopfzerbrechen zu verursachen, damit er schließlich zu seiner Beruhigung entdeckt, daß diese hard words nur Maskeraden von loci communes sind.“[218] Marx ist Mystiker im unmittelbaren Wortsinn. (Müein, das heißt die Augen schließen.) Er schließt seine Augen und die Augen seiner Anhänger vor unbequemen Tatsachen. Ihm geht es nur um die „direkt revolutionäre Aufgabe.“[219] Scheuklappenbewehrten Soldaten wird, wie er meint, mit dem „Kapital“ das „furchtbarste Missile [Geschoß], das den Bürgern ... noch an den Kopf geschleudert worden ist“[220], in die Hand gedrückt, um „der Bourgeoisie theoretisch einen Schlag zu geben, von dem sie sich nie erholen wird.“[221]

Zweiter Teil

POLITIK

VI. Marx und die Arbeiterklasse

1. Die Fragestellung

Sozialismus wie Kommunismus sind älter als Marx. Die Arbeiterbewegung verdankt anderen Personen ihre Entstehung. Das ist unter Fachleuten unbestritten.[1] Auch Marx und Engels können dafür als Zeugen benannt werden.

> Marx: „Der Sozialismus und Kommunismus gehn nicht von Deutschland aus, sondern von England, Frankreich und Nordamerika.
>
> Die erste Erscheinung einer wirklich agierenden kommunistischen Partei findet sich innerhalb der bürgerlichen Revolution, in dem Augenblicke, wo die konstitutionelle Monarchie beseitigt ist. Die konsequentesten *Republikaner,* in England die *Niveller,* in Frankreich *Babeuf, Buonarroti* usw., sind die ersten, die diese ‚sozialen Fragen' proklamiert haben."[2]
>
> Engels: „Diesem komischen Stolz der deutschen Theorie, die nicht sterben kann, gegenüber, ist es durchaus nötig, den Deutschen einmal vorzuhalten, was sie dem Auslande alles verdanken, seitdem sie sich mit sozialen Fragen beschäftigen. Unter all den pomphaften Redensarten, die jetzt in der deutschen Literatur als die Grundprinzipien des wahren, reinen, deutschen, theoretischen Kommunismus und Sozialismus ausgerufen werden, ist bis jetzt auch nicht ein einziger

Gedanke, der auf deutschem Boden gewachsen wäre. Was die Franzosen oder Engländer schon vor 10, 20, ja 40 Jahren gesagt – und sehr gut, sehr klar, in sehr schöner Sprache gesagt hatten, das haben die Deutschen jetzt endlich seit einem Jahre stückweise kennengelernt und verhegelt ...“[3]

Strittig hingegen ist, ob und wie positiv sich ihre Tätigkeit auf die Arbeiterbewegung ausgewirkt hat.

Den Reigen in der Bewertung von Marx eröffnet Engels. Für ihn ist „Marx, der Mann, dem die gesamte Arbeiterklasse Europas und Amerikas mehr verdankt als irgendeinem andern ...“[4]

Daß insofern in den sozialistischen Staaten Töne höchsten Lobes angeschlagen werden, verwundert nicht. Schon mit Bezug auf das Jahr 1859 werden Marx und Engels „die Führer der Arbeiterklasse“[5] genannt. Das biographische Lexikon zur deutschen Geschichte kennzeichnet Marx als „größter Sohn des deutschen Volkes, bedeutendster Denker, Lehrer und Führer der internationalen und deutschen Arbeiterbewegung ...“[6]

Auch Kautsky hat sich in diesem Sinn ausgesprochen: „Marx und Engels verstanden es gut, eine feste Einigung zwischen der Welt der sozialistischen Ideen und der Arbeiterbewegung herzustellen. Alle echten Arbeiterparteien unserer Zeit, die seit dem letzten Viertel des vergangenen Jahrhunderts anstelle der früheren Sekten entstanden sind, beruhen auf dieser Einigung.“[7]

Nikolaus Lobkowicz: „... hätten Marx und seinesgleichen geschwiegen, hätten sich ihre Prognosen bewahrheitet, da zu wenigen Menschen der Gedanke gekommen wäre, Maßnahmen zu ergreifen, durch welche die elementaren Bedürfnisse der Arbeiterschaft befriedigt werden konnten."[8]

Hermann Weber: „Die programmatische Zielsetzung der Partei war eine revolutionierende Kraft, deren Einfluß für das rasche Wachstum der SPD nicht zu unterschätzen ist. Bis heute ist zwar umstritten, welche Funktion die ‚marxistische' Theorie der SPD hatte, ob sie von Anfang an nur verbaler Radikalismus, lediglich ‚Integrationsideologie' einer reformistischen Praxis war, oder ob sich die SPD von einer radikalen marxistischen Partei in eine reformistische, ja opportunistische Partei wandelte."[9]

Bakunin hingegen bezweifelt schon 1871 Marxens Wert für die Arbeiterklasse mit der Feststellung: „Im allgemeinen ist er wenig Organisator und hat mehr das Talent, durch Intrigen zu spalten als zu organisieren."[10]

Eine Kurbekanntschaft namens Walther vermachte uns die folgenden Impressionen: „Jetzt, kurz vor Torschluß der Saison, tritt noch ein gar interessanter Gast an den Sprudel, Karl Marx weilt zur Kur in Karlsbad. Obgleich der Bedeutendste der Sozialisten, ist sein Name doch nur wenig bekannt. Während sein Schüler Lassalle, freilich auch durch sein tragisch-kavaliermäßiges Ende, das ihn selbst zum Romanhelden befähigte, sich der größten Popularität erfreut, und dem zeitungslesenden Publikum – wer liest heute nicht die Zeitung? – die Namen Schweitzer und Hasenclever, Bebel und Liebknecht, ja auch der ‚Nurmensch' Tauschinsky geläufig sind, ist Karl Marx außerhalb der Genossen kaum genannt . . ."[11] Daß Lassalle Marxens Schüler gewesen sei, weiß Walther offenbar von Marx selbst.

Strittig sind auch die Motive, die Marx und Engels veranlaßt haben, sich ganz in den Dienst der kommunistischen Revolution zu stellen:

Marx selbst: Wir haben „stets *gratis* und mit Aufopferung unserer Privatinteressen die Interessen der Arbeiterklasse vertreten . . ."[12]

Großzügig bescheinigt Bakunin seinem Gegner Marx: „Marx ist ferner der Sache des Proletariats leidenschaftlich ergeben. Daran hat niemand das Recht zu zweifeln, denn er dient ihr seit bald 30 Jahren mit nie verleugneter Ausdauer und Treue. Er widmet ihr sein ganzes Leben."[13]

„Marx liebt das Proletariat, daher verabscheut er die Bourgeois. Man kann nicht 30 Jahre lang einer Sache mit leidenschaftlicher Hingebung dienen, ohne sie zu lieben, und nur die häßliche Voreingenommenheit kann es wagen, die Liebe von Marx für die Sache des Proletariats zu leugnen."[14]

Die Zahl derer, die sich sinngemäß geäußert haben und noch heute äußern, ist beeindruckend.[15] Einige exemplarische Stimmen:

„Am Beginn der Marxschen Forschung steht die Absicht, den Menschen zu seiner wahren Bestimmung zu führen."[16]

„Der philosophische Standpunkt des jungen Marx ist auf die Befreiung, auf die Wiederherstellung des menschlichen Wesens konzentriert."[17]

„Niemand kann leugnen, daß dieses in der Aufklärung, der deutschen Philosophie und Dichtung gewonnene humanitäre Ethos das ganze Leben und das gesamte Werk von Marx durchdrungen und bestimmt hat."[18]

Walter Theimer schließlich, der in seinem Buch „Der Marxismus" vor scharfer Kritik nicht zurückscheut, beschließt es mit den Worten: „Seine stärkste Seite ist nicht sein Versuch einer orakelnden Wissenschaft, sondern der Aspekt, den er selbst in den Hintergrund zu stellen wünschte: der moralische. Der Sozialkritiker Marx, der Ethiker und Humanist, der aufschrie über die Entmenschlichung der menschlichen Beziehungen durch die Wirtschaft, der messianische Seher und Volkserwecker wird leben, wenn die Bedeutung des Wissenschaftlers Marx längst verblaßt ist. Wohl könnte er mit Faust sagen:

‚Es kann die Spur von meinen Erdentagen
Nicht in Äonen untergehn'"[19]

„Der gute Mensch von Trier", ist man versucht zu sagen. Aber nicht alle teilen dieses Urteil. Selbst Bakunin, der dafür als Zeuge zitiert worden ist, weckt Zweifel, wenn er anschließend bemerkt:

„Marx, dessen Instinkte viel weniger uneigennützig sind als die von Mazzini, hat den leidenschaftlichen Wunsch, seine Ideen, das Proletariat und mit diesem seine eigene Person siegen zu sehen ... Das Übel liegt in dem Suchen nach der Macht, in der Liebe nach Herrschaft, dem Durst nach Autorität, und Marx ist tief von diesem Übel durchseucht."[20]

In diesem Sinne haben sich schon viele Zeitgenossen und Mitstreiter von Marx ausgesprochen. Dutzende von Seiten könnten mit Äußerungen gefüllt werden wie: Marx hat „die deutschen Handwerker nur an sich gezogen, um eine Partei und Leute zum Knechten zu haben."[21] Wer hat recht?

2. Das Unbewußte in Marx und Engels

a) Der gute Mensch von Trier?

Eine Kurbekanntschaft kam oben zu Wort, die 1875, also knapp acht Jahre vor Marxens Tod, die Ansicht vertritt, daß „Marx außerhalb der Genossen kaum genannt" werde. „Und wenn", so lesen wir, „dann malt sich die erschreckte Phantasie der Bourgeois sein Bild in Höllen-Breughel-Manier aus, zeichnet seinen Namen als Menetekel an die Tore der Paläste, an die bürgerlichen Türen, an die rauchenden Schlote der Fabriken und die eisernen Kassen der Besitzenden ..."[22]

Wann und wodurch ist dieses Bild von Marx entstanden, dessen „humanitäres Ethos das ganze Leben und das gesamte Werk ... durchdrungen und bestimmt hat." Der Verfasser dieser Charakteristik fügt sogar noch hinzu, daß niemand die Richtigkeit seiner Worte leugnen könne.[23]

Freilich, derartige Beteuerungen wie „unbestreitbar" und „es ist allgemein bekannt" dienen häufig dazu, unbewiesene und unbeweisbare Behauptungen vor kritischen Fragen zu schützen. Das ist auch hier der Fall. Der gute Mensch von Trier ist eine Legende. Alles, was wir über den jungen Marx wissen, ist geeignet, uns mit Skepsis, Sorge und Furcht zu erfüllen.

Klammern wir zunächst seine in Worte gefaßte bewußte Weltanschauung aus, beschränken wir uns auf sein Empfinden und Trachten, seine zwischenmenschlichen Beziehungen. Dabei genügt es, nur den jungen Marx ins Auge zu fassen, denn selbst jene, die dem jungen Marx humanitäre Motive unterstellen, räumen ein, daß diese Spuren später gänzlich verblaßt sind.[24]

Die erste Bekundung, die dem fünfjährigen Karl gilt, lautet: „schrecklicher Tyrann".[25] Die Mitschüler fürchten den Satiriker, der mit bissig-spöttischen Versen seine Gegner der Lächerlichkeit preiszugeben versucht.[26]

Im deutschen Abituraufsatz werden philanthropische Motive zwar bejaht. Aber auch hier erschauern wir angesichts des Mannes, der „unangetastet, von der Menge bewundert und über sie erhaben" dastehen möchte:

„Haben wir dieses alles erwägt, und gestatten unsere Lebensverhältnisse, einen beliebigen Stand zu wählen, so mögen wir den ergreifen, der uns die größte Würde gewährt ... Die Würde ist dasjenige, was den Mann am meisten erhebt, was seinem Handeln, allen seinen Bestrebungen, einen höheren Adel leiht, was ihn unangetastet von der Menge bewundert und über sie erhaben dastehen läßt."[27]

Einhundertdreißig Seiten füllen seine zahlreichen Jugendgedichte.[28] Alle Melodien, die er darin anstimmt, sind in Dur gehalten. Wilde Leidenschaft, Zerstörungsdrang, Weltuntergangsstimmung.

Beschränken wir uns auf die ersten zwanzig Verszeilen der SU/DDR-amtlichen Gesamtausgabe:

„Die Berge ziehen
Die Wälder fliehen
Weg von dem sehnenden Blick,
Sie lassen keine Spur zurück.

Und kaum ist ihre Pracht entglommen,
Und himmelwärts ragt kaum ihr Bau,
Da hat ein Gott sie weggenommen
In bunter Wechselschau.

Vergebens suchen wir ihr Bild zu halten,
Und ziehen fort die wogenden Gestalten,
Und die Brust bleibt so kalt, so leer,
Und Befriedigung saugen wir nimmermehr.

Vergebens wollen wir uns hangen
An dieses Glühen, diese Pracht,
Schon ist der Zauber untergegangen,
Und ein Satyr höhnisch lacht.

So rollen die Bilder vorüber,
Bald heller, bald trüber,
Wir scheinen in Wahn und in Strudel gezogen,
Und plätschern dahin mit den rauschenden Wogen."[29]

Vom Studiosus Marx ist offenbar nur einer von den Briefen an seine Eltern erhalten geblieben. Schon im dritten Satz verknüpft er darin seine eigene „wirkliche“ Stellung mit der Weltgeschichte:

„Es gibt Lebensmomente, die wie Grenzmarken vor eine abgelaufene Zeit sich stellen, aber zugleich auf eine neue Richtung mit Bestimmtheit hinweisen. In solch einem Übergangspunkte fühlen wir uns gedrungen, mit dem Adlerauge des Gedankens das Vergangene und Gegenwärtige zu betrachten, um so zum Bewußtsein unserer wirklichen Stellung zu gelangen. Ja die Weltgeschichte selbst liebt solches Rückschaun und besieht sich, was ihr dann oft den Schein des Rückgehns und Stillstandes aufdrückt, während sie doch nur in den Lehnstuhl sich wirft, sich zu begreifen, ihre eigne, des Geistes Tat geistig zu durchdringen.“[30]

Die Briefe der Eltern an ihren Karl sind weitgehend noch vorhanden. Sie verraten tiefe Zuneigung, zugleich aber auch schwere Sorgen, die der Vater immer härter ausformuliert. Schon im ersten tadelt der Vater den Eigennutz:

„Über drei Wochen sind verflossen, daß Du weg bist und keine Spur von Dir! Du kennst Deine Mutter und ihre Ängstlichkeit, und dennoch diese grandiose Nachlässigkeit. Das bestätigt mir leider nur zu sehr die Meinung, welche ich trotz Deiner mancher guten Eigenschaften hege, daß der Eigennutz in Deinem Herzen vorherrschend ist ...“[31]

Der letzte Brief füllt sechs Druckseiten voll substantiierter Klagen über die Charaktermängel des Sohnes, seine Verschwendungssucht, seine Rücksichtslosigkeit und anderes:

„Ordnungslosigkeit, dumpfes Herumschweben in allen Teilen des Wissens, dumpfes Brüten bei der düsteren Öllampe; Verwildrung im gelehrten Schlafrock und ungekämmter

Haare statt der Verwildrung bei dem Bierglase; zurückscheuchende Ungeselligkeit mit Hintansetzung alles Anstandes und selbst aller Rücksicht gegen den *Vater*. – Die Kunst mit der Welt zu verkehren, auf die schmutzige Stube beschränkt, vielleicht in der klassischen Unordnung die Liebesbriefe einer J[enny] und die wohlgemeinten und vielleicht mit Tränen geschriebenen Ermahnungen des Vaters zum fidibus, was übrigens besser wäre, als wenn sie durch noch unverantwortlichere Unordnung in die Hände Dritter kämen. – Und hier in dieser Werkstätte unsinniger und unzweckmäßiger Gelehrsamkeit sollen die Früchte reifen, die Dich und Deine Geliebten erquicken, die Ernte gesammelt werden, die dazu diene, heilige Verpflichtungen zu erfüllen!?"[32]

Selbstverständlich sind die Briefe der Braut positiver gestimmt. Aber auch sie unterstreichen anderweitig bekannte Eigenschaften, so wenn es heißt: „... So seid Ihr aber mal, Ihr Herrn Hegelinge – nichts erkennt Ihr an, und wenn es das Allervortrefflichste wäre, wenns nicht grade in Eurem Sinne ist ..."[33]

„Du siehst mein teures Herz, daß ich nicht mit Dir rechte nach dem Gesetz und fordere Aug' um Auge, Zahn um Zahn, Brief um Brief; ich bin freigiebig und großmütig, hoffe aber, daß meine zweimalige Erscheinung vor Dir nun auch bald eine goldne Frucht mir einbringen wird, ein paar Zeilen, nach denen mein Herz sich sehnt, ein paar Worte, die mir Gesundheit und ein bißchen Sehnsucht verkünden."[34]

„Du glaubst gar nicht mein Herzensliebchen, wie hoch Du mich durch Deine Briefe beglückst und wie Dein letzter Hirtenbrief, Du Hoher Priester und Bischof des Herzens, Dein armes Schaf wieder in Ruhe und Frieden gelullt hat. Es ist gewiß unrecht und töricht, sich mit allen möglichen Sorgen und Blicken in dunkle Fernsichten sich abzuquälen, ich fühle das alles selbst in jenen selbstquälerischen Momenten sehr gut – allein der Geist ist willig, das Fleisch ist schwach, und so vermag ich dann immer nur erst mit Deiner Hilfe die Dämonen zu verbannen."[35]

Von Dämonen mit Bezug auf Karl ist nicht nur beim Vater[36] und bei Jenny die Rede, sondern auch in einem Spottgedicht des späteren Freundes Engels:

> „Er rast im grünen Rock, ein schmaler Bösewicht,
> den Höllensohn verrät das lauernde Gesicht . . .
> Wer jaget hinterdrein mit wildem Ungestüm?
> Ein schwarzer Kerl aus *Trier,* ein markhaft Ungetüm . . .
> Geballt die böse Faust, so tobt er sonder Rasten,
> als wenn ihn bei dem Schopf zehntausend Teufel faßten."[37]

b) Der gute Mensch aus dem Wuppertal?

Engels Charakter zeigt insgesamt mehr erfreuliche Züge. Im Verhältnis zu Marx ist er altruistisch und kann sich unterordnen, beides Eigenheiten, die allein die lebenslängliche Freundschaft mit Marx ermöglichten. Hier sollen schlaglichtartig einige Gesichtspunkte hinsichtlich der Motivation des Unternehmersohnes, als Standartenträger des Proletariats zu marschieren, aufgezeigt werden. Um es vorweg zu sagen, ein klares Bild ist nicht zu ermitteln. Der Vater über den Fünfzehnjährigen: „Noch einmal, der liebe Gott wolle den Knaben in Seinen Schutz nehmen, damit sein Gemüt nicht verderbt werde. Bis jetzt entwickelt er eine beunruhigende Gedanken- und Charakterlosigkeit bei seinen übrigens erfreulichen Eigenschaften."[38]

Mit 25 Jahren verfaßt er „Die Lage der arbeitenden Klasse in England nach eigener Anschauung und authentischen Quellen" und schreibt einleitend:

„Arbeiter
Euch widme ich ein Werk, in dem ich den Versuch gemacht habe, meinen deutschen Landsleuten ein treues Bild Eurer Lebensbedingungen, Eurer Leiden und Kämpfe, Eurer Hoffnungen und Perspektiven zu zeichnen.“[39]

Freilich, bei etwas näherer Betrachtung zeigt sich rasch, daß es sich überwiegend um die Auswertung von Zeitungsartikeln und Untersuchungsberichten handelt, ein Beweis dafür, daß er weder der erste noch der einzige gewesen ist, der an der Lage der arbeitenden Klasse Anteil genommen hat. Schon 1809 verfaßte Sir S. M. Eden ein Buch, dem Engels offenbar sogar auch den Titel abgeschaut hat: „Lage der Armen, oder Geschichte der arbeitenden Klasse Englands“. Dies schmälert jedoch nicht die Glaubwürdigkeit des moralischen Impetus.

Zweifel kommen auch noch nicht, wenn wir gegen Ende seine schauerliche Zukunftsvision lesen: „Die zur Verzweiflung getriebenen Proletarier werden die Brandfackel ergreifen, von der Stephens ihnen gepredigt hat; die Volksrache wird mit einer Wut geübt werden, von der uns das Jahr 1793 noch keine Vorstellung gibt. Der Krieg der Armen gegen die Reichen wird der blutigste sein, der je geführt worden ist. Selbst der Übertritt eines Teils der Bourgeoisie zur Proletarierpartei, selbst eine allgemeine Besserung der Bourgeoisie würde nicht helfen ... Das Prophezeien ist nirgends so leicht als gerade in England, weil hier alles so klar und scharf in der Gesellschaft entwickelt ist.“[40]

Nachdenklicher stimmt ein Brief Engels an Marx, der uns zeigt, daß die Triebfeder offenbar mehr der Haß auf die Unternehmer (seinen Vater?, der ihn als Kind streng gezüchtigt hat[41]) als die Liebe zu den Arbeitern gewesen sein dürfte:

„Ich sitze bis über die Ohren in englischen Zeitungen und Büchern vergraben, aus denen ich mein Buch über die Lage der englischen Proletarier zusammenstelle. Bis Mitte oder Ende Januar denk' ich fertig zu sein, da ich durch die schwierigste Arbeit, die Anordnung des Materials, seit acht–vierzehn Tagen durch bin. Ich werde den Engländern ein schönes Sündenregister zusammenstellen; ich klage die englische Bourgeoisie vor aller Welt des Mordes, Raubes und aller übrigen Verbrechen in Masse an und schreibe eine englische Vorrede dazu, die ich apart abziehen lassen und an die englischen Parteichefs, Literaten und Parlamentsmitglieder einschicken werde. Die Kerls sollen an mich denken. Übrigens versteht es sich, daß ich den Sack schlage und den Esel meine, nämlich die deutsche Bourgeoisie ..."[42]

Und die blutigste Volksrache – war sie wirklich nur nüchterne Vorhersage oder nicht vielmehr leidenschaftliches Wunschdenken? Für letzteres spricht eindeutig die Tatsache, daß Engels den Arbeitern mit aller Energie die humanitäre Einstellung auszutreiben versuchte: „‚Milde', ‚Sanftmut', ‚warme Brüderlichkeit'. Ich hab' sie aber gehörig gerüffelt, jeden Abend bracht' ich ihr ganze Opposition von fünf, sechs, sieben Kerls (denn im Anfang hatt' ich die ganze Boutique [Bude] gegen mich) zum Schweigen."[43]

Ernste Zweifel daran, daß Humanität sein Handlungsmotiv gewesen ist, wecken Äußerungen wie die folgenden. Ein Jahr nach dem Erscheinen der

„Lage der arbeitenden Klasse . . .“, worin er die fast unbeschreibbare Not vieler eingewanderter Iren schildert, bekennt er in einem Brief an Marx: „Hätt’ ich 500 fr. Renten, ich tät’ nichts als arbeiten und mich mit den Weibern amüsieren, bis ich kaputt wär’. Wenn die Französinnen nicht wären, wär’ das Leben überhaupt nicht der Mühe wert.“[44]

Ist das nicht genau jene Verschwendungslust, die allein den berechtigten Hauptvorwurf gegen die Kapitalisten des 19. Jahrhunderts begründet? Bei Engels war es nicht nur ein sündhafter Gedanke, er hat ihn auch des öftern in die Tat umgesetzt: „Lieber Marx, nachdem ich mich während mehrerer Wochen sündhaften Lebenswandels von meinen Strapazen und Aventüren erholt habe, fühle ich erstens das Bedürfnis, wieder zu arbeiten . . . und zweitens das Bedürfnis nach Geld. Letzteres ist das Dringendste . . .“[45]

Unbewußte Selbstkritik ist es also, wenn Engels mit Blick auf einen Verwandten feststellt, er sei dem Prinzip nach Kommunist, dem Interesse nach aber Bourgeois.[46]

c) Der aufschlußreiche Briefwechsel

Die Korrespondenz der Freunde ist uns weitgehend erhalten geblieben. In ihr zeigen sie ganz offen, wie sie fühlen und denken. Auf Dritte brauchen sie keine Rücksicht zu nehmen. Die Korrespondenz gibt uns daher einen zuverlässigen Einblick in die seelische Verfassung. Der Briefwechsel insgesamt umfaßt 13 Bände, die Korrespondenz der Freunde neun. *Hier nur eine Auswahl aus dem 1. Band.* Sie dokumentiert, wie in einem ständigen Rundumschlag mit der gesamten Umwelt, die täglich neue Namen hat, abgerechnet wird:

Engels Vater. Marx: „Jetzt ist es aber nötig, daß Du Deinem Alten gegenüber Forderungen stellst und überhaupt *definitiv* erklärst, was in Barmen und Elberfeld [heute Wuppertal] zu machen ist."[47] Engels: „Aus meinem Alten ist vollends nichts herauszubeißen."[48] Marx: „Dein Alter ist ein Schweinhund, dem wir einen hundsgroben Brief schreiben werden."[49] „Ich habe einen sicheren Plan entworfen, Deinem Alten Geld auszupressen, da wir jetzt keins haben. Schreib einen Geldbrief (möglichst kraß an mich), worin Du Deine bisherigen Fata erzählst, aber so, daß ich ihn Deiner Mutter mitteilen kann. Der Alte fängt an Furcht zu bekommen."[50] Engels: „Da mir meine Intrige mit meinem Alten vollständig gelungen ist, wenigstens bis jetzt, so kann ich mich hier definitiv häuslich niederlassen ... Die Entwicklung der Geschichte mit meinem Alten und die neue Intrige, die ich anspinnen mußte, einerseits, um meine Unentbehrlichkeit hier zu verlängern, und zweitens, um mich vor zu großer Überbeschäftigung auf dem Comptoir zu schützen, erzähl ich Dir mündlich? In sechs Wochen ist ohnehin Ostern, und die Sache ist umständlich. Soviel ist gewiß, daß mein Alter mir das alles schwer in bar bezahlen soll, besonders wenn er erst hier gewesen ist und ich ihn noch mehr hineingeritten habe."[51]
„... und wenn's bis zur nächsten Bilanz ruhig bleibt und hier das hiesige Geschäft gut geht, wird er noch ganz anders bluten müssen – ich komme in diesem Jahr schon weit über die 200 ..."[52] „Wäre mein Alter indes noch ein paar Tage hiergeblieben, wir wären uns in die Haare geraten, der Kerl kann das Glück nicht vertragen, wird übermütig, fällt in die alte Schulmeisterei und wird provozierend, dabei ist er so dumm und taktlos ..."[53]

Marxens Mutter (der Vater war schon seit Jahren tot): „Ich bin mit meiner Familie zerfallen."[54] In einem anderen Brief spricht Marx von den „allerwidrigsten Familienkontroversen“ und „Familienlumpereien“.[55] „Schlechte Nachrichten von meiner Alten. Sie macht alles von Bommel abhängig. Sie hätte wahrscheinlich den coup de désespoir [Verzweiflungsstreich] riskieren müssen.“[56] Regelrechte kriminelle Erpressungen gehören zum Repertoire: „Dann schrieb ich an meine Mutter, drohte ihr, Wechsel auf sie zu ziehn und im Nichtzahlungsfall nach Preußen zu gehn und mich einsperren zu lassen. Letzteres hatte ich wirklich vor für den eventuellen Fall, aber diese Ressource hörte natürlich von dem Augenblick an auf, wo die Esel in den Zeitungen über den Abfall der Arbeiter von mir, den Verfall meiner Popularität und dergleichen zu heulen begannen. Die Sache hätte sonst wie ein politischer Theatercoup ausgesehn, als eine mehr oder minder überlegte Nachahmung von Jesus-Christus-Kinkel. Ich hatte meiner Alten den 20. März als Termin bekanntgemacht.“[57]

Die Presse: „Die deutschen Zeitungen . . ., wie sich von diesen kritiklosen Hunden erwarten läßt, . . .“[58]

Die Emigranten: „Wir haben dagegen die Genugtuung, den sämtlichen Londoner großmäuligen, konfusen und impotenten Flüchtlingspöbel loszusein und endlich wieder einmal wieder ungestört arbeiten zu können. Die zahllosen Privatgemeinheiten des Packs können uns gleichgültig sein. Wir waren dem Gesindel von je her überlegen und haben sie in jeder ernsthaften Bewegung beherrscht . . .“[59]

Nationen, Völker, Volksteile: „Ich bin mehrere Male in Versuchung gewesen, stolz darauf zu werden, daß ich wenigstens kein Däne oder gar Isländer, sondern nur ein Deutscher bin.“[60]

„Die Deutschen sind hirntolle Esel.“[61]

„Je mehr ich über die Geschichte nachdenke, desto klarer wird es mir, daß die Polen une nation foutue [eine erledigte Nation] sind, die nur solange als Mittel zu brauchen sind, bis Rußland selbst in die agrarische Revolution hineingerissen ist. Von dem Moment an hat Polen absolut keine raison d’être [Daseinsberechtigung] mehr. Die Polen haben nie etwas anderes in der Geschichte getan, als tapfere krakeelsüchtige Dummheiten gespielt. Auch nicht ein einziger Moment ist anzugeben, wo Polen, selbst nur gegen Rußland, den Fortschritt mit Erfolg repräsentierte oder irgend etwas von historischer Bedeutung tat. Rußland dagegen ist wirklich progressiv gegen den Osten. Die russische Herrschaft mit all ihrer Gemeinheit, all ihrem slawischen Schmutz, ist zivilisierend für das Schwarze und Kaspische Meer und Zentralasien ...“[62]

„Daß ich diesen beiden Juden für dies infame Hinhalten, Zeitverderben und mich Dritten gegenüber in fausse position [eine falsche Lage] bringen, nicht um die Ohren schlagen konnte, war höchst bedauerlich.“[63]

„Kindisch dumm hat sich das Pariser Volk benommen.“[64]

„Dennoch bei der naturwüchsigen Dummheit der französischen Bauern fragt es sich, ob ...“[65]

„Ein Teil davon ist gewiß richtig und kann von dieser Barbarenrace [die franz. Bauern] gar nicht anders erwartet werden.“[66]

Die Kölner Katholiken: „... die dummen kölnischen Katholiken ...“[67]

Einzelne bürgerliche Persönlichkeiten: „Die Hunde ...“[68], „... der Hund von Frank ...“[69], „Herr Russell, der feige Hund ...“[70]

Typisch für Marx und Engels, wie sie einzelne Persönlichkeiten mit Lob überhäufen und schon wenig später der häßlichsten Kritik unterwerfen.

Einerseits Marx an *Feuerbach:* „... aber es freut mich, eine Gelegenheit zu finden, Ihnen die ausgezeichnete Hochachtung und – erlauben Sie mir das Wort – Liebe, die ich für Sie besitze, versichern zu können. Ihre ‚Philosophie der Zukunft‘ wie das ‚Wesen des Glaubens‘ sind jedenfalls trotz ihres beschränkten Umfangs von mehr Gewicht, als die ganze jetzige deutsche Literatur zusammengeworfen.

Sie haben – ich weiß nicht, ob beabsichtigt in diesen Schriften dem Sozialismus eine philosophische Grundlage gegeben, und die Kommunisten haben diese Arbeiten auch sogleich in dieser Weise verstanden.“[71] *Andererseits:* „Ich habe mich endlich nach langem Widerstreben daran gemacht, den Dreck von Feuerbach durchzulesen ...“[72]

Einerseits Marx an *Proudhon:* „... was Frankreich anbetrifft, so glauben wir alle, daß wir dort keinen besseren Korrespondenten finden können als Sie: Sie wissen, daß die Engländer und die Deutschen Sie bisher mehr zu würdigen gewußt haben als Ihre eigenen Landsleute."[73] Engels: „Was mich betrifft, so kann ich nur die Hoffnung hegen, daß Sie, Herr Proudhon, unserem Vorschlag, den wir Ihnen soeben unterbreitet haben, zustimmen sowie die Güte haben werden, uns Ihre Mitarbeit nicht zu versagen. Ich versichere Sie meiner tiefen Hochachtung, die mir Ihre Schriften eingeflößt haben ..."[74] *Andererseits:* „Herr Proudhon erblickt in der Geschichte eine bestimmte Reihe gesellschaftlicher Entwicklungen; er findet den Fortschritt in der Geschichte verwirklicht; Nichts leichter, als mystische Ursachen, d. h. Phrasen, zu erfinden, denen jeder Sinn fehlt." „Herr Proudhon verwechselt die Ideen mit den Dingen."[75]

Einerseits Marx an *Müller-Tellering:* „Ihre Korrespondenzen sind unstreitig die besten, die wir erhalten, ganz unsrer Tendenz gemäß, und da sie aus unsrer Zeitung in französische, italienische und englische Journale übergegangen, haben sie viel zur Aufklärung des europäischen Publikums beigetragen."[76] *Andererseits,* 15 Monate später: „Ich würde Sie auf Ihren gestrigen Brief an den Arbeiterverein fordern lassen , wären Sie noch satisfaktionsfähig nach Ihren ehrlosen Verleumdungen gegen Engels und nach dem motivierten Ausstoßungsurteil des Arbeitervorstandes. Ich erwarte Sie auf einem andern Felde, um Ihnen die heuchlerische Larve des revolutionären Fanatismus abzureißen, worunter Sie bisher Ihre kleinlichen Interessen, Ihren Neid, Ihre unbefriedigte Eitelkeit und ihren malkontenten Ärger über die Verkennung Ihres großen Genies von seiten der Welt – eine Verkennung, die mit Ihrem Durchfall im Examen begann – geschickt zu verstecken wußten.[77]

Einerseits Marx an *Ruge:* „Lieber Freund! Ich bin so frei, Ihnen in beiliegender Kritik der Zensurinstruktion einen kleinen Beitrag für die ‚Deutschen Jahrbücher' zu liefern ... Da ich jetzt mit weitschweifigen Arbeiten am Abschluß bin, versteht es sich von selbst, daß den ‚Deutschen Jahrbüchern' alles, was meine Kräfte vermögen, zu Gebote steht."[78] *Andererer-*

seits: „Wenn Sie mich fragen, wie ein A. Ruge, ein Mensch, der praktisch von je her ganz unbrauchbar war, der theoretisch längst mit Tod abgegangen ist und sich nur durch klassisch konfusen Stil auszeichnet, wie er noch immer eine Rolle spielen kann, so bemerke ich zunächst, daß seine Rolle eine reine Zeitungslüge ist ..."[79] „Jetzt – da dies alles fait accompli – muß man nicht, wie die hiesigen Tölpel wollten und taten, schreien und sich biedermännisch entrüsten, sondern den Lumpazius einstweilen an sein Verhältnis mit uns fortglauben lassen, bis man die Macht und den Moment hat, den Kerl aus dem Wege zu schaffen, d'une manière ou de l'autre [auf die eine oder andere Art]."[80]

Die bürgerlichen Interessenten an Kommunismusfragen: „Das dummste, indolenteste, philisterhafteste Volk, das sich für nichts in der Welt interessiert hat, fängt an, beinahe zu schwärmen für den Kommunismus."[81]

Die sozialistischen Freunde von gestern: „Sie sind gute Sujets, um an ihnen Intrigenexperimente in corpore vili [am wertlosen Objekt] zu machen."[82] „Willich, der ungebildete, der viermal gehörnte Esel ..."[83] „Die Clique R. Schramm ... Je vous dis, de la merde, la merde, tout pure, toute cette canaille-là [ich sage Dir, Dreck, nichts als Dreck, diese ganze Kanaille da]."[84] „Der Hund ..."[85] „Der Mann ist wirklich sehenswert, ich hab' ihm die größten Grobheiten gemacht, zum Dank nimmt mich der Esel in seine besondre Affektion ..."[86] Genug, er ist von mir so kalt und spöttisch behandelt worden, daß er keine Lust haben wird, wiederzukommen. Das einzige, was ich für ihn tat, war ein guter Rat für den Tripper, den er aus Deutschland mitgebracht hat."[87]

Diese Töne waren nicht Scherz, sondern bitterer Ernst und wurden von den sozialistischen „Freunden", auf die sie in der Regel gemünzt waren, auch so empfunden: „Sein Sarkasmus, mit dem er mitleidlos seine Gegner verfolgte, war nicht der des Bourgeois, sondern schneidend kalt wie das Beil des Henkers."[88] Mit solchen und ähnlichen Charakterisierungen durch Zeitgenossen lassen sich

Dutzende Seiten füllen.[89] Nicht böswillige Bourgeois haben dem „guten Mann aus Trier“ eine Teufelsmaske übergestülpt. Es hat sich nur seine Selbstgefälligkeit und Arroganz, seine mit Spott garnierte Menschenverachtung herumgesprochen.

Kontrastierende Töne, die seinen Namen in ein milderes Licht hätten rücken können, suchen wir vergebens. Wo sind Spuren mitmenschlicher Wärme, der Uneigennützigkeit, der Hilfs- und Dienstbereitschaft? Wo erfahren wir von ihm Freude an einer der vielfältigen Schönheiten dieser Welt? Ist er taub für den Musikgenuß? Ist er blind für den Naturgenuß? Der selbsternannte Gott, wie Heine ihn taufte, anerkennt nur das, was er selbst geschaffen, anerkennt nur den, der ihn verehrt. („Man muß ihn anbeten, zum Abgott machen.“[90]) Arm steht er da in der Kälte seines Herzens. Da es nicht bewundern, und nur ganz ausnahmsweise danken kann, sinnt es auf Zerstörung: „Rücksichtslose Kritik alles Bestehenden“[91], „unbarmherzige Kritik für alle“[92], „alles ist faul im Staate Dänemark“[93]. Das neue Jerusalem ist seine Schöpfung: „Die Welt soll aus mir selbst entsteigen . . .“[94] – wie es in einem seiner Gedichte heißt.

3. Das humanistische Bewußtsein

a) Der konkrete Mensch als Gegenstand der Betrachtung

Marx nennt den „*Humanismus* jene Phrase, womit alle Konfusionarier in Deutschland von Reuchlin bis Herder ihre Verlegenheit bemäntelt haben.“[95]

Gegen *den* Humanismus hat er sich jedoch damit nicht ausgesprochen. *Den* Humanismus gibt es nicht. Das Wort umhüllt vielerlei denkbare Aussagen. Besinnen wir uns auf den Wortkern von *humanitas,* homo, das heißt Mensch. Der konkrete Mensch als Betrachtungsgegenstand und Maßstab. In diesem Sinn wollen Marx und Engels Humanisten sein.

„Der *reale Humanismus* hat in Deutschland keinen gefährlicheren Feind als den *Spiritualismus* oder den *spekulativen Idealismus,* der an die Stelle des *wirklichen individuellen Menschen* das *‚Selbstbewußtsein‘* oder den *‚Geist‘* setzt ...“[96]

„Der wahre Weg zum ‚Menschen‘ zu kommen ist der umgekehrte. Wir müssen vom Ich, vom empirischen, leibhaftigen Individuum ausgehen, um nicht, wie Stirner, drin stecken zu bleiben, sondern uns von da aus zu ‚dem Menschen‘ zu erheben. ‚Der Mensch‘ ist immer eine Spukgestalt, solange er nicht an dem empirischen Menschen seine Basis hat. Kurz, wir müssen vom Empirismus und Materialismus ausgehen, wenn unsre Gedanken und namentlich unser ‚Mensch‘ etwas Wahres sein sollen; wir müssen das Allgemeine vom Einzelnen ableiten, nicht aus sich selbst oder aus der Luft à la Hegel. Das sind alles Trivialitäten, die sich von selbst verstehen ...“[97]

Die Frage, die sich stellt, lautet: Sind sie diesem Anspruch gerecht geworden? Wenn von den humanistischen Wurzeln des Marxismus die Rede ist, wird aus Marxens „Kritik der Hegelschen Rechtsphilosophie“ zitiert. Meist begnügt man sich damit:

„Die Wurzel für den Menschen ist aber der Mensch selbst. Der evidente Beweis für den Radikalismus der deutschen Theorie, also für ihre praktische Energie, ist ihr Ausgang von der entschiedenen *positiven* Aufhebung der Religion. Die Kritik der Religion endet mit der Lehre, daß der *Mensch das höchste Wesen für den Menschen sei,* also mit dem *kategorischen Imperativ, alle Verhältnisse umzuwerfen,* in denen der Mensch ein erniedrigtes, ein geknechtetes, ein verlassenes, ein verächtliches Wesen ist ...“[98]

Ist damit schon alles bewiesen?

Die Kritik, die Marx an jenen übt, die sich den Menschen ihrer Ideologie gemäß ausmalen, fällt, so meine ich, auf ihn selbst zurück. Der Mensch des Karl Marx ist nicht der lebendige Zeitgenosse von Fleisch und Blut, sondern ein theoretisches Konstrukt: „*Kein* Mensch besucht mich, und das ist mir lieb, denn die Menschheit, die hier ist, kann mich ..., schönes Gesindel.“[99] In der oben zitierten Schrift befindet sich eingangs ein Satz, der offenbar den Absprung vom gegenständlichen Menschen legitimieren soll: „Der Mensch, das ist *die Welt des Menschen,* Staat, Sozietät.“[100]

Ist der Mensch wirklich nur das Ensemble der gesellschaftlichen Zustände, oder ist er nicht vielmehr gemäß dem Gesetz, wonach er angetreten (Goethe)? Mit dieser uralten Frage setzt sich Marx nicht auseinander. An die Stelle der Untersuchung tritt die schlichte Behauptung.

Zeitgleich mit dem Letztzitierten (Herbst 1843) verfaßte Marx sein wirklichkeitsfremdes, gehässiges Traktat „Zur Judenfrage“. Obwohl selbst Jude unter Juden mit sicherlich gutem Einblick in das jüdische Leben seiner Vaterstadt, erdreistet er sich, in dieser Schrift haltlose Pauschalurteile in großer Zahl breitzuwalzen und die Emanzipation vom Judentum zu fordern.[101]

Der Marxsche kategorische Imperativ, der allein seinen Humanismus belegen soll, ist eingebettet in totale Kritik alles Bestehenden, zunächst der Religion, dann des Rechts, der Politik usw.:

> „*Krieg* den deutschen Zuständen! Allerdings! Sie stehen unter dem Niveau der Geschichte, sie sind *unter aller Kritik,* aber sie bleiben ein Gegenstand der Kritik, wie der Verbrecher, der unter dem Niveau der Humanität steht, ein Gegenstand des *Scharfrichters* bleibt. Mit ihnen im Kampf ist die Kritik keine Leidenschaft des Kopfes, sie ist der Kopf der Leidenschaft. Sie ist kein anatomisches Messer, sie ist eine Waffe. Ihr Gegenstand ist ihr *Feind,* den sie nicht überleben, sondern *vernichten* will."[102]

Eine eigenartige Sprache für einen Humanisten! Aber was in diesem Zusammenhang noch mehr interessiert: Ist das die Sprache eines Mannes, der den Menschen nehmen will, wie er ist? Er bekennt offen, daß seine Sprache die Sprache der Leidenschaft ist, und in seiner Leidenschaftlichkeit übersieht er gänzlich, daß weder die Juden noch die Deutschen noch die Menschen anderer Rasse bis dato nur Zustände geschaffen haben, die „unter aller Kritik" sind. *Die mangelnde Bereitschaft, nach der menschlichen Natur zu fragen, die vielfältigen Rätsel und Geheimnisse unserer Natur als zumindest vorläufige Gegebenheiten hinzunehmen, ist der Kardinalirrtum des Marxismus.*

b) Humanität

Der Mensch als Produkt der gesellschaftlichen Verhältnisse kann mit seiner Liebe die Welt nicht bessern; er wird jedoch, auch ohne Liebe, besser, wenn die gesellschaftlichen Verhältnisse andere geworden sind. Das war die Philosophie von Marx und Engels. Dementsprechend haben sie sich geäußert:

„Der *Kommunismus* ist deswegen unserm Heiligen rein unbegreiflich, weil die Kommunisten weder den Egoismus gegen die Aufopferung noch die Aufopferung gegen den Egoismus geltend machen und theoretisch diesen Gegensatz weder in jener gemütlichen noch in jener überschwenglichen, ideologischen Form fassen, vielmehr seine materielle Geburtsstätte nachweisen, mit welcher er von selbst verschwindet."[103]

Wenn Marx sich mit der ihm eigenen Heftigkeit gegen das Holzdiebstahlgesetz ausspricht oder eine Petition zugunsten der Juden unterschreibt, so handelt er nicht aus Liebe zu den armen Moselbauern oder den benachteiligten Juden. Er selbst nennt unumwunden sein Motiv: „So widerlich mir der israelitische Glaube ist, so scheint mir Bauers Ansicht doch zu abstrakt. Es gilt soviel Löcher in den christlichen Staat zu stoßen als möglich und das Vernünftige, so viel an uns, einzuschmuggeln. Das muß man wenigstens versuchen – und die Erbitterung wächst mit jeder Petition, die mit Protest abgewiesen wird."[104] Aber vielleicht hat doch auch das Mitgefühl eine Rolle gespielt? Falls ja, so hat er es uns nicht verraten, es sich offenbar auch nicht selbst eingestanden, geschweige denn dafür geworben. Im Gegenteil, karitative Liebe, Brüderlichkeit und Philanthropie werden ausdrücklich abgelehnt:

„Es versteht sich, daß Krieges Liebessabbeleien und Gegensatz gegen den Egoismus weiter nichts sind als die schwellenden Offenbarungen eines durch und durch in Religion aufgegangenen Gemütes. Wir werden sehen, wie Kriege, der sich in Europa immer für einen Atheisten ausgab, hier sämtliche

Infamien des Christentums unter dem Wirtshausschilde des Kommunismus an den Mann zu bringen sucht und ganz konsequent mit der *Selbstschändung des Menschen* endigt . . .

Erstens, Die *Religion der Liebe* zu einer Wahrheit und die langersehnte Gemeinschaft der seligen Himmelsbewohner zu einer Wirklichkeit zu machen.' Kriege übersieht bloß, daß diese christlichen Schwärmereien nur der phantastische Ausdruck der bestehenden Welt sind und daher ihre ,Wirklichkeit' in den schlechten Verhältnissen dieser bestehenden Welt *schon existiert.*

Zweitens ,wir fordern im Namen jener *Religion der Liebe,* daß der Hungrige gespeist, der Dürstende getränkt und der Nackende gekleidet werde.' – Welche Forderungen bereits seit 1800 Jahren bis zum Ekel und ohne den geringsten Erfolg wiederholt worden ist."[105]

„Aber die Liebe! – Ja, die Liebe ist überall und immer der Zaubergott, der bei Feuerbach über alle Schwierigkeiten des praktischen Lebens hinweghelfen soll – und das in einer Gesellschaft, die in Klassen mit diametral entgegengesetzten Interessen gespalten ist. Damit ist denn der letzte Rest ihres revolutionären Charakters aus der Philosophie verschwunden, und es bleibt nur die alte Leier: Liebet euch untereinander, fallt euch in die Arme ohne Unterschied des Geschlechts, und des Standes – allgemeiner Versöhnungsdusel!"[106]

Die Bekämpfung der christlichen wie der humanistischen Ethik wird von den Sowjetideologen als Großtat gefeiert:

„Er legte seinen bisherigen Namen ,Bund der Gerechten' ab und nannte sich ,Bund der Kommunisten'. Schon in dieser Änderung kam das von Karl Marx und Friedrich Engels erkämpfte Neue in der deutschen und internationalen Arbeiterbewegung zum Ausdruck . . . Die vom Bund der Gerechten verbreitete bürgerlich-philantropische Devise ,alle Menschen sind Brüder' wurde durch die revolutionäre Losung ,Proletarier aller Länder, vereinigt euch!' ersetzt . . ."[107]

„Die Phrase, welche dieser eingebildeten Aufhebung der Klassenverhältnisse entsprach, war die *fraternité,* die allgemeine Verbrüderung und Brüderschaft. Diese gemütliche Abstraktion von den Klassengegensätzen, diese sentimentale Ausgleichung der sich widersprechenden Klasseninteressen, diese schwärmerische Erhebung über den Klassenkampf, die fraternité, sie war das eigentliche Stichwort der Februarrevolution.“[108]

Unter diesen Umständen verwundert es nicht, wenn wir mehrmals von „Menschenkehricht“[109] lesen, wo das Wort Menschen oder Menschheit stehen müßte. Marx rühmt sich geradezu seiner „Verachtung der Massen wie der einzelnen.“[110] Wer sich für die Sklavenbefreiung stark macht, macht sich in seinen Augen der „Sklavenemanzipationsheulereien“[111] schuldig. *Die Neue Rheinische Zeitung, Chefredakteur Karl Marx, ist ein so infames Blatt, daß die meisten Bundesbürger sie nicht einmal mit der Zange anfassen würden.* Einzelne Menschen und ganze Menschengruppen werden der böswilligsten und unsachlichsten Kritik ausgesetzt. Trotz meiner Zitierfreudigkeit, die dem Leser die Überprüfung meiner Behauptungen erleichtern soll, sehe ich hier von Belegen ab, da ich nicht weiß, wo anfangen und wo aufhören.[112] *Das ausgebreitete Material dürfte auch so genügen, um zu beweisen, daß jene, die Marxens Humanismus rühmen, mit gleichem Recht jedes Pferd einen Schimmel nennen können, in dessen Fell sich auch nur ein weißes Haar befindet.*

4. Freund des Proletariats?

a) Der leibhaftige Proletarier

Der leibhaftige Proletarier spielt im Leben von Marx keine nennenswerte Rolle. Diese Feststellung deckt sich mit den Erkenntnissen seiner Biographen. So heißt es bei Friedenthal: „Ein Arbeiter wird unter den Besuchern im Hause Marx nicht erwähnt, geschweige denn ein Gewerkschaftsführer."[113] Auch finden wir weder in den Veröffentlichungen noch in den Briefen herzliche Worte über die einzelnen Mitglieder dieser Klasse; harte, ja kränkende Kritik ist jedoch an der Tagesordnung, wobei Engels Marx nicht nachsteht.

Hier nur einige Beispiele aus *einem* Band der Korrespondenz: „Und die dummen Jungens von Arbeitern ...[114] Verhöhnen wir die Straubinger *überhaupt,* so können wir ihre schönen Dokumente immer mitnehmen ... *Theoretische* Differenzen sind mit den Kerls kaum möglich, da sie keine Theorie haben und, sauf [ausgenommen] ihre stillen etwaigen Bedenken, von uns belehrt sein wollen: Formulieren können sie ihre Bedenken auch nicht, daher ist keine Diskussion mit ihnen möglich, außer etwa mündlich."[115]

„Mit dem Bund geht's hier miserabel. Solche Schlafmützigkeit und kleinliche Eifersucht der Kerls untereinander ist mir nie vorgekommen. Die Weitlingerei und Proudhonisterei sind wirklich der kompletteste Ausdruck der Lebensverhältnisse dieser Esel, und daher ist nichts zu machen. Die einen sind echte Straubinger, alternde Knoten, die andern angehende Kleinbürger."[116]

„Wer aber nicht erschien, war das Lumpenproletariat. Diejenigen, die sich vor den Türen des Areopags eingefunden, waren zu wenig zahlreich, um auf Erfolg rechnen zu können und zogen sich deshalb zurück. Du weißt, daß es feige Kanaillen sind, und jeder der Lumpenhunde hat ein zu schlechtes Gewissen, um isoliert vor einer größern Versammlung als öffentlicher Ankläger aufzutreten."[117] „Die Straubinger sind capables de tout. Neuer Beweis: Herr Paul Stumpf, der auf seinem kurzen Besuch hier in London sich weder bei mir noch Lupus sehn ließ, sondern ausschließlich mit den Lumpen verkehrte."[118]

Die „Lumpen" waren Manns genug, um jenen, von denen sie verachtet wurden, nicht auch noch die Füße zu küssen. Dieser Einsicht konnten sich Marx und Engels nicht entziehen: „... und *lieben* wird uns der demokratische, rote oder selbst kommunistische Mob doch nie."[119] (Daran hätte sich bis heute nichts geändert, hätten nicht parteiliche Biographen das faltenreiche Gesicht seiner Seele geglättet.)

Es zählt zwar nicht zu den Ironien der Weltgeschichte, ist aber doch kurios, daß sich schon Marx während seiner ganz kurzen Zeit als Unternehmer (Herausgeber) mit „täglichen Setzerrebellionen wegen ein paar Taler"[120] abärgern mußte.

Das Fehlen affektiver Bindung an das Proletariat verwundert nicht, hat er doch sogar die eigene Familie der revolutionären Leidenschaft nachgeordnet. Die meisten revolutionären Gestalten der Geschichte sind so rücksichtsvoll gewesen, daß sie auf die Ehe, zumindest auf Nachwuchs verzichtet haben; Marx hat jedoch in einer Zeit großer materieller Not acht Kinder gezeugt und sich dennoch geweigert, einem Brotberuf nachzugehen:

> „Gleichzeitig ist meine Frau niedergekommen am 28. März. Die Entbindung war leicht, dagegen liegt sie jetzt sehr krank da, mehr aus bürgerlichen als aus physischen Gründen. Dabei habe ich verbalement keinen farthing im Haus, um so mehr Rechnungen dagegen von dem kleinen Commerce, Metzger, Bäcker and so forth."[121] „Ich wäre längst auf der Bibliothek fertig. Aber die Unterbrechungen und Störungen sind zu groß, und zu Haus wo alles immer im Belagerungszustand sitzt und Tränenbäche mich ganze Nächte durch ennuyieren und wütend machen, kann ich natürlich nicht viel tun. Meine Frau tut mir leid. Auf sie fällt der Hauptdruck, und au

fond hat sie recht. Il faut que l'industrie soit plus productive que le mariage." [Das Gewerbe muß produktiver sein als die Ehe.][122] „Als ich aber die Reise unternahm – und ich bin gezwungen, noch einige Tage hierzubleiben –, ließ ich meine Familie in den allerschwierigsten und trostlosesten Verhältnissen zurück. Nicht nur, daß meine Frau samt den Kindern krank ist. Meine ökonomische Lage ist in diesem Augenblick in einer solchen Krise, daß meine Frau wahrhaft von den Gläubigern harceliert wird, und sich in ganz miserabler Geldverlegenheit befindet."[123]

„Wenn es Dir möglich ist, betreibe diese Sache, aber ohne sie andern mitzuteilen. Ich sage Dir, daß, wenn mir nicht Hilfe von irgendeiner Seite wird, ich perdu bin, da auch meine Familie hier ist, und schon der letzte Schmuck ins Pfandhaus gewandert ist."[124]

Ausnahmezustand? Nein Dauerzustand im Hause Marx, wie neun Bände von Briefen beweisen.

Etwa zur gleichen Zeit konnte Engels an Wilhelm Wolff, der auswandern wollte, nach Zürich schreiben: „Was Deine amerkanischen Pläne angeht, so schlag sie Dir nur aus dem Sinn. Sie sind überflüssig, und Du wirst in London sofort etwas finden, da Du englisch kannst und Leute von Deiner Solidität in den alten Sprachen dort gesucht sind, besonders wenn Du Deine Zeugnisse hast. Haben doch ganz unbedeutende Subjekte die schönsten Positionen bekommen."[125]

b) Die historische Mission des Proletariats

Den leibhaftigen Proletarier liebte Marx also nicht. Aber offenbar war der Mann, dem alle Welt den Ausspruch: „Proletarier aller Länder, vereinigt euch!" zuschreibt, der Kristallisationspunkt des Proletariats. Doch auch diese so naheliegende Annahme ist unhistorisch. Von einer „Vereinigung der Proletarier" um Marx zu sprechen, wäre bei Licht betrachtet ein Etikettenschwindel. Teils waren es mehr oder weniger studierte Bürgersöhne, teils Handwerker. Den Fabrikarbeiter, den ganz echten Proletarier, suchen wir vergebens:

> „Mit den hiesigen Arbeitern bin ich mehrere Male zusammengewesen, d. h. mit den Hauptleuten der Schreiner aus dem Faubourg St. Antoine. Die Leute sind eigentümlich organisiert. Außer ihrer – durch eine große Dissension mit den Weitlingschen Schneidern – sehr in Konfusion geratenen Vereinsgeschichten kommen diese Kerls, d. h. ca. 12–20 von ihnen, jede Woche einmal zusammen, wo sie bisher diskutierten;“[126]

> „Das obige Publikum, vor dem die Geschichte aufgeführt worden, besteht aus ca. 20 Schreinern, . . . Von den Schneidern kenn' ich nur einige, die auch in die Schreinerversammlung kommen. Von Schmieden und Gerbern ist in ganz Paris nichts zu erfahren. Kein Mensch weiß was von ihnen.“[127]
> Von Fabrikarbeitern ist nie die Rede.

Aber wie ist dann Marx zu seiner schauerlichen Proletarierphilosophie gelangt, wonach der Krieg, den sie aufgrund einer mysteriösen historischen Mission zu führen haben, „der blutigste sein [wird] der je geführt worden ist“?[128] Die Millionen, die im 20. Jahrhundert ihrer Rasse oder Klasse wegen ermordet wurden, treten vor unser Auge, wenn wir von den unbarmherzigen „Feuer- und Eisenkuren“[129] hören, die kommen müssen.

Marx: „In der Gesellschaft vollzieht sich eine lautlose Revolution, vor der es kein Entrinnen gibt und die sich um die menschlichen Existenzen, die sie zerbricht, ebensowenig kümmert wie ein Erdbeben um die Häuser, die es zerstört. Unterliegen müssen jene Klassen und Rassen, die zu schwach sind, die neuen Lebensbedingungen zu meistern.“[130]

Woher weiß er das alles, welche Studien hat er betrieben?

Meine Antwort ist eine Kombination aus Fakten und Vermutungen. Marx, gleichsam Tyrann und Rebell von Kindesbeinen an, erfährt die vielfältigen Schranken bürgerlicher Gesellschaft und rechtsstaatlicher Ordnung. Gemäß der ihm eigenen Schwarz-Weiß-Malerei verkennt er alles Positive, fühlt er sich und die Menschheit eingeschnürt, fordert er Emanzipation. Und dieser Drang erfährt vor allen nationalökonomischen und historischen Studien seine philosophische Verklärung. Keine Untersuchung, keine Beweise, jedoch um so kühnere Behauptungen, die offenbar durch die Hegelsche Dialektik unangreifbar erscheinen.

Da sie für die Entwicklung des Marxismus grundlegend geworden ist, soll seine Vision des Jahres 1843 ausführlich zitiert werden:

> „Wo also die *positive* Möglichkeit der deutschen Emanzipation?
> *Antwort:* In der Bildung einer Klasse mit *radikalen* Ketten, einer Klasse der bürgerlichen Gesellschaft, welche keine Klasse der bürgerlichen Gesellschaft ist, eines Standes, welcher die Auflösung aller Stände ist, einer Sphäre, welche einen universellen Charakter durch ihre universellen Leiden besitzt und kein *besonderes* Recht in Anspruch nimmt, weil kein *besonderes Unrecht,* sondern das *Unrecht schlechthin* an ihr verübt wird, welche nicht mehr auf einen *historischen,* sondern nur noch auf den *menschlichen* Titel provozieren kann, welche in keinem einseitigen Gegensatz zu den Konsequenzen, sondern in einem allseitigen Gegensatz zu den Voraussetzungen des deutschen Staatswesens steht, einer Sphäre endlich, welche sich nicht emanzipieren kann, ohne sich von allen übrigen Sphären der Gesellschaft und damit alle

übrigen Sphären der Gesellschaft zu emanzipieren, welche mit einem Wort der *völlige Verlust* des Menschen ist, also nur durch die *völlige Wiedergewinnung* des Menschen sich selbst gewinnen kann. Diese Auflösung der Gesellschaft als ein besonderer Stand ist das *Proletariat*.

Das Proletariat beginnt erst durch die hereinbrechende *industrielle* Bewegung für Deutschland zu werden, denn nicht die *naturwüchsig entstandne, sondern die künstlich produzierte* Armut, nicht die mechanisch durch die Schwere der Gesellschaft niedergedrückte, sondern die aus ihrer *akuten Auflösung*, vorzugsweise aus der Auflösung des Mittelstandes, hervorgehende Menschenmasse bildet das Proletariat, obgleich allmählich, wie sich von selbst versteht, auch die naturwüchsige Armut und die christlich-germanische Leibeigenschaft in seine Reihe treten.

Wenn das Proletariat die *Auflösung der bisherigen Weltordnung* verkündet, so spricht es nur das Geheimnis seines eigenen Daseins aus, denn es *ist* die *faktische* Auflösung dieser Weltordnung."[131]

c) Totale Entfremdung als philosophisches Postulat

Die allseitige Befreiung folgt auf die tiefste Erniedrigung – so lautet der Spruch des dialektischen Weisen, den wir eben gehört haben. Wenig später verkündete er seine Entfremdungslehre. Von vornherein steht fest: Damit sie die ihr zugewiesene Aufgabe erfüllen kann, muß die Entfremdung in allen Sphären und Dimensionen eine totale sein; der Philosoph kennt keine Halbheiten.

„Diese ‚*Entfremdung*', um den Philosophen verständlich zu bleiben, kann natürlich nur unter zwei *praktischen* Voraussetzungen aufgehoben werden. Damit sie eine ‚unerträgliche' Macht werde, d. h. eine Macht, gegen die man revolutioniert, dazu gehört, daß sie die Masse der Menschheit als durchaus ‚eigentumslos' erzeugt hat und sogleich im Widerspruch zu einer vorhandenen Welt des Reichtums und der Bildung, was beides eine große Steigerung der Produktivkraft, einen hohen Grad ihrer Entwicklung voraussetzt ..."[132]

Wenn Kolakowski in diesem Zusammenhang glaubt feststellen zu können: „Und dies ist in der Tat eine seiner größten Leistungen ..."[133] so teile ich den Lobspruch, soweit er dabei die schwindelerregende Leistung abstrakter Phantasie vor Augen hat.

Der eben zitierte Marxtext besagt doch nichts anderes als: *Die Klassengegensätze müssen zunehmen, damit die philosophische Theorie sich bewahrheitet. Und daher werden alle Bemühungen und Erfolge um eine allmähliche Verbesserung des Loses der arbeitenden Klasse* von ihm zeitlebens entschieden (wenngleich mitunter verklausuliert) *abgelehnt. Hier in dieser blutleeren Philosophie liegt der Schlüssel zum Verständnis des späteren Marxschen Werkes, seines Denkens und seiner Agitation.*

In der kapitalistischen Gesellschaft ist der Arbeiter entfremdet von seiner Arbeit, von seinem Arbeitsprodukt, von seinem Arbeitskollegen und schließlich von sich selbst:

„Es kömmt daher zu dem Resultat, daß der Mensch (der Arbeiter) nur mehr in seinen tierischen Funktionen, Essen, Trinken und Zeugen, höchstens noch Wohnung, Schmuck etc., sich als freitätig fühlt und in seinen menschlichen Funktionen nur mehr als Tier. Das Tierische wird das Menschliche und das Menschliche das Tierische ...

Wir haben den Akt der Entfremdung der praktischen menschlichen Tätigkeit, die Arbeit, nach zwei Seiten betrachtet.

1. Das Verhältnis des Arbeiters zum *Produkt der Arbeit* als fremden und über ihn mächtigen Gegenstand. Dieses Verhältnis ist sogleich das Verhältnis zur sinnlichen Außenwelt zu den Naturgegenständen als einer fremden, ihm feindlich gegenüberstehenden Welt.

2. Das Verhältnis der Arbeit zum *Akt der Produktion* innerhalb der *Arbeit*. Dieses Verhältnis ist das Verhältnis des Arbeiters zu seiner eignen Tätigkeit als einer fremden, ihm nicht angehörigen, die Tätigkeit als Leiden, die Kraft als Ohnmacht, die Zeugung als Entmannung, die *eigne* physische und geistige Energie des Arbeiters, sein persönliches Leben ... als eine wider ihn selbst gewendete, von ihm unabhängige, ihm nicht gehörige Tätigkeit ...

Die entfremdete Arbeit macht also:

3. *das Gattungswesen* des Menschen, sowohl die Natur als sein geistiges Gattungsvermögen, zu einem ihm *fremden* Wesen, zum *Mittel* seiner *individuellen* Existenz. Sie entfremdet dem Menschen seinen eignen Leib, wie die Natur außer ihm, wie sein geistiges Wesen, sein *menschliches* Wesen.

4. Eine unmittelbare Konsequenz davon, daß der Mensch dem Produkt seiner Arbeit, seiner Lebenstätigkeit, seinem Gattungswesen entfremdet ist, ist die *Entfremdung des Menschen* von dem *Menschen.* Wenn der Mensch sich selbst gegenüber steht, so steht ihm der *andere Mensch* gegenüber."[134]

Die Marxsche *Entfremdungslehre* ist eine radikale Konstruktion. Da sie nicht Maß nimmt an der Wirklichkeit, sind wirklichkeitsgetreue Elemente Zufall. Jede dieser Aussagen kann genauso plausibel verneint werden, zum Beispiel: Wer nicht arbeitsteilig produziert, produziert zwar für sich ohne

Entäußerung an Fremde. Aber er kann im besten Fall kaum mehr produzieren, als er für sich selbst braucht, das heißt verbraucht. Und die Entfremdung vom Verbrauchten ist intensiver als vom Verkauften oder Verschenkten.

Durch die Arbeitsteilung findet der Mensch zu sich, weil er nicht mehr die ganze Zeit benötigt, um der Natur das abzuringen, was er zur Befriedigung der elementaren Bedürfnisse braucht. Durch die Arbeitsteilung wird auch der zwischenmenschliche Verkehr, die Geselligkeit, zwangsläufig gefördert. Für das Glück des Menschen ist es zwar nicht ganz unerheblich, ob er auf eigenem Grund und Boden arbeitet oder Knecht ist, ob Kleinunternehmer oder nur Geselle. Aber das Bewußtsein, als einer unter vielen Miteigentümern eines großen Unternehmens zu sein, ist auf das Wohlbefinden und die Zufriedenheit sicherlich ohne nennenswerten Einfluß. Die Marxschen Kriterien der totalen Entäußerung sind in unserer Wirtschaft auch heute noch anzutreffen. Aber wir beklagen nicht diese „total Entfremdeten“, sondern jene, die keine Arbeit finden. Denn Arbeit und Lebensfreude sind keine Gegensätze, wie die empirisch fundierte Glücksforschung beweist.[135]

Wenn wir uns die „Proletarier“ vergegenwärtigen, denen Marx begegnet ist, so waren es keineswegs halb vertierte Existenzen, vielmehr fanden sie sich, trotz der starken beruflichen Belastung, in Arbeitervereinen, in Sängerrunden, in Turn- und Sportklubs zusammen. Das alles wußte Marx, aber er hat es geflissentlich übersehen, weil es sich nicht in seine Philosophie einfügte.

d) Das Geheimnis des Beweggrundes

Die Triebkräfte für Marxens Fühlen, Denken und Handeln werden letztlich wohl immer ein Rätsel bleiben. Hat er an seine Lehre selbst geglaubt oder hat jener Zeitgenosse recht, der behauptet, er habe über jene gelacht, die ihm seinen Proletarierkatechismus nachgebetet hätten.[136]

Ich halte ersteres für wahrscheinlicher, auch wenn ihm im Verlaufe seines Lebens immer mehr Zweifel aufgestiegen sein müssen, vor allem bei Ausarbeitung seiner Ökonomie. War er, was hier unterstellt wird, von der Richtigkeit seiner Thesen überzeugt, so stellte er sein Leben in den Dienst seiner Ideologie, aber sicherlich nicht in erster Linie, um der Menschheit weiterzuhelfen, sondern um „unangetastet, von der Menge bewundert und über sie erhaben" dazustehen. Hätte er vorrangig „um für die Menscheit zu wirken"[137] seine Kräfte geopfert, so hätte er nicht alle Mitstreiter im Dienste der Arbeiterbewegung, die sich ihm nicht unterordneten, auf derart infame Weise bekämpft, wie in anderem Zusammenhang aufgezeigt wird.[138] Bei dieser Betrachtungsweise wird es verständlich, daß er erst recht gleichgerichtete Kräfte außerhalb des sozialistischen Lagers angeiferte: „Die Hunde kokettieren (z. B. Bischof Ketteler in Mainz, die Pfaffen auf dem Düsseldorfer Kongreß usw.), wo es passend scheint, mit der Arbeiterfrage."[139]

Auch jene, die mehr oder weniger seine Gedanken übernahmen, wurden auf das Heftigste beschimpft, wenn sie es unterließen, den Vater ihrer Gedanken entsprechend herauszustellen.[140]

Wäre es ihm primär um die proletarische Sache und nicht um die eigene Person gegangen, hätte er sich nicht über Spaltungen innerhalb des sozialistischen Lagers gefreut oder Krisen bewußt geschürt:

„Die Spaltung unter den Italienern ist wunderschön. Es ist vortrefflich, daß dem geriebenen Schwärmer Mazzini endlich die materiellen Interessen auch einmal in die Quere kommen ... Auch die andern Gründe der italienischen Dissidenten sind erfreulich, und schließlich ist es sehr schön, daß die einzige bisher wenigstens öffentlich ungespaltene Emigration jetzt auch sich in den Haaren liegt.“[141]

„Mit diesen Straubingern werde ich jedenfalls neue Krisen in der elenden Schneider- und Bummlerherberge hervorrufen.“[142]

5. Der Einfluß auf die Arbeiterklasse

Der Einfluß von Marx und Engels auf die Arbeiterklasse wird gewaltig überschätzt. Arbeiterparteien und Gewerkschaften entstanden gänzlich unabhängig von ihrem Wirken. Marx und Engels betonen zu Beginn ihres öffentlichen Auftretens als Kommunisten (1845), daß sie ein Klassenkampfbewußtsein und Klassenkampfformationen vorgefunden hätten:

„Nun haben zwar die englischen und französischen Arbeiter Assoziationen gebildet, in welchen nicht nur ihre unmittelbaren Bedürfnisse als *Arbeiter,* sondern ihre Bedürfnisse als *Menschen* den Gegenstand ihrer wechselseitigen Belehrung bilden, worin sie überdem ein sehr gründliches und umfassendes Bewußtsein über die ‚ungeheure‘ und ‚unermeßbare‘ Kraft äußern, welche aus ihrem Zusammenwirken entsteht. Aber diese *massenhaften,* kommunistischen Arbeiter, welche in den Ateliers von Manchester und Lyon z. B. tätig sind, glauben nicht durch *‚reines Denken'* ihre Industrieherren und ihre eigne praktische Erniedrigung wegräsonieren zu können."[143]

Marx und Engels zählen auch nicht zu den Vätern der Sozialgesetzgebung. In Deutschland wurde sie bereits 1838 durch Franz Josef von Buß eingeleitet, und England ging Deutschland noch voraus.

Wenn schon nicht als Väter, in welcher Weise haben sie dann auf die Entwicklung sozialpolitischer Strömungen Einfluß genommen? Das ist von Land zu Land recht verschieden:

a) England

England ist, wie wir gehört haben,[144] Marxens Land der Verheißung. Es ist der Träger des Erstgeburtsrechts: Höchster Entwicklungsstand der Industrie, massenhaftes Proletariat, verbreitetes sozialistisches Bewußtsein, Klassenkampfaktionen (Chartistenbewegung). 1847 findet er für die englische Arbeiterbewegung, die sich vor allem in den Trade Unions verkörpert, noch recht anerkennende Worte:

„In England hat man sich nicht auf partielle Koalitionen beschränkt, die keinen anderen Zweck hatten als einen augenblicklichen Strike und mit demselben wieder verschwanden. Man hat dauernde Koalitionen geschaffen, *trade unions,* die den Arbeitern in ihren Kämpfen mit den Unternehmern als Schutzwehr dienen. Und gegenwärtig finden alle diese lokalen trade unions einen Sammelpunkt in der *National Association of United Trades,* deren Zentralkomitee in London sitzt und die bereits 80 000 Mitglieder zählt. Diese Strikeskoalitionen und *trade unions* traten ins Leben gleichzeitig mit den politischen Kämpfen der Arbeiter, die gegenwärtig unter dem Namen der *Chartisten* eine große politische Partei bilden."[145]

Dann aber geht er auf Distanz,[146] wenngleich er es vermeidet, allzu harte Töne anzuschlagen:

„Gewerkschaften tun gute Dienste als Sammelpunkte des Widerstands gegen die Gewalttaten des Kapitals. Sie verfehlen ihren Zweck zum Teil, sobald sie von ihrer Macht einen unsachgemäßen Gebrauch machen. Sie verfehlen ihren Zweck gänzlich, sobald sie sich darauf beschränken, einen Kleinkrieg gegen die Wirkungen des bestehenden Systems zu führen, statt gleichzeitig zu versuchen, es zu ändern, statt ihre organisierten Kräfte zu gebrauchen als einen Hebel zur schließlichen Befreiung der Arbeiterklasse, d. h. zur endgültigen Abschaffung des Lohnsystems."[147]

Später nennt er sie „eine aristokratische Minderheit",[148] obwohl er wußte, daß er damit nicht den Nagel auf den Kopf traf. Weit zutreffender war da schon seine Feststellung, daß die „Chefs der hiesigen Trade-Unions, . . . die wirklichen Arbeiterkönige von London"[149] sind. Doch engeren Kontakt zu diesen „Arbeiterkönigen von London" hatte er nicht.

Dabei hat es nicht an Versuchen gefehlt, sich bei den englischen Arbeitern Liebkind zu machen:

„Gerade deshalb auch ist niemand sosehr kompetent und berufen wie die britische Arbeiterklasse, Führer der großen Bewegung zu sein, deren Ergebnis schließlich die völlige Emanzipation der Arbeit sein muß. Sie ist dies durch das klare Bewußtsein ihrer Lage, durch ihre gewaltige zahlenmäßige Überlegenheit und ihre Erfahrung aus den verheerenden Kämpfen der Vergangenheit und ihre moralische Stärke der Gegenwart."[150]

Trotzdem finden weder Marx noch Engels noch deren Lehre Anklang. Marx gilt in London als sonderbarer Kauz. Man läßt ihn gewähren, nimmt jedoch von ihm kaum Notiz. Seine Anschauungen bleiben ohne Echo. Als er 1883 stirbt, folgt keiner der Erstberufenen, deren Zahl, Bewußtsein und moralische Stärke er gepriesen hatte, seinem Sarg, während das gleiche Publikum anderen Revolutionären zu Zehn-, ja zu Hunderttausenden seine Aufwartung machte, zum Beispiel Garibaldi[151] und Jones.[152]

Obwohl es also in England keine Marxisten und keine sozialistische Revolution gegeben hat, hat sich die Lage der arbeitenden Klassen zu Lebzeiten von Marx und Engels so sehr verbessert, daß Engels diese Tatsache offen eingestehen mußte:

> Im Anhang zur amerikanischen Ausgabe der „Lage der arbeitenden Klasse in England" schreibt er 1886, also 42 Jahre nach Erscheinen der Erstauflage: „Der in diesem Buch beschriebne Stand der Dinge gehört heute – was England angeht – größtenteils der Vergangenheit an ... Die Abschaffung der Korngesetze, die Entdeckung der kalifornischen und australischen Goldfelder, die fast völlige Verdrängung der einheimischen Handweberei in Indien, das zunehmende Eindringen in den chinesischen Markt, das unerhört schnelle Wachstum der Eisenbahnlinien und der Dampfschiffahrt auf der ganzen Welt und andere weniger bedeutende Ursachen, ermöglichten der englischen Fabrikindustrie eine so kolossale Entwicklung, daß uns der Stand von 1844 heute als vergleichsweise unbedeutend und fast waldursprünglich erscheint. Und in demselben Grad aber, worin dieser Fortschritt sich darstellte, in demselben Grad wurde auch die große Industrie, dem äußeren Scheine nach, moralisch ... So verschwand das Trucksystem, die Zehnstundenbill und eine ganze Reihe kleinerer Reformen ging durch – alles Dinge, die dem Geist des Freihandels und der zügellosen Konkurrenz direkt ins Gesicht schlugen ..."[153]

Und Bischof Ketteler konnte 1869 in einer berühmten Ansprache die gewaltigen Impulse, die zur Linderung des Arbeiterelends von England ausgingen, mit bewegten Worten würdigen:

„Gegen dieses Zertreten der Menschenkraft durch die Geldmacht ist nun von demselben England, von welchem das Verderben ausgegangen ist, der mächtige Antrieb zur Verbindung, zur Organisation der Arbeiter gegeben worden."[154]

b) Frankreich

Auch in Frankreich gab es schon 1845 eine zahlenmäßig kräftige, zum Kampf entschlossene Arbeiterbewegung; das behaupten zumindest Marx und Engels in dieser Zeit.[155] Als unbestrittenes historisches Faktum können wir in den sechziger Jahren des 19. Jahrhunderts einen tüchtigen Aufschwung der Gewerkschaftsbewegung feststellen.[156] Marx 1867: „Das Schlimmste ist, daß wir nicht einen einzigen Menschen in Paris haben, der sich mit den, den Proudhonisten *feindlichen* Arbeitersections ... in Verbindung setzen könnte."[157] Die Mitglieder der Commune bestanden, soweit sie überhaupt Sozialisten waren, fast ausschließlich aus Anhängern Proudhons und Blanquis. Der überwältigende Einfluß Proudhons wird von Engels ausdrücklich, wenngleich selbstverständlich mißbilligend, bestätigt:

„Es ist schlimm genug, daß die romanisch redenden Arbeiter seit 25 Jahren fast gar keine andre sozialistische Geistesnahrung gehabt haben, als die Schriften dieses ‚Sozialisten des 2. Kaisertums'; es wäre ein doppeltes Unglück, wenn die proudhonistische Theorie jetzt auch noch Deutschland überfluten sollte."[158]

Durch Jules Guesde kommt es zwar 1879 zur Gründung einer marxistischen Partei. Aber sie vermochte sich nicht durchzusetzen.[159] Friedenthal faßt zusammen: Marx „hat keinen nennenswerten Freund in Frankreich gehabt, wohl aber viele Gegner, auch unter den entschiedensten Sozialisten, und er betrachtete sie als seine Feinde, als ob auch er von der Tradition der ‚Erbfeindschaft' erfaßt gewesen wäre, die in seinem System doch nichts zu suchen hatte."[160]

c) USA

Marx und Engels waren mit Bezug auf alle Länder der Welt, soweit sie davon überhaupt Notiz nahmen, äußerst kritisch. Mit Abstand am besten schneiden die USA ab: „In Amerika reift alles schneller, man redet nicht um die Sache herum und nennt die Dinge beim rechten Namen."[161] Jedermann weiß, „daß die einfachen Menschen in England, in Frankreich, in Deutschland, in Europa die Sache der Vereinigten Staaten als ihre eigne Sache und als Sache der Freiheit ansehen, und daß sie, trotz aller bezahlten Sophisterei, den Boden der Vereinigten Staaten als den freien Boden der landlosen Millionen Europas betrachten, als das Land der Verheißung, das jetzt mit dem Schwert in der Hand vor dem schmutzigen Griff der Sklavenhalter verteidigt werden muß."[162] Wir sehen dort „die bisher höchste Form der Selbstregierung des Volkes",[163] „vom Anfang des amerikanischen Titanenkampfes an fühlten die Arbeiter Europas instinktmäßig, daß an dem Sternenbanner das Geschick ihrer Klasse hing."[164] Unter einem Glückwunschtelegramm an den „Arbeitersohn“ Präsident Abraham Lincoln steht der Name Karl Marx.[165] – Doch 100 Jahre nach Marxens Tod ist der Marxismus in den USA noch immer nicht über die Universitätsbibliotheken hinausgelangt!

d) Rußland

Während in den USA, für die Marx die anerkennendsten Worte fand, seine Worte kein Echo auslösten, wurden Russen, obgleich er zeitlebens gegen die slawische Rasse und den slawischen Menschen voreingenommen war, seine treuesten Anhänger (Plechanow, Lenin, Trotzki) und haben in seinem Namen 1917 Revolution gemacht:

Aus der Fülle einschlägiger Belege hier nur drei:
Ein Bekannter von Marx, Maksim Kovalevskij, erinnert sich: „Die Einstellung, die Marx Rußland gegenüber einnahm, ungeachtet der Begeisterung, die die russische Jugend für seine Werke an den Tag legte, und ungeachtet des Umstandes, daß er mit Ausnahme Deutschlands zu seinen Lebzeiten nirgends einen solchen Erfolg aufzuweisen hatte wie in unserer Mitte, unterschied sich nicht wesentlich von der Voreingenommenheit der Revolutionäre von 1848 Rußland gegenüber, die in diesem nur ein Bollwerk jedweder Reaktion und den Erwürger aller demokratischen und liberalen Revolten erblickten. Marx selbst war nicht abgeneigt zuzugeben, daß ihn die im Kreise meiner Landsleute gefundene Anerkennung bis zu einem gewissen Grade in Erstaunen versetzte.“[166]

In einem Spitzelbericht heißt es: „Karl Marx. Chef der Internationale, geborener Feind der Slawen . . .“[167]

Der Geist des Hauses Marx spiegelt sich in den Worten seiner Frau: „Man kann all den Russen nicht recht trauen . . .“[168]

e) Deutschland

Marx fehlten die charakterlichen Voraussetzungen nicht nur zum Führer einer Partei, sondern auch zum einfachen Parteimitglied. Seine unübertreffliche Arroganz machten ihn für die meisten widerwärtig. Diese Arroganz stand aber erst recht jeder Unterordnung im Wege. Die Gewerkschaftsbewegung beobachtete er mit großer Skepsis, war sie doch auf den schrittweisen Abbau der sozialen Mißstände, nicht jedoch auf blutige Revolution bedacht. Zu dieser persönlichen und sachlichen Distanz kam die räumliche, die seiner unmittelbaren Einflußnahme abträglich, der Mythenbildung jedoch sehr zuträglich gewesen ist.

Die Distanz verhinderte nicht, daß Marx die führenden deutschen Sozialisten seiner Zeit persönlich kannte, zumindest mit ihnen in Schriftwechsel stand. Doch keiner genoß sein ungeteiltes Wohlwollen. Fast jeder ihrer Schritte wurde mit Mißtrauen und Kritik verfolgt. Trotzdem wurde Marx als bedeutsamster Theoretiker verehrt und gefeiert.

Der Marxismus fand Beifall. Inwieweit der Beifall aus Überzeugung kam, ist, wie schon erwähnt, selbst innerhalb der SPD umstritten. Der Marxismus war zumindest für die Praxis nicht bestimmend. Erst mit der KPD (1918) entstand in Deutschland eine konsequent marxistische Partei (siehe Kapitel VII, VIII, IX). Vergegenwärtigen wir uns das Gesagte auf dem Hintergrund der sozialistischen Parteiengeschichte Deutschlands im 19. Jahrhundert:

aa) Bund der Kommunisten

„Zur Geschichte des Bundes der Kommunisten“[169] – so lautet der Titel einer von Engels verfaßten Abhandlung. Darin wird – aus Engels’ Sicht – geschildert, wie der Bund entstanden ist, welche Kräfte auf ihn eingewirkt und welche von ihm abgestrahlt haben. Der Ursprung des Bundes geht auf deutsche Flüchtlinge zurück, die in Paris 1834 einen geheimen Bund der Geächteten ins Leben riefen. Daraus entwickelte sich 1836 der „Bund der Gerechten“. „Man fühlte, daß man in der deutschen Arbeiterklasse mehr und mehr Wurzel faßte und daß diese deutschen Arbeiter geschichtlich berufen seien, den Arbeitern des europäischen Nordens und Ostens die Fahne voranzutragen. Dagegen hatte die gesellschaftliche Doktrin des Bundes, so unbestimmt sie war, einen sehr großen, aber in den Verhältnissen selbst begründeten Fehler. Die Mitglieder, soweit sie überhaupt Arbeiter, waren fast ausschließlich eigentliche Handwerker. Der Mann, der sie ausbeutete, war selbst in den großen Weltstädten meist nur ein kleiner Meister.“[170]

Aus der Sicht von Marx und Engels war es ein zweiter Fehler, daß im Namen dieses Bundes ein „überschwenglicher Kommunismus der Liebesduselei“ gepredigt wurde. Mit ihrem Beitritt 1847 traten die „Kommunisten“ an die Stelle der „Gerechten“ („Bund der Kommunisten“), aus „Alle Menschen sind Brüder“ wurde „Proletarier aller Länder, vereinigt euch!“ und die Forderung nach Nächstenliebe sollte fortan nur noch als Spottartikel Verwendung finden. Die neue Philosophie war Ausdruck des eigenen Befindens, wie in anderem Zusammenhang gezeigt. Und so nimmt es nicht wunder, daß der Beitritt von Marx und Engels zwar eine enorme intellektuelle Bereicherung bedeutete, zugleich aber die Solidarität zerstörte. Eine Periode heftigster und häßlichster Auseinandersetzungen begann, bis schließlich Marx, um dem eigenen Ausschluß zuvorzukommen, 1852, also nur fünf Jahre nach dem Beitritt, die Auflösung des Bundes veranlaßte.

„Der Bund hier hat sich vergangenen Mittwoch auf meinen Antrag hin *aufgelöst* und die Fortdauer des Bundes auch auf dem Kontinent für *nicht mehr zeitgemäß erklärt.*“[171]

Es gibt weit mehr als ein Dutzend Berichte, die Marx auf das Schwerste belasten. Eines sei als Exempel auszugsweise wiedergegeben: „Vor der Beteiligung von Marx und Konsorten war der Bund hauptsächlich ein für Belehrung organisierter. In den Versammlungen wurden alle Fragen einer künftigen vernünftigen Organisation der Gesellschaft besprochen. Aber die gelehrten Kritiker à la Marx, und dieser letztere hauptsächlich, verwarfen alle Systeme,ohne sie zu widerlegen und ohne auf die Fragen der Zukunft überzeugende Antworten zu geben (weil dieselben ihnen nicht den gewünschten Einfluß gewährten). Sie lehrten den Atheismus, sprachen über Hegel und die hohe Bedeutung der deutschen Philosophie, die den Unkundigen erklärt werden müsse, und zogen Leute in den Bund, welche von uns früher nicht aufgenommen worden wären. Da nun die Systeme, d. h. die Pläne einer künftigen sozialen Organisation diesen Führern à la Marx stets zuwider waren, so wurde auch darüber die Besprechung so geführt, daß man nie wußte, was denn eigentlich vor dem Kampfe erstrebt und nach dem Siege werden sollte, und die gewöhnlichen Unterhaltungen waren dann Atheismus, Guillotine, Hegelei, Strick, Dolch, Spionenriecherei und innere, durch Ehrgeiz angeregte Reibungen.“[172]

Schon Anfang 1851 fühlten sich Marx und Engels von ihren Proletarieren isoliert und sie sprachen sich gegenseitig Trost zu:

> Marx: „... abgesehen davon, gefällt mir sehr die öffentliche, authentische Isolation, worin wir zwei, Du und ich, uns jetzt befinden. Sie entspricht ganz unsrer Stellung und unsern Prinzipien. Das System wechselseitiger Konzessionen, aus Anstand geduldeter Halbheiten, und die Pflicht, vor dem Publikum seinen Teil Lächerlichkeit in der Partei mit all diesen Eseln zu nehmen, das hat jetzt aufgehört."[173]

> Engels: „Man sieht mehr und mehr ein, daß die Emigration ein Institut ist, worin jeder notwendig ein Narr, ein Esel und ein gemeiner Schurke wird, der sich nicht ganz von ihr zurückzieht ..."[174]

Das „Kommunistische Manifest", das sie als Mitglieder des Bundes verfaßt hatten, verfiel in einen Dornröschenschlaf, bis es in den siebziger Jahren wachgeküßt wurde.

bb) Kölner Arbeiterverein

Marx' Engagement im Kölner Arbeiterverein bildet ein Intermezzo in der Geschichte des Bundes der Kommunisten. 1848 kehrten Marx und Engels nach Deutschland zurück. Im Kölner Raum, wo sie ihren Wohnsitz nahmen, hatte sich um den praktischen Arzt Dr. Andreas Gottschalk eine über 6000 Mitglieder zählende proletarische Gemeinde, der Kölner Arbeiterverein, gebildet. Marx, der nur über wenige Anhänger verfügte, verspürte keine Neigung, sich seiner gefährlichen Konkurrenz unterzuordnen. Eine reelle Chance, den populären Gottschalk zu verdrängen, hatte er nicht. Gottschalks leidenschaftlicher, unermüdlicher Dienst an den Ärmsten führte ihm täglich neue Anhänger zu. Marxens Stunde kam, als Gottschalk in Zusammenhang mit Arbeiterunruhen verhaftet wurde. Im Oktober 1848 übernahm Marx die Leitung des Vereins. Doch damit wurde die letzte Seite der Vereinsgeschichte aufgeschlagen. Der Theoretiker der Parole „Proletarier aller Länder, vereinigt euch!", war in der Praxis ihr Zerstreuer. Die Arbeiter fühlten, was Gottschalk Marx zum Vorwurf machte: „Das Elend des Arbeiters, der Hunger der Armen hat für Sie nur wissenschaftliches, doktrinäres Interesse. Sie sind erhaben über solche Misere. Als gelehrter Sonnengott bescheinen Sie bloß die Parteien. Sie sind nicht ergriffen von dem, was die Herzen der Menschen bewegt."[175]

Gottschalk starb am 8. September 1849 an Cholera, die er unermüdlich im Dienst an den Ärmsten bekämpft hatte. „Schon um 4 Uhr wogte eine unzählige Menschenmasse in der Umgebung des Sterbehauses, um ½5 Uhr waren alle nahen Straßen gedrängt voll von Leidgenossen . . ." – berichtet der Chronist.[176]

cc) ADAV

1863 wurde der Allgemeine Deutsche Arbeiterverein (ADAV) gegründet – ohne Wissen von Marx. Der gewählte Präsident, Ferdinand Lassalle, war schon vorher und blieb über den Tod hinaus das Objekt widerwärtigster Haßausbrüche:

Dutzende von Seiten lassen sich damit füllen; hier nur ein Beispiel: „Apropos, um zu return à nos moutons, i. e. [um auf besagten Hammel zurückzukommen, d. h.] Lassalle ... Was macht das Vieh für ein fuss [Aufheben] darüber! Wie der Kerl dem Liebknecht gegenüber moralisch sich aufspreizt! Derselbe Bursche, der die schamlosesten Mittel gebraucht ... Nun sieh den gespreizten Affen ...“[177]

Nicht minder aufschlußreich, was Frau Marx nach Lassalles Tod 1865 zu Papier brachte. Es besteht nicht der geringste Zweifel, daß sie nur das niederschrieb, was im Hause Marx Gesprächsstoff war: „Dort im Kreise von Sykophanten und Schmarotzern fand er sich heimisch und wohl. Er kehrte nach Berlin zurück, und statt sich als Ägyptologe oder als Soldat oder Politiker oder Dichter oder Denker aufzutun, wählte er den noch nicht betretenen Pfad – der Messias der Arbeiter zu werden ... Lassalle durchreiste als Messias und Apostel Deutschland, Broschüren folgten auf Broschüren, und eine Arbeiterbewegung entstand, die, da sie dem politischen Kampf der Regierung gegen die aufstrebende, etwas unbequeme Fortschrittspartei höchst gelegen kam, von derselben stillschweigend geduldet und so indirekt begünstigt wurde.

Was seine, ‚die Lassallischen Lehren‘ betrifft, so bestanden sie aus schamloser Abschreiberei der seit 20 Jahren von Karl entwickelten Doktrinen und aus einigen eigenen Zutaten, die direkt reaktionärer Natur waren, woraus ein höchst sonderbares Gemisch von Wahrheit und Dichtung entstand. Doch dies alles mundete der Arbeiterklasse. Die Bessern unter ihnen hielten sich an den richtigen Kern der Sache, und die ganze Schar der Knoten und Straubinger hing sich mit fanatischer Bewunderung an die neue Lehre, den falschen Glimmer der Sache und den neuen Messias, für welchen ein Kultus aufgetan wurde, der in der ganzen Geschichte kaum seinesgleichen hat. Das Weihrauchschwingen der Knoten machte halb Deutschland betäubt und noch heute, nachdem Lassalle in einem Duell in Genf von einem wallachischen Jüngling erschossen, in einem stillen jüdischen Kirchhof in Breslau ruht, dauert das Räuchern und Fahnenschwingen und Lorbeerbekränzen fort.“[178]

Die Parteizeitung„„Der Social-Demokrat“, wurde „Sau-Dreck“ und „Saublättchen“ genannt,[179] die Herausgeber „Schweinehunde“[180]. Marx sprach die Hoffnung aus: „Die preußische Regierung wird rasch genug dem faulen Sumpf dieser Itzigerei ein End machen.“[181]

Wichtig in diesem Zusammenhang ist auch Engels Feststellung aus dem Jahre 1872: „*Wenn* Marx einmal den Lassalle berichtigt, so wird wenig von Lassalle übrigbleiben . . .“[182] Sie zeigt uns, wie ablehnend Marx und Engels der „Sekte“ ADAV gegenüberstanden, die den größeren Grundstock in die spätere Bildung der SPD einbrachte.

dd) SDAP

Eine engere Bindung hatten sie an die Sozialdemokratische Deutsche Arbeiterpartei (SDAP). Aber auch sie wurde ohne ihr Wissen und ohne ihr Zutun (1869 in Eisenach) gegründet und auch nicht von ihnen ferngesteuert, wie Marx in einem Brief an Wilhelm Bracke vom 5. Mai 1875 betont. Sie konnten sich nicht einmal entschließen, ihr beizutreten. An ihrer Spitze standen Wilhelm Liebknecht und August Bebel. Ersterer hatte mit Marx mehr als zehn Jahre in der Londoner Emigration zugebracht und wurde von Marxens Lehre beeinflußt. Freilich, seine Selbständigkeit im Denken hat er dabei nicht eingebüßt.

> „So spiegeln sich in Liebknechts ‚Entwurf‘ abgesehen von einigen Komponenten des Lassallschen Ideengutes, vornehm-

lich seine eigenen Vorstellungen wider. Sie wichen zwar erheblich von den Theorien seiner Freunde Marx und Engels ab, doch fanden sie die einstimmige Billigung des Kongresses, da Bebel seine Bedenken zurückstellte."[183]

Aus diesen und anderen Gründen mußte auch er vielfältige recht bezeichnende Schmähungen durch die „Freunde" über sich ergehen lassen.

In Enzensbergers „Iniurien- und Elogenregister" lesen wir, was sie über ihren Statthalter Wilhelm Liebknecht dachten: „Würdig. Armer Teufel. Hat sich brav gehalten. Ehrenwerter Mann. Kein Diplomat. Esel. Taktlos. Böcke schießen immer sein *forte*. Unglücklich. Immer dümmer. *Quelle bête* [was für ein Dummkopf]. Ganz versimpelt. Wilhelmchen. Sein gewöhnliches Talent, aus Faulheit mit den Tatsachen unbekannt zu sein. Sanguiniker. Brav. Zuverlässig. Schwäche, Gedanken- und Gedächtnislosigkeit. Good fellow [guter Kerl]. Verbohrt. Sehr konfus im Koppe. Borniert einseitig. Biedermann. Schriftstellerisch unbrauchbar. Unzuverlässig. Charakterschwach. Vogelscheuche. Vieh. Rindvieh. Unfähigkeit. Will sich wichtig machen. Dieser Jüngling. Das feurige Wilhelmchen. Unglückliches Vieh. Ganz verrückt. Jeden Tag dümmer. Kleiner Klugschisser. Infamie. Ehren-Wilhelm. Fahrlässigkeit. Luderei. Dummheiten übersteigen alles. Läppisch. Unverschämt. Lügner. Bummelei. Schwüler Kohl. Dumme Unverschämtheit oder unverschämte Dummheit. Schwachkopf. Frech. Tief gesunken. Haarsträubend. Grobianische Sentimalität. Ungezogenheit. Ein Rindvieh sein Leben lang. Ignorant. Bieder Rindvieh. Kolossale Faulheit. Bornierte Sicherheit der Prinzipienreiterei. Armes Kerlchen. Armes Tier. Mogel. Hat sich gut benommen. Tapferes Auftreten. Kleinlichkeit. Unverbesserlicher *talker* [Schwätzer]. Sauwirtschaft. Elende Achselträgerei. Dummer Wilhelm."[184]

Die Forderungen der Eisenacher waren auf konkrete, realistische Ziele im Rahmen der bestehenden Ordnung gerichtet: Eine gesetzlich geregelte

Höchstarbeitszeit, Einschränkung der Frauen- und Verbot der Kinderarbeit, allgemeine Schulpflicht, Unabhängigkeit der Gerichte usw. Die Marxsche Lehre blieb, wie selbst führende Männer, so auch Kautsky, bemerkten, bis Ende der siebziger Jahre weithin unbekannt. „Was die Arbeiter um diese Zeit vor allem bewegte, waren die Nöte des Alltags, die Ungerechtigkeit und Unterdrückung, die sie täglich erfuhren und im solidarischen Zusammenwirken bekämpfen und überwinden wollten.“[185]

ee) SPD

Die Gründung der SPD 1875 (damals noch Sozialistische Arbeiterpartei Deutschlands) durch Zusammenschluß von ADAV (15322 Mitglieder) und SDAP (9121 Mitglieder) erfolgte wiederum ohne Wissen und Mittun von Marx. Als er davon erfuhr, verfaßte er in größter Erregung die weithin unsachliche „Kritik des Gothaer Programms“,[186] die, um die vereinigten Mitglieder nicht zu irritieren, nach dem Willen des Parteivorstandes nie veröffentlicht werden sollte.

> Engels in einem Brief an August Bebel: „Ich habe ihren Brief vom 23 Februar erhalten und freue mich, daß es ihnen körperlich so gut geht.
>
> Sie fragen mich, was wir von der Einigungsgeschichte halten? Leider ist es uns ganz gegangen wie Ihnen. Weder Liebknecht noch sonst jemand hat uns irgendwelche Mitteilung gemacht, und auch wir wissen daher nur, was in den Blättern steht, und da stand nichts, bis vor ca. acht Tagen der Programmentwurf kam. Er hat uns allerdings nicht wenig in Erstaunen gesetzt.“[187]

Nach der Aufhebung des Sozialistengesetzes und mit der Verabschiedung des Erfurter Programms beginnt in der SPD der Triumph des Marxismus. Aber es ist nur der Triumph einer praxisfernen Theorie. Der Programmentwurf stammte von den beiden führenden Theoretikern, Karl Kautsky und Eduard Bernstein. Er zerfällt in zwei Teile, einen theoretischen und einen praktisch politischen. Der Name Kautsky steht für ersteren, der Name Bernstein für letzteren. Bernsteins Politik ist ganz und gar unmarxistisch, und er macht aus seiner unorthodoxen Einstellung kein Hehl:

> „Ich gestehe es offen, ich habe für das, was man gemeinhin unter ‚Endziel des Sozialismus' versteht, außerordentlich wenig Sinn und Interesse. Dieses Ziel, was immer es sei, ist mir gar nichts, die Bewegung alles. Und unter Bewegung verstehe ich sowohl die allgemeine Bewegung der Gesellschaft, d. h. den sozialen Fortschritt, wie die politische und wirtschaftliche Agitation und Organisation zur Bewirkung dieses Fortschritts."[188] „Die Zuspitzung der gesellschaftlichen Verhältnisse hat sich nicht in der Weise vollzogen, wie sie das Manifest schildert. Es ist nicht nur nutzlos, es ist auch die größte Torheit, sich dies zu verheimlichen. Die Zahl der Besitzenden ist nicht kleiner, sondern größer geworden. Die enorme Vermehrung des gesellschaftlichen Reichtums wird nicht von einer zusammenschrumpfenden Zahl von Kapitalmagnaten, sondern von einer wachsenden Zahl von Kapitalisten aller Grade begleitet. Die Mittelschichten ändern ihren Charakter, aber sie verschwinden nicht aus der gesellschaftlichen Stufenleiter."[189]

Unübertrefflich aufschlußreich ist die Kritik von Ignaz Auer an Bernstein. Darin kommt zum Ausdruck, wie sehr der Marxismus von vielen, auch führenden SPD-Mitgliedern, nur als Etikett gebraucht wurde. *Nicht der genuine Marx war gefragt, sondern eine integrierende Legende, kultfähig und kultwürdig. Statt sich von Marx zu trennen, hat man ihn ausgehöhlt und nach Bedarf ausgestopft.* Man wollte ihn, gegen seinen Willen, für Partei und Demokratie retten:

„Hast Du denn wirklich gar keine Ahnung, welchen Mißgriff Du begingst, als Du auf S. 165 schriebst: Die Sozialdemokratie solle den Mut finden, sich von einer Phraseologie zu emanzipieren, die tatsächlich überlebt ist, und das scheinen zu wollen, was sie heute in Wirklichkeit ist, eine demokratisch-sozialistische Reformpartei!? Hältst Du es wirklich für möglich, daß eine Partei, die eine 50 Jahre alte Literatur, eine fast 40 Jahre alte Organisation und eine noch eine ältere Tradition hat, im Handumdrehen eine solche Wendung machen kann? Speziell seitens der maßgebenden Parteikreise so zu handeln, wie Du es verlangst, hieße einfach die Partei sprengen, jahrzehntelange Arbeit in den Wind streuen. *Mein lieber Ede, das was Du verlangst, so etwas beschließt man nicht, so etwas sagt man nicht, so etwas tut man ...*“[190] (Hervorhebung K. L.)

Um im Marxschen Sinne Stimmung zu machen, veröffentlichte Engels im Januar 1891, gleichsam im Alleingang, Marxens Kritik des Gothaer Programms. Zehn Monate später glaubte er mit Blick auf das Erfurter Programm triumphierend feststellen zu können: „Wir haben die Satisfaktion, daß die Marxsche Kritik komplett durchgeschlagen hat. – Auch der letzte Rest Lassalleanismus ist entfernt.“[191] Doch rasch muß er einsehen, daß es nur ein Sieg auf dem Papier gewesen ist, daß man in Wirklichkeit sie beide in Sozialdemokraten umwandeln wollte.

Charles Rappoport: „Ich als leidenschaftlicher Sozialrevolutionär widersprach Engels' Meinung über die Erklärung des alten Liebknecht auf dem Erfurter Kongreß, daß das ‚Revolutionäre' nicht in den Mitteln liegt, sondern in den Zielen. Gewalt hat sich schon seit 1000 Jahren als reaktionärer Faktor erwiesen.' (Ich zitiere nach dem Gedächtnis.)

Engels bestritt kategorisch die Richtigkeit von Liebknechts Auffassung und sagte: ‚Marx und ich sind immer Revolutionäre geblieben.' Und er fügte aufgebracht hinzu: ‚Liebknecht kann alles sagen.' . . . ‚Marx und ich', sagte Engels ‚wollten uns niemals Sozialdemokraten nennen, da wir die Bezeichnung *Kommunisten* vorzogen. Wir trugen nur den Polizeiverhältnissen in Deutschland Rechnung.'"[192]

Ernest Belfort Bax: „Obwohl er bereit war, die praktischen Erfordernisse der jeweiligen Situation stets zu berücksichtigen, hielt der alte Kampfgenosse von Marx auch nach dessen Tod bis zuletzt an der Überzeugung fest, daß die soziale Revolution nicht anders als durch einen gewaltsamen Umsturz eingeleitet werden könne, und zwar ganz besonders in Deutschland. Ich habe ihn mehr als einmal sagen hören, man müsse zur revolutionären Aktion übergehen, sobald die Parteiführung sicher sein könne, daß ihr wenigstens jeder dritte Wehrpflichtige Gehör schenke. In dem Sozialismus eines Scheidemann, eines Südekum oder Noske, überhaupt der ganzen ‚revisionistischen' Mannschaft, die heute die Mehrheit der Reichstagsfraktion ausmacht, hätte Engels nie etwas anderes gesehen als die Reaktion in ihrer übelsten Form."[193]

Besonders bezeichnend ist, was seitens der SPD-Führung mit Engels Einleitung zu „Die Klassenkämpfe in Frankreich" 1895, also im Todesjahr von Engels, gemacht worden ist. Im Vorwärts erschien nur das, was Liebknecht „dazu dienen konnte, die um jeden Preis friedliche und Gewaltanwendung verwerfende Taktik zu stützen . . .",[194] entrüstet sich Engels.

Gegenüber Kautsky protestiert er: „Zu meinem Erstaunen sehe ich heute im ‚Vorwärts' einen Auszug aus meiner ‚Einleitung‘ *ohne mein Vorwissen* abgedruckt und derartig zurechtgestutzt, daß ich als friedfertiger Anbeter der Gesetzlichkeit quand même [unter allen Umständen] dastehe. Um so lieber ist es mir, daß das Ganze jetzt in der ‚Neuen Zeit‘ erscheint, damit dieser schmähliche Eindruck verwischt wird.“[195]

„Die Führung der deutschen Sozialdemokratie, in deren Händen sich das Marx-Engels-Archiv befand, war bemüht, den gekürzten Text des Engelsschen Artikels zur Begründung ihrer opportunistischen Politik auszunutzen, weshalb sie ihn auch niemals vollständig veröffentlicht hat.“[196]

f) Die Internationale

In der Internationalen Arbeiterassoziation (IAA) wiederholte sich genau das, was sich schon vorher sowohl im Bund der Kommunisten als auch im Kölner Arbeiterverein abgespielt hatte: Marx sprang auf einen fahrenden Zug, begab sich, wie selbstverständlich, ganz nach vorne, wo er jedoch mangels wesentlicher Führungsqualitäten am Ruin des Gefährts zumindest mitschuldig wurde.

Am 28. September 1864 fand in der St. Martins Hall zu London eine internationale Arbeiterkundgebung statt. Die Initiative ging von englischen und französischen Arbeitern aus. Marx hatte keinen Anteil an der Vorbereitung, leistete jedoch der Einladung Folge.

Marx berichtet: „Ein gewisser Le Lubez wurde zu mir geschickt, ob ich pour les ouvriers allemands [für die deutschen

Arbeiter] Anteil nehme, speziell einen deutschen Arbeiter als Sprecher für das Meeting etc. liefern wollte. Ich lieferte den Eccarius, der sich famos herausbiß und ich assistierte ditto als stumme Figur auf der Plattform. Ich wußte, daß sowohl von der Londoner als Pariser Seite diesmal wirklich ‚Mächte' figurierten und beschloß deswegen, von meiner sonst stehenden Regel, to decline any such invitations, abzustehen."[197]

Marx erkannte rasch, daß es hier „möglich ist, bedeutend zu wirken",[198] und erklärte sich zur Mitarbeit bereit. Andere hatten ein Programm erarbeitet. Marx verstand es, diese Papiere madig zu machen.

Wie er es anstellte, daß ihm die Redaktion übertragen wurde, und was er von Teilen seines Textes hielt, schildert er recht bemerkenswert: „Ich hatte die Papiere ... bisher nicht in der Hand gehabt, konnte also nichts vorbereiten; war aber fest entschlossen, daß womöglich not one single line von dem Zeug stehen bleiben sollte. Um Zeit zu gewinnen, schlug ich vor: bevor wir das Préamble ‚redigierten', sollten wir die rules ‚diskutieren'. Das geschah. Es war 1 Uhr Mitternacht, bis die erste von 40 rules angenommen war... unter dem Vorwand, daß alles faktische in dieser ‚Adresse' enthalten, und daß wir dieselben Sachen nicht dreimal sagen dürften, veränderte ich das ganze Préamble, schmiß die déclaration des principes heraus und endlich setzte an die Stelle der 40 rules zehn ... Meine Vorschläge alle angenommen vom subcomité. Nur wurde ich verpflichtet, in das Préamble der Statuten zwei ‚duty' und ‚right' Phrasen, ditto ‚truth, morality and justice' aufzunehmen, was aber so placiert ist, daß es einen Schaden nicht tun kann... Es bedarf Zeit, bis die wiedererwachte Bewegung die alte Kühnheit der Sprache erlaubt. Nötig fortiter in re suaviter in modo."[199]

Drei Jahre später sprach er gegenüber Engels die Erwartung aus: „Und bei der nächsten Revolution, die vielleicht näher ist, als es aussieht, haben *wir* (d. h. Du und ich) diese mächtige engine [Maschine] in unserer Hand."[200] Bald schon galt er als der „Chef der Internationale",[201] obwohl er formell nur ein Mitglied der Zentrale, des späteren Generalrats, und Sekretär für Deutschland – jedoch ohne deutsche Legitimation und – zunächst – deutsche Gefolgschaft gewesen ist. Doch der Zenit der IAA war überschritten. Die Arbeiter, die lt. Kommunistischem Manifest kein Vaterland haben,[202] ordneten sich, weitgehend nationalitätenweise, einzelnen sozialistischen Führern zu,[203] insbesondere Proudhon, Blanqui, Bakunin, Odger und Lucraft, Marx.

> Josef Weber: „Vergeblich würden sie welterschütternde Pläne erwarten, nichts wie persönliche Zänkereien und Nörgeleien mit den einzelnen nationalen Sektionen würden sie vorfinden.
>
> Der Generalrat der Internationalen wird von seinem Papst Marx nämlich bloß zu persönlichen Zwecken benutzt. Geradeso wie Marx anfangs der 50er Jahre den braven Schapper und Oberst Willich, den Führer des Aufstandes in der Pfalz, in dem Londoner Zentralverein herunterriß, worauf man ihn aber selbst hinausspeditierte, geradeso treibt er es auch jetzt noch, und persönliche Zänkereien nehmen kein Ende."[204]
>
> Joseph Schneider: „*Karl Marx* ist in der deutschen Repräsentation der Kopf, der Rumpf und der Schwanz. Er allein ist Herrscher, er setzt die Beamten ein wie der Zar seinen Gorčakov, der Papst seinen Antonelli und der König von Preußen seinen Bismarck; wer nicht mit Marx in das Horn, welches er vorhält, einstößt, wer sich nicht seinem Willen fügt, der wird schonungslos zermalmt. Marx allein ist die strahlende Sonne, die übrigen sind die Trabanten ..."[205]

Die Proudhonisten waren seit dem Tode des Führers (1865) paralysiert, die Bakunisten wurden auf Betreiben von Marx ausgeschlossen, die „Engländer" zogen sich zurück, weil ihnen die Internationale zu anmaßend geworden war.

„Marx konnte in Wirklichkeit nur mehr auf Deutschland, die deutschsprechende Schweiz und die blanquistischen Flüchtlinge der Kommune zählen – und auch in Deutschland nur auf die Eisenacher; die Lassalleaner gehörten der Internationale nicht an, sie sympathisierten mit den Gegnern von Marx. Selbst England, in dem Marx bisher seine stärkste Stütze erst gegen die Proudhonisten, dann gegen die Anarchisten gefunden hatte, war von ihm abgefallen. Die englische Föderation, die nach der Londoner Konferenz im Herbst 1871 gebildet wurde, hatte sich wohl nicht dem Anarchismus ergeben, aber sie hatte sich gegen den von Marx vertretenen Zentralismus in der Organisation der Internationale erklärt; auch hatte sich Hales, ihr Sekretär, mit Marx entzweit.“[206]

Da ließ Marx durch Engels den Antrag einbringen, den Sitz des Generalsrats nach New York zu verlegen, und damit auf den Mond, wie einige Delegierte entrüstet kommentierten. Der Antrag auf Verlegung, ein Euphemismus für Auflösung, fand die Zustimmung einer knappen Mehrheit. Das war 1872. Die formelle Auflösung folgte vier Jahre später.[207]

6. Zusammenfassende Wertung – Engels und der Marxismus

Bereits auf dem Parteitag der Sozialistischen Arbeiterpartei Deutschlands in Halle 1890 wurde Marx „unser großer Führer“[208] getauft. Wie ist das möglich, wenn

1. seine Lehre so viele Mängel aufweist (siehe Kapitel II bis V),

2. Marx und Engels keine humanitären Handlungsmotive unterstellt werden können (siehe Kapitel VI 2–4),

3. ihre Aktivitäten innerhalb der Arbeiterbewegung aufs Ganze gesehen keine positive Wirkung hatten (siehe Kapitel VI 5)?

Die Verringerung der sozialen Spannungen war schon vor ihrer Zeit im Gange und war auch dort erfolgreich, wo ihre Lehre keinerlei Echo auslöste. Wo sich starke, zumindest dem Namen nach marxistische Parteien bildeten, entstanden später die schlimmsten Ausgeburten totalitärer Herrschaft, nämlich in Rußland und in Deutschland. Das sind Fakten, die für sich allein nicht ausreichen, die Frage nach einer etwaigen Mitschuld zu beantworten. Lenins Politik war, wie wir noch sehen werden, weit marxistischer als diejenige der damaligen SPD. Ob Hitler zu recht behaupten konnte: „Es gibt mehr Verbindendes als Trennendes zwischen uns und dem Bolschewismus",[209] sei hier dahingestellt.[210] Sicherlich aber haben viele Deutsche Hitler ihre Stimme gegeben aus Angst vor den erstarkenden marxistischen Kommunisten.

Wie also konnte Marx, trotz so massiver Vorbehalte gegen Person und Werk, zum „großen Führer" einer honorigen Bewegung und über sie, nach Meinung vieler, zum größten Deutschen werden? Dafür gibt es viele Gründe. Die Wichtigsten sollen in Kurzform aufgelistet werden:

Die Töne, die Marx anschlug, waren Sirenengesang für die Ohren und Herzen der Arbeiter:

1. *Alle Reichtümer der Welt habt ihr geschaffen!*

„Die kritische Kritik schafft Nichts, der Arbeiter schafft Alles, ja sosehr Alles, daß er die ganze Kritik auch in seinen geistigen Schöpfungen beschämt; die englischen und französischen Arbeiter können davon Zeugnis ablegen. Der Arbeiter schafft sogar *den Menschen;*"[211] Die Bourgeoisie ist, im besten Falle, eine unheroische Klasse. Selbst ihre glänzenden Errungenschaften, die englischen des 17. und die französischen des 18. Jahrhunderts, hat nicht sie selbst erkämpft, sondern die plebejische Volksmasse für sie, die Arbeiter und Bauern."[212] „Und dies ist die wirtschaftliche Verfassung unsrer ganzen heutigen Gesellschaft: Die arbeitende Klasse allein ist es, die alle Werte produziert."[213]

2. *Und obwohl ihr alles geschaffen habt, gehört euch nichts!*

„Der Proletarier ist eigentumslos ... Der moderne Arbeiter ..., statt sich mit dem Fortschritt der Industrie zu heben, sinkt immer tiefer unter die Bedingungen seiner eigenen Klasse herab. Der Arbeiter wird zum Pauper, und der Pauperismus entwickelt sich noch schneller als Bevölkerung und Reichtum."[214] Dennoch seid gerade ihr berufen, die Klassengesellschaft abzuschaffen und eine von Grund auf bessere Welt zu gestalten.

3. *Der alleinige Weg in eine paradiesische Zukunft führt über eure Diktatur, die Diktatur des Proletariats (siehe Kapitel VII).*

4. *Diese Botschaft ist nicht ein fragwürdiger Glaube,* eine vage Hoffnung, *sondern Ergebnis meiner wissenschaftlichen Forschung!*[215] – Das ist ein Ge-

sichtspunkt, der in einer wissenschaftsgläubigen Zeit gar nicht hoch genug veranschlagt werden kann. Die neue Bibel der Arbeiterklasse, „Das Kapital“, war zwar unverständlich, dafür um so „wissenschaftlicher“. Nun konnten die Anhänger „seiner“ Partei, der SPD, aufgefordert werden, aus den Kirchen auszutreten. Für besseren Ersatz war gesorgt.

5. Und der Künder dieser Frohbotschaft, der Verfasser ihres geistigen Testaments – war er nicht schon rein äußerlich eine ungewöhnliche Erscheinung? Friedenthal porträtiert ihn treffend mit wenigen Strichen: „Zweifellos war er allen anderen überlegen, an Wissen, an dämonischer Energie, an Unbeirrbarkeit in seiner Zielsetzung.“[216] Hatte er nicht offenbar sein Lebensglück und das seiner Familie der Arbeiterbewegung geopfert?

Ist damit die Frage nach den Ursachen des Marxschen „Siegeszuges ohnegleichen“[217] innerhalb der SPD (später in weiten Teilen der Welt) hinlänglich beantwortet?

6. Ein ganz wesentlicher Faktor fehlt noch. Friedrich Engels! Haffners Kurzbiographie über Engels läßt viele Wünsche offen. Volle Zustimmung verdient sie jedoch mit der Feststellung: „Und wenn man fragt, was Engels denn nun eigentlich geschaffen und ausgerichtet hat, was er hinterläßt, dann muß man paradoxerweise antworten: Marx – und den Marxismus. Ohne Engels kein Marx.“[218] Schon Lenin erkannte und bekannte:

„Ohne die ständige aufopfernde finanzielle Unterstützung Engels' wäre Marx nicht nur außerstande gewesen, das ‚Kapital' zu beenden, er wäre auch unvermeidlich in Not und Elend zugrunde gegangen."[219] Auch Marx selbst läßt an der Richtigkeit dieser Worte keinen Zweifel:

„Ohne Dich hätte ich das Werk nie zu Ende bringen können, und ich versichre Dir, es hat mir immer wie ein Alp auf dem Gewissen gelastet, daß Du Deine famose Kraft hauptsächlich meinetwegen kommerziell vergeuden und verrosten ließest und, into the bargain noch alle meine petites misères mit durchleben mußtest."[220]

Doch Engels war nicht ein gutmütiger Mäzen, sondern ein entschlossener Arbeits- und Kampfgenosse, der Marx in geistiger Hinsicht durchaus das Wasser reichen konnte. Der Diamat ist, wie dargelegt, fast ausschließlich von Engels. Auch glaubt Engels, daß er den wesentlichen Anstoß zum Histomat gegeben habe.[221]

Marx selbst räumt ein: „Du weißt, daß alles 1. bei mir spät kommt und 2. ich immer in Deinen Fußstapfen nachfolge."[222]

Trotz dieser geistigen Ebenbürtigkeit bei turmhoher materieller Überlegenheit sieht Engels von Anfang an in Marx seinen „Chef"[223], dessen Genialität er mit den höchsten Worten der Bewunderung preist[224] bis hin zur Ansprache am Grab von Marx, die mit den Worten beginnt: „Am 14. März, nachmittags ein Viertel vor drei, hat der größte lebende Denker aufgehört zu denken."[225]

Engels war Marx regelrecht hörig und gehorchte von Anfang an widerspruchslos selbst den barschesten Befehlen:

Marx:
„Ich ersuche Dich also zu Folgendem:
1. schreibe mir erstens die Adresse der beiden;
2. teile beiden das Faktum mit und sage den Eseln
3. daß, wenn sie nicht glauben, bis zum 15. Juni die respektiven Gelder zahlen zu können, sie dennoch den Wechsel *akzeptieren* sollen ...

Da die Sache *sehr pressiert,* erwarte ich von Dir, daß Du keinen Tag versäumst, um alles in Ordnung zu bringen und mich zu *benachrichtigen.*"[226] W. Piper an Engels: „Lieber Engels, ich muß Dir in Eile mitteilen, daß Marx höchst entrüstet ist über Dein gänzliches Stillschweigen zu seiner neuen Theorie der Grundrente, welche er Dir neulich geschrieben."[227]

Darauf Engels an Marx: „Jedenfalls ist Deine neue Geschichte mit der Grundrente vollständig richtig ... Es ist außer Zweifel, daß Deine Lösung die richtige ist, und Du hast Dir so einen neuen Titel auf den Titel des Ökonomen der Grundrente erworben. Gäbe es noch Recht und Gerechtigkeit auf Erden, so würde die Gesamtgrundrente wenigstens für ein Jahr jetzt Dir gehören, und das wär' noch das Wenigste, worauf Du Anspruch machen könntest."[228]

Die laufenden Geldsendungen von Engels an Marx, insgesamt 150 000 Goldmark,[229] hat Marx meist ohne ein Wort des Dankes registriert: „Deine verschiednen Briefe, eingeschlossen der 5pfundige sind hier richtig angekommen."[230]

Meine Frau hat mir geschrieben, ich soll Dir den Empfang des Briefes mit den einliegenden 100 fr. anzeigen. Denke Dir die Gemeinheit der Pariser Polizei ..."[231]

Engels verstand es, seine letztlich irrationale Bewunderung auf seine sozialistischen Gäste aus Deutschland, insbesondere Bebel und Kautsky, zu übertragen. Wenn schon der so sprachbegabte Bürgersohn und reiche Kaufmann Friedrich Engels das proletarische Evangelium des Karl Marx so vorbehaltlos bejaht, welcher Proletarierführer dürfte dann zögern, ihm nachzueifern?

Kommen wir auf die eingangs erwähnte Kontroverse zurück: Hat das marxistische Etikett der SPD genützt oder geschadet? Darauf kann es keine nachweisbar richtige Antwort geben. Denn niemand vermag zu sagen, wie die Geschichte allgemein und speziell die der SPD verlaufen wäre, wenn es Marx nicht gegeben, wenn sie sich Marx nicht ans Revers geheftet hätte. Die radikalen Töne von Marx und Engels entsprachen nicht, wie wir gesehen haben, den ursprünglichen Empfindungen der auf Selbsthilfe bedachten Arbeiter. Und ferner die Lebenslüge der Partei: revolutionäre Theorie, evolutionäre Praxis – ist sie wirklich angetan, die Attraktivität zu steigern? Sie war jedenfalls die Ursache für die Spaltung zu Beginn unseres Jahrhunderts, für das Entstehen der ersten totalitären Partei auf deutschem Boden: der KPD.

VII. Für oder gegen Demokratie?[1]

1. Die Fragestellung

Die „Deutsche Demokratische Republik" ist nicht demokratisch, wenn Demokratie etwas mit Legitimation der Staatsgewalt durch das Volk zu tun hat, ist nicht demokratisch, wenn Wahlen als Voraussetzungen für eine Demokratie angesehen werden. Dort gibt es keine Wahlen, nur Veranstaltungen, die, um Demokratie vorzutäuschen, die Bezeichnung Wahlen tragen. Bei den „Wahlen" gibt es nichts zu wählen, auszuwählen. Es bleibt den Bewohnern der DDR nicht einmal die Alternative, dem Geßler-Hut „Wahlen" die Reverenz zu erweisen oder dem Spektakulum fernzubleiben. Es besteht nämlich Wahlpflicht, was sich bei uns noch nicht überall herumgesprochen hat.[2]

Im Lehrbuch des Staatsrechts der DDR heißt es: „Die Wahrnehmung des in der Verfassung verankerten Grundrechts auf Mitbestimmung und Mitgestaltung durch aktive Teilnahme an der Wahlbewegung ist Wahlgrundsatz und eine hohe moralische Pflicht der Bürger."[3] (Welche Folgen die Verletzung „hoher moralischer Pflichten" in einem totalitären Staat hat, kann sich jeder selbst ausmalen.)

Aus einer geheimen Meinungsumfrage der französischen Wochenzeitschrift „Paris Match" in Polen (1980) geht hervor, daß nur drei Prozent der Bevölkerung den Kommunisten bei (echten) Wahlen ihre Stimme gäben.[4] Wieviele wären es in der DDR? Wir wissen es nicht. Doch niemand bezweifelt: Auf 99,86 Prozent brächte es die von der SED gestaltete Einheitsliste sicherlich nicht. – Ein SED-Funktionär würde die eben skizzierten Unterschiede zwischen hier und dort im wesentlichen anerkennen, vor allem würde er unter Berufung auf Art. 1 der Verfassung der DDR betonen, daß die SED ihre Führungsfunktion nicht aufs Spiel setzen darf. Sinngemäß oder ausdrücklich Lenin zitierend würde er jedoch hinzufügen, die sozialistische Staatsmacht sei gleichwohl „millionenfach demokratischer als jede bürgerliche Demokratie, . . . als die demokratischste bürgerliche Republik".[5]

Die DDR nennt, anders als die Sowjetunion, ihre „sozialistische Demokratie" nach wie vor eine Diktatur, eine „Diktatur des Proletariats". Daß eine Diktatur keinen Pluralismus, keine politische Opposition dulde, sei doch wohl selbstverständlich. Aber es sei kein Geringerer als Marx gewesen, der die „Diktatur des Proletariats" als unausweichlich vorausgesagt habe:

> „Die gemeinsame Kandidatenliste der Nationalen Front war von Anfang an das Ziel wütender Ausfälle der von der westdeutschen Monopolbourgeoisie gesteuerten reaktionären Kräfte. Sie versuchen, mit den Forderungen nach pluralistischer Gesellschaftskonzeption und einer angeblich der Demokratie wesenseigenen ‚Opposition' politischen Spielraum für antisozialistische, konterrevolutionäre Kräfte zu eröffnen und auf diese Weise den Charakter der Staats- und Gesellschaftsordnung in der DDR zu verändern."[6]

„Die Verankerung der politischen Machtverhältnisse in der Verfassung ist Ausdruck und Konsequenz der marxistisch-leninistischen Staatsauffassung, die nachweist, daß die Diktatur des Proletariats eine objektive Notwendigkeit ist. Die schöpferische Anwendung dieser marxistisch-leninistischen Lehre, deren Richtigkeit durch die Praxis des sozialistischen Aufbaus in der DDR wie in den anderen sozialistischen Staaten überzeugend bewiesen wurde, findet ihren Niederschlag in Art. 1 der Verfassung . . .“[7]

Aber, so lautet die Frage: Berief sich Lenin, beruft sich die DDR bei der Propagierung ihrer Diktatur zu Recht auf Marx? Das wird sowohl von Vertretern des demokratischen Sozialismus wie auch von Bürgerlichen entschieden bestritten:

In der Einleitung zu Karl Kautsky „Über Sozialdemokratie und Kommunismus“ heißt es aus der Feder von Sidney Hook: „Diese Auswahl von Aufsätzen mag in gewissem Sinne als Karl Kautskys politisches Testament angesehen werden. Kurz vor seinem Tode im Exil und doch mit ungetrübtem Glauben an die Ideale des demokratischen Sozialismus geschrieben, sind sie das Destillat eines in einem ganzen Menschenleben angesammelten Wissens um einen Gegenstand, der für unsere Ära von entscheidender Bedeutung ist – um den Unterschied zwischen Sozialismus und Kommunismus. Unter Sozialismus verstehen wir die Sozialphilosophie einer demokratisch geplanten Gesellschaft, wie sie in den Schriften von Marx und Engels in angemessener, jedoch nicht endgültiger Form Ausdruck gefunden hat, sowie die Tätigkeit politischer Gruppen, die dieser Philosophie wahrhaft ergeben sind. Unter Kommunismus verstehen wir die Theorie und Praxis des sozialen und politischen Systems der Sowjetunion und seines Anhängsels, der internationalen kommunistischen Bewegung.“[8]
Otto Bauer: „Karl Marx hat 1875 an Bracke einen Brief geschrieben, worin der oft zitierte Satz vorkommt, daß zwischen der kapitalistischen Gesellschaft und der sozialistischen eine Geschichtsperiode liegen müsse, deren Verfas-

sung keine andere sein kann als die Diktatur des Proletariats. Andererseits haben Engels und Marx wiederholt gesagt, die demokratische Republik sei die spezifische Form der Diktatur des Proletariats. Das heißt, Marx und Engels haben Demokratie und Diktatur nicht als Gegensätze einander gegenübergestellt, sondern sie haben gemeint, das Proletariat könne sich seiner Staatsmacht innerhalb der demokratischen Republik, sobald es diese Staatsmacht erobert hat, bedienen, um die Bourgeoisie niederzuwerfen und niederzuhalten: Und das sei eben die Diktatur des Proletariats. Diktatur und Demokratie sind erst durch den Bolschewismus zu Gegensätzen geworden."[9]

Max Adler: „Solange dieser Klassengegensatz in der Gesellschaft besteht, gibt es kein eigentliches Volk, infolgedessen keine Demokratie im eigentlichen Sinne des Wortes, weil die Demokratie heute ... erst die Demokratie der bloßen Rechtsgleichheit ist, in der aber immer ein Teil der Gesellschaft über den andern Teil herrscht; das ist das, was Marx als Diktatur bezeichnet hat ..."[10]

Leonhard: „Darüber hinaus haben Marx und Engels dem Begriff ‚Diktatur des Proletariats' einen völlig anderen Sinn und eine andere Bedeutung beigemessen, als dies heute in der Sowjetideologie geschieht."[11]

Kolakowski: „Als Antwort auf solche Einwände läßt sich leicht anführen, daß Marx (ausgenommen vielleicht die Zeit nach der Revolution von 1848) die demokratischen Regierungsgrundsätze nicht nur nicht in Frage stellte, sondern als den selbstverständlichen Bestandteil der Volksherrschaft ansah; daß er, auch wenn er die Wendung ‚Diktatur des Proletariats' zweimal (im übrigen ohne nähere Erläuterung) gebrauchte, diese im Sinne der Betonung des Klassencharakters der Herrschaft, nicht aber, wie Lenin es wollte, im Sinne der Liquidierung der demokratischen Institutionen verstand."[12]

Weber: „Auch wer marxistische Positionen vertritt, kann darauf verweisen, daß der originäre Marxismus im demokratischen Sozialismus weit eher seine legitime Fortsetzung findet als im Marxismus-Leninismus."[13]

Maihofer: „An die Stelle des früheren *autokratischen Staates,* der als die Herrschaft eines einzelnen oder einer durch ihre Rasse oder Klasse, ihren Stand oder Besitz ausgezeichneten und bevorrechtigten Gruppe über alle übrigen Glieder der Gesellschaft sich etabliert hat, soll ein *demokratischer Staat* treten, der im vollen Sinne des Wortes Demokratie: Herrschaft der Beherrschten über sich selbst, Selbstherrschaft und Selbstbeherrschung, ist.[14]

Wagenlehner: „Die Diktatur des Proletariats ist in den Augen von Marx mit der Erkämpfung der Demokratie identisch, d. h. sie ist die Herrschaft über die Minderheit."[15]

Rathmann: „Nach alledem kann es keinen Zweifel geben: Der originäre Marxismus ist ein humaner, ein freiheitlich-demokratischer Sozialismus. Sein letztes Ziel ist die universale Humanität, die Selbstbestimmung und Selbstverwirklichung der Menschen."[16]

Welche der beiden Positionen ist wissenschaftlich fundierter? Darauf gibt es eine klare, wenngleich wenig erfreuliche Antwort: die sowjetamtliche!

2. Das verbale Bekenntnis zur Diktatur

In der umfangreichen literarischen Hinterlassenschaft von Marx und Engels wird die Wortkombination „Diktatur des Proletariats" nicht häufig benützt. Im Kommunistischen Manifest, 1848, ist nur von „despotischen Eingriffen in das Eigentumsrecht" die Rede.[17] Im Jahre 1850 begegnet uns „Diktatur der *Arbeiterklasse*".[18]

Ziemlich zeitgleich unterzeichnen Marx und Engels ein Dokument mit der Überschrift: „Weltgesellschaft der revolutionären Kommunisten", in dessen Art. 1 von „Diktatur der Proletarier" die Rede ist:

„Das Ziel der Assoziation ist der Sturz aller privilegierten Klassen, ihre Unterwerfung unter die Diktatur der Proletarier, in welcher die Revolution in Permanenz erhalten wird bis zur Verwirklichung des Kommunismus, der die letzte Organisationsform der menschlichen Familie sein wird.“[19]

Wenig später heißt es: „Die Klassendiktatur des Proletariats“ sei ein „notwendiger Durchgangspunkt zur Abschaffung der Klassenunterschiede überhaupt.“[20]

In einem sehr aufschlußreichen Brief schreibt Marx 1852: „Was ich neu tat war 1. nachzuweisen . . ., daß der Klassenkampf notwendig zur *Diktatur des Proletariats* führte; . . . 3. daß diese Diktatur selbst nur den Übergang zur *Aufhebung aller Klassen* und zu einer *klassenlosen Gesellschaft* bildet.“[21]

20 Jahre lang wird dann der Ausdruck in schriftlichen Äußerungen offenbar nicht mehr verwendet. Aber, wie Leonhard[22], daraus zu schließen, Marx und Engels hätten den Begriff während dieser Zeit nicht verwendet, ist nicht möglich.

„The World“ druckte am 15. Oktober 1871 die Aufzeichnungen eines Korrespondenten über Marxens Rede anläßlich der Feiern zum 7. Jahrestag der Internationalen Arbeiterassoziation am 25. September 1871 in London. Darin heißt es: „. . . Aber bevor eine solche Änderung vollzogen werden könne, sei eine Diktatur des Proletariats notwendig . . .“[23]

Auch eine Äußerung Engels’ aus dem Jahre 1872 läßt auf den häufigen Gebrauch von „Diktatur des

Proletariats" durch Marx schließen. Denn er behauptet: „Ebenso haben die sogenannten Blanquisten ... die Anschauung des deutschen wissenschaftlichen Sozialismus von der Notwendigkeit der politischen Aktion des Proletariats und seiner Diktatur als Übergang zur Abschaffung der Klassen und, mit ihnen, des Staates – wie solche bereits im ‚Kommunistischen Manifest' und seitdem unzählige Male ausgesprochen worden",[24] proklamiert. In einem Brief vom 4. September 1872 schreibt Eugène Vermersch: „Im Abstand von einer halben Stunde gab er [Marx] dann auch die beiden folgenden charakteristischen Sätze von sich, von denen ich glauben möchte, daß sie für sein politisches Vorgehen bezeichnend sind: ‚Die proletarische Diktatur ist ein notwendiges historisches Durchgangsstadium der Geschichte! ..."[25] 1874 verteidigt Engels die Diktatur des Proletariats gegen Blanquis „Diktatur eines oder einiger weniger."[26]

1875 ist es dann Marx, der mit größter Selbstverständlichkeit den Gedanken erneut ausspricht: „Zwischen der kapitalistischen und der kommunistischen Gesellschaft liegt die Periode der revolutionären Umwandlung der einen in die andre. Der entspricht auch eine politische Übergangsperiode, in der der Staat nichts andres sein kann als *die revolutionäre Diktatur des Proletariats*."[27]

Das ist offenbar die letzte einschlägige, uns überlieferte Äußerung von Marx. 16 Jahre später und acht Jahre nach Marxens Tod erfahren wir von Engels: „Der sozialdemokratische Philister ist neuerdings wieder in heilsamen Schrecken geraten bei dem Wort: Diktatur des Proletariats. Nun gut, ihr Herren, wollt ihr wissen, wie diese Diktatur aussieht? Seht euch die Pariser Kommune an. Das war die Diktatur des Proletariats.“[28] Dieses Zitat stammt aus der Einleitung zu Marx’ „Bürgerkrieg in Frankreich“. In letzterem heißt es u. a.: „Die Kommune bildet sich aus den durch allgemeines Stimmrecht in den verschiedenen Bezirken von Paris gewählten Stadträten.“[29]

Abschließend noch folgende Stelle, die Engels wenig später verfaßte: „Wenn etwas feststeht, so ist es dies, daß unsre Partei und die Arbeiterklasse nur zur Herrschaft kommen kann unter der Form der demokratischen Republik. Diese ist sogar die spezifische Form für die Diktatur des Proletariats, wie schon die große Französische Revolution gezeigt hat.“[30] Das sind alle mir bekannten einschlägigen Zitate von Marx und Engels. Kann damit die gestellte Frage beantwortet werden?

3. Demokratische Diktatur?

Nur Kautsky und Leonhard geben eine nähere, auf Marx- und Engelszitaten fußende Begründung, warum sie mit einem entschiedenen Ja antworten. (Bauers Behauptungen sind nicht nur nicht belegt; aufgrund der Ausführungen unter 2. müssen sie sogar als widerlegt angesehen werden.)

Kautsky: „Daß dieser Ausdruck [Diktatur des Proletariats] keineswegs die Verwerfung der Demokratie, noch auch den Anspruch auf die absolute Macht im Staate bedeuten sollte, geht schon allein aus der Tatsache klar hervor, daß Marx in eben demselben Schreiben ‚die demokratische Republik' als die Regierungsform bezeichnete, in deren Rahmen ‚der Klassenkampf definitiv auszufechten ist'."[31]

Im Zusammenhang gelesen ist die von Kautsky zitierte Stelle – wie nahezu jeder Satz der Marxschen „Kritik des Gothaer Programms" – eine heftige Schelte der Verfasser des „verwerflichen und die Partei demoralisierenden Programms" der Sozialistischen Arbeiterpartei Deutschlands, das nichts tauge.[32]

Die Stelle lautet: „*Selbst die vulgäre Demokratie,* die in der demokratischen Republik das Tausendjährige Reich sieht und keine Ahnung davon hat, daß gerade in dieser letzten Staatsform der bürgerlichen Gesellschaft der Klassenkampf definitiv auszufechten ist – selbst sie steht noch berghoch über solcher Art Demokratentum innerhalb der Grenzen des polizeilich Erlaubten und logisch Unerlaubten."[33]

Das ist kein Bekenntnis zur bürgerlichen Demokratie, eher ihr vorweggenommener Grabgesang. Die demokratische Republik ist für Marx die letzte Staatsform *der bürgerlichen Gesellschaft. Die sozialistische Gesellschaft* während der Diktatur des Proletariats ist der bürgerlichen Gesellschaft wesensfremd, und entsprechend offenbar das demokratische Element. Kautsky zitiert noch eine weitere

Stelle, die aber nur zum Ausdruck bringt, daß Marx kein Anbeter eines starken, viele Generationen überdauernden Staates gewesen ist.[34] Ob für die Übergangszeit eine despotische Diktatur notwendig sei, kann daraus nicht beantwortet werden.

Wertvoll im Sinne Kautskys ist meines Erachtens nur jenes seiner Zitate, wonach, wie Engels sich ausdrückt, unsere Partei unter der Form der demokratischen Republik zur Herrschaft kommen kann, was „die spezifische Form für die Diktatur des Proletariats" sei. Eindeutig sind auch diese Worte nicht. Der Schwerpunkt liegt auf Republik. Für ihn ist es „undenkbar, daß unsere besten Leute unter einem Kaiser Minister werden sollten."[35]

Noch weit wichtiger aber scheint mir folgender Gesichtspunkt: Die Äußerung datiert aus dem Jahre 1891, wurde also, wie schon erwähnt, acht Jahre nach Marxens Tod gemacht. Nun ist es unbestreitbar, daß Engels den toten Marx an mehreren wichtigen Stellen korrigiert hat. Engels geistiges Testament, wenige Monate vor seinem Tode verfaßt, besteht weitestgehend in Selbstkritik an früher gemeinsam vertretenen Ansichten. Da heißt es mehrmals, wörtlich fast übereinstimmend: „Die Geschichte hat uns und allen, die ähnlich dachten, Unrecht gegeben."[36] Und dann die geradezu klassische Stelle: „Die Ironie der Weltgeschichte stellt alles auf den Kopf. Wir, die ‚Revolutionäre', die ‚Umstürzler', wir gedeihen weit besser bei den gesetzlichen Mitteln als bei den ungesetzlichen und dem Umsturz. Die Ordnungsparteien, wie sie sich nennen, gehen zugrunde an dem von ihnen selbst geschaffenen gesetzlichen Zustand. Sie rufen verzweifelt ... ‚die Gesetzlichkeit ist unser Tod', während wir bei dieser Gesetzlichkeit pralle Muskeln und rote Backen bekommen und aussehen wie das ewige Leben."[37]

Das ist doch nichts anderes als: Wir wollen legal an die Macht kommen, weil wir legal an die Macht kommen können und weil das der sicherste Weg ist.

Kein Geringerer als der Vorsitzende der Sozialistischen Internationale räumt ein: „Der späte Engels bemüht sich nun auch, dem Wort von der ‚Diktatur des Proletariats' eine neue Deutung zu geben."[38] Freilich zum eindeutigen Demokraten mauserte Engels sich nicht.[39] – Damit ist das Wesentliche auch schon gegen die Argumentation von Leonhard gesagt, soweit er sich auf den späten Engels, d. h. auf Engels post Marx, beruft.

Engels Bemerkung aus dem Jahre 1891, wonach die Pariser Kommune ein lebendiges Modell der Diktatur des Proletariats gewesen sei, kann schwerlich ohne Schmunzeln registriert werden. Denn schon zehn Jahre zuvor hat Marx zutreffend festgestellt:

> „Sie werden mich vielleicht auf die Pariser Kommune verweisen, aber abgesehen davon, daß dies bloß die Erhebung einer Stadt unter ausnahmsweisen Bedingungen war, war die Majorität der Kommune keineswegs sozialistisch ..."[40]

Die Arbeitervertretung war in der Kommune eine Minderheit. Auch war sie nicht organisiert und hatte nachweislich kein einheitliches Bewußtsein.

Marxens Lob auf die Kommune entspringt nicht geschichtlichen Tatsachen, sondern dem unstillbaren Verlangen, eine seiner zahllosen Revolutionsprognosen möge sich irgendwo und irgendwie erfüllen.

Wenn wir ferner jene Zitate unberücksichtigt lassen, die nur besagen, daß die Teilnahme an Wahlen zu befürworten sei, falls auch auf diese Weise die Macht erlangt werden könne, so bleiben nur noch die Bejahung der an dieser Stelle nicht näher definierten Demokratie durch Engels 1847 und die Stelle bei Marx, wo er sich über die Kommune dahingehend äußert: „Sie war wesentlich eine *Regierung der Arbeiterklasse,* das Resultat des Kampfes der hervorbringenden gegen die aneignende Klasse, die endlich entdeckte politische Form, unter der die ökonomische Befreiung der Arbeiter sich vollziehen konnte.“[41]

Der Satz gibt so keinen rechten Sinn. Es steht doch historisch außer Zweifel, daß sich die Arbeiterschaft in der Kommune ökonomisch nicht befreien konnte; sie dauerte ja nur zwei Monate. Daher setzt Leonhard an die Stelle von „konnte“ „könnte“.[42] Ist das erlaubt? Wird es dadurch besser? Der Potentialis paßt ganz und gar nicht zur ehernen Gesetzmäßigkeit des Histomat. Unter diesen Umständen kann man mit dem beiläufig Gesagten nicht viel anfangen, wenn es drei Jahre später so klar und zum noch früher Gesagten so konsequent heißt: „Revolutionäre Diktatur des Proletariats“[43] muß sein. Zwischenbilanz: Die Argumentation von Kautsky und Leonhard kann nicht überzeugen. Die Antwort bleibt offen.

4. Histomat und Demokratie

Um der Wahrheit näherzukommen, müssen wir weiter ausholen, über die verlesenen Zitate hinausgehen, eine Antwort aus dem Ganzen der marxistischen Ideologie zu geben versuchen.

Der Histomat, das Herzstück der marxistischen Lehre, basiert – wie ausführlich dargelegt (siehe Kapitel IV) – auf folgender Annahme: Ausgangspunkt ist die Urgesellschaft. Sie wird abgelöst durch antagonistische Gesellschaftsformationen, in denen jeweils eine Minderheit die Mehrheit ausbeutet. Die historische Mission der Arbeiterklasse ist es, Arbeitsteilung, Entfremdung, Ausbeutung für immer zu beseitigen, also Wiederherstellung des ursprünglichen Zustandes, aber auf höherer Ebene, also zusätzlich Freiheit von Furcht, Freiheit von Not, Freiheit von Aberglauben zu erlangen.

Die bösen Ausbeuter würden, so glaubte man ursprünglich, ihre Herrschaft mit Zähnen und Klauen verteidigen. Deshalb sei jedes Mittel recht, um sie zu stürzen. Aber siehe, sie schaffen das allgemeine, gleiche Wahlrecht und schaufeln sich damit selbst ihr Grab. Denn die Mehrheit wird letztlich einsehen, wer ihre Interessen vertritt, und dementsprechend vom Stimmrecht Gebrauch machen. Unter der geradezu selbstverständlichen Voraussetzung, daß sich die Mehrheit bei den Wahlen ihrer geschichtlichen Aufgabe würdig erweist, stehen Wahlen nicht im Widerspruch zur Diktatur des Proletariats (noch irgend einer historischen Form totalitärer Herrschaft!). So kann gewaltlos die eigentliche Menschheitsgeschichte anbrechen.

Wenn wir, wie Marx und Engels, an die historische Mission des Proletariats, an die heilsgeschichtliche Notwendigkeit einer weltweiten kommunistischen Ordnung glaubten (die von ihnen geführte Arbeiterklasse handelt „im vollen Bewußtsein ihrer geschichtlichen Sendung“[44]), insbesondere auch, daß jedes Mittel recht sei, um sich die Macht zu verschaffen, würden wir es dann dulden, daß mit Hilfe von Stimmzetteln das Räderwerk der Geschichte blockiert, ja zurückgedreht werden kann? Ob Marx und Engels überhaupt je an die Möglichkeit gedacht haben, daß Liberale, Konservative oder andere Bürgerliche mit dem Stimmzettel eine kommunistische Mehrheit gefährden könnten, weiß ich nicht. Aber vieles spricht dafür, daß sie dann die Opposition gewaltsam unterdrückt hätten. Alles andere wäre Preisgabe der leidenschaftlich verfochtenen Ideologie, Preisgabe des Histomat!

Ein eindeutiger Beleg für die Richtigkeit dieser Annahme sind unter anderem jene Ausführungen, die klarstellen, daß Einsichten, die sich gegen den vorausgesagten historischen Prozeß aussprechen, unbeachtlich sind, gleichgültig, ob sie von den geborenen Reaktionären oder von Proletariern vertreten werden:

„Es handelt sich nicht darum, was dieser oder jener Proletarier oder selbst das ganze Proletariat als Ziel sich einstweilen *vorstellt*. Es handelt sich darum, *was* es *ist* und was es diesem *Sein* gemäß geschichtlich zu tun gezwungen sein wird.“[45]

„. . ., denn mit Ausnahme derjenigen, die nicht zählen, sind im Jahre 1846 alle europäischen Demokraten mehr oder weniger klare Kommunisten.“[46]

„Habe ich recht, wenn ich sage, daß die Demokratie heutzutage der Kommunismus ist?“[47]

Sollten jene, die allein zählen, die Macht erlangen, dürften eben jene, „die nicht zählen“, entweder nicht wählen, oder die „Wahlen“ würden, wie in allen sozialistischen Staaten, so ausgerichtet, daß überhaupt nur eine im kommunistischen Sinne geschichtskonforme Stimmabgabe möglich ist.

5. Marx selbst definiert Diktatur, aber nicht Proletariat

„Marx und Engels haben niemals erklärt, warum sie diesen Zustand als ‚Diktatur‘ bezeichnet hatten, obgleich er doch aus der Demokratie erwachsen sollte“[48] – meint Kautsky.

Bestand für sie Veranlassung zu sagen, was sie unter Diktatur verstanden? Nein, wenn sie mit „Diktatur“ das zum Ausdruck bringen wollten, was man damals allgemein darunter verstand: Ausschaltung jeder gefährlichen Meinung und Opposition. Beide waren sehr wortgewandt und hätten ihre Leser nicht im unklaren gelassen, falls sie mit „Diktatur“ eine freiheitliche Demokratie hätten bezeichnen wollen. Sollte vielleicht „Diktatur“ etwas Positives ausdrücken, als sie von „Bourgeoisie-Diktatur“,[49] von der Diktatur Marrasts und Thiers[50] sprachen?

Im Zweifel ist davon auszugehen, daß jemand gängige Worte im üblichen Sinne verwendet. Aber haben wir es überhaupt mit einem Zweifelsfall zu tun? Marx und Engels nennen ausdrücklich die Merkmale ihrer Diktatur, ihrer, wie Marx betont, energischen Diktatur:[51] Keine Gewaltenteilung, keine Grundrechte,[52] kein Pluralismus,[53] Niederhaltung der Gegner, straffe Umerziehung. Daß die Teilung der Staatsgewalt im Falle einer Revolution ohne ein besonderes Gesetz aufhört, stellt Marx ausdrücklich fest.[54]

Anerkennende Worte über Parlamentarismus und Gewaltenteilung finden sich nirgendwo, jedoch recht despektierliche: „parlamentarischer Kretinismus",[55] „die Hunde von Parlamentskretins"[56], „wurmstichige . . . Teilung der Gewalten, mit abgetragenen Phrasen und längst durchschauten Fiktionen",[57] „bemooste Weisheit",[58] „Verfassungsunsinn",[59]

> „Zentralisation der Gewalt": „Die Demokraten werden ferner entweder direkt auf die Föderativrepublik hinarbeiten oder wenigstens, wenn sie die eine und unteilbare Republik nicht umgehen können, die Zentralregierung durch möglichste Selbständigkeit und Unabhängigkeit der Gemeinden und Provinzen zu lähmen suchen. Die Arbeiter müssen diesem Plane gegenüber nicht nur auf die eine und unteilbare deutsche Republik, sondern auch in ihr auf die entschiedenste Zentralisation der Gewalt in die Hände der Staatsmacht hinwirken. Sie dürfen sich durch das demokratische Gerede von Freiheit der Gemeinden, von Selbstregierung usw. nicht irre machen lassen."[60]

Was mit Oppositionellen zu geschehen habe, beantwortet Engels: „Da nun der Staat doch nur eine vorübergehende Einrichtung ist, deren man sich im Kampf, in der Revolution bedient, um seine Gegner gewaltsam niederzuhalten, so ist es purer Unsinn, vom freien Volksstaat zu sprechen: Solange das Proletariat den Staat noch gebraucht, gebraucht es ihn nicht im Interesse der Freiheit, sondern der Niederhaltung seiner Gegner ...“[61]

Mit Rousseau fordert Marx die Erziehungsdiktatur: „Die Abstraktion des politischen Menschen schildert Rousseau richtig also: ‚Wer den Mut hat, einem Volke eine Rechtsordnung zu geben, muß sich fähig fühlen, die *menschliche Natur* zu ändern, jedes Individuum, das in sich selbst und für sich allein ein vollkommenes Ganzes ist, in den *Teil* eines größeren Ganzen umzuwandeln, von dem dieses Individuum in gewisser Weise sein Leben und Sein empfängt, an die Stelle einer physischen und unabhängigen eine *moralische Teilexistenz* zu setzen. Er muß *dem Menschen seine eigenen Kräfte* nehmen, um ihm fremde dafür zu geben, die er nur mit Hilfe anderer gebrauchen kann.‘“[62]

Schließlich läßt sich die mehrmals erhobene Forderung nach „Revolution in Permanenz“[63] mit unseren Vorstellungen von einer rechtsstaatlichen Demokratie ebensowenig in Einklang bringen wie die Verabscheuung „nur gesetzlicher Mittel ... gegenüber einem Feind, der solche Bedenken nur verachtet“.[64] Auch die ausdrückliche Billigung der „Volksrache“[65] muß in diesem Zusammenhang erwähnt werden.

Doch was besagt schon das Wort Revolution? Engels definiert es mit bestürzender Deutlichkeit: „Haben diese Herren nie eine Revolution gesehen? Eine Revolution ist gewiß das autoritärste Ding, das es gibt; sie ist der Akt, durch den ein Teil der Bevölkerung dem anderen Teile seinen Willen vermittels Gewehren, Bajonetten und Kanonen, also mit denkbar autoritärsten Mitteln aufzwingt; und die siegreiche Partei muß, wenn sie nicht umsonst gekämpft haben will, dieser Herrschaft Dauer verleihen durch den Schrecken, den ihre Waffen den Reaktionären einflößen."[66]

„In der Praxis werden wir wie immer darauf reduziert sein, vor allem auf resolute Maßregeln und absolute Rücksichtslosigkeit zu drängen."[67]

Auch jene feindseligen, verächtlichen Äußerungen gegen die Demokraten und die Demokratie verdienen in diesem Zusammenhang bedacht zu werden, ebenso die Betonung, daß die Kommunisten „für den Augenblick . . . als Demokraten auftreten":

> „Die Kommunisten, weit entfernt, unter den gegenwärtigen Verhältnissen mit den Demokraten nutzlose Streitigkeiten anzufangen, treten vielmehr für den Augenblick in allen praktischen Parteifragen selbst als Demokraten auf. Die Demokratie hat in allen zivilisierten Ländern die politische Herrschaft des Proletariats zur notwendigen Folge, und die politische Herrschaft des Proletariats ist die erste Voraussetzung aller kommunistischen Maßregeln. Solange die Demokratie noch nicht erkämpft ist, solange kämpfen Kommunisten und Demokraten also zusammen, solange sind die Interessen der Demokraten zugleich die der Kommunisten. Bis dahin sind die Differenzen zwischen beiden Parteien rein theoretischer Natur und können theoretisch ganz gut diskutiert werden, ohne daß dadurch die gemeinschaftliche Aktion irgendwie gestört wird. Man wird sich sogar über manche Maßregeln verständigen können, welche sofort nach Erringung der Demokratie im Interesse der bisher unterdrückten Klasse vorzunehmen sind, z. B. Betrieb der großen Industrie, der Eisenbahnen durch den Staat, Erziehung aller Kinder auf Staatskosten etc."[68]

„Während des Kampfes und nach dem Kampf müssen die Arbeiter neben den Forderungen der bürgerlichen Demokraten ihre eigenen Forderungen bei jeder Gelegenheit aufstellen. Sie müssen Garantien für die Arbeiter verlangen, sobald die demokratischen Bürger sich anschicken, die Regierung in die Hand zu nehmen. Sie müssen sich diese Garantien nötigenfalls erzwingen und überhaupt dafür sorgen, daß die neuen Regierer sich zu allen nur möglichen Konzessionen und Versprechungen verpflichten – das sicherste Mittel, sie zu kompromittieren. ... Sie müssen neben den neuen offiziellen Regierungen zugleich eigene revolutionäre Arbeiterregierungen, sei es in der Form von Gemeindevorständen, Gemeinderäten, sei es durch Arbeiterclubs oder Arbeiterkomitees, errichten, so daß die bürgerlichen demokratischen Regierungen nicht nur sogleich den Rückhalt an den Arbeitern verlieren, sondern sich von vornherein von Behörden überwacht und bedroht sehen, hinter denen die ganze Masse der Arbeiter steht.... Um aber dieser Partei, deren Verrat an den Arbeitern mit der ersten Stunde des Sieges anfangen wird, energisch und drohend entgegentreten zu können, müssen die Arbeiter bewaffnet und organisiert sein. Die Bewaffnung des ganzen Proletariats mit Flinten, Büchsen, Geschützen und Munition muß sofort durchgesetzt werden ..."[69]

6. Demokratiefeindliche Kritik des Zeitgeschehens

1847 nimmt Engels zum Schweizer Bürgerkrieg Stellung und schmäht dabei auf bezeichnende Weise die demokratischen Schweizer Urkantone:

„Endlich also wird dem unaufhörlichen Großprahlen von der ‚Wiege der Freiheit‘, von den ‚Enkeln Tells und Winkelrieds‘, von den tapferen Siegern von Sempach und Murten ein Ende gemacht werden! Endlich hat es sich also herausgestellt, daß die Wiege der Freiheit nichts anders ist als das Zentrum der Barbarei und die Pflanzschule der Jesuiten, daß die Enkel Tells und Winkelrieds durch keine andern Gründe zur Räson zu bringen sind als durch Kanonenkugeln, daß die Tapferkeit von Sempach und Murten nichts anders war als die Verzweiflung brutaler und bigotter Bergstämme, die sich störrisch gegen die Zivilisation und den Fortschritt stemmen!

Es ist ein wahres Glück, daß die europäische Demokratie endlich diesen urschweizerischen, sittenreinen und reaktionären Ballast los wird. Solange die Demokraten sich noch auf die Tugend, das Glück und die patriotische Einfalt dieser Alpenhirten beriefen, solange hatten sie selbst noch einen reaktionären Schein."[70]

Und dann die besonders demaskierenden Worte, die zugleich das schematisch-dogmatische Denken von Engels enthüllen und keines Kommentars bedürfen:

„Die demokratische Bewegung erstrebt in allen zivilisierten Ländern in letzter Instanz die politische Herrschaft des Proletariats. Sie setzt also voraus, daß ein Proletariat existiert; daß eine herrschende Bourgeoisie existiert; daß eine Industrie existiert, die das Proletariat erzeugt, die die Bourgeoisie zur Herrschaft gebracht hat . . . Bourgeoisie existiert in Norwegen nur ausnahmsweise, in der Urschweiz gar nicht. Proletariat ist so gut wie gar nicht vorhanden.

Die Demokratie der zivilisierten Länder, die *moderne* Demokratie, hat also mit der norwegischen und urschweizerischen Demokratie durchaus nichts gemein. Sie will nicht den norwegischen und urschweizerischen Zustand herbeiführen, sondern einen himmelweit verschiedenen."[71]

Arrogant, zynisch bis brutal die weiteren Ausführungen:

„Von Zeit zu Zeit hielten sie Volksversammlungen, worin sie sich in Hornmänner, Klauenmänner und andere bestialische Klassen spalteten und nie ohne eine herzliche, christlich-germanische Prügelei auseinandergingen. Sie waren arm, aber rein von Sitten, dumm, aber fromm und wohlgefällig vor dem Herrn, brutal, aber breit von Schulern und hatten wenig Gehirn, aber viel Wade ... Jetzt aber scheint diese Sittenreinheit aber doch einmal in Grund und Boden umgerührt werden zu sollen. Hoffentlich werden die Exekutionstruppen ihr möglichstes tun, um aller Biederkeit, Urkraft und Einfalt den Garaus zu machen."[72]

Die Juni-Revolution in Paris 1848 war ein Arbeiteraufstand gegen die vom Volk gewählte Nationalversammlung und ihre Exekutivorgane. Marx und Engels stellen sich vorbehaltslos auf die Seite jener, die sich gegen die demokratisch legitimierte Macht erheben. Marx' Artikel „Die Juni-Revolution" – ein demagogisches Meisterwerk voller Entstellungen und Gehässigkeiten – meint abschließend, es sei das Recht der demokratischen Presse, den Rebellen Lorbeer um die Stirne zu winden.[73]

Weiter oben heißt es im Text: „Die beste Staatsform ist die, worin die gesellschaftlichen Gegensätze nicht verwischt, nicht gewaltsam, also nur künstlich, also nur scheinbar gefesselt werden. Die beste Staatsform ist die, worin sie zum freien Kampf und damit zur Lösung kommen."[74]

Aus diesen Worten spricht die Mißachtung der wesentlichen demokratischen Tugenden: Kompromißbereitschaft und Toleranz. Marxens Worte sind das Bekenntnis zur totalen Beseitigung der Gegensätze, zur totalitären Beseitigung des Gegners der eigenen Anschauung.

Die demokratisch legitimierte „sog. Deutsche Nationalversammlung" war für ihn „eine Körperschaft, so abnorm, so lächerlich schon durch die Stellung, die sie einnahm, und dabei so erfüllt von ihrer eigenen Wichtigkeit, daß die Geschichte höchstwahrscheinlich nie ein Gegenstück dazu liefern wird.“[75]

> „Aber das hieße viel zu viel erwarten von einer Versammlung, die sich in ihrer Mehrheit aus liberalen Advokaten und doktrinären Professoren zusammensetzte, einer Versammlung, die zwar den Anspruch erhob, die Blüte deutschen Geistes und deutscher Wissenschaft zu verkörpern, die aber in Wirklichkeit nichts anderes war als eine Bühne, auf der alte, längst überlebte politische Figuren ihre unfreiwillige Lächerlichkeit und ihre Impotenz im Denken wie im Handeln vor den Augen ganz Deutschlands zur Schau stellten. Diese Versammlung alter Weiber ... Die Debatten dieser Körperschaft blieben ohne das geringste praktische Ergebnis; sie waren nicht einmal von theoretischem Wert, da sie nur die abgedroschensten Gemeinplätze veralteter philosophischer und juristischer Schulen wiederkäuten; es gab keinen Satz, der in dieser Versammlung gesprochen oder vielmehr hergestammelt wurde, der nicht unendlich oft und tausendmal besser längst gedruckt gewesen.“[76]

Seine völlig undifferenzierte Beschimpfung des „bloßen Debattierclubs“, der „Versammlung leichtgläubiger Tröpfe“, der „Marionetten“[77] hat Schule gemacht und sowohl dem demokratischen Gedanken allgemein als auch den Lebenschancen der ersten deutschen Demokratie erheblich Abbruch getan.

Die *Pariser Kommune* erhob sich im März 1871 gegen die vom Volk gewählte Französische Nationalversammlung. Es ist hinlänglich bekannt, daß Marx zugunsten der Kommune Partei ergriffen hat. Nicht die Demokratie erschien ihm schutzwürdig, sondern die Rebellion. Noch eine, recht aufschlußreiche Feststellung sei erwähnt. Marx und Engels bejahen die Demokratie dort, wo die Proletarier die Mehrheit bilden, weil es so zur Proletokratie kommt. Demokratie ist auch dann gut, wenn sie monarchische Herrschaft ablöst. Aber was dann, wenn die Proletarier in der Minderheit sind, wie im Deutschen Reich des Jahres 1875?

Marx schreibt in seiner *Kritik des Gothaer Programms:* „Erstens besteht ‚das arbeitende Volk' in Deutschland zur Majorität aus Bauern und nicht aus Proletariern . . ."[78] Für diesen Fall lautet die Antwort, die er eine Seite später gibt und die uns schon begegnet ist: „. . . revolutionäre Diktatur des Proletariats."[79]

> Diese Auffassung wurde schon früher von Engels mehrmals zu Papier gebracht, z. B. „. . . auch solange das Landproletariat nicht in die Bewegung hineingerissen wird, solange kann und wird das städtische Proletariat in Deutschland nicht das geringste ausrichten, solange ist das allgemeine direkte Wahlrecht für das Proletariat keine Waffe, sondern ein *Fallstrick.*"[80]

Deutlicher kann es kaum noch gesagt werden. Selbstverständlich Diktatur des Proletariats auch dann, wenn die Proletarier in der Minderheit sind. Als die Forderung zuerst aufgestellt wurde, betrug der Anteil der Arbeiter in Deutschland 4,5 bis 6 Prozent.[81]

Diese vier Beispiele zeigen: *Vor die Alternative gestellt, Demokratie oder, mangels Mehrheit, Diktatur der Revolutionäre, haben sie sich stets für letztere ausgesprochen.*

Ganz folgerichtig zum eben Gesagten die Weisungen von Marx und Engels in der „Ansprache der Zentralbehörde an den Bund" vom März 1850: „Während die demokratischen Kleinbürger die Revolution möglichst rasch und unter Durchführung höchstens der obigen Ansprüche zum Abschluß bringen wollen, ist es unser Interesse und unsere Aufgabe, die Revolution permanent zu machen, so lange, bis alle mehr oder weniger besitzenden Klassen von der Herrschaft verdrängt sind, die Staatsgewalt vom Proletariat erobert" ist.[82]

Eine systematische Klassenlehre suchen wir bei den Klassenkampftheoretikern Marx und Engels vergebens. Über Wesensmerkmale des Proletariats gibt es sporadische Äußerungen.[83] Eine auch nur halbwegs scharfe Grenzziehung fehlt. So bleibt Marx und Engels die Chance, widerspruchsfrei und ganz nach Bedarf zu bestimmen, wer jeweils zum Proletariat zählt und an der Machtausübung teilhaben darf. Fällt der Proletarier von heute in Ungnade, ist er künftig Bourgeois, Lumpenproletarier oder allgemein „Deklassierter":

> Die Gründer der Internationale „vergaßen, daß gerade die Weite ihres Programms selbst den Deklassierten erlauben würde, sich einzuschleichen ..." Dann definieren Marx und Engels den *Deklassierten:* „Deklassierte, déclassés, heißen im Französischen diejenigen aus den besitzenden Klassen hervorgegangenen Leute, die von ihrer Klasse ausgestoßen oder aus ihr ausgetreten sind, ohne darum Proletarier zu werden, z. B. Industrieritter, Pickelheringe, gewerbsmäßige Spieler, die meisten Literaten und Politiker von Profession usw. Auch das Proletariat hat seine Deklassierten; sie bilden das Lumpenproletariat."[84]

7. Keine Demokratie ohne Demokraten

In einer Rede zum Gedenktag 17. Juni formulierte Hans Peters die tiefe Einsicht „Wie jeder Beruf neben der für alle geltenden Moral seine besonderen ethischen Anforderungen in sich trägt . . ., so erfordert jede Staatsform eine gerade für diese bestimmte sittliche Grundhaltung . . . Ohne Demokraten gibt es keine Demokratie!“[85]

Woran erkennt man den Demokraten? Der Demokrat wird die demokratische Staatsform wesentlich höher schätzen als jede andere Staatsform, die nicht durch das Volk legitimiert ist. Doch Engels ist anderer Ansicht. Mit Blick auf das demokratische Frankreich äußert er:

> „Ihr könnt also den Monarchien eure bürgerliche Republik nicht mehr als etwas gegenüberstellen, was die anderen Nationen erstreben sollten. Eure Republik und unsere Monarchien – das ist ein und dasselbe gegenüber dem Proletariat . . .“[86]

Der Demokrat wird den erfolgreichen Kampf um das allgemeine Wahlrecht aus ganzem Herzen begrüßen. Für Marx aber ist die Durchsetzung des allgemeinen Wahlrechts eine Torheit der Bürgerlichen, die damit Widersprüche produzieren:

> „Der umfassende Widerspruch aber dieser Konstitution besteht darin: Die Klassen, deren gesellschaftliche Sklaverei sie verewigen soll, Proletariat, Bauern, Kleinbürger, setzt sie durch das allgemeine Stimmrecht in den Besitz der politischen Macht. Und der Klasse, deren alte gesellschaftliche Macht sie sanktioniert, der Bourgeoisie entzieht sie die politischen Garantien dieser Macht. Sie zwängt ihre politische

> Herrschaft in demokratische Bedingungen, die jeden Augenblick den feindlichen Klassen zum Sieg verhelfen und die Grundlagen der bürgerlichen Gesellschaft selbst in Frage stellen."[87]

Ganz unvereinbar mit demokratischer Gesinnung ist aber die Kampftaktik, die Marx und Engels für die Auseinandersetzung mit den legitimierten Volksvertretern empfehlen (siehe Punkt 5.).

Ganz unvereinbar mit demokratischer Gesinnung ist auch die Fürsprache für „absolute Rücksichtslosigkeit",[88] „revolutionären Terrorismus", „Volksrache".[89] Wer wollte Ossip Flechtheim widersprechen: „Den terroristischen Marx müssen wir also wohl den Gegnern der Demokratie konzedieren"[90]?

Zur sittlichen Grundhaltung des Demokraten gehören Toleranz und Respekt vor dem Mitmenschen. „Die Vorstellung, daß es zwischen der seelischen Verfassung von Staatsbürgern und der politischen Verfassung eines Gemeinwesens bestimmte Entsprechungen gibt, gehört zu den zentralen Annahmen bereits der klassischen politischen Philosophie, insbesondere Platons"[91], schreibt Berg-Schlosser. Auch Aristoteles bestätigt die Richtigkeit dieser Behauptung: „Es gibt zwei Gründe für die verschiedenen Typen von Demokratie, einer ist der unterschiedliche Charakter der Menschen verschiedener Staaten . . ."[92]

Die Art und Weise, wie der einzelne seine gesellschaftlichen Beziehungen gestaltet, kann die Analyse theoretischer Aussagen stützen oder relativieren. In diesem Sinne, nicht als selbständiger Beweis, sind die folgenden Betrachtungen zu würdigen:

War Marx nach seinem Naturell, Lebensstil und Umgang ein Demokrat? „Friedrich Engels war nicht nur sehr demokratisch gesinnt, er empfand auch durchaus demokratisch“[93] – so Eduard Bernstein, als das Tauziehen um das Erbrecht an den „Klassikern“ schon begonnen hatte, 1918.

1896, also 13 Jahre nach dem Tode von Marx, äußert Wilhelm Liebknecht: „Marx selbst war – versteht sich innerhalb des Rahmens der kommunistischen Anschauungsweise – der toleranteste aller Menschen.“[94]

Doch der Nimbus von Marx hatte noch nicht ganz die Erinnerung verklärt. Schon im nächsten Satz heißt es: „Er konnte Widerspruch vertragen, wenn er auch nicht selten darob in argen Zorn geriet.“ Weit zuverlässiger sind jene Urteile, die zu Lebzeiten von Marx zu Papier gebracht worden sind. Selbst jene Leute, die der politischen Linken angehörten, stimmen darin überein, daß Marx nur sich selbst würdigte, keinen Widerspruch duldete, bedingungslose Unterwerfung forderte, kurz, diktatorische Neigungen in ungewöhnlicher Konzentration offenbarte. Ich erwähne Pavel Annenkov,[95] Wilhelm Weitling,[96] Heinrich Beta,[97] August Willich,[98] Gustav Adolf Techow,[99] Giuseppe Mazzini,[100] Michail Bakunin.[101] Aus dem Munde von Marx und Engels begegnen uns immer wieder Äußerungen wie: „demokratisches Gesindel“,[102] „demokratisches Lumpenpack",[103] „das ganze demokratische hiesige Geschmeiß",[104] „demokratisches Lumpengesindel".[105] „Die Betriebsamkeit dieser kleinen aus der demokratischen Pißjauche ausgebrüteten Flöhe ist rührend."[106] Gemeint waren Blind, Bronner, Hecker, drei angesehene tapfere Feiheitskämpfer. „Es wäre vielleicht gut, wenn es noch einige Jahre ruhig bliebe, damit diese gesamte Demokratie von 1848 Zeit fände zu verfaulen."[107] „Die Hunde von Demokraten und liberalen Lumpen werden sehn, daß wir die einzigen Kerls sind, die nicht verdummt sind in der schauderhaften Friedensperiode."[108]

8. Zusammenfassende Wertung

Karl Marx bekennt sich mehrmals ausdrücklich zur Diktatur als einem notwendigen Zwischenglied zwischen der kapitalistischen und der kommunistischen Gesellschaft. Eine ausführliche, zusammenhängende Beschreibung der Merkmale dieser Diktatur als solcher bietet er nicht. Die Zusammenschau aller einschlägigen Äußerungen spricht eindeutig dafür, daß diese Diktatur weit stärker totalitäre als demokratische Züge trägt. Mit dem historischen Determinismus des Histomat wäre eine demokratische Abwahl der Vorhut der Geschichte unvereinbar. Die Art und Weise, wie Marx seine gesellschaftlichen Beziehungen gestaltet hat, unterstreicht die gewonnenen Ergebnisse.

Bis zu Marxens Tod vertritt Engels die gleiche Position. Spätere Äußerungen sind nicht mehr eindeutig. Kurt Schumachers Feststellung verdient volle Zustimmung: „2. haben aber die östlichen Entwicklungs- und Entartungsformen des Marxismus gar nichts mit dem zu tun, was die deutsche Sozialdemokratie aus und mit Marx macht.“[109] Ihr Demokratiebegriff ist ein ganz anderer als derjenige der Sowjets; Kautsky, Bauer, Adler, Leonhard und viele andere haben aus und mit Marx etwas gemacht, was er nie war, ein Demokrat. Schon früher haben die Sozialdemokraten Marx Gewalt angetan, als sie ihn wider sein Wissen und Wollen 1875 zum Mentor des Vereinigungsparteitages machten. Sobald er davon erfuhr, hat er sich mit der ihm eigenen Vehemenz dagegen verwahrt. Ein solches Unrecht sollte man ihm nicht erneut antun. Soweit es geschehen ist, sollte man es so rasch wie möglich beseitigen. Er selbst kann sich nicht mehr dagegen verwahren. Seine wahren Söhne sind die gewaltsamen Geburtshelfer der „Geschichte“, die jede „Konterrevolution“ rücksichtslos bekämpfen.

VIII. Diktatur des Proletariats oder einer Parteielite?

1. Die Fragestellung

Das letzte Kapitel hat gezeigt, daß Marx mit „*Diktatur* des Proletariats“ Diktatur im landläufigen Sinne meinte. Doch wie kann das Proletariat, eine nicht näher definierte Menschenmasse, Diktatur organisieren? Mit Hilfe von Gewerkschaften, mit Hilfe von Parteien, mit Hilfe nur einer Partei, der proletarischen? Wie soll die innere Ordnung dieser Vereinigung oder dieser Vereinigungen aussehen? Soll jedermann Zutritt haben, zumindest jeder Proletarier, oder nur eine Elite?

Lenins energische und schließlich in die Tat umgesetzte Forderung, eine konspirative Kaderpartei aus Berufsrevolutionären aufzubauen, ist hinlänglich bekannt:

> „Und nun behaupte ich: 1. Keine einzige revolutionäre Bewegung kann ohne eine stabile und die Kontinuität wahrende Führerorganisation Bestand haben; 2. Je breiter die Masse ist, die spontan in den Kampf hineingezogen wird, die die Grundlage der Bewegung bildet und an ihr teilnimmt, um so dringender ist die Notwendigkeit einer solchen Organisation und um so fester muß diese Organisation sein ...; 3. Eine

solche Organisation muß hauptsächlich aus Leuten bestehen, die sich berufsmäßig mit revolutionärer Tätigkeit befassen; 4. Je mehr wir die Mitgliedschaft einer solchen Organisation *einengen,* und zwar so weit, daß sich an der Organisation nur diejenigen Mitglieder beteiligen, die sich berufsmäßig mit revolutionärer Tätigkeit befassen und in der Kunst des Kampfes gegen die politische Polizei berufsmäßig geschult sind, um so schwieriger wird dies in einem autokratischen Lande sein, eine solche Organisation zu ‚schnappen', und 5. um so *breiter* wird der Kreis der Personen aus der Arbeiterklasse und aus den übrigen Gesellschaftsklassen sein, die die Möglichkeit haben werden, an der Bewegung teilzunehmen und sich in ihr aktiv zu betätigen."[1]

Äußerungen von Marx und Engels zu dieser Thematik finden sich über das ganze Werk verstreut; aber eine systematische Abhandlung suchen wir vergebens. Diese Aussage wird vom Institut für Marxismus-Leninismus beim ZK der KPdSU geteilt:

„Lenin schuf zum erstenmal in der Geschichte des Marxismus die Lehre von der Partei als der führenden Organisation des Proletariats, als der Hauptwaffe, ohne die die Errichtung der Diktatur des Proletariats, die Errichtung des Sozialismus und Kommunismus unmöglich ist."[2]

Bei dieser Quellenlage ist man versucht, sofort Wolfgang Leonhard beizupflichten, wenn er urteilt: „Bei der ‚Lehre von der marxistisch-leninistischen Partei' liegt die große Schwierigkeit für die Sowjetideologie darin, daß sie sich auf Marx und Engels kaum berufen kann."[3] Leonhard wird noch polemischer: „Die heutige Lehre von der Partei bezeichnet sich zu Unrecht als ‚marxistisch', denn sie steht in schroffem Gegensatz zu den Auffassungen von Marx und Engels."[4]

Sinngleiche Äußerungen finden wir auch bei Karl Kautsky und Hermann Weber.

Kautsky: „Die Sozialdemokratie Rußlands wurde als eine mit den marxistischen Grundsätzen übereinstimmende Organisation aufgefaßt. Aber Lenin entdeckte bald, daß da ein Fehler war. Er ging dazu über, immer größere Vollmachten für das zentrale Organ der Partei zu fordern und die Vollmachten der Mitglieder immer mehr zu beschränken.“[5]

Weber: „Die Partei sollte das Instrument sein, mit dem die Arbeiterbewegung die sozialistische Gesellschaft errichtet. Dabei verstand sich die Sozialdemokratie nie als ausgesprochene Eliteorganisation, als eine ‚Vorhut‘ der Arbeiterbewegung im Sinne Lenins. Lassalle hatte die Funktion der Partei ganz im Sinne von Marx und Engels gesehen, die bereits im ‚Kommunistischen Manifest‘ 1848 erklärt hatten, keine ‚besondere Partei‘ zu erstreben.“[6]

Mit recht einleuchtenden, jedoch allgemeinen Überlegungen wird auch der gegenteilige Standpunkt vertreten, so von Rüstow und Stadler:

„Diktatur des Proletariats meint aber zweitens diktatorische Organisation des Proletariats selber: also Diktatur nach innen, Diktatur über das Proletariat. Diese zweite innere Diktatur braucht mit dem Verschwinden der Bourgeoisie keineswegs zu verschwinden, ihre innere Stellung wird vielmehr gerade durch die siegreiche Durchführung dieses äußeren Kampfes besonders stark sein.“[7]

Stadler: „Ja man gewinnt fast den Eindruck, daß es Weitling ans Leben oder doch an die Freiheit gegangen wäre, hätte eine kommunistische Ordnung ‚marxistischer‘ Prägung bereits bestanden. Die fanatische Ausschließlichkeit des ‚so und nicht anders‘ ist keineswegs erst durch Lenin in den Kommunismus hineingeraten: schon in der Persönlichkeit von Karl Marx ist sie angelegt.“[8]

Eine differenzierte Auffassung vertritt Iring Fetscher:

> „Über die innerparteiliche Struktur machte sich Marx kaum Gedanken, oder richtiger gesagt, er ordnete alle grundsätzlichen Fragen seinem Willen unter und wollte die eigene Sicht der Dinge in der Internationale (und später in der deutschen Sozialdemokratie) durchsetzen. Daß er dabei nicht immer sehr demokratische Mittel anwandte, zeigt vor allem sein Vorgehen gegen Bakunin und dessen Anhänger, von dem in den hier vorgelegten Exzerpten nicht gesprochen wird. Friedrich Engels dagegen hat sich namentlich in den Briefen an August Bebel mit aller unmißverständlichen Klarheit für innerparteiliche Demokratie und Freiheit der Kritik ausgesprochen, die allein eine große Partei lebendig erhalten könne."[9]

Auch hier soll versucht werden, die Qualität der widerstreitenden Argumente zu prüfen und zu fragen, ob nicht zusätzliche Gesichtspunkte eine klare Antwort gestatten.

2. Die Elitepartei

> Leonhard: „Zunächst haben Marx und Engels in einer so bedeutenden Schrift wie dem ‚Kommunistischen Manifest' die Notwendigkeit einer eigenen Partei praktisch bestritten: ‚Die Kommunisten sind keine besondere Partei gegenüber den anderen Arbeiterparteien. Sie haben keine von den Interessen des ganzen Proletariats getrennten Interessen. Sie stellen keine besonderen Prinzipien auf, wonach sie die proletarische Bewegung modeln wollen'."[10]

Mit diesem Zitat wird häufig argumentiert, um zu zeigen, wie wenig Marx und Engels von einer festorganisierten, Privilegien beanspruchenden Partei hielten. Wer aber – anders als Leonhard und viele andere – die Lektüre nicht an dieser Stelle abbricht, wird nachdenklich, ob die Sätze wirklich beweisen, was sie beweisen sollen. Denn im folgenden werden zunächst zwei Vorzüge der Kommunisten herausgestellt, die offenbar den Schluß rechtfertigen sollen: „Die Kommunisten sind also praktisch der entschiedenste, weitertreibende Teil der Arbeiterparteien aller Länder; sie haben theoretisch vor der übrigen Masse des Proletariats die Einsicht in die Bedingungen, den Gang und die allgemeinen Resultate der proletarischen Bewegung voraus. Der nächste Zweck der Kommunisten ist derselbe wie der aller übrigen proletarischen Parteien . . .“[11]

Das heißt doch:

1. daß die Kommunisten eine eigene proletarische Kraft bilden,

2. daß sie den übrigen Proletariern an Einsicht hoch überlegen sind (Marx spricht vom „Kommunistenstolz der Unfehlbarkeit“[12]),

3. daß sie also mit den anderen Proletariern nicht auf einer Stufe stehen.

Zwölf Jahre später betont Marx unter Berufung auf dieses Zitat, daß er „*alle* Systeme verwarf und an ihre Stelle ‚die kritische Einsicht in die Bedingungen, den Gang und die allgemeinen Resultate der wirklichen gesellschaftlichen Bewegung‘ setzte.“[13]

Die Sowjetideologen berufen sich auf die gleiche Stelle aus dem Kommunistischen Manifest, um das

Gegenteil von Leonhards Resultat, nämlich die Kontinuität von Marx zu Lenin zu beweisen: „Nur die Partei, die theoretisch vor den übrigen Massen des Proletariats *die Einsicht in die Bedingungen, den Gang und die allgemeinen Resultate* der proletarischen Bewegung voraus hat . . ., *nur die Partei,* wie Marx und Engels sie forderten, wie Lenin sie schuf, *kann die freie Entscheidung der Arbeiterklasse garantieren.*“[14]

Besonders bemerkenswert ist, daß Kautsky nicht einmal vor einer regelrechten Fälschung dieser wichtigen Stelle zurückschreckt, indem er vorgibt: „Sie verlangten lediglich, daß ihre Anhänger innerhalb der Parteien der Arbeiterklasse bestrebt sein sollen, ‚vor der Masse des Proletariats die Einsicht in die Bedingungen . . . voraus‘ zu entwickeln.“[15] Im Text heißt es jedoch nicht, sie sollen entwickeln, sondern sie haben voraus!

Ab den fünfziger Jahren betonen Marx und Engels, daß ihre Partei eine besondere Partei sei, die „immer mit Überlegenheit auftritt“[16]:

> „In seinem Kampf gegen die kollektive Macht der besitzenden Klasse kann das Proletariat nur dann als Klasse handeln, wenn es sich selbst als besondre politische Partei im Gegensatz zu allen alten, von den besitzenden Klassen gebildeten Parteien konstituiert.
>
> Diese Konstituierung des Proletariats als politische Partei ist unerläßlich, um den Triumph der sozialen Revolution und ihres höchsten Zieles, der Aufhebung der Klassen, zu sichern.“[17]

> „Damit am Tag der Entscheidung das Proletariat stark genug ist zu siegen, ist es nötig – und das haben M[arx] und ich seit

1847 vertreten –, daß es eine besondre Partei bildet, getrennt von allen andern und ihnen entgegengesetzt, eine selbstbewußte Klassenpartei."[18]

„Was die Radikal-Sozialisten à la Millerand und Cie angeht, so muß dem Bündnis mit ihnen unbedingt die Tatsache zugrundeliegen, daß unsre Partei eine besondre Partei ist und sie dies anerkennen müssen."[19]

An anderer Stelle fordern Marx und Engels, die Arbeiter müßten „eine selbständige, geheime und öffentliche Organisation der Arbeiterpartei"[20] herstellen.

Nur die Elite kann Mitglied werden, wie es in den „Statuten des Kommunistischen Bundes" ausdrücklich heißt:

„*Mitglied* kann nur werden, wer folgende Bedingungen vereinigt:

a) Freiheit von aller Religion, praktische Lossagung von jedem kirchlichen Verbande und allen nicht durch die bürgerlichen Gesetze gebotenen Zeremonien;
b) Einsicht in die Bedingungen, den Entwicklungsgang und das Endziel der proletarischen Bewegung ...

Wer die Bedingungen der Mitgliedschaft verletzt, wird ausgeschlossen ... Die Ausgeschlossenen werden dem ganzen Bunde angezeigt und gleich allen verdächtigen Subjekten von Bundes wegen überwacht."[21]

Konkurrierende Parteien müssen sich die schlimmsten Verdächtigungen und Unterdrückungen gefallen lassen, so zunächst, nach dem Schisma des Bundes der Kommunisten, die neue konkurrierende Partei. Die Formulierungen erinnern an das Toben der Stalinisten gegenüber den „Trotzkisten", „Sektierern", „Revisionisten" und „Titoisten". Wer so beschimpft wird, kann nur von Glück sagen, wenn er diesen Feinden nicht in die Hände fällt: „Einige elende Betrüger des Volkes, das sogenannte Zentralkomitee der europäischen Sozial-Demokraten, in Wahrheit ein Komitee des europäischen Zentralmobs, unter Vorstand der Herrn Willich, Schapper usw. . . ."[22]

Zwanzig Jahre später werden die Lassalleaner als „Clique", „bloße Sektenorganisation" ohne Existenzberechtigung, ja der „wirklichen Arbeiterbewegung feindlich" diskriminiert.[23] „Übrigens wäre es an der Zeit, daß diese Leute überall in der Presse als reine Polizeiagenten bloßgestellt und, wo sie wieder zu ‚hauen' versuchen, ganz gehörig wiedergehauen werden."[24]

In diesem Zusammenhang wird auch ausgeführt, daß die Vielfalt der proletarischen Vereinigungen zwar ursprünglich berechtigt gewesen sei, jetzt jedoch nicht mehr:

> „Die *Internationale* wurde gestiftet, um die wirkliche Organisation der Arbeiterklasse für den Kampf an die Stelle der sozialistischen oder halbsozialistischen Sekten zu setzen. Die ursprünglichen Statuten wie die ‚Inauguraladresse' zeigen dies auf den ersten Augenblick. Andererseits hätte die Internationale sich nicht behaupten können, wenn der Gang der Geschichte nicht bereits das Sektenwesen zerschlagen gehabt hätte. Die Entwicklung des sozialistischen Sektenwesens und die der wirklichen Arbeiterbewegung stehn stets im umgekehrten Verhältnis. Solange die Sekten berechtigt sind (historisch), ist die Arbeiterklasse noch unreif zu einer selbständigen geschichtlichen Bewegung. Sobald sie zu dieser Reife gelangt, sind alle Sekten wesentlich reaktionär. Indes

wiederholt sich in der Geschichte der Internationalen, was die Geschichte überall zeigt. Das Veraltete sucht sich innerhalb der neugewonnenen Form wiederherzustellen und zu behaupten."[25]

3. Innerparteiliche Demokratie?

Welche Grundsätze sollen innerhalb der Elitepartei gelten – demokratische oder autoritäre? „Die Partei Marx",[26] „die Verfassung der Redaktion war die einfache Diktatur von Marx"[27] sind Redewendungen, die uns aus dem 19. Jahrhundert überliefert sind. Aber war Marx wirklich, wie Lenin und Stalin, nicht nur für Diktatur im Staate, sondern auch für Diktatur innerhalb der Partei? Das wird, wie unter 1. belegt, anhand von Zitaten entschieden bestritten.

a) Für innerparteiliche Demokratie

Die einschlägigen Klassikerstellen, chronologisch geordnet, lauten:

> „Das political movement der Arbeiterklasse hat natürlich zum Endzweck die Eroberung der political movement power für sie, und dazu ist natürlich eine bis zu einem gewissen Punkt entwickelte previous organisation der working class nötig, die aus ihren ökonomischen Kämpfen selbst erwächst."[28]

In einem Aufsatz „Die imperativen Mandate auf dem Haager Kongreß" erläutert Engels als einer der Betroffenen die schweren Nachteile und Mißbrauchsmöglichkeiten dieser Institution.[29]

Auf Bakunin gemünzt und ihn persiflierend, formulieren Marx und Engels:

„So zeigt sich uns auf einmal ein anderes Bild. Die Anarchie, das ‚entfesselte Volksleben', die ‚bösen Leidenschaften' usw. reichen nicht mehr aus. Um den Erfolg der Revolution zu sichern, bedarf es der *Einheit des Gedankens und des Handelns.* Die Internationalen suchen diese Einheit zu schaffen durch die Propaganda, die Diskussion und die öffentliche Organisation des Proletariats. Bakunin braucht dazu bloß eine geheime Organisation von hundert Mann, den privilegierten Vertretern der revolutionären Idee ... Einheit des Gedankens und des Handelns heißt weiter nichts als Orthodoxie und blinder Gehorsam. *Perinde ac cadaver.* Wir befinden uns mitten in der Gesellschaft Jesu."[30]

Leonhard bemüht auch die folgenden Äußerungen von Marx:

„Der erste Eintritt von Engels und mir in die geheime Kommunistengesellschaft geschah nur unter der Bedingung, daß alles aus den Statuten entfernt würde, was dem Autoritätsaberglauben förderlich ...

Aber solche Ereignisse, wie sie sich auf dem letzten Parteikongreß zugetragen – sie werden gehörig exploitiert von den Feinden der Partei im Ausland –, haben uns jedenfalls Vorsicht in unseren Verhältnissen zu den ‚Parteigenossen in Deutschland' aufgenötigt."[31]

Eindrucksvoll sind die Worte, die Engels gegen Ende seines Lebens über innerparteiliche Freiheit gefunden hat.

Am 18. Dezember 1889 an Gerson Trier: „Es gehört zum Leben und Gedeihen einer jeden Partei, daß in ihrem Schoß gemäßigtere und extremere Richtungen sich entwickeln und selbst bekämpfen, und wer die Extremeren kurzerhand ausschließt, befördert dadurch nur ihr Wachstum. Die Arbeiterbewegung beruht auf der schärfsten Kritik der bestehenden Gesellschaft, Kritik ist ihr Lebenselement, wie kann sie selbst der Kritik sich entziehen, die Debatte verbieten wollen? Verlangen wir denn von andern das freie Wort für uns bloß, um es in unsren eignen Reihen wieder abzuschaffen?"[32]

An Friedrich Adolf Sorge am 9. August 1890: „Die größte Partei im Reich kann nicht bestehn, ohne daß alle Schattierungen in ihr vollauf zu Worte kommen, und selbst der *Schein* der Diktatur à la Schweitzer muß vermieden werden."[33]

An Karl Kautsky am 11. Februar 1891: „Und daß die Leute endlich einmal aufhören, die Parteibeamten – ihre eignen Diener – mit den ewigen Glacéhandschuhen anzufassen, und vor ihnen wie vor unfehlbaren Bürokraten gehorsamst, statt kritisch, dazustehen, ist auch nötig."[34]

An August Bebel 1./2. Mai 1891: „Und nun noch eins: Seit ihr versucht, die Veröffentlichung des Artikels mit Gewalt zu verhindern und der ‚NZ' habt Warnung zukommen lassen, sie würde im Wiederholungsfall vielleicht auch parteilich verstaatlicht und unter Zensur gestellt, muß mir die Besitzergreifung Eurer ganzen Presse durch die Partei doch unter einem eigentümlichen Licht erscheinen. Wodurch unterscheidet Ihr euch von Puttkamer, wenn Ihr in Euren Reihn ein Sozialistengesetz einführt? Mir persönlich kann das ja ziemlich einerlei sein, keine Partei in irgend einem Land kann mich zum Schweigen verurteilen, wenn ich zu reden entschlossen bin."[35]

Und nochmals, am 19. November 1892, an Bebel: „Eure ‚Verstaatlichung' der Presse hat ihre großen Übelstände, wenn sie zu weit geht. Ihr *müßt* absolut eine Presse in der Partei haben, die vom Vorstand und selbst Parteitag nicht *direkt* abhängig ist, d. h., die in der Lage ist, *innerhalb* des Programms und der angenommenen Taktik gegen einzelne Parteischritte ungeniert Opposition zu machen und innerhalb der Grenzen des Parteianstandes auch Programm und Taktik frei der Kritik zu unterwerfen. Eine solche Presse solltet Ihr als Parteivorstand begünstigen, ja hervorrufen, dann habt Ihr immer noch mehr moralischen Einfluß auf sie, als wenn sie halb *gegen* Euren Willen entsteht."[36]

b) Gegen innerparteiliche Demokratie

Die Zahl der Textstellen, die an der innerparteilichen demokratischen Grundeinstellung zweifeln lassen, ist deutlich größer. Die wesentlichsten besagen folgendes: Nicht der einzelne Proletarier entscheidet, was zu tun ist, sondern die Geschichte, deren Missionsauftrag Marx vermittelt.

Engels nennt Marx ausdrücklich den intellektuellen Vorgesetzten von Lassalle:

„Es handelt sich nicht darum, was dieser oder jener Proletarier oder selbst das ganze Proletariat als Ziel sich einstweilen *vorstellt,* es handelt sich darum, *was* es *ist* und was es diesem *Sein* gemäß geschichtlich zu tun gezwungen sein wird. Sein Ziel und seine geschichtliche Aktion ist in seiner eignen Lebenssituation wie in der ganzen Organisation der heutigen bürgerlichen Gesellschaft sinnfällig, unwiderruflich vorgezeichnet."[37]

(Diese Feststellung ist doppelt verständlich, wenn wir uns vergegenwärtigen, daß die ersten Jünger ganz anders empfanden als Marx und Engels: „‚Milde', ‚Sanftmut', ‚warme Brüderlichkeit'. Ich habe sie aber gehörig gerüffelt. Jeden Abend bracht ich ihre ganze Opposition von fünf, sechs, sieben Kerls . . . zum Schweigen."[38])

Was den L. Blanc angeht, so verdient der gezüchtigt zu werden. Schreib eine Kritik . . . und weise ihm nach, wie sehr wir über ihm stehen; freundschaftlich in der Form, aber unsre Superiorität entschieden festhaltend im Inhalt."[39]

„Ihr habt 15, 20, 50 Jahre Bürgerkriege und Völkerkämpfe durchzumachen, nicht nur um die Verhältnisse zu ändern, sondern um euch selbst zu ändern und zur politischen Herrschaft zu befähigen ...“[40]

„Wir veröffentlichten gleichzeitig eine Reihe teils gedruckter, teils lithographierter Pamphlets, worin das Gemisch von französisch-englischem Sozialismus oder Kommunismus und von deutscher Philosophie, das damals die Geheimlehre des ‚Bundes‘ bildete, einer unbarmherzigen Kritik unterworfen, statt dessen die wissenschaftliche Einsicht in die ökonomische Struktur der bürgerlichen Gesellschaft als einzig haltbare theoretische Grundlage aufgestellt und endlich in populärer Form auseinandergesetzt ward, wie es sich nicht um Durchführung irgendeines utopischen Systems handle, sondern um selbstbewußte Teilnahme an dem unter unsern Augen vor sich gehenden geschichtlichen Umwälzungsprozeß der Gesellschaft.“[41]

„Der ganze Inhalt seiner [Lassalles] Schriften war entlehnt, selbst nicht ohne Mißverständnisse entlehnt, er hatte einen Vorgänger und einen intellektuellen Vorgesetzten, dessen Dasein er freilich verschwieg, während er seine Schriften vulgarisierte, und dieser intellektuelle Vorgesetzte heißt Karl Marx.“[42]

Mit Blick auf Lenin formuliert Karl Kautsky: „Gleich dem Gotte der Monotheisten ist der Diktator ein sehr eifersüchtiger Gott. Er duldet keine anderen Götter neben sich. Jene in der Partei, die nicht an seine göttliche Unfehlbarkeit glauben, ziehen sich seinen wilden Haß zu. Lenin forderte, daß sich die gesamte Arbeiterklasse gefügig seiner Führung unterwarf. Diejenigen Parteileute, die dazu neigten, anderen Führern mehr Vertrauen zu schenken oder eine eigene Meinung zu verfechten, wurden von Lenin als die schlimmsten Feinde betrachtet, die mit allen erdenklichen Mitteln zu bekämpfen waren.“[43]

Ich meine, Kautskys Vorwurf trifft den von ihm verehrten Marx ebenso hart, ja noch weit härter, wenn wir nicht nur das Herz, sondern vor allem Urkunden und Fakten sprechen lassen. So wie Kautsky Lenin charakterisiert, so haben zahlreiche Zeitgenossen von Marx Lenins verehrten Meister beschrieben, wie schon in anderem Zusammenhang darzulegen gewesen ist.[44]

Hier in Auszügen einige bemerkenswerte Ergänzungen:

Am 31. März 1846 notierte sich Wilhelm Weitling:

Marx resümierte:
„1. Es muß eine Sichtung in der kommunistischen Partei vorgenommen werden.
2. Die kann bewerkstelligt werden dadurch, daß man die Nicht-Hinein-Tauglichen kritisiert und sie von den Geldquellen trennt . . .“[45]

Bereits im Jahre 1850 erschien in Köln ein Buch mit dem bezeichnenden Titel: „Vorgeschmack in die künftige deutsche Diktatur von Marx und Engels“, Verfasser Eduard von Müller-Tellering. Darin heißt es u. a.: „Schon aus den vorhergegangenen offiziellen, immer mit vielem Eklat besorgten ‚Hinausschmeißungen‘ und sonstigen Operationen des Herrn Marx habe ich mich überzeugt, daß diese Herren ihre sog. Arbeiter dazu mißbrauchen, sie exploitieren, um nur sich selbst auf deren Schultern ein wohlfeiles Piedestal zu erbauen.“[46]

„Der Bund der Kommunisten“ 1851:
„Der Arbeiterverein und der Bund in London sind zwar abgefallen, aber nicht vom Prinzip, sondern von Personen [Marx, Engels], die uns hier als Fußschemel gebrauchen wollten, um auf demselben zum Cheftum der kommunistischen Partei, zu einem neuen Dalai-Lama-Thron emporzusteigen.“[47]

Die Richtigkeit dieser Feststellungen sind anhand der Selbstzeugnisse in Briefform nachweisbar; Marx an Engels:

„Jedenfalls muß die Luft gereinigt und die Partei von dem hinterlassenen Lassallegestank gefegt werden.“[48]

Marx an S. Meyer: „Ich ging in den Verein, denunzierte die Lumpen, und Weber jun. war mit éclat hinausgeschmissen.“[49]

Marx an Lassalle: „Entweder Keiner tritt im Namen der Partei auf, ohne sich konsultiert zu haben mit den anderen, oder Jeder hat das Recht ...“[50] Das klingt recht demokratisch. Doch in dem Brief, den er gleichzeitig an Engels schreibt, betont er ganz ungeniert seinen geheimen Vorbehalt: „... die anderen (euphemistischer Ausdruck für Dich und mich) ...“[51]

Im Innenverhältnis zwischen Marx und Engels ist Marx der Diktator: „In Deinem Artikel vom vorigen Freitag habe ich den ganzen Eingang weggestrichen ...“[52]

Lassalle erteilt er, wie er schreibt, die Erlaubnis, einen Posten anzunehmen.[53]

Ohne daß eine Partei besteht, ohne daß Marx irgendein Amt inne hat, entrüstet er sich: „Es ist überhaupt charakteristisch für den Büchermann Freiligrath, daß er nicht glaubt, mir Rechenschaft schuldig zu sein ...“[54]

Nimmt es da wunder, daß Marx, wie er selbst berichtet, als „Tyrann“ tituliert wurde?[55]

Wo Marx sich zur Mitarbeit herabläßt, wird jeder Widerspruch zur Majestätsbeleidigung. Die Gottheit vernichtet oder entzieht zumindest ihre Huld:

„Die Unterzeichneten versprachen ihre Mitarbeit am ‚Socialdemokrat' und gestatteten ihre Nennung als Mitarbeiter unter dem ausdrücklichen Vorbehalt, daß das Blatt im Geiste des ihnen mitgeteilten kurzen Programms redigiert werde. . . .
Friedrich Engels Karl Marx."[56]

Was war vorgefallen? Marx selbst zitiert das „Schweitzersche Ultimatum": „Wenn Sie mir, wie im letzten Schreiben, über theoretische (!) Fragen Aufklärung geben wollen, so würde ich solche Belehrung von Ihrer Seite dankbar entgegennehmen. Was aber die praktischen Fragen momentaner Taktik betrifft, so bitte ich Sie zu bedenken, daß, um diese Dinge zu beurteilen, man im Mittelpunkt der Bewegung stehen muß. Sie tun uns daher Unrecht, wenn Sie irgendwo und irgendwie Ihre Unzufriedenheit mit unserer Taktik aussprechen. Dies dürften Sie nur dann tun, wenn Sie die Verhältnisse genau kennten. Auch vergessen Sie nicht, daß der Allgemeine Arbeiterverein ein konsolidierter Körper ist und bis zu einem gewissen Grade an seine Traditionen gebunden bleibt. Die Dinge in concreto schleppen eben immer irgendein Fußgewicht mit sich herum." Marx fügt hinzu: „Auf dies Schweitzersche Ultimatum antwortete Engels' und meine öffentliche Austrittserklärung."[57]

Gegen „Stänkereien", auch wenn sie in Privatbriefen enthalten sind, will Marx „die nötigen Maßregeln zur Vermeidung solchen Unfugs"[58] ergreifen.

„Die Beschlüsse . . . geben jetzt dem New Yorker Komitee die legalen Waffen, um allem Sektenwesen und Amateurgruppen ein Ende zu machen und im Notfall sie auszuschließen . . .

Bakunin (außerdem persönlich bedroht durch Resolution XIV . . ., die seine infamen russischen Geschichten an den Tag bringen wird) bietet alles Mögliche auf, um mit den Trümmern seiner Anhängerschaft gegen die Konferenz Proteste ins Werk zu setzen.

Zu dem Zweck hat er sich mit dem verlumpten Teil der französischen Flüchtlingsschaft ... in Genf und London in Verbindung gesetzt ..."[59]

Engels verspottet die Einfalt jener, die sich gegen Parteidisziplin und Konzentration der Kräfte aussprechen.[60]

Marx zitiert Engels mit Beifall: „Die Politik, welche die Arbeiterklasse in dem Verfassungskonflikt zu [ver]folgen hat, ist, ‚die Arbeiterpartei vor allem organisiert erhalten, so gut es die jetzigen Zustände zulassen ...'"[61]

Ein widerwärtiges, zugleich aber Schauer erregendes Selbstporträt haben uns Marx und Engels aufskizziert.

Marx: „Eine sehr schöne Lektion haben die Herren Knoten so erhalten. Der Alt-Weitlingsche Esel Scherzer glaubte, *er* könne Parteivertreter ernennen. In *meiner* Zusammenkunft mit einer Deputation der Knoten ... erklärte ich ihnen rundheraus: Unsere Bestellung als Vertreter der proletarischen Partei hätten wir von niemand *als uns selbst*. Sie sei aber kontrasigniert durch den ausschließlichen und allgemeinen Haß, den alle Faktionen der alten Welt und Parteien uns widmeten. Du kannst Dir denken, wie verblüfft die Ochsen waren."[62]

Engels: „Wie passen Leute wie wir, die offizielle Stellungen fliehen wie die Pest, in eine ‚Partei'? Was soll uns, die wir auf die Popularität spucken, die wir an uns selbst irre werden, wenn wir populär zu werden anfangen, eine ‚Partei', d. h. eine Bande von Eseln, die auf uns schwört, weil sie uns für ihresgleichen hält? Wahrhaftig, es ist kein Verlust, wenn wir nicht mehr für den ‚richtigen und adäquaten Ausdruck' der bornierten Hunde gelten, mit denen uns die letzten Jahre zusammengeworfen hatten."[63]

Neben Engels hatte Marx nur einen ständigen Freund, Wilhelm Wolff, dem Marx „Das Kapital" (Band I) widmete. Er empfand und dachte wie Marx. Der Auszug aus einem Briefwechsel zwischen Wolff und einem gewissen Fickler demonstriert zwei grundverschiedene Typen von Revolutionären:

„Bürger Fickler, . . .
hätte ich am 5. dieses Monats entfernt ahnen können, daß Sie mit A. Ruge, diesem albern-schamlosen Lumpenhunde, in derartiger Verbindung stehen, ich würde Ihre Wohnung gewiß nicht betreten haben . . . W. Wolff . . .“

„Lieber Bürger Wolff!
Mein Ahnungsvermögen ist in der Tat so schwach, daß es mich auch nicht entfernt den Verlust Ihres Wohlwollens und Ihres Besuchs befürchten ließ, wenn ich mit dem ‚Lumpenhund‘ Ruge im Umgang mich befinde. – Ja, ich wußte nicht einmal, daß ich in solcher Hinsicht schon unter der Vormundschaft einer Parteiabteilung und unter der Polizeiherrschaft der Männer der Zukunft stehe . . . Politische wie religiöse Achtserklärungen sind Anachronismen, selbst wenn sie vom Kaiser und Papst ausgehn; – um wieviel lächerlicher erscheinen dieselben, wenn die Königlein und Päpstlein einer Partei sie ausschleudern, welche nach offenkundig gewordnen Bekenntnissen so zerfahren ist wie die Ihrige, und welche heute aus ihrer eigenen Mitte diejenigen zu ‚Lumpenhunden‘ umformt, welchen sie gestern noch fast göttliche Ehren erwiesen! . . . Mit freundlichem Gruß Ihr Fickler“[64]

c) Ein unlösbarer Widerspruch?

Die kühne Behauptung, allein im Besitz einer wissenschaftlich fundierten, also über jeden Zweifel erhabenen Weltanschauung zu sein und als selbstgekrönte Vertreter der proletarischen Partei fungieren zu dürfen, andererseits warme Worte der Toleranz für die Stänkerer in den eigenen Reihen, der Ruf nach Duldung innerparteilicher Opposition – kann man sich darauf einen Reim machen?

Auf den ersten Blick ist man versucht, eine Bewußtseinsspaltung anzunehmen. Aber des Rätsels Lösung lautet anders. Die zusammengestellten Zitate sind in den Marx/Engels-Werken über ein halbes Jahrhundert verstreut (1844 bis 1894). Dazwischen liegt der Tod von Marx (1883), ein Ereignis, das für viele, die mit Marx Umgang hatten, zur Kurskorrektur wurde. Der Tod des Vormunds hatte sie emanzipiert. Seine arrogant boshaften Belehrungen wie zum Beispiel in der „Kritik des Gothaer Programms" waren nun nicht länger zu befürchten. Damit verlor Marx für viele seine Schrecken. Die Erfahrungen im Umgang mit ihm, die nach 1883 niedergeschrieben wurden, unterscheiden sich sosehr von den früheren, daß man nicht glauben kann, sie alle beträfen einen und denselben Menschen.

Auch bei Engels vernimmt man gleichsam ein Aufatmen. Nun kann er gewisse Korrekturen vornehmen und Irrtümer eingestehen, ohne die Freundschaft aufs Spiel zu setzen.[65]

Es ist kein Zufall, daß fast alle Zitate, die eine demokratische Grundeinstellung von Marx und Engels beweisen sollen, aus der Zeit nach 1883 stammen. Doch auch diese Textstellen sind nicht so eindeutig, wie es zunächst den Anschein hat. Engels p. M. m. (post Marx mortuum) ist ein anderer als Engls a. M. m. (ante . . .); aber aus Saulus ist durch den Tod des Freundes kein Paulus geworden. Marxens Tod allein liefert auch nicht die hinlängliche Erklärung für den Sinneswandel von Engels. Zu berücksichtigen ist jeweils, und das gilt wohl für alle

Publikationen, die eigene Position: Hier also: bin ich an der Spitze oder stehe ich am Rande der proletarischen Bewegung? Seit dem Ende der Internationale hatten Marx und Engels ihre führende Rolle eingebüßt, und schon vorher mußten sie wahrnehmen, daß im innerdeutschen Bereich die Arbeiterbewegung auch ohne sie Fuß fassen und sich ausbreiten konnte. Sollten sie, die von der Mehrheit der deutschen sozialistischen Parteiführer meist nur mit Verachtung sprachen, z. B. von Lassalle, Schweitzer, Liebknecht, Bernstein, Most, Mehring, deren Autorität zu festigen trachten?

Machen wir uns das Gesagte an einem Beispiel klar. Einem der schönen, vom Freiheitspathos getragenen Engelszitate geht eine leidenschaftliche Kritik an der Parteiführung voraus, weil sie die wahre Lehre, den Marxismus, verraten habe:

> „Daß die Lass[alleaner] kamen, weil sie *mußten,* weil ihre ganze Partei in Stücke ging, weil ihre Führer Lumpen oder Esel waren, denen die Massen nicht mehr folgen wollten, das kann in der gewählten milden Form heute gesagt werden. Ihre ‚stramme Organisation' endigte naturgemäß in vollständiger Auflösung. Also lächerlich, wenn L[ie]bk[necht] die Enbloc-Annahme der Lass[alleschen] Glaubensartikel damit entschuldigt, daß die Lassalleaner ihre stramme Organisation geopfert – da war nichts mehr zu opfern!
>
> Du wunderst Dich, woher die unklaren und verworrenen Phrasen im Programm stammen? Aber die sind ja alle grade der leibhaftige L[ie]bk[necht], wegen deren wir uns mit ihm jahrelang herumgestritten und für die er schwärmt. Er ist theoretisch stets unklar gewesen, und unsre scharfe Formulierung ist ihm noch heute ein Greuel ...
>
> Was die Angriffe auf Lassalle angeht, so waren mir diese mit das Wichtigste, wie ich auch gesagt. Durch Annahme *aller*

wesentlichen Lass[alleschen] ökonomischen Phrasen und Forderungen waren die Eisenacher *tatsächlich* Lassalleaner geworden, wenigstens dem Programm nach. ... Und während der 13 Jahre Sozialistengesetz war selbstredend keine Möglichkeit, innerhalb der Partei gegen den Lassallekultus aufzutreten. Dem mußte ein Ende gemacht werden, und das hab' ich angestiftet. Ich werde nicht mehr erlauben, daß der falsche Ruhm Lassalles *auf Kosten von Marx* aufrechterhalten und neu gepredigt wird."[66]

Nun aber zu den als demokratiefreundlich angeführten Äußerungen a. M. m. Es sind nur vier.

Wenn im Brief an Bolte vom 23. November 1871 „eine bis zu einem gewissen Punkt entwickelte ... Organisation der Arbeiterklasse"[67] als Voraussetzung für die Eroberung der Macht gefordert wird, so könnte man versucht sein, diese Worte als Plädoyer für eine nur lose Organisation aufzufassen. Doch zwingend ist diese Auslegung nicht. Dem Zitat voraus gehen eine Verteufelung aller konkurrierenden sozialistischen Kräfte als „Sekten", „Lumpenpack" usw. und der Satz: „Die *Internationale* wurde gestiftet, um die wirkliche Organisation der Arbeiterklasse für den Kampf an die Stelle der sozialistischen oder halbsozialistischen Sekten zu setzen."[68]

Das imperative Mandat verstößt gegen die modernen westlichen Grundsätze der Demokratie. Teilt Engels diese Ansicht? Er geißelt zwar in dem erwähnten Artikel den Mißbrauch des „Imperativen Mandats auf dem Haager Kongreß", betont aber einleitend ausdrücklich: „Wir werden uns hier in keine Prinzipiendiskussion über diese Mandate einlassen."[69]

Auch das nächste Zitat beweist nicht, was es beweisen soll. Denn darin wird doch ausdrücklich gesagt: „Um den Erfolg der Revolution zu sichern, bedarf es der Einheit des Gedankens und des Handelns."[70] Ein Mittel, um diese gefährliche Einheit zu schaffen, ist nach Marx und Engels „die öffentliche Organisation des Proletariats."

Bleibt schließlich noch jene Stelle, wo Marx betont, daß er und Engels erst nach Beseitigung aller Klauseln, die dem Autoritätsaberglauben förderlich, in die „geheime kommunistische Gesellschaft" eingetreten seien.[71] Doch für den, der Marxens Psyche zu kennen glaubt, ist dieses Verhalten geradezu eine Selbstverständlichkeit. Marx, der Prometheus, dient nicht, unterwirft sich nicht, akzeptiert nur *eine* Autorität, nämlich sich selbst. Da er als Eintretender nicht erwarten konnte, sofort zum Präsidenten ernannt zu werden, mußte er den „Autoritätsaberglauben" bekämpfen.

Noch ein Zitat aus Leonhards Mohrenwäsche des Karl Marx ist zu erwähnen. Es ist aus mehreren Gründen höchst bemerkenswert, vor allem:

1. Weil es falsch ist und richtig wiedergegeben genau das Gegenteil von dem besagt, was angeblich daraus zu entnehmen ist;

2. weil sich dieses Falschzitat durch Dutzende von Auflagen und Hunderttausende von Exemplaren hindurchretten konnte.

Leonhard zitiert: „Je loser die Organisation ist, desto fester ist sie in Wirklichkeit."[72] Laut „Marx/Engels-Werke" hat die fragliche Stelle jedoch folgenden Wortlaut: „Je loser die Organisation jetzt dem Anschein nach ist, desto fester ist sie in Wirklichkeit."[73]

4. Zusammenfassende Wertung

Die Analyse aller einschlägigen Äußerungen von Marx und Engels ergibt das gleiche Bild wie schon in Kapitel VII dargestellt: Die Machthaber in den „Staaten des realen Sozialismus" können ihre Theorie und Praxis mit weit besseren Marx- und Engelszitaten untermauern als die Sozialdemokraten. Engels p. M. m. ist jedoch kein Gewährsmann für Lenin und seine Nachfolger. Mit anderen Worten: Marx und Engels sind für eine elitäre konkurrenzlose kommunistische Partei. Innerparteiliche Demokratie lehnen sie ab. Sie fordern bedingungslos die Anerkennung ihrer Autorität.

Wiederum trifft Engels mit einer Feststellung, die auf einen Dritten gemünzt ist, seinen Freund Marx haargenau: „Er war aber mehr, er war vollständiger Prophet, von seiner persönlichen Mission als prädestinierter Befreier des deutschen Proletariats überzeugt und als solcher direkter Prätendent auf die politische nicht minder als auf die militärische Diktatur."[74]

IX. Marx – Anarchist oder Etatist?

1. Die Fragestellung

Die sowjetamtlichen Verlautbarungen nennen die UdSSR einen voll entwickelten sozialistischen Staat an der Schwelle zum Kommunismus.[1] Vom Absterben des Staates kaum noch ein Wort, geschweige denn eine Spur. Gleichzeitig schwört die Sowjetunion darauf, ein Staat im Sinne von Marx, Engels und Lenin zu sein. Aber haben nicht alle drei das notwendige Absterben des Staates in Aussicht gestellt? Die Antworten auf diese Fragen sind widersprüchlich:

„Von einem Absterben des Staates oder gar des Rechts ist im Denken des originalen Marx nirgendwo, sei es direkt, noch indirekt die Rede. In dem einzigen Zusammenhange, in dem Marx von ‚Absterben' spricht, ist dieses Wort nicht auf den politischen Staat, sondern genau umgekehrt, auf die ‚bürgerliche Gesellschaft' bezogen ..."[2]

Maihofer, von dem diese Feststellung stammt, verweist auf eine Stelle in Marxens Kritik des Gothaer Programms, die, 1875 verfaßt, zu den späten Veröffentlichungen zählt. Nicht so sehr das Studium der Schriften als vielmehr der persönliche Gedankenaustausch ließen in Bakunin die Überzeugung reifen: „Marx ... will, was wir wollen: Den vollständigen Triumph der ökonomischen und sozialen Gleichheit, aber im Staate und durch die Staatsmacht ..."[3]

Das Institut für Marxismus-Leninismus beim Zentralkomitee der KPdSU tut so, als ob der „sozialistische Staat" eine Denk- und Argumentationsfigur von Engels wäre.[4]

Bei Rüstow hingegen heißt es: „Nach Marxens Lehre ist das Endziel, das als höchstes Ideal rückhaltlos bejaht wird und dem die Entwicklung der Menschheit mit säkularer Zwangsläufigkeit zustreben soll, das grandiose Happy End aller Weltgeschichte von extrem liberaler, ja geradezu anarchischer Struktur: ein Reich absoluter Freiheit, eine nicht nur klassenlose, sondern sogar staatenlose Gesellschaft ... Aber nicht nur die radikalsten Anarchisten aller Zeiten finden hier ihre extremsten Idealvorstellungen rückhaltlos bejaht, nicht nur der Optimismus des 18. Jahrhunderts, der Gefühlsüberschwang der Vorromantik und die schwärmerische Menschenliebe Rousseaus – Seid umschlungen Millionen! – feiern hier ihre Auferstehung: auch das Renaissance-Ideal des uomo universale ... wird übernommen ..."[5]

Kolakowski sieht Marx auf dem Mittelweg zwischen den beiden Extremen: „Wie man sieht, ist

Aufhebung des Staates keineswegs gleichbedeutend mit Aufhebung der Verwaltungsfunktionen, die für die Lenkung der Produktion unerläßlich sind.“[6]

Liegt es an Marx oder seinen Interpreten, daß sich recht unterschiedliche Auffassungen auf ihn berufen?

Mit dem Staatsbegriff auf das engste verwoben ist das Recht, mit dessen Hilfe die Staatsgewalt die Ordnung des Gemeinwesens gewährleistet. Wer sich zum Staat äußert, äußert sich unmittelbar oder mittelbar auch zum Recht. Marx bildet keine Ausnahme. In Villeys Untersuchung „Die Rechtsphilosophie im kommunistischen Bereich“ heißt es einleitend: „Angesichts der zahlreichen divergierenden Interpretationen der Rechtsphilosophie von K. Marx und F. Engels erweist sich die Darstellung gerade dieser Lehre als sehr schwierig.“[7]

Liegen die Schwierigkeiten der Darstellung des Marxschen Wirkens in den unterschiedlichen Auffassungen, die die Lehre gefunden hat, oder nicht vielmehr in der Lehre selbst?

Villey legt letzteres nahe, wenn er weiter schreibt: „Marx war als Autor eher produktiv als klar; zudem gab er der Aktion den Vorrang vor der Spekulation. Seine philosophischen Betrachtungen ergaben im allgemeinen kaum eine formvollendete Darstellung, wohl aber viele, vermutlich von ihm als provisorisch erachtete Entwürfe, die zum großen Teil lange Zeit unveröffentlicht blieben ... Auch fehlt es der Philosophie von Marx einigermaßen an Geschlossenheit und Kohärenz; ebenfalls ist sie doppelsinnig ..."

Alle diese Mängel hindern Villey nicht an der Wertung: „Nichtsdestoweniger muß man ihn zu den bedeutendsten Rechtsphilosophen zählen ... Die Kritik von Marx reicht über den beschränkten Horizont der vorherigen Rechtstheoretiker hinaus; sie bewegt sich auf dem hohen Niveau der allgemeinen Philosophie und der Ontologie."[8]

2. Marx und Engels über Staat, Recht, Menschenrechte

a) Der Staat ein Unterdrückungsinstrument

Marx und Engels, die von Hegel angeblich nur die Dialektik übernahmen, verneinen mit äußerster Entschiedenheit Hegels Weltgeist und ebenso entschieden Hegels Staatslehre:

> „Nach der philosophischen Vorstellung ist der Staat die ‚Verwirklichung der Idee' oder das ins Philosophische übersetzte Reich Gottes auf Erden, das Gebiet, worauf die ewige Wahrheit und Gerechtigkeit sich verwirklicht oder verwirklichen soll. Und daraus folgt dann eine abergläubische Verehrung des Staats und alles dessen, was mit dem Staat zusammenhängt, und die sich um so leichter einstellt, als man sich von Kindesbeinen daran gewöhnt hat, sich einzubilden, die der ganzen Gesellschaft gemeinsamen Geschäfte und Interessen könnten nicht anders besorgt werden, als wie sie bisher besorgt worden sind, nämlich durch den Staat und seine wohlbestallten Behörden."[9]

Für Marx und Engels ist der Staat nichts Großes und Erhabenes, sondern das Gegenteil:

Im Anschluß an das eben Zitierte heißt es: „In Wirklichkeit aber ist der Staat nichts als eine Maschine zur Unterdrükkung einer Klasse durch eine andere, und zwar in der demokratischen Republik nicht minder als in der Monarchie; und im besten Fall ein Übel, das dem im Kampf um die Klassenherrschaft siegreichen Proletariat vererbt wird . . .“[10]

Solche Aussagen finden sich öfter, meist aus der Feder von Engels, aber nicht ausschließlich.[11] Schon bevor Marx mit Engels Feundschaft schloß, schrieb er: „Denn diese Zerrissenheit, diese Niedertracht, dies *Sklaventum der bürgerlichen Gesellschaft* ist das Naturfundament, worauf der *moderne* Staat ruht, wie die *bürgerliche Gesellschaft des Sklaventums* das Naturfundament war, worauf der *antike Staat* ruhte. Die Existenz des Staats und die Existenz der Sklaverei sind unzertrennlich. Der antike Staat und die antike Sklaverei – offenherzige *klassische* Gegensätze – waren nicht inniger aneinander *geschmiedet* als der moderne Staat und die moderne Schacherwelt, – scheinheilige *christliche* Gegensätze.“[12]

Beide zusammen stellen fest, daß „der Staat die Form ist, in welcher die Individuen einer herrschenden Klasse ihre gemeinsamen Interessen geltend machen . . .“[13]

Als Nachtwächter tritt uns der Staat in Engels Abhandlung „Der Ursprung der Familie, des Privateigentums und des Staates“ entgegen:

„Der Staat ist also keineswegs eine der Gesellschaft von außen aufgezwungene Macht; ebensowenig ist er ‚die Verwirklichung der sittlichen Idee', ‚das Bild und die Wirklichkeit der Vernunft', wie Hegel behauptet. Er ist vielmehr ein Produkt der Gesellschaft auf bestimmter Entwicklungsstufe; er ist das Eingeständnis, daß diese Gesellschaft sich in einen unlösbaren Widerspruch mit sich selbst verwickelt, sich in unversöhnliche Gegensätze gespalten hat, die zu bannen sie ohnmächtig ist. Damit aber diese Gegensätze, Klassen mit widerstreitenden ökonomischen Interessen nicht sich und die Gesellschaft in fruchtlosem Kampf verzehren, ist eine scheinbar über der Gesellschaft stehende Macht nötig geworden, die den Konflikt dämpfen, innerhalb der Schranken der *‚Ordnung'* halten soll; und diese, aus der Gesellschaft hervorgegangne, aber sich über sie stellende, sich ihr mehr und mehr entfremdende Macht ist der Staat."[14]

b) „Der Staat stirbt ab"

„Die zentralisierte Staatsmaschinerie, die mit ihren allgegenwärtigen und verwickelten militärischen, bürokratischen, geistlichen und gerichtlichen Organen die lebenskräftige bürgerliche Gesellschaft wie eine Boa constrictor umklammert (umstrickt), wurde zuerst in den Zeiten der absoluten Monarchie als Waffe der entstehenden modernen Gesellschaft in ihrem Kampf um die Emanzipation vom Feudalismus geschmiedet."[15]

So erlebt Marx den modernen Staat. Aber dieses Unwerturteil, dieser Vergleich mit dem Raubtier, beschränkt sich nicht auf den Staat seiner Zeit, sondern trifft, wie gezeigt, den Staat schlechthin. Wer, wie Marx[16], den Himmel auf Erden verspricht, muß den Staat, wenn er ihn als das notwendige Übel definiert, verschwinden lassen. Maihofers Ansicht, wonach Marx nie vom Absterben des Staates gesprochen habe, ihm also diese Annahme fremd gewesen sei, ist folglich nicht richtig.

Maihofer argumentiert mit Sätzen aus Marxens „Kritik des Gothaer Programms". Da ist tatsächlich vom „zukünftigen Staatswesen der kommunistischen Gesellschaft" die Rede. Aber auch hier ist es sehr aufschlußreich, die Worte in einen größeren Zusammenhang zu stellen. Der Text lautet:

„Es fragt sich dann: Welche Umwandlung wird das Staatswesen in einer kommunistischen Gesellschaft untergehn? In andern Worten, welche gesellschaftliche Funktionen bleiben dort übrig, die jetzigen Staatsfunktionen analog sind? Diese Frage ist nur wissenschaftlich zu beantworten, und man kommt dem Problem durch tausendfache Zusammensetzung des Worts Volk mit dem Wort Staat auch nicht um einen Flohsprung näher. Zwischen der kapitalistischen und der kommunistischen Gesellschaft liegt die Periode der revolutionären Umwandlung der einen in die andere. Der entspricht auch eine politische Übergangsperiode, deren Staat nichts anderes sein kann als *die revolutionäre Diktatur des Proletariats.*

Das Programm nun hat es weder mit letzterer zu tun, noch mit dem zukünftigen Staatswesen der kommunistischen Gesellschaft."[17]

Nimmt Marx mit dem letztzitierten Satz zum „Staatswesen der kommunistischen Gesellschaft" Stellung? Nein, auch nicht dergestalt, daß er ein solches Staatswesen bejaht. Er stellt nur fest, daß sich das Gothaer Programm nicht damit befaßt und auch nicht damit zu befassen hat. Aber selbst wer glaubt, er könne aus dieser Kritik eine eigene positive Aussage Marxens herauslesen, darf sich nicht an einer wesentlich deutlicheren Formulierung vorbeimogeln: „Welche gesellschaftliche Funktionen bleiben dort [in einer kommunistischen Gesellschaft] übrig, die jetzigen Staatsfunktionen analog sind?" Demnach ist Marx doch offenbar der Auffassung, daß vieles von dem verschwindet, was jetzt für den Staat typisch ist. Und das, das was bleibt, verändert sich so sehr, daß nur noch Analogien möglich sind.

Schon der junge Marx, dem Engels noch keinen „geistigen Bärendienst geleistet hat"[18], ist erfüllt von dem Glauben, daß nur durch die Aufhebung des Staates die Entfremdung des Menschen ein Ende finden könne:

„Die positive Aufhebung des ‚Privateigentums' als die Aneignung des *menschlichen* Lebens, ist daher die positive Aufhebung aller Entfremdung, also die Rückkehr des Menschen aus Religion, Familie, Staat etc. in sein *menschliches,* d. h. *gesellschaftliches* Dasein."[19]

Die wenigen Wochen Pariser Kommune genügten – nach Marx –, um zu beweisen, daß die künftige Gesellschaft der staatlichen Gewalt nicht bedarf:

„Wunderbar in der Tat war die Verwandlung, die die Kommune an Paris vollzogen hatte! Keine Spur mehr von dem buhlerischen Paris des zweiten Kaisertums. Paris war nicht länger der Sammelplatz von britischen Grundbesitzern, irischen Absentees, amerikanischen Ex-Sklavenhaltern und Emporkömmlingen, russischen Ex-Leibeigenenbesitzern und walachischen Bojaren. Keine Leichen mehr in der Morgue, keine nächtlichen Einbrüche und fast keine Diebstähle mehr; seit den Februartagen von 1848 waren die Straßen von Paris wirklich einmal wieder sicher, und das ohne irgendwelche Polizei."[20]

Die Commune war für ihn der Kampf gegen den Staat schlechthin:

„Daher war die Commune nicht eine Revolution gegen diese oder jene legitimistische, konstitutionelle, republikanische oder kaiserliche – Form der Staatsmacht. Die Commune war eine Revolution gegen den *Staat* selbst, gegen diese übernatürliche Fehlgeburt der Gesellschaft; sie war eine Rücknahme des eignen gesellschaftlichen Lebens des Volkes durch das Volk und für das Volk."[21]

Freilich, soviel ist richtig, daß sich Freund Engels noch häufiger und deutlicher zu diesem Thema äußert, aber eben nicht gegen Marx, sondern mit seiner Billigung:

Vergegenwärtigen wir uns die wichtigsten Äußerungen Engels in chronologischer Folge. Sie ziehen sich wie ein roter Faden durch das gesamte Opus. 1845 veröffentlicht Engels eine „Beschreibung der in neuerer Zeit entstandenen und noch bestehenden kommunistischen Ansiedlungen". Wüßten wir nicht, daß sie von Engels stammt, wir könnten Thomas Morus als Autor vermuten. Freilich, wäre Morus der Verfasser, er hätte die Schilderung dieses kommunistischen Paradieses dem Hythlodeus, dem Aufschneider, in den Mund gelegt:

„Die ersten Leute, welche in Amerika und überhaupt in der Welt eine Gesellschaft auf dem Grund der Gütergemeinschaft zustande brachten, waren die sogenannten Shakers. Diese Leute sind eine eigne Sekte, welche sehr sonderbare religiöse Meinungen haben, nicht heiraten und überhaupt keinen Verkehr der Geschlechter dulden, und was dergleichen mehr ist. Dies aber geht uns hier nichts an. Die Sekte der Shakers entstand vor ungefähr 70 Jahren. Ihre Stifter waren arme Leute, die sich vereinigten, in brüderlicher Liebe und Gemeinschaft der Güter zusammenzuleben und ihren Gott auf ihre Weise zu verehren. Sie fanden, obwohl ihre religiösen Ansichten und besonders das Verbot der Ehe viele abschreckte, dennoch Anhang und haben jetzt *zehn große Gemeinden,* deren jede 3–800 Mitglieder stark ist. Jede dieser Gemeinden ist eine schöne, regelmäßig gebaute Stadt, mit Wohnhäusern, Fabriken, Werkstätten, Versammlungshäusern und Scheunen, sie haben Blumen- und Gemüsegärten,

Obstbäume, Wälder, Weinberge, Wiesen und Ackerland im Überfluß; dazu Vieh aller Art, Pferde und Rinder, Schafe, Schweine und Federvieh mehr als sie brauchen können und von der allerbesten Zucht. Ihre Scheunen sind immer voll Korn, ihre Vorratskammern voll Kleiderstoffen, so daß ein englischer Reisender, der sie besuchte, gesagt hat: er könne nicht begreifen, warum diese Leute, die doch alles im Überfluß besäßen noch arbeiteten; es sei denn, daß sie aus purem Zeitvertreib arbeiteten, da sie sonst nichts zu tun hätten. Unter diesen Leuten gibt es keinen, der gegen seinen Willen zu arbeiten hätte und keinen, der sich um Arbeit vergebens bemüht. Sie haben keine Armenhäuser und Spitäler, weil keinen einzigen Armen und Notleidenden, keine verlassenen Witwen und Waisen; sie kennen keinen Mangel und brauchen ihn nicht zu fürchten.

In ihren zehn Städten ist kein einziger Gendarm oder Polizeidiener, kein Richter, Advokat oder Soldat, kein Gefängnis oder Zuchthaus; und doch geht alles ordentlich zu. Die Gesetze des Landes sind nicht für sie da und könnten ihretwegen ebensogut abgeschafft werden, ohne daß ein Hahn danach krähte; denn sie sind die ruhigsten Bürger und *haben nie einen Verbrecher für die Gefängnisse geliefert.* Sie leben, wie gesagt in der vollständigsten Gemeinschaft der Güter und haben keinen Handel und kein Geld unter sich.“[22]

Diese Idylle gab es – wie Marxens Schilderung der Kommune – nur auf Engels Papier. Die Wirklichkeit war so wenig paradiesisch, daß auch die Shakers nur ein Glied in der langen Kette gescheiterter kommunistischer Experimente bilden. (27 Jahre später, 1872, stellt Engels selbst die „geisterklopfenden Shakers“ in eine Reihe mit „bürgerlichen Schwindlern“.[23])

Nicht weniger schwärmerisch und der Wirklichkeit entrückt zeigt sich Engels in einer zu Elberfeld gehaltenen Rede. Die welt- und menschheitsverwandelnden Segnungen des Kommunismus werden recht eindringlich, aber eben ohne jeden Realitätsbezug ausgemalt:

> „Wir heben den Gegensatz des einzelnen Menschen gegen alle andern auf – wir setzen dem sozialen Krieg den sozialen Frieden entgegen, wir legen die Axt an die *Wurzel* des Verbrechens – und machen dadurch den größten, bei weitem größten Teil der jetzigen Tätigkeit der Verwaltungs- und Justizbehörden überflüssig."[24]

In späteren Jahren wird es theoretischer. Ausführlich begründet er das notwendige Absterben des Staates. Er hält seine Formulierungen für so treffend, daß er sie in mehreren Veröffentlichungen wortgleich wiederholt: „Indem die kapitalistische Produktionsweise mehr und mehr die große Mehrzahl der Bevölkerung in Proletarier verwandelt, schafft sie die Macht, die diese Umwälzung, bei Strafe des Untergangs, zu vollziehen genötigt ist. Indem sie mehr und mehr auf Verwandlung der großen vergesellschafteten Produktionsmittel in Staatseigentum drängt, zeigt sie selbst den Weg an zur Vollziehung der Umwälzung. *Das Proletariat ergreift die Staatsgewalt und verwandelt* die *Produktionsmittel zunächst in Staatseigentum.* Aber damit hebt es sich selbst als Proletariat, damit hebt es alle Klassenunterschiede und Klassengegensätze auf und damit auch den Staat als Staat."[25]

„Der Staat war der offizielle Repräsentant der ganzen Gesellschaft, ihre Zusammenfassung in einer sichtbaren Körperschaft, aber er war dies nur, insofern er der Staat derjenigen Klasse war, welche selbst für ihre Zeit die ganze Gesellschaft vertrat: im Altertum Staat der sklavenhaltenden Staatsbürger, im Mittelalter des Feudaladels, in unsrer Zeit der Bourgeoisie. Indem er endlich tatsächlich Repräsentant der ganzen Gesellschaft wird, macht er sich selbst überflüssig. Sobald es keine Gesellschaftsklasse mehr in der Unterdrückung zu halten gibt, sobald mit der Klassenherrschaft und dem in der bisherigen Anarchie der Produktion begründeten Kampf ums Einzeldasein auch die daraus entspringenden Kollisionen und Exzesse beseitigt sind, gibt es nichts mehr zu reprimieren, das eine besondere Repressionsgewalt, einen Staat, nötig machte. Der erste Akt, worin der Staat wirklich als Repräsentant der ganzen Gesellschaft auftritt – die Besitzergreifung der Produktionsmittel im Namen der Gesellschaft –, ist zugleich sein letzter selbständiger Akt als Staat. Das Eingreifen einer Staatsgewalt in gesellschaftliche Verhältnisse wird auf einem Gebiet nach dem andern überflüssig und schläft dann von selbst ein. An die Stelle der Regierung über Personen tritt die Verwaltung von Sachen und die Leitung von Produktionsprozessen. Der Staat wird nicht 'abgeschafft', *er stirbt ab.*"[26]

Ergebnis: Der Staat soll verschwinden, weil er ein Übel ist. Der Staat wird verschwinden. Das ist das notwendige Resultat der Menschheitsgeschichte. Das Absterben des Staates hat da und dort schon begonnen. Nennenswerte Differenzen zwischen Marx und Engels sind nicht nachweisbar. Insbesondere läßt sich kein dem abendländischen Staatsgedanken verbundener „originaler Marx" aus dem Gesamtwerk herauslesen.

c) Das Recht im Dienste der Macht

Das Recht bildet keine Ausnahme von der Regel, daß die Elemente des Marxschen Weltbildes beiläufigen, unpräzisen, unsystematischen Auslassungen entnommen werden müssen. Im Gegenteil. Hier fällt es schwer, aussagekräftige Äußerungen von Marx, eines der „bedeutendsten Rechtsphilosophen",[27] dem Urteil der Leser zu präsentieren.

Der Rechtsbegriff von Marx und Engels beschränkt sich weitestgehend auf das Eigentumsrecht. Der Staat gehört den Eigentümern. Er ist ein Instrument in ihrer Hand:

> „Das eigentliche Privateigentum fängt bei den alten wie bei den modernen Völkern mit dem Mobiliareigentum an. – ... Bei den aus dem Mittelalter hervorgehenden Völkern entwikkelt sich das Stammeigentum so durch verschiedene Stufen ... bis zum modernen, durch die große Industrie und universelle Konkurrenz bedingten Kapital, dem reinen Privateigentum, das allen Schein des Gemeinwesens abstreift und alle Einwirkung des Staates auf die Entwicklung des Eigentums ausgeschlossen hat. Diesem modernen Privateigentum entspricht der moderne Staat, der durch die Steuern allmählich von den Privateigentümern an sich gekauft ... ist."[28]

„Die neueren französischen, englischen und amerikanischen Schriftsteller sprechen sich alle dahin aus, daß der Staat nur um des Privateigentums willen existiere, so daß dies auch in das gewöhnliche Bewußtsein übergegangen ist."[29]

Das Recht ist, wie wir gehört haben[30], Bestandteil des Überbaus. Es ist somit abhängig von der Produktionsweise, wie Marx und Engels mehrmals, zum Teil recht ausführlich, betonen:

„Das materielle Leben der Individuen, welches keineswegs von ihrem bloßen ‚Willen‘ abhängt, ihre Produktionsweise und die Verkehrsform, die sich wechselseitig bedingen, ist die reelle Basis des Staats und bleibt es auf allen Stufen, auf denen die Teilung der Arbeit und das Privateigentum noch nötig sind, ganz unabhängig vom Willen der Individuen. Diese wirklichen Verhältnisse sind keineswegs von der Staatsmacht geschaffen, sie sind vielmehr die sie schaffende Macht. Die unter diesen Verhältnissen herrschenden Individuen müssen, abgesehen davon, daß ihre Macht sich als *Staat* konstituieren muß, ihrem durch diese bestimmten Verhältnisse bedingten Willen einen allgemeinen Ausdruck als Staatswillen geben, als Gesetz – einen Ausdruck, dessen Inhalt immer durch die Verhältnisse dieser Klasse gegeben ist, wie das Privat- und Kriminalrecht aufs Klarste beweisen. So wenig es von ihrem idealistischen Willen oder Willkür abhängt, ob ihre Körper schwer sind, so wenig hängt es von ihm ab, ob sie ihren eignen Willen in der Form des Gesetzes durchsetzen . . .“[31]

„Aber streitet nicht mit uns, indem ihr an euren bürgerlichen Vorstellungen von Freiheit, Bildung, Recht usw. die Abschaffung des bürgerlichen Eigentums meßt. Eure Ideen selbst sind Erzeugnisse der bürgerlichen Produktions- und Eigentumsverhältnisse, wie euer Recht nur der zum Gesetz erhobne Wille eurer Klasse ist, ein Wille, dessen Inhalt gegeben ist in den materiellen Lebensbedingungen eurer Klasse.“[32]

Die Ursünde der Arbeitsteilung verdirbt auch die juristischen Begriffe und macht sie zu mysteriösen Mächten:

„Innerhalb der Teilung der Arbeit müssen diese Verhältnisse gegenüber den Individuen sich verselbständigen. Alle Verhältnisse können in der Sprache nur als Begriff ausgedrückt werden. Daß diese Allgemeinheiten und Begriffe als mysteriöse Mächte gelten, ist eine notwendige Folge der Verselbständigung der realen Verhältnisse, deren Ausdruck sie sind. Außer dieser Geltung im gewöhnlichen Bewußtsein erhalten diese Allgemeinheiten noch eine besondere Geltung und Ausbildung von den Politikern und Juristen, die durch die Teilung der Arbeit auf den Kultus dieser Begriffe angewiesen sind und in ihnen, nicht in den Produktionsverhältnissen, die wahre Grundlage aller realen Eigentumsverhältnisse sehen."[33]

Ausführungen in einer Verteidigungsrede dürften häufig nicht grundsätzlicher, sondern taktischer Natur sein. Der Anwalt kann heute diesen, morgen jenen Rechtsstandpunkt vertreten. Auf diesem Hintergrund sind die folgenden, an sich sehr aufschlußreichen Sätze über den automatischen Wandel des Rechts im Gefolge gesellschaftlicher Änderungen zu verstehen:

„Aber, meine Herren, was verstehen sie denn unter Behauptung des Rechtsbodens? Die Behauptung von Gesetzen, die einer vergangnen Gesellschaftsepoche angehören, die von Vertretern untergegangener oder untergehender gesellschaftlicher Interessen gemacht sind, also auch nur diese im Widerspruch mit den allgemeinen Bedürfnissen befindlichen Interessen zum Gesetz erheben. Die Gesellschaft beruht aber nicht auf dem Gesetz. Es ist das eine juristische Einbildung. Das Gesetz muß vielmehr auf der Gesellschaft beruhen, es muß Ausdruck ihrer gemeinschaftlichen, aus der jedesmaligen materiellen Produktionsweise hervorgehenden Interessen und Bedürfnisse gegen die Willkür des einzelnen Individuums sein."[34]

Hierher paßt ein Satz, der Jahrzehnte später ausformuliert worden ist: „Dies *gleiche* Recht ist ungleiches Recht für ungleiche Arbeit. Es erkennt keine Klassenunterschiede an, weil jeder nur Arbeiter ist wie der andere; aber es erkennt stillschweigend die ungleiche individuelle Begabung und daher Leistungsfähigkeit der Arbeiter als nützliche Privilegien an. *Es ist daher ein Recht der Ungleichheit, seinem Inhalt nach, wie alles Recht* . . . Bei gleicher Arbeitsleistung und daher gleichem Anteil an dem gesellschaftlichen Konsumtionsfonds erhält also der eine faktisch mehr als der andre, ist der eine reicher als der andre etc. Um alle diese Mißstände zu vermeiden, müsse das Recht, statt gleich, vielmehr ungleich sein."[35]

d) Menschenrechte?

Marx, der nichts und niemanden ungeschmälert gelten ließ, wendet sich auch gegen die Idee der Menschenrechte. Immer wieder taucht bei ihm das Wort „Menschenrechte" auf. Doch was er zu diesem zentralen Thema der Rechtsphilosophie zu sagen hat, ist inhaltlich dürftig.

Die Idee der Menschenrechte kann in Marx keinen Anwalt finden. Das Grundgesetz für die Bundesrepublik Deutschland charakterisiert sie als „unverletzliche und unveräußerliche" Rechte. Für Marx hingegen ist nur der Tod unsterblich (mors immortalis): „Somit sind diese Ideen, diese Kategorien, ebensowenig ewig wie die Verhältnisse, die sie ausdrücken. Sie sind *historische, vergängliche, vorübergehende Produkte.*"[36] Selbstredend äußert er sich entsprechend zum Thema Naturrecht.[37] In einer seiner ersten Veröffentlichungen – vor dem kommunistischen Lebensabschnitt – geht er noch mit jenen scharf ins Gericht, die aus Skeptizismus heraus alles für letztlich gleichwertig erachten, indem er sich über alberne Wertneutralität lustig macht:

„Der Siamite, der es für ewige Naturordnung hält, daß sein König einem Schwätzer den Mund zunähen und einem unbeholfenen Redner ihn bis an die Ohren aufschneiden läßt, ist nach Hugo so *positiv* als der *Engländer,* der es zu den politischen Paradoxien zählt, daß sein König eigenmächtig eine

Auflage von einem Pfennig ausschreiben werde. Der schamlose Conci, der nackt umherläuft und sich höchstens mit Schlamm bedeckt, ist so positiv als der *Franzose,* der sich nicht nur kleidet sondern elegant kleidet. Der *Deutsche,* der seine Tochter als das Kleinod der Familie erzieht, ist nicht positiver als der *Rasputе,* der sie tötet, um sich der Nahrungssorge für sie zu überheben."[38]

Doch dieser positive Ansatz wird nicht ausgebaut. Schon wenig später folgt eine Betrachtung über die französische Erklärung der Menschenrechte von 1793, die teils mehrdeutig ist, teils aber recht eindeutig der Entpersönlichung und Uniformierung des Menschen das Wort redet:

„Betrachten wir einen Augenblick die sogenannten Menschenrechte, und zwar die Menschenrechte unter ihrer authentischen Gestalt, unter der Gestalt, welche sie bei ihren *Entdeckern,* den Nordamerikanern und Franzosen, besitzen! Zum Teil sind diese Menschenrechte *politische* Rechte, Rechte, die nur in der Gemeinschaft mit andern ausgeübt werden. Die *Teilnahme* am *Gemeinwesen,* und zwar am *politischen* Gemeinwesen, am *Staatswesen,* bildet ihren Inhalt. Sie fallen unter die Kategorie der politischen Freiheit, unter die Kategorie der *Bürgerrechte,* welche keineswegs, wie wir gesehn, die widerspruchslose und positive Aufhebung der Religion, also etwa auch des Judentums, voraussetzen. Es bleibt der andre Teil der Menschenrechte zu betrachten, die *droits de l'homme,* insofern sie unterschieden sind von den *droits du citoyen.*

In ihrer Reihe findet sich die Gewissensfreiheit, das Recht, einen beliebigen Kultus auszuüben. Das *Privilegium des Glaubens* wird ausdrücklich anerkannt, entweder als ein *Menschenrecht* oder als Konsequenz eines Menschenrechts, der Freiheit . . .

Vor allem konstatieren wir die Tatsache, daß die sogenannten *Menschenrechte,* die *droits de l'homme* im Unterschied von den *droits du citoyen,* nichts andres sind als die Rechte des *Mitglieds der bürgerlichen Gesellschaft,* d. h. des egoistischen Menschen, des vom Menschen und vom Gemeinwesen getrennten Menschen. . . .

Aber das Menschenrecht der Freiheit basiert nicht auf der Verbindung des Menschen mit dem Menschen, sondern vielmehr auf der Absonderung des Menschen von den Menschen. Es ist das *Recht* dieser Absonderung, das Recht des *beschränkten*, auf sich beschränkten Individuums. Die praktische Nutzanwendung des Menschenrechtes der Freiheit ist das Menschenrecht des *Privateigentums.*

Keines der sogenannten Menschenrechte geht also über den egoistischen Menschen hinaus, über den Menschen, wie er Mitglied der bürgerlichen Gesellschaft, nämlich auf sich, auf sein Privatinteresse und seine Privatwillkür zurückgezogenes und vom Gemeinwesen abgesondertes Individuum ist."[39]

Stehen diese Gedanken im Widerspruch zu dem, was Art. 1 Abs. 1 und Art. 2 Abs. 1 des Grundgesetzes zum Ausdruck bringen, so kontrastiert das durch Art. 2 Abs. 2 geschützte Menschenrecht auf Leben mit Sätzen wie: „Jetzt aber scheint diese Sittenreinheit aber doch einmal im Grund und Boden umgerührt werden zu sollen. Hoffentlich werden die Exekutionstruppen ihr möglichstes tun, um aller Biederkeit, Urkraft und Einfalt den Garaus zu machen."[40]

Zu den Menschenrechten werden üblicherweise auch die Gleichberechtigung, die Freiheit des Geistes, das Recht und die Pflicht, die eigenen Kinder zu erziehen, sowie das Eigentumsrecht gezählt.

Seine Kritik der Gleichberechtigung faßt Marx in die Worte: „Dieses *gleiche* Recht ist ungleiches

Recht für ungleiche Arbeit. Es erkennt keine Klassenunterschiede an, weil jeder nur Arbeiter ist wie der andere; aber es erkennt stillschweigend die ungleiche individuelle Begabung und daher Leistungsfähigkeit der Arbeiter als natürliche Privilegien an. *Es ist daher ein Recht der Ungleichheit, seinem Inhalt nach, wie alles Recht.*"[41]

Engels ergänzt: „Die Vorstellung, daß alle Menschen als Menschen etwas Gemeinsames haben, und soweit dies Gemeinsame reicht, auch gleich sind, ist selbstverständlich uralt. Aber hiervon ganz verschieden ist die moderne Gleichheitsforderung; diese besteht vielmehr darin, aus jener gemeinschaftlichen Eigenschaft des Menschseins, jener Gleichheit der Menschen als Menschen, den Anspruch auf gleiche politische resp. soziale Geltung aller Menschen, oder doch wenigstens aller Bürger eines Staates, oder aller Mitglieder einer Gesellschaft abzuleiten."[42]

„Und da man nicht mehr in einem Weltreich lebte, wie das römische gewesen, sondern in einem System unabhängiger, miteinander auf gleichem Fuß verkehrender Staaten von annähernd gleicher Höhe der bürgerlichen Entwicklung, so verstand es sich von selbst, daß die Forderung einen allgemeinen, über den einzelnen Staat hinausgreifenden Charakter annahm, daß Freiheit und Gleichheit proklamiert wurden als *Menschenrechte* . . .

Bekanntlich wird indes die Bourgeoisie, von dem Augenblick an, wo sie sich aus dem feudalen Bürgertum entpuppt, wo der mittelalterliche Stand in eine moderne Klasse übergeht, stets und unvermeidlich begleitet von ihrem Schatten, dem Proletariat. Und ebenso werden die bürgerlichen Gleichheitsforderungen begleitet von proletarischen Gleichheitsforderungen. Von dem Augenblick an, wo die bürgerliche Forderung der Abschaffung der Klassen*vorrechte* gestellt wird, tritt neben sie die proletarische Forderung der Abschaffung der *Klassen* selbst – zuerst in religiöser Form, in Anlehnung an das Urchristentum, später gestützt auf die bürgerlichen Gleichheitstheorien selbst. Die Proletarier nehmen die Bourgeoisie beim Wort: die Gleichheit soll nicht bloß scheinbar, nicht bloß auf dem Gebiet des Staates, sie soll auch wirklich, auch auf dem gesellschaftlichen, ökonomischen Gebiet durchgeführt werden."[43]

Daß Marx als von Zensur bedrohter und auch betroffener Journalist mit der ihm eigenen Energie und Schärfe für die Freiheit des Geistes, insbesondere der Presse eingetreten ist, ist eine unbestreitbare, aber auch nicht verwunderliche Tatsache. Er handelte insofern aus Eigennutz oder – positiv ausgedrückt – aus Notwehr. Aber war die Freiheit, für die er focht, seine Freiheit oder die Freiheit schlechthin, das heißt auch die Freiheit der anders als Marx Denkenden? Die Antwort darauf ist kein Lobgesang zu Ehren von Marx, wie sich bei Betrachtung seiner politischen Zielsetzungen gezeigt hat.[44]

Aus abendländischer Sicht ist noch bedenklicher, was Marx und Engels über *Ehe und Familie* zu sagen wissen: Die Ehe als geschützte Institution wird aufgelöst. Die Kindererziehung geschieht in Anstalten:

Marx: „Also nachdem z. B. die irdische Familie als das Geheimnis der heiligen Familie entdeckt ist, muß nun erstere selbst theoretisch und praktisch vernichtet werden."[45]

Marx und Engels: „. . . aber die Ehe, das Eigentum, die Familie bleiben [in der bürgerlichen Gesellschaft] theoretisch unangetastet, weil sie praktisch die Grundlagen sind, auf denen die Bourgeoisie ihre Herrschaft errichtet hat, weil sie in ihrer Bourgeoisieform die Bedingungen sind, die den Bourgeois zum Bourgeois machen, gerade wie das stets umgangene Gesetz den religiösen Juden zum religiösen Juden macht."[46]

Engels: „Erziehung sämtlicher Kinder, von dem Augenblikke an, wo sie der ersten mütterlichen Pflege entbehren können, in Nationalanstalten und auf Nationalkosten. Erziehung und Fabrikation zusammen."[47]

„Welchen Einfluß wird die kommunistische Gesellschaftsordnung auf die Familie ausüben?

Antwort: Sie wird das Verhältnis der beiden Geschlechter zu einem reinen Privatverhältnis machen, welches nur die beteiligten Personen angeht und worin sich die Gesellschaft nicht zu mischen hat. Sie kann dies, da sie das Privateigentum beseitigt und die Kinder gemeinschaftlich erzieht und dadurch die beiden Grundlagen der bisherigen Ehe, die Abhängigkeit des Weibes vom Mann und der Kinder von den Eltern vermittels des Privateigentums, vernichtet."[48]

Daß Marx und Engels auf die Beseitigung des *Privateigentums* an den Produktionsmitteln hingearbeitet haben, gehört zu dem Wenigen, was so ziemlich allgemein bekannt und unbestritten ist. Aber sollte das Eigentum schlechthin abgeschafft werden? Die Aussagen sind nicht eindeutig. Doch sprechen die besseren Gründe für das Verschwinden des Privateigentums in der von Marx und Engels erträumten kommunistischen Zukunftsgesellschaft. In ihr fehlt der Bedarf, und in ihr fehlt die nach dem Absterben des Staates erforderliche Ordnungsinstanz:

Nur um die Beseitigung des Privateigentums an den Produktionsmitteln geht es offenbar in den folgenden Sätzen von Marx, auf die Engels[49] später dann Bezug nimmt: „Die aus der kapitalistischen Produktionsweise hervorgehende kapitalistische Aneignungsweise, daher das kapitalistische Privateigentum, ist die erste Negation des individuellen, auf eigne Arbeit gegründeten Privateigentums. Aber die kapitalistische Produktion erzeugt mit der Notwendigkeit eines Naturprozesses ihre eigne Negation. Es ist Negation der Negation. Diese stellt nicht das Privateigentum wieder her, wohl aber das individuelle Eigentum auf Grundlage der Errungenschaft der kapitalistischen Ära ..."[50]

Weit zahlreicher sind hingegen jene Äußerungen, die einen Angriff auf das Eigentum schlechthin beinhalten. Freilich, sie gehören einer früheren Schaffensperiode an. Die einschlägigen Aussagen des „Kommunistischen Manifests" sind nicht ganz eindeutig.[51]

Keine Veranlassung zu einer restriktiven Auslegung geben z. B. die folgenden Stellen:

„Die Aufhebung des Privateigentums ist daher die vollständige Emanzipation aller menschlichen Sinne und Eigenschaften."[52] „Es kann sich für uns nicht um Veränderung des Privateigentums handeln, sondern nur um seine Vernichtung ..."[53]

3. Die Lehre Lenins und der Sowjetideologen

Wie haben Lenin und seine Parteigenossen dieses Vermächtnis verwaltet? Was von dem Gesagten ist heute im Reiche Lenins noch verbindlich, was wird als nebensächlich, irrig oder überholt abgetan?

Im Rahmen der Themenstellung ist es nicht geboten, die Entwicklung dieser Lehren im einzelnen zu verfolgen. Nur zwei Stichproben sollen dem Entwicklungsprozeß der Lehre entnommen werden: Was sagte Lenin, was sagt das amtliche Moskau heute?

a) Der Wandel in der Staatsauffassung

Die Staatslehre Lenins stimmt mit derjenigen von Marx und Engels überein. Auch für ihn ist der Staat wesensnotwendig ein Unterdrückungsinstrument, das sich mit der Beseitigung der Klassengegensätze erübrigt.[54] Stalin bekannte sich ausdrücklich zur Staatslehre der „Klassiker des Marxismus". Er zitiert Engels Worte: „Der Staat wird nicht ‚abgeschafft', er stirbt ab" und fährt fort: „Ist diese These von Engels richtig?

Ja, sie ist richtig, jedoch nur unter einer von den beiden Bedingungen: a) wenn man den sozialistischen Staat nur vom Standpunkte der inneren Entwicklung des Landes studiert, dabei von vorneherein von internationalen Faktoren absieht und das Land sowie den Staat zur Vereinfachung der Untersuchung isoliert von der internationalen Situation betrachtet, oder b) wenn man voraussetzt, daß der Sozialismus bereits in allen Ländern oder in den meisten Ländern gesiegt hat."[55]

Heute ist der Bruch mit der Lehre der „Klassiker des Marxismus" handgreiflich. Als Voraussetzungen für das Absterben des Staates werden weit mehr Bedingungen genannt als noch unter Stalin:

> „Erreichung eines Entwicklungsniveaus der Produktivkräfte, der Wirtschaft und Kultur, das es gestattet, den Grundsatz: ‚Jeder nach seinen Fähigkeiten, jedem nach seinen Bedürfnissen' zu verwirklichen,
>
> Verschmelzen des genossenschaftlichen sozialistischen Eigentums mit dem staatlichen gesellschaftlichen Eigentum zu einem einheitlichen sozialistischen Eigentum,

Überwindung der Unterschiede zwischen den werktätigen Klassen und Schichten und der wesentlichen sozialen Unterschiede zwischen Stadt und Land sowie zwischen geistiger und körperlicher Arbeit,

Vorhandensein eines hohen Niveaus der Kultur, des sozialistischen Bewußtseins und der kommunistischen Moral der Werktätigen ...

Beseitigung der Gefahr imperialistischer Überfälle und Kriege aufgrund des weltweiten Sieges des Sozialismus."[56]

Aber selbst dann, wenn alle diese Voraussetzungen erfüllt sein sollten, darf nur die Bezeichnung „Staat", nicht jedoch die Sache verschwinden. Leitung, Organisation und Zwang werden bleiben, wie ausdrücklich betont wird:

„Im Kommunismus wird die Leitung der Gesellschaft durch Organe der gesellschaftlichen Selbstverwaltung wahrgenommen. Nichts wäre utopischer, als sich die kommunistische Gesellschaft in anarchischer Manier völlig ohne Leitung, Organisation und Zwang vorzustellen. Der gesellschaftliche Produktionsprozeß wird im Kommunismus der exakten, zielstrebigen, planmäßigen Leitung und Organisation in einem Ausmaß und in einer Qualität bedürfen, die heute auch theoretisch noch schwer vorstellbar ist. Sie wird unvermeidlich mit der Befolgung einer bestimmten Ordnung, mit der Ausübung von Befugnissen, mit der Einordnung des einzelnen in die Gesamtheit verbunden sein."[57]

b) „Recht ist Staatswille der herrschenden Klasse"

Nennenswerte Äußerungen Lenins zum Thema Recht gibt es offenbar nicht. Die zeigenössischen Feststellungen der moskauorientierten kommunistischen Parteien stimmen in wesentlichen Punkten mit der Ansicht von Marx und Engels überein, unterscheiden sich nur durch Präzision und Systematik. Im „Lehrbuch der marxistisch-leninistischen Staats- und Rechtstheorie" heißt es: „Recht ist Staatswille der herrschenden Klasse, dessen Inhalt letztlich in ihren materiellen Lebensbedingungen gegeben ist. Recht ist nicht die Summe individueller Willen von Vertretern der herrschenden Klasse oder ihren einzelnen Organisationen. Der auf der Grundlage gemeinschaftlicher Interessen der herrschenden Klasse entstehende Wille dieser Klasse muß durch den Staatswillen hindurchgehen, um allgemeinverbindlich zu werden. Nicht der Staat schafft den Willen der herrschenden Klasse, der im Recht ausgedrückt wird, sondern er verleiht ihm rechtlichen Charakter."[58] Und an anderer Stelle: „So ist Rechtsverwirklichung und deren Leitung Bestandteil der Verwirklichung der Macht der Arbeiterklasse und der mit ihr verbündeten Klassen und Schichten entsprechend ihrer historischen Mission."[59]

c) Sozialistische Menschenrechte

Marx und Engels wußten mit der Idee vor- und überstaatliche Rechte nichts anzufangen. Daran hat sich bis heute nichts geändert. Der Unterschied besteht nur darin, daß heute – ausschließlich aus taktischen Gründen – das Wort „Menschenrechte" affirmativ gebraucht wird, ja sogar internationale Erklärungen unterzeichnet werden, in denen die naturrechtliche Basis der Menschenrechte ausdrücklich verankert ist, so z. B. die „Allgemeine Erklärung der Menschenrechte" und der „Internationale Pakt über bürgerliche und demokratische Rechte".

In letzterem heißt es beispielsweise: „In der Erwägung, daß nach den in der Charta der Vereinten Nationen verkündeten Grundsätzen die Anerkennung der allen Mitgliedern der menschlichen Gesellschaft innewohnenden Würde und der Gleichheit und Unveräußerlichkeit ihrer Rechte die Grundlage von Freiheit, Gerechtigkeit und Frieden in der Welt bildet,
in der Erkenntnis, daß sich diese Rechte aus der dem Menschen innewohnenden Würde herleiten ..."

In den einschlägigen Lehrbüchern werden aber alle falschen Hoffnungen vom Tisch gefegt. Knallhart wird festgestellt: „Die sozialistischen Bürgerrechte sind keine allgemein menschlichen, sondern Klassenrechte. Sie sind Produkt und Instrument der sozialistischen Gesellschafts- und Persönlichkeitsentwicklung, tragen also auf ihre Weise zum Weg vom Kapitalismus zum Kommunismus wie zur Auseinandersetzung zwischen sozialistischen und kapitalistischen Staaten bei. Menschenrechte neutralisieren nicht etwa die Staatsmacht, sie sind Ausdruck der staatlichen Souveränität, nicht ihrer Negation."[60]

Diese „Menschenrechte" haben mit dem Menschenrechtsbegriff des Abendlandes und des Grundgesetzes nichts gemein.

4. Zusammenfassende Wertung

a) Theorie-immanente Widersprüche in der Staatslehre

Von untergeordneter Bedeutung sind die theorie-immanenten Widersprüche. Aber sie sollen nicht unerwähnt bleiben. Nach den oben dokumentierten Äußerungen von Marx und Engels ist der Staat notwendig ein Unterdrückungsinstrument. Er ist erst mit der Klassenherrschaft entstanden. Er wird nicht abgeschafft, sondern er stirbt ab.

Es gibt jedoch auch Äußerungen, die sich mit diesen drei Feststellungen nicht oder nur schwerlich in Einklang bringen lassen: Die folgenden Zeilen legen den Schluß nahe, daß der Staat immer notwendig gewesen sei, um elementare Bedürfnisse der Menschen zu befriedigen:

> „Wenn aber schon in unsrer modernen Zeit mit ihren riesigen Produktions- und Verkehrsmitteln der Staat nicht ein selbständiges Gebiet mit selbständiger Entwicklung ist, sondern sein Bestand wie seine Entwicklung in letzter Instanz zu erklären ist aus den ökonomischen Lebensbedingungen der Gesellschaft, so muß dies noch viel mehr gelten für alle früheren Zeiten, wo die Produktion des materiellen Lebens der Menschen noch nicht mit diesen reichen Hülfsmitteln betrieben wurde, wo also die Notwendigkeit dieser Produktion eine noch größere Herrschaft über die Menschen ausüben mußte.“[61]

Daraus kann gefolgert werden, daß die Unterdrükkung eines Teils der Bevölkerung für den Staat nicht wesensnotwendig ist. Dafür sprechen auch folgende Sätze: „Die Gesellschaft schafft sich ein Organ zur Wahrung ihrer gemeinsamen Interessen gegenüber inneren und äußeren Angriffen. Dies Organ ist die Staatsgewalt.“[62]

Auch die nächstfolgende Feststellung ändert daran prinzipiell nichts: „Kaum entstanden, verselbständigt sich dies Organ gegenüber der Gesellschaft, und zwar um so mehr, je mehr es Organ einer bestimmten Klasse wird, die Herrschaft dieser Klasse direkt zur Geltung bringt.“

„Der Staat wird nicht ‚abgeschafft', *er stirbt ab*", stellt Engels mehrmals fest.[63] Doch dann meint er, ein neues Geschlecht werde „den ganzen Staatsplunder von sich tun."[64] „Von sich tun" und „absterben" – sind das nicht zwei Paar Stiefel?

Da die eben aufgezeigten Widersprüche auf Äußerungen von Engels zurückgehen, die er erst nach dem Tod von Marx veröffentlicht hat, bleiben sie im folgenden unberücksichtigt.

b) Klassenstaat oder Staat des ganzen Volkes

Seit der neuen Verfassung des Jahres 1977 nennt sich die Sowjetunion „Staat des ganzen Volkes"[65] und tritt damit in offenen Widerspruch zu Marx, Engels und Lenin, für die der Staat wesensnotwendig im Dienst einer Klasse steht.

Wer hat recht? Können die einflußreichen, verantwortlichen Männer nur die Interessen ihrer Klasse bedienen oder auch das Gemeinwohl vor Augen haben? Wessen Interessen verfochten Marx und Engels? – Doch selbstverständlich diejenigen des Proletariats! Wenn wir diese Antwort als richtig unterstellen, ergibt sich die Frage:

Aber warum sollten andere, die aus dem gleichen bürgerlichen oder gar, wie Engels, kapitalistischen Milieu stammen, nicht auch über den Schatten ihrer Klasse springen können?

Engels selbst zählt zahlreiche solche Beispiele auf, und Marx weiß davon: „Schon seit dem Anfang dieses Jahrhunderts hatte sich unter der Leitung einiger Philanthropen eine Partei gebildet, die die gesetzliche Beschränkung der Arbeitszeit in den Fabriken auf täglich zehn Stunden forderte. Diese Partei, die in den Zwanziger Jahren unter Sadlers und nach seinem Tode unter Lord Ashleys und R. Oastlers Leitung ihre Agitation zur wirklichen Durchführung der Zehn-Stunden-Bill fortsetzte, vereinigte allmählich, außer den Arbeitern selbst, die Aristokratie und alle den Fabrikanten feindlichen Fraktionen der Bourgeoisie unter ihrer Fahne."[66]

Wäre Marx nicht blind gewesen für die Realitäten, die ihn umgaben, die ihn betrafen, die ihn begünstigten, er hätte nie seine wirklichkeitsfremde Staatsideologie ersinnen können. Menschen aller Klassen, Rassen, Bildungsschichten, Altersstufen sind Egoisten. Die Mächtigen bilden keine rühmliche Ausnahme. Aber in einer Staatsverfassung, in der die Belange aller Schichten nachdrücklich vertreten werden dürfen, in der die Macht der Mächtigen so sehr beschnitten ist, daß sie, um ihre Macht zu behaupten, auf das Wohlwollen der Mehrheit angewiesen sind, können die Belange der Mehrheit nicht dauernd und schwerwiegend vernachlässigt werden.

Für Marx und Engels war die vermeintliche Dummheit der Bourgeoisie unbegreiflich, durch Förderung des allgemeinen Wahlrechts die eigene Machtposition zu untergraben. Daß andere vielleicht aus Verantwortungsbewußtsein für die Demokratie streiten, wurde gar nicht erwogen:

„Dazu hat es nur nötig, die politische Stellung des Proletariats in England, Frankreich und Amerika mit der in Deutschland zu vergleichen, um zu sehen, daß die Herrschaft der Bourgeoisie dem Proletariat nicht nur ganz neue

Waffen zum Kampf *gegen* die Bourgeoisie in die Hand gibt, sondern ihm auch eine ganz andre Stellung, eine Stellung als anerkannte Partei verschafft."[67] „Der umfassende Widerspruch aber dieser Konstitution besteht darin: die Klassen, deren gesellschaftliche Sklaverei sie verewigen soll, Proletariat, Bauern, Kleinbürger, setzt sie durch das allgemeine Stimmrecht in den Besitz der politischen Macht. Und der Klasse, deren alte gesellschaftliche Macht sie sanktioniert, der Bourgeoisie, entzieht sie die politischen Garantien dieser Macht. Sie zwängt ihre politische Herrschaft in demokratische Bedingungen, die jeden Augenblick den feindlichen Klassen zum Sieg verhelfen und die Grundlagen der bürgerlichen Gesellschaft selbst in Frage stellen."[68]

Anläßlich einer Feier zum 7. Jahrestag der Internationalen Arbeiterassociation: „England sei das einzige Land, in dem die Arbeiterklasse weit genug entwickelt und organisiert sei, um das allgemeine Wahlrecht zum eigenen Vorteil anzuwenden."[69]

Das hindert ihn nicht, fast zur gleichen Zeit genau das Gegenteil zu behaupten: „Die Herren des Grund und Bodens und die Herren des Kapitals werden ihre politischen Vorrechte stets ausbeuten zur Verteidigung und Verewigung ihrer ökonomischen Monopole. So weit davon entfernt, die politische Emanzipation der Arbeiter zu fördern, werden sie fortfahren, ihnen jedes mögliche Hindernis in den Weg zu legen ..."[70]

Von 1861 bis 1865 vollzog sich gleichsam vor ihren Augen der Sezessionskrieg. Er endete mit dem Sieg der Nordstaaten und bewirkte die Sklavenbefreiung in den Südstaaten der USA, ein Triumph der Humanität über privatkapitalistische Interessen, für Marx und Engels jedoch kein Anlaß, um ihre bornierte Ideologie zu überdenken.

Marx geißelt den „furchtbarsten Terrorismus", dem der Schriftsteller anheimgefallen sei.[71] Dennoch kann er, ohne auch nur einen einzigen Tag deshalb eingesperrt zu werden, jahrzehntelang die Revolution predigen, sein Gastland beschimpfen, führende Politiker als schwachsinnig oder kriminell verhöhnen, zum Steuerboykott aufrufen.[72] Friedenthal schildert diese Kuriosität recht eindrucksvoll:

> „Seine wissenschaftlichen Arbeiten nun vollzogen sich fast ausschließlich im Lesesaal des Britischen Museums, jener großartigen Einrichtung, für die damals nirgendwo auf der Welt etwas ähnliches zu verzeichnen war. An Reichhaltigkeit der Bibliothek auf allen Sparten des Geistes und der Kenntnisse, an Manuskripten, Dokumentationen auch über entlegene Gebiete war diese Bücherei, schon vom 18. Jahrhundert an angelegt und ständig auf das Großzügigste vermehrt, allen anderen Institutionen dieser Art weit überlegen. Außerdem war sie allgemein zugänglich. Auf liberalste Weise – der Liberalismus war nicht nur Manchestertum und Ausbeutung – wurde jedem ernsteren Forscher alles vorgelegt und beschafft, was er nur anforderte, auch wenn es sich um die peinlichsten Enthüllungen und Untersuchungen über das Funktionieren der geltenden Staatsordnung und der sozialen Zustände handelte. Anarchistisches, Brandschriften zur irischen Frage, Broschüren über internationale Verschwörungen: Bitte sehr, Herr Dr. Marx wünscht das einzusehen, hier ist es. Die furchtbaren, der damaligen gesellschaftlichen Konstellation bis ins Mark schneidenden amtlichen Berichte der neu ernannten Fabrikinspektoren, die ‚Blaubücher' bildeten das Hauptmaterial, nein, das einzige Material über die entscheidenden Kapitel seines Werkes, das dem Kapital ein Ende bereiten wollte."[73]

c) Recht ist, was der Revolution nützt

Die sporadischen Marxschen Äußerungen zum Thema Recht verdienen insofern Zustimmung, als ihm das Recht ein Mittel ist, um den Staat wesensgemäß zu verwirklichen. Doch schlägt die Kritik an seiner Staatslehre auf seine Rechtsauffassung durch. Dem Urteil „Marx führt das Recht auf die totale Realität zurück“[74] widerspreche ich also entschieden.

Marx war ein abstrakter, schon ziemlich früh ideologisch programmierter Denker, kein an der Realität orientierter Forscher. Die Rechtsphilosophie verdankt ihm keine neuen fruchtbaren Einsichten.

Von großer Tragweite war und ist möglicherweise sein kollektivistisches Menschenbild, das die Ablehnung von selbständigen Rechten des einzelnen gegenüber der Gesamtheit begründet. Marx, der überstaatliche Rechte des einzelnen Menschen in Abrede stellt, bekennt sich zu überstaatlichen Rechten des Kollektivs, die uns angesichts der Erfahrungen unseres Jahrhunderts erschauern lassen und mit Furcht erfüllen. Mit Blick auf ein Kollektiv, das deutsche Volk, spricht er von einem „Urgrundrecht“, dem der Empörung wider feudale oder spießbürgerlich-konstitutionelle Tyrannei.[75]

Doch nicht dem Selbstbestimmungsrecht des Volkes, nicht dem kollektiven Notwehrrecht redet er das Wort, sondern dem Recht, die erträumte historische Mission mit rücksichtsloser Gewalt auszuführen:

„Mit demselben Recht, mit dem die Franzosen Flandern, Lothringen und Elsaß genommen haben und Belgien früher oder später nehmen werden, mit demselben Recht nimmt Deutschland Schleswig:

mit dem Recht der Zivilisation gegen die Barbarei, des Fortschritts gegen die Stabilität. Und selbst wenn die Verträge für Dänemark wären – was noch sehr zweifelhaft ist –, dies Recht gilt mehr als alle Verträge, weil es das Recht der geschichtlichen Entwicklung ist."[76]

Wer sich vergegenwärtigt, daß Marx für sich in Anspruch nahm, als erster das Gesetz der Geschichte durchschaut zu haben, zu wissen, was die Geschichte will und muß, der weiß, wer nach Marx immer im Recht ist: Marx und jene, die ihm folgen!

d) Marx verraten?

Die Sowjetideologen haben die Marxsche Lehre von Staat, Recht, Menschenrechten ausgefeilt und systematisiert, aber im wesentlichen übernommen, wenngleich sie manches aus taktischen Gründen nicht so deutlich ausformulieren, z. B. das Recht zu Vertragsbruch und Annexion im Dienst am „Fortschritt". In einem Punkt gibt es, wie erwähnt, einen handgreiflichen Widerspruch: Nach Marx und Engels ist der „Staat des ganzen Volkes" eine Lüge, verschwindet der Staat mit dem Ende der Diktatur des Proletariats; für die Sowjetideologen hat der Staat die gleiche Lebenserwartung wie die Menschheit, mag auch das Wort „Staat" durch „Republik", „Gemeinwesen" oder „Bürgerschaft" ersetzt werden.

Handelt es sich insofern um Preisgabe des Vermächtnisses, um Verrat am Marxismus?

Diese Frage ist eindeutig zu verneinen. Ohne staatliche Ordnung können die realen Menschen in großer Zahl auf engem Raum nicht existieren. Marx und Engels waren nicht nur, wie unter b) ausgeführt, offenen Auges blind für die Wirklichkeit ihrer Gegenwart, sondern auch blind für die realen Möglichkeiten der Zukunft. „Offenen Auges" meint, daß ihnen die Fakten, die ihrer Weltsicht widersprachen, durchaus bekannt waren. Marx und Engels waren jedoch nicht bereit, daraus die notwendigen Schlüsse zu ziehen.

Recht zutreffend schildert Engels im Anti-Dühring das menschliche Wesen:

> „Zwei Schiffbrüchige sind auf einer Insel allein und bilden eine Gesellschaft. Ihre Willen sind formell völlig gleich, und dies ist von beiden anerkannt. Aber materiell besteht eine große Ungleichheit. A ist entschlossen und energisch, B unentschieden, träg und schlapp; A ist aufgeweckt, B ist dumm. Wie lange dauert's, so nötigt A seinen Willen dem B erst durch Überredung, nachher gewohnheitsmäßig, aber immer unter der Form der Freiwilligkeit, regelmäßig auf?"[77]

Also bedarf es doch der rechtlichen Ordnung, nicht nur, nicht in erster Linie um den Schwachen zu unterdrücken, sondern auch um seine vielleicht weit geringeren Rechte zu schützen. Jene Zeitgenossen von Marx, die im Strafgesetzbuch eine Magna Charta des Verbrechers, des gesellschaftlich Gezeichneten, des staatlicherseits Verfolgten erblickten, waren weit realistischer.

Vor und zeitgleich mit Marx gab es schon genügend kommunistische Experimente[78], aber nicht eines hatte Bestand. Die Schilderungen, die Engels in „Beschreibungen der in neuerer Zeit entstandenen und noch bestehenden kommunistischen Ansiedlungen“[79] bietet, sind weitestgehend Phantastereien. Der kommunistischen Zukunftsgesellschaft waren aber von Marx und Engels noch ganz andere Aufgaben zugedacht – alle ohne Zwang und hoheitliche Gewalt zu lösen! –, nämlich die Gestaltung des gesamten kollektiven Lebens nach einem großen Plan:

1. „Sie wird vor allen Dingen den Betrieb der Industrie und aller Produktionszweige überhaupt aus den Händen der einzelnen, einander Konkurrenz machenden Individuen nehmen und dafür alle diese Produktionszweige durch die ganze Gesellschaft, d. h. für gemeinschaftliche Rechnung, nach gemeinschaftlichem Plan und unter Beteiligung aller Mitglieder der Gesellschaft betreiben lassen müssen.“[80]

2. „. . . gleiche Arbeitspflicht, auch die Mittel zum Leben, zum Lebensgenuß, zur Ausbildung und Betätigung aller körperlichen und geistigen Fähigkeiten gleichmäßig . . .“[81]

3. „Die modernen großen Städte werden . . . beseitigt . . .[82]

4. „Die Verteilung aller Produkte nach gemeinsamer Übereinkunft.“[83]

5. „Die Erziehung wird die jungen Leute das ganze System der Produktion rasch durchmachen las-

sen können, sie wird sie instandsetzen, der Reihe nach von einem zum andern Produktionszweig überzugehen, je nachdem die Bedürfnisse der Gesellschaft oder ihre eigenen Neigungen sie dazu veranlassen."[84]

6. „Erziehung sämtlicher Kinder, von dem Augenblick an, wo sie der ersten mütterlichen Pflege entbehren können, in Nationalanstalten und auf Nationalkosten . . ."[85]

7. „Sollte aber einmal die kommunistische Gesellschaft sich genötigt sehn, die Produktion von Menschen ebenso zu regeln, wie sie die Produktion von Dingen schon geregelt hat, so wird gerade sie und allein [sie] es sein, die dies ohne Schwierigkeiten ausführt."[86]

Und das alles, wie immer wieder betont wird, ohne staatliche Zwangsgewalt!

Die im Kommunistischen Manifest ausgesprochene Prophetie: „An die Stelle der alten bürgerlichen Gesellschaft mit ihren Klassen und Klassengegensätzen tritt eine Association, worin die freie Entwicklung eines jeden die Bedingung für die freie Entwicklung aller ist"[87], ist ebenso realistisch wie Peter Breughels „Schlaraffenland". Nicht der Staat wird absterben, sondern höchstens das Wort „Staat". Von Engels stammt die unfreiwillige, weil unbewußte Selbstkritik:

> „Diese Herren glauben, die Sache verändert zu haben, wenn sie deren Namen verändern. So machen sich diese tiefen Denker über die Welt lustig."[88]

Gekrönt wird die Widersprüchlichkeit durch Engels Aufsatz „Von der Autorität", in dem er die Notwendigkeit der Autorität mit nicht zu überbietender Deutlichkeit herausgearbeitet hat, zum Beispiel:

> „Aber die Notwendigkeit einer Autorität, und zwar einer gebieterischen Autorität, tritt am anschaulichsten bei einem Schiff auf hoher See zutage. Hier hängt, im Augenblick der Gefahr, das Leben aller davon ab, daß alle sofort und absolut dem Willen eines einzelnen gehorchen . . . Entweder wissen die Antiautoritarier nicht, was sie sagen, und in diesem Fall säen sie nur Konfusion, oder sie wissen es, und in diesem Fall üben sie Verrat an der Bewegung des Proletariats."[89]

X. Schlußbetrachtungen
Nongqawuse?

1. Marx und die Wissenschaft

Meine Vorlesungen und Seminare über Marxismusfragen haben bisher kaum Kontroversen ausgelöst, jedoch mehrmals die Frage: „Was würden Ihnen geschulte Marxisten erwidern?“ Als ich von der Tschechoslowakischen Akademie der Wissenschaften eine Einladung zum Gedankenaustausch erhielt, nahm ich gerne an, denn auch ich wollte die Antwort wissen. Meine Überraschung war groß, als ich feststellen mußte, daß nicht einmal dort fundierte Marxismusforschung betrieben wird. Heute wundere ich mich, daß ich etwas anderes erwartet hatte. Wenn an jeder Akademie oder Universität des großrussischen Satellitenreiches selbständig geforscht werden dürfte, so wäre zumindest ein innermarxistischer Pluralismus die Folge. Das darf nicht sein, und so sind diese „Forschungseinrichtungen“ Sprachrohre Moskaus. Via Ost-Berlin wissen wir, was man in Prag, Budapest, Sofia diesbezüglich denkt, genauer: laut denken darf. Diese eiserne Disziplin ist notwendig. Denn der Marxismus-Leninismus ist keine wissenschaftliche Weltanschauung. Er enthält nur einige wissenschaftsgeschichtlich interessante Thesen, die aber heute alle, soweit sie originär gewesen sind, als widerlegt bezeichnet werden müssen. Daher kenne ich niemanden, der auch nur behauptet, er sei über wissenschaftliche Beschäftigung mit dem Marxismus Marxist geworden.[1]

„Marx war vor allem Revolutionär“[2] – wie Engels zu Recht betont. Zunächst erörtern die Freunde, ob sie ihre revolutionäre Weltanschauung nicht als Katechismus[3] vertreiben sollten. Treffend sind Engels' Sätze: „Überleg Dir doch das Glaubensbekenntnis etwas. Ich glaube, wir tun am besten, wir lassen die Katechismusform weg und titulieren das Ding: Kommunistisches *Manifest.* Da darin mehr oder weniger Geschichte erzählt werden muß, paßt die bisherige Form gar nicht.“[4]

> Ein damaliger Mitstreiter erinnert sich: „Was mich betrifft, so arbeitete ich mich in das kommunistische Glaubensbekenntnis,nicht mit dem Verstande, aber mit ganzer Seele hinein, ich ließ keinen Widerspruch aufkommen, weil er mich in das Nichts zurückgeworfen hätte . . . Man glaubte.“[5]

Marx und Engels beschäftigen sich mit Natur- und Menschheitsgeschichte nicht in der Absicht, ihre Thesen zu prüfen, sondern um ihre Glaubenssätze zu beweisen. Schon zu Beginn ihres gemeinsamen Wirkens betonen sie, daß „es dem wirklichen Kommunisten darauf ankommt, dies Bestehende umzustürzen.“[6]

„Wir saßen beide schon tief in der politischen Bewegung, hatten unter der gebildeten Welt, namentlich Westdeutschlands, einen gewissen Anhang und reichliche Fühlung mit dem organisierten Proletariat. Wir waren verpflichtet, unsre Ansicht wissenschaftlich zu begründen."[7]

Dieser Ausgangspunkt ist wissenschaftstheoretisch indiskutabel. Der Mißbrauch der Wissenschaft, die wissenschaftlich verbrämte Lüge ist nahezu zwanghaft vorprogrammiert. Was Engels an Hegel kritisiert, trifft nicht minder den Junghegelianer Marx. Auch er war ein Idealist, freilich ein unbewußter: „Von diesem Gesichtspunkt aus erschien die Geschichte der Menschheit nicht mehr als ein wüstes Gewirr sinnloser Gewalttätigkeiten, die vor dem Richterstuhl der jetzt gereiften Philosophenvernunft alle gleich verwerflich sind und die man am besten so rasch wie möglich vergißt, sondern als der Entwicklungsprozeß der Menschheit selbst, dessen allmählichen Stufengang durch alle Irrwege zu verfolgen und dessen innere Gesetzmäßigkeit durch alle scheinbaren Zufälligkeiten hindurch nachzuweisen jetzt die Aufgabe des Denkens wurde."[8] Freilich, wenn er wenige Sätze später meint: „Das Hegelsche System war als solches eine kolossale Fehlgeburt – aber auch die letzte ihrer Art", so fürchte ich, daß nicht einmal der Marxismus die letzte „kolossale Fehlgeburt" vagabundierenden Philosophengeistes sein wird.

2. Die Wissenschaft und Marx

„Die Lakaiennatur deutscher Professoren wird in den gelehrten Herrn zu Berlin und Halle in ihrem Ideale übertroffen. Vor diesem Knechtssinn steht der russische Leibeigene beschämt da. Der fromme Buddhist, der gläubig die Exkremente seines Dalai-Lama hinunterschluckt, der hört verwundert die Sage von den Berliner-Halleschen Buddhisten, deren Prostitution vor dem Königtum ,von Gottes Gnaden' ihm als Fabel erscheint."[9]

Unter diesen Sätzen stehen die Namen Marx und Engels, die, gleich Propheten wider Willen, die Vorgänge des Jahres 1848 vor Augen hatten und Zustände in Ost-Berlin und Halle – symbolisch für alle Städte des kommunistischen Machtbereichs – der Jahre 1948 ff. charakterisieren. Alle Wissenschaftler dort lüften den Hut und verbeugen sich, wenn die Namen Marx, Engels und Lenin fallen. Doch nur der werfe den ersten Stein auf sie, der in einer vergleichbaren Situation Mannesmut bewiesen hat. Denn der kostet die Professur und gefährdet Freiheit und Leben.

Alles das steht im Westen nicht auf dem Spiel. Doch ich kann Arnold Künzlis Erfahrungen nur bestätigen: „Der Marxismus hat weitgehend die Form einer Zwangsneurose angenommen. Wer es wagt, an Karl Marx zu rühren, ihn in seiner subjektiven und historischen Bedingtheit zu begreifen, verurteilt sich in den Augen selbst mancher ,revisionistischer' Marxisten zum Reaktionär."[10]

Diese Reaktion beschränkt sich nicht auf „revisionistische" Marxisten. Das ist leicht erklärlich, wenn wir uns vergegenwärtigen, daß in nahezu allen geisteswissenschaftlichen Traktaten, seien sie nun theologischer, historischer, juristischer, philosophischer oder soziologischer Provenienz, Marx nicht nur dem Namen nach vorkommt, sondern auch zitiert wird. Da sich nur wenige die ein bis zwei Jahre Zeit nehmen, um die Marxsche Lehre in ihrer Komplexität und Diffusion zu studieren, werden einige Redewendungen – mitunter anhand des Registers eines Bandes, wie mir bestätigt wurde – herausgegriffen und nach geradezu ritualisierten Verbeugungen verbreitet. Wer sich kritisch anlegen will, glaubt, vorab um das blecherne Kalb tanzen zu müssen, bevor er zum Hammer greift, – ganz zu schweigen von jenen, die offenbar dem Grundsatz huldigen: Right or wrong my Marx.[11]

Ein Kollege bekannte offen in einem Brief an mich: „Ich gebe zu, daß ich in meinem Marx-Beitrag einige Formulierungen zur captatio benevolentiae ganz bewußt, d. h. aus didaktischen Gründen eingebaut habe ..."

Anderen ist Marx eine historische Gestalt, die man heute nicht mehr ernstnehmen, aber respektvoll behandeln müsse.

Und schließlich: „So wartet die noch paradoxere Aufgabe auf uns, einen marxistischen Staat ohne Marxismus zu bilden, Marx ernstzunehmen, aber nicht dogmatisch, ihn endlich zu überwinden, statt ihn immer noch umzuinterpretieren."[12]

Das Verhältnis der Studenten zu Marx ist, wie nicht anders zu erwarten, recht uneinheitlich. Grob betrachtet begegnen uns vier Typen: Die Desinteressierten, die Degenerierten, die Aufgeschlossenen, die Bekennenden. Aufs Ganze gesehen bilden wohl die Erstgenannten die Mehrheit. Marx ist für sie kein Thema, für das sie Zeit haben. Sie sagen sich bezüglich Marx, was Marx bezüglich Proudhon den Arbeitern glaubte in den Mund legen zu dürfen: „Er blieb nicht ohne Erfolg. On ne le comprend pas, sagten die Arbeiter, mais c'est un homme remarquable."[13] [Man versteht ihn nicht, aber er ist eine beachtliche Persönlichkeit.]

Für die Degenerierten ist „alles Scheiße", auch Marx, wie es mit roter Farbe an eine Uni-Mauer in Bayreuth geschmiert wurde. Der Spontispruch charakterisiert sie treffend:

„Marx ist tot, Lenin ist tot, und mir ist auch schon übel.!"

Die Aufgeschlossenen haben *ihr* Marxbild, das nicht naturalistischer ist als das publizistisch kolportierte. Neunzig Minuten genügen, um Zweifel an der Echtheit zu wecken. Korrekturen erfordern Wochen.

Daneben gibt es jene, denen der Marxismus Bekenntnis ist. Sie wollen keine Diskussion, sondern Aktion. Ihre Einstellung bringen sie mit Formulierungen zum Ausdruck wie: „Ernsthafte Kritik setzt voraus, daß sich der Kritiker im Anspruch kommunistischer Politik mit uns einig weiß. Darunter geht es nicht."[14] Oder: „Sympathisantenplena der marxistischen Gruppen ... Voraussetzungen: Solide

Vorurteile gegen Staatsmänner, Professoren und Studentenvertreter. Mißtrauen gegen moralische und/oder demokratische Grundwerte . . ."[15]

Wagt es ein Dozent, sich mit dem Marxismus ernsthaft auseinanderzusetzen, muß er an manchen Universitäten persönliche Angriffe und massive Störungen seiner Veranstaltungen gewärtigen. Angesichts dieser wissenschaftsfeindlichen, gewalttätigen „Studenten", die es auch in früheren Jahrzehnten stets gegeben hat und auch weiterhin geben wird, wird es verständlich, daß 1930 der AStA der Technischen Hochschule in München dem damaligen thüringischen Ministerpräsidenten Frick einstimmig für die Berufung von Hans Günthers auf einen Lehrstuhl für Rasseforschung dankte und die Errichtung solcher Professuren auch an den übrigen Hochschulen forderte.[16]

3. Marx und die Politik

Nicht als Sagengestalt der Frühzeit, sondern als Zeitgenossin von Marx erhielt die afrikanische Seherin Nongqawuse aus dem Munde der Ahnen den Befehl: „Tötet alle eure Rinder und Haustiere, verbrennt euer Korn auf den Feldern. Dann wird, und zwar am 18. Februar, die Sonne rot aufgehen. Ein goldenes Zeitalter ewigen Friedens wird anbrechen, die Menschen werden in aus Blumen gebauten Hütten wohnen, in Tälern ewiggrünen Grases: sie werden nie mehr kämpfen, hassen oder stehlen müssen, und das Gelächter der Freundschaft wird über dem ganzen Lande erklingen."[17]

In einer Masseneuphorie wurde der Befehl in die Tat umgesetzt. Das Ergebnis ist als „Selbstmord einer Nation“, des Volkes der Xhosa, einer wehrhaften und traditionsreichen Stammesgemeinschaft, in die Geschichte eingegangen.

Was hat Marx mit Nongqawuse und mit der durch sie ausgelösten Katastrophe zu tun? Kaum war „Das Kapital“ (Band 1) erschienen, besprach Engels das Buch unter eigenem oder fremdem Namen für verschiedene Zeitungen. In der „Düsseldorfer Zeitung“ vom 16. November 1867 machte Engels recht aufschlußreiche, grundlegende Ausführungen:

> „Dies Buch wird manchen Leser sehr enttäuschen. Seit Jahren ist, von gewisser Seite, auf sein Erscheinen hingewiesen worden. Hier sollte die wahre sozialistische Geheimlehre und Panazee endlich enthüllt werden, und mancher mag sich vorgestellt haben, als er es endlich angekündigt sah, daß er hier nun erfahren werde, wie es denn eigentlich im kommunistischen Tausendjährigen Reich aussehen werde. Wer sich auf dies Vergnügen gestürzt hat, der hat sich gründlich geirrt. Er erfährt hier allerdings, wie die Dinge nicht sein sollen, und zwar wird ihm dies mit einer sehr deutlichen Derbheit und auf 784 Seiten auseinandergesetzt, und wer Augen hat zu sehen, der sieht hier die Forderung einer sozialen Revolution klar genug gestellt. Hier handelt es sich nicht um Arbeiterassoziationen mit Staatskapital wie bei weiland Lassalle, hier handelt es sich um die *Abschaffung des Kapitals* überhaupt.
>
> Marx ist und bleibt derselbe Revolutionär, der er immer gewesen, und in einer wissenschaftlichen Schrift war er wohl der letzte, der seine Ansichten in dieser Beziehung verhüllt hätte. Aber was dann nach der sozialen Umwälzung werden soll – darüber gibt er uns nur *sehr* dunkle Andeutungen.“[18]

Im „Kapital" beschreibt Marx, was „den schlechtesten Baumeister vor der besten Biene auszeichnet": „Daß er die Zelle in seinem Kopf gebaut hat, bevor er sie in Wachs baut."[19] Diese kluge Einsicht hat er jedoch nicht auf sich und seine Lehre bezogen. Marx wollte die blutige Revolution lieber heute als morgen. Dann hat die Welt den Kommunismus und damit „die Lösung aller Welträtsel".[20] Der Abschaffung des Kapitals weiht er sein Leben. Doch wie es nachher weitergehen soll, darauf verschwendet er nicht mehr Zeit als Nongqawuse obwohl er mit Blick auf einen anderen bemerkt: „Die kritische Kritik schafft nichts . . ."[21]

Was wäre geschehen, hätten die Völker seine Signale nicht nur gehört, sondern auch erhört? Wäre es den Völkern besser ergangen als dem Volke der Xhosa? In seinem Namen wurde Revolution gemacht. War es seine Revolution? Manches spricht dafür, manches dagegen. Jene, die sich sträuben, seinen Namen damit in Verbindung zu bringen[22], verweisen darauf, daß dort entgegen Marx nicht alle Welträtsel gelöst seien, im Gegenteil: Die Freiheit verringert, das Elend vermehrt.

Das wollte er wirklich nicht. Aber dürfen wir Nongqawuse unterstellen, daß sie das gewollt, was sie angerichtet hat?

Wer zeitlebens auf Zerstörung sinnt und das Danach mit wenigen Schlagworten zu meistern glaubt, kann von schwerer Mitschuld nicht freigesprochen werden, wenn mit der Zerstörung das Elend der Menschheit wächst.

4. Die Politik und Marx

„Karl Marx, der alte Revolutionär
Hat großes Glück: er lebt nicht mehr
Denn wenn er heut' am Leben wär'
– Genosse meiner Trauer –
Dann lebte er nicht lange mehr
Man zöge ihn aus dem Verkehr ...“[23]

Biermann hat recht. Marx würde nicht die dortigen Zustände als die Erfüllung seiner Träume preisen, geschweige denn als geduldiges, ängstlich gehorsames Lamm im Pferch der Partei leben wollen. Unterordnung und Disziplin waren seinem Naturell gänzlich zuwider. Und deshalb „lebte er nicht lange mehr ...“

Wie im Osten, so werden auch im Westen Straßen und Plätze, Museen und Bibliotheken nach ihm benannt, nach seinem Bild Monumente geschaffen und Münzen geprägt. Und auch hier darf man ihn glücklich preisen, daß er tot ist, gestorben ohne an der Spitze einer revolutionären Bewegung die Macht erlangt zu haben. Denn dann könnten längst nicht soviele, die ihn heute für verehrungswürdig halten, die Augen vor den barbarischen Seiten seiner Person und Lehre verschließen.

Wer sich als Politiker des hohen Werts der freiheitlichen demokratischen Ordnung bewußt ist und um ihre Gefährdung von innen und außen weiß, kann nicht gleichzeitig Marx als Vorbild herausstellen. Wir brauchen nicht eine destruktive, maßlose, schwärmerische Jugend, die bis zum Grabe über ihre Verhältnisse lebt, vielmehr verdient das Konstruktive, Maßvolle, Besonnene unsere Förderung. Wie gezeigt, sind für Marx Menschenwürde und Grundrechte Ausgeburten bürgerlicher Phantasie; Gewaltenteilung lehnt er entschieden ab. Recht ist alles, was er für Recht hält, und, um dieses Recht durchzusetzen, ist jedes Mittel billig. Die Diktatur des Proletariats wie auch der rohe Kommunismus werden grausame Züge aufweisen, und die „freie" kommunistische Gesellschaft wird ein System kollektiver Planung, Reglementierung und Kontrolle sein, Orwells „1984" viel näher als allen Wunschbildern von Freiheit, Gleichheit und Harmonie.

Es ist die Lebenslüge unseres Staates, daß er Marxisten, die Marx ernst nehmen, den Eintritt in den Staatsdienst verwehrt, Marx selbst aber auf vielfältige Weise wie ein Vorbild verehrt. Sie läßt uns an den Ausspruch des alten Königs Lear denken: „Wenn wir geboren werden, weinen wir, daß wir die große Narrenbühne Welt betreten müssen."

Anmerkungen

Zum Vorwort

(Die Abkürzung aaO verweist auf das Literaturverzeichnis.)

1 R. Barzel in Welt am Sonntag 1981 Nr. 39 S. 11.
2 Siehe z. B. Löw „Rechtsstaat ...“ aaO S. 124 (Diktatur des Proletariats), S. 125 (Partei); K. Löw „Grundwerte der Demokratie“ München 1970 S. 35 (Motive für die revolutionäre Aktivität Marxens).
3 So in einem Prospekt über G. Preyer „Untersuchungen zu Voraussetzungen und zur Systematik der Kritik der politischen Ökonomie von Karl Marx“ Frankfurt 1977.
4 Nur so ist es erklärlich, daß die Trierer Karl-Marx-Bibliothek auf 40 000 einschlägige Bände anschwellen konnte.
5 Kolakowski aaO S. 410.
6 Cohen aaO S. IX; sinngemäß ebenso Preyer aaO S. 9: „Demgegenüber sieht die folgende Arbeit ihre Aufgabe darin, eben diesen Ausgangspunkt des Marxschen Denkens kritisch zu überprüfen, um die Grundannahmen seiner Ökonomiekritik zu reformulieren.“
7 MEW aaO 37, 464.
8 MEW aaO 16, 365.
9 Siehe ferner insbes. Löw „Ausbeutung ...“ aaO; Löw „Warum ...“ aaO.
10 Marx / Texte aaO S. 28.
11 Maihofer aaO S. 179.
12 Kolakowski aaO S. 414.

I.

1 FAZ 16. 6. 81.
2 Das Parlament 17. 1. 81.
3 MEW aaO 1, IX.
4 Enzensberger aaO S. 576.
5 Enzensberger aaO S. 462.
6 Enzensberger aaO S. 465.
7 Enzensberger aaO S. 251.
8 Enzensberger aaO S. 504.
9 Enzensberger aaO S. 489.
10 Enzensberger aaO S. 421.
11 Enzensberger aaO S. 253.
12 Enzensberger aaO S. 454.
13 Enzensberger aaO S. 567.
14 Enzensberger aaO S. 253.
15 Enzensberger aaO S. 415 f.
16 Enzensberger aaO S. 385.
17 Enzensberger aaO S. 416.
18 Enzensberger aaO S. 470.
19 Enzensberger aaO S. 491.
20 Enzensberger aaO S. 253.
21 Raddatz aaO S. 97.
22 O. v. Nell-Breuning „Auseinandersetzung mit Karl Marx“ München 1969 S. 30.
23 O. v. Nell-Breuning „Wir alle stehen auf den Schultern von Marx“ Stimmen der Zeit 1976 S. 621.
24 MEW aaO 23, 788, andererseits MEW aaO 23, 618.
25 MEW aaO 4, 466.
26 MEW aaO 23, 618.
27 Maihofer aaO S. 169; Kolakowski aaO S. 203.
28 MEW aaO 1, XI.

II.

1 MEW aaO 21, 282.
2 MEW aaO 1, 378 f.
3 Geschichtliche Betrachtungen über materialistische Strömungen stellt er in „Die Heilige Familie“ MEW 2, 9 ff. insbesondere 131 ff. an. Daß diese Aufführungen von Marx stammen, entnehme ich MEW 2, VI.

[4] MEW aaO 21, 276.
[5] MEW aaO 21, 275.
[6] MEW aaO 20, 503.
[7] MEW aaO 20, 55.
[8] MEW aaO 21, 277 f.
[9] MEW aaO 21, 292.
[10] MEW aaO 21, 293 f.
[11] MEW aaO 21, 307.
[12] Fiedler aaO S. 115.
[13] Lenin aaO 14, 124.
[14] Fiedler aaO S. 115 f.
[15] Fiedler aaO S. 120.
[16] Fiedler aaO S. 91.
[17] Fiedler aaO S. 15.
[18] Fiedler aaO S. 90 f.
[19] Lenin aaO 21, 38.
[20] Siehe z. B. Fiedler aaO S. 114.
[21] MEW aaO Erg. Bd. 1 S. 8.
[22] Fiedler aaO S. 113.
[23] MEW aaO 21, 276.
[24] MEW aaO 20, 67.
[25] Fiedler aaO S. 159.
[26] Siehe Löw „Warum . . .“ aaO S. 288.
[27] MEW aaO 21, 292.
[28] MEW aaO 21, 275.
[29] MEW aaO 21,277.
[30] MEW aaO 20,7.
[31] Hanak aaO S. 114 f.
[32] Fiedler aaO S. 90.
[33] Fiedler aaO S. 117.
[34] Wetter „Sowjetidiologie . . .“ aaO S. 45.
[35] MEW aaO 20, 327.
[36] Fiedler aaO S. 91.
[37] MEW aaO 20, IX.
[38] MEW aaO Erg. Bd. 1 S. 617.
[39] Nach Mitteilungsblatt der „Liga Europa“ Mai–Juni 81.
[40] Nach W. Heisenberg „Der Teil und das Ganze“ München 1972 S. 292 f.
[41] Dag Hammarskjoeld „Zeichen am Wege“ München 1965 S. 82.

(Seite 45–51)

III.

1 MEW aaO 20, 9.
2 MEW aaO 20, VII.
3 Wie sehr Marx die dialektischen Gesetze beiläufig, aber eindeutig bejahte, beweisen Bemerkungen wie: „Hier, wie in der Naturwissenschaft, bewährt sich die Richtigkeit des von Hegel in seiner ‚Logik' entdeckten Gesetzes, daß bloß quantitative Veränderungen auf einem gewissen Punkt in qualitative Unterschiede umschlagen" (MEW aaO 23, 327).
4 „Ich bemerke nebenbei: Da die hier entwickelte Anschauungsweise zum weitaus größern Teil von Marx begründet und entwickelt worden ist, und nur zum geringsten Teil von mir, so verstand es sich unter uns von selbst, daß diese meine Darstellung nicht ohne seine Kenntnis erfolgte. Ich habe ihm das ganze Manuskript vor dem Druck vorgelesen, und das 10. Kapitel des Abschnitts über Ökonomie (aus der ‚Kritischen Geschichte') ist von Marx geschrieben ..." (MEW aaO 20, 9).
5 MEW aaO 20, 22 ff.
6 MEW aaO 20, X.
7 Lenin aaO 19, 550.
8 Lenin aaO 33, 462.
9 Klimaszewsky aaO S. 15 f.
10 MEW aaO 1, IX ff..
11 Fiedler aaO S. 163.
12 Wetter „Dialektischer Materialismus" in Kernig aaO Bd. 1 Sp. 1216.
13 Theimer aaO 79.
14 Wolf aaO S. 97.
15 Kolakowski aaO I S. 464.
16 I. Iljn „Die Philosophie Hegels als kontemplative Gotteslehre" Bern 1964 S. 11.
17 Wetter Diamat aaO S. 570.
18 Wolf aaO S. 76.
19 Wolf aaO S. 99.
20 MEW aaO 20, 348.
21 Fiedler aaO S. 183 f.
22 Fiedler aaO S. 185.
23 Fiedler aaO S. 187.
24 MEW aaO 20,42.

25 MEW aaO 20, 111 ff.
26 MEW aaO 20, 213.
27 Fiedler aaO S. 198.
28 Fiedler aaO S. 199.
29 Fiedler aaO S. 201.
30 Fiedler aaO S. 203.
31 Fiedler aaO S. 205.
32 Fiedler aaO S. 207.
33 MEW aaO 20, 126 f.
34 Fiedler aaO S. 220 f.
35 Fiedler aaO S. 221.
36 Fiedler aaO S. 224.
37 Fiedler aaO S. 224 f.
38 Fiedler aaO S. 226.
39 MEW aaO 20, 106.
40 MEW aaO 21, 296 f.
41 Fiedler aaO S. 173.
42 Fiedler aaO S. 175.
43 Fiedler aaO S. 223; Lenin aaO 31, 276.
44 Lenin aaO 17, 23.
45 ebenso Fetscher „Der Marxismus“ aaO S. 163.
46 MEW aaO 20, IX.
47 MEW aaO 20, 131 f.
48 MEW aaO 21, 270.
49 MEW aaO 28, 71.
50 Marx „Texte . . .“ aaO S. 191.
51 MEW aaO 23, 27.
52 MEW aaO 23, 27; auch Engels betont immer wieder die Notwendigkeit, ihn umzustülpen, z. B. 20, 475.
53 MEW aaO 29, 561.
54 MEW aaO Erg. Bd. 1 S. 8 f.
55 MEW aaO 20, 131 f.
56 Fiedler aaO S. 163.
57 MEW aaO 20, 324.
58 MEW aaO 21, 268.
59 Fiedler aaO S. 12.
60 Fiedler aaO S. 184.
61 Fiedler aaO S. 192.
62 MEW aaO 20, 112.
63 MEW aaO 20, 112 f.
64 Fiedler aaO S. 198.

[65] Lenin aaO 38, 338.
[66] Fiedler aaO S. 201.
[67] Fiedler aaO S. 202.
[68] ebenda.
[69] Fiedler aaO S. 218.
[70] Fiedler aaO S. 219.
[71] Fiedler aaO S. 205.
[72] MEW aaO 4, 127.
[73] Fiedler aaO S. 221.
[74] MEW aaO 20, 126.
[75] MEW aaO 20, 127.
[76] Fiedler aaO S. 224.
[77] Nach Enzensberger aaO S. 30. Im gleichen Sinne Heinzen: „Bei allem Talent ist Herr Marx geistig ein bloßer Dialektiker nur Sophist ..." „Karl Marx sucht sehr bezeichnend seine Hauptstärke im bloßen Spiel, im Antithesenspiel, im Wortspiel, welches er dem Shakespeare ... abgelernt, und auf dessen ‚kritische' Handhabung er sich in der Schule der Hegelschen Dialektik eingeübt hat" (nach Weigel aaO S. 54 bzw. 62).
[78] MEW aaO 29, 161.
[79] MEW aaO 31, 306; siehe z. B. 30, 621; 30, 636.
[80] MEW aaO 21, 266 f.
[81] Fiedler aaO S. 164.
[82] Ausführlicher Löw „Warum ..." aaO S. 179 ff; siehe ferner entsprechende Nachweise bei Topitsch aaO S. 84 ff.
[83] MEW aaO 21, 296.
[84] Fiedler aaO S. 173.
[85] Siehe Löw „Ausbeutung ..." aaO S. 101.
[86] MEW aaO 28, 93.
[87] Lenin aaO 5, 385 f.
[88] „Gespräche mit Eckermann" – Gedenkausgabe der Werke, Briefe und Gespräche, Zürich 1976 S. 661 f.
[89] Fiedler aaO S. 15 f.
[90] MEW aaO 20, 329; wörtlich fast ebenso 20, 7.
[91] MEW aaO 20, XXI.
[92] Fiedler aaO S. 25.
[93] Siehe dazu Kolakowski aaO S. 465 f.
[94] MEW aaO 20, XXIII.

[95] E. Theumer aaO S. 302.
[96] Fiedler aaO S. 30 f.
[97] MEW aaO 20, IX.
[98] MEW aaO 20, 126.
[99] MEW aaO 21, 293.
[100] Topitsch aaO S. 95.

IV.

[1] Engels hat einen großen Anteil daran, worauf Stadler (aaO S. 56) zu Recht hinweist.
[2] MEW aaO 4, 474.
[3] MEW aaO 37, 464.
[4] Fiedler aaO S. 307.
[5] Kolakowski aaO S. 380.
[6] Lafargue nach Enzensberger aaO S. 304.
[7] Theimer aaO S. 110 f.
[8] Popper aaO S. 112 ff.
[9] Rüstow aaO S. 297 f.
[10] Diese Kritik trifft auch Bochenskis Feststellung: „Die Marxsche ökonomische Deutung der Gesellschaft scheint mir an und für sich ein großer Fortschritt in der Deutung der gesellschaftlichen Phänomene zu sein . . .“ (Bochenski aaO S. 77).
[11] MEW aaO 4, 477.
[12] MEW aaO 6, 408.
[13] MEW aaO 13, 8 f.
[14] MEW aaO 3, 6.
[15] MEW aaO 3, 32; ausführlich und sinngleich Marx auch noch im 3. Band von „Das Kapital“ MEW aaO 25, 841 f.
[16] MEW aaO 14, VIII.
[17] MEW aaO 13, 470.
[18] Fiedler aaO S. 350.
[19] MEW aaO 13, 9.
[20] Fiedler aaO S. 358.
[21] MEW aaO 24, 42.
[22] MEW aaO 13, 8.
[23] MEW aaO 3, 26 f.
[24] MEW aaO 3, 229.
[25] MEW aaO 19, 208.
[26] MEW aaO 3, 5 f.
[27] MEW aaO 21, 264.

28 MEW aaO 4, 130; mit Blick auf den Rüstungslevel: MEW 31, 234.
29 MEW aaO 3, 417.
30 MEW aaO 13, 9.
31 MEW aaO 3, 34 f.
32 z. B. John Wade, David Ricardo.
33 z. B. J.-N.-A. Thierry, F.-P. Guizot.
34 z. B. Franz von Bader, Lorenz von Stein.
35 Siehe z. B. MEW aaO 28, 507 f.; 5, 138 f.; 5, 285. In Deutschland erhob sich die erste Welle scharfen Protestes gegen die sozialen Auswirkungen der beginnenden Industrialisierungsepoche schon im 3. und 4. Jahrzehnt des letzten Jahrhunderts. Als Beispiele seien erwähnt die Münchner Zeitung EOS, 1818 gegründet als Sprachrohr des aktiven Görres-Kreises, der Mainzer „Katholik", gegründet 1821, und die Historisch-Politischen Blätter. (J. Messner „Marx in der kirchlichen Soziallehre?" in H. Schambeck „Kirche und Staat – Fritz Eckert zum 65. Geburtstag" Berlin 1976 S. 415 f.)
1835 erschien aus der Feder Franz von Baders eine programmatische Denkschrift: „Über das Mißverständnis des Vermögenslosen oder Proletariers zu den Vermögen besitzenden Klassen".
36 MEW aaO 4, 462.
37 Siehe dazu Löw „Warum . . ." aaO S. 263 f.
38 Lenin aaO 29, 410.
39 Lenin aaO 19, 8.
40 Fiedler aaO S. 417.
41 Fiedler aaO S. 421.
42 MEW aaO 13,9.
43 MEW aaO 4, 462 f.
44 MEW aaO 23, 194.
45 MEW aaO 2, 20.
46 MEW aaO 20, 444 ff.
47 MEW aaO 20, 448 f.
48 MEW aaO 20, 167 f.
49 MEW aaO 3, 25.
50 MEW aaO 4, 463.
51 MEW aaO 21, 299 f.
52 MEW aaO 23, 744.
53 MEW aaO 23, 743.
54 Fiedler aaO S. 424.

[55] Fiedler aaO S. 428.
[56] Fiedler aaO S. 17.
[57] MEW aaO 23, 791.
[58] MEW aaO 13, 9.
[59] Lafargue nach Enzensberger aaO S. 305.
[60] Nach Enzensberger aaO S. 482.
[61] Nach Enzensberger aaO S. 715.
[62] MEW aaO 6, 408.
[63] MEW aaO 4, 366.
[64] MEW aaO 3, 32.
[65] MEW aaO 19, 335 f.
[66] Matth. 4, 3.
[67] Fiedler aaO S. 229.
[68] Fiedler aaO S. 178.
[69] Fiedler aaO S. 231.
[70] MEW aaO 13, 9.
[71] MEW aaO 4, 462; fast ebenso 4, 480.
[72] MEW aaO 4, 462. Wenige Jahre vorher, 1885, hat er noch die Behauptung von 1848 wiederholt (MEW aaO 8, 562; 21, 249).
[73] MEW aaO Bd. 18 ist voll davon.
[74] Siehe dazu VI, VII, VIII.
[75] MEW aaO 13, 9.
[76] Kolakoswki aaO S. 415; siehe ferner K. Grzybowski „Staat" in Kernig aaO Bd. 6 Sp. 163.
[77] MEW aaO 20, 88.
[78] MEW aaO 3, 229.
[79] M. Djilas „Die neue Klasse" München 1963, S. 157 f.
[80] MEW aaO 4, 130.
[81] MEW aaO 4, 130.
[82] J. Stagl „Die Morphologie segmentärer Gesellschaften. Dargestellt am Beispiel des Hochlandes von Neu-Guinea" Meisenheim/Glan 1974.
[83] Speziell hierzu F. Vittinghoff „Die Theorie des historischen Materialismus über den antiken ‚Sklavenhalterstaat'" in Saeculum 1960 Bd. 11 S. 89.
[84] MEW aaO 2, 398 ff.; 23, 418, 446, 467.
[85] MEW aaO 4, 132.
[86] Friedenthal aaO S. 362.
[87] Fiedler aaO S. 208.

88 Siehe dazu Löw „Ausbeutung ...“ aaO S. 33 f., 49 f.
89 Fiedler aaO S. 174.
90 MEW aaO 13, 9.
91 MEW aaO 37, 463; sinngemäß ebenso 39, 206.
92 L. Kopelew nach RM 16. 10. 81.
93 MEW aaO 18, 556 f.
94 MEW aaO 18, 633; sinngleich 4, 339; 23, 15 f.
95 MEW aaO 4, 374.
96 MEW aaO 23, 744; sinngleich 16, 415.
97 MEW aaO 23, 678.
98 MEW aaO 10, 125 f.
99 MEW aaO 3, 331.
100 MEW aaO 5, 457.
101 MEW aaO 22, 429.
102 MEW aaO 3, 35; ebenso 39, 89.
103 Lenin-Werke aaO 22, 355.
104 MEW aaO 4, 474.
105 MEW aaO 18, 633.
106 MEW aaO 14, 450.
107 MEW aaO 1, XXIII.
108 Lenin, zit. nach Wagenlehner, aaO S. 48.
109 Im DDR-amtlichen Lehrbuch (Fiedler aaO S. 528 f.): „Im Gefolge der im Imperialismus zugespitzten Tendenz zur sprunghaft ungleichmäßigen ökonomischen und politischen Entwicklung der kapitalistischen Länder ist es möglich, die Kette der imperialistischen Länder zunächst an ihrem schwächsten Glied zu sprengen.“
110 MEW aaO 3, 5.
111 MEW aaO 13, 9.
112 Fiedler aaO S. 388 f.
113 Ebenso Kolakowski aaO S. 307.
114 MEW aaO 19, 242.
115 MEW aaO 19, 243.
116 MEW aaO 18, 556.
117 MEW aaO 32, 174.
118 MEW aaO 4, 576.
119 MEW aaO 22, 421 ff.
120 Löw „Warum ...“ aaO VII.
121 Fiedler aaO S. 308.
122 MEW aaO 21, 268 f.

123 MEW aaO 21, 296.
124 MEW aaO 29, 590.
125 MEW aaO 31, 220.
126 MEW aaO 31, 227.
127 MEW aaO 20, 122.

V.

1 P. Fedossejew in Dietz-Verl. „,Das Kapital' von Karl Marx und seine internationale Wirkung", Berlin (Ost) 1968 S. 5.
2 T. Q. Huy in Dietz-Verl. „,Das Kapital' von Karl Marx und seine internationale Wirkung", ", Berlin (Ost) S. 160.
3 MEW aaO 13, 7.
4 MEW aaO 29, 312.
5 MEW aaO 13, 1 ff.
6 MEW aaO 23, 1 ff.
7 MEW aaO 23, 11.
8 MEW aaO 24, 8 f.
9 MEW aaO 31, 132.
10 MEW aaO 23, 39.
11 z. B. MEW aaO 23, 39; 16, 210.
12 L. Althusser u. a. „Das Kapital" Bd. 1 Hamburg 1972 S. 11.
13 Rüstow aaO S. 302.
14 Padover aaO S. 360.
15 Rudnik aaO S. 75.
16 Nach Raddatz aaO S. 366. Hat W. Liebknecht es gelesen? Marx: „Im übrigen glaube ich, daß er noch nicht 15 Seiten des Buches gelesen hat" (MEW aaO 32, 24).
17 Nach Enzensberger aaO S. 31. 25 Jahre später hat sich Ruge anerkennend geäußert (MEW aaO 32, 696).
18 MEW aaO 20, 187.
19 De Man aaO S. 291 f.
20 De Man aaO S. 121.
21 MEW aaO 23, 12.
22 MEW aaO 23, 49.
23 MEW aaO 23, 50.
24 MEW aaO 23, 50 f.
25 MEW aaO 23, 51.
26 MEW aaO 23, 53.
27 MEW aaO 23, 53.
28 MEW aaO 23, 54.

[29] MEW aaO 23, 58.
[30] MEW aaO 23, 61.
[31] MEW aaO 23, 60.
[32] MEW aaO 23, 63.
[33] MEW aaO 23, 66.
[34] MEW aaO 23, 76 f.
[35] MEW aaO 23, 78.
[36] Siehe Löw „Ausbeutung . . .“ aaO S. 84 f.
[37] MEW aaO 23, 86.
[38] MEW aaO 23, 88.
[39] MEW aaO 23, 90.
[40] MEW aaO 23, 90 f.
[41] MEW aaO 23, 91.
[42] MEW aaO 23, 92 f.
[43] MEW aaO 23, 97.
[44] MEW aaO 23, 99.
[45] MEW aaO 23, 101.
[46] MEW aaO 23, 104.
[47] MEW aaO 23, 108.
[48] MEW aaO 23, 109 f.
[49] MEW aaO 23, 113.
[50] MEW aaO 23, 117 f.
[51] MEW aaO 23, 118.
[52] MEW aaO 23, 118 f.
[53] MEW aaO 23, 120.
[54] MEW aaO 23, 127 f.
[55] MEW aaO 23, 162.
[56] MEW aaO 23, 164.
[57] MEW aaO 23, 165.
[58] MEW aaO 23, 167.
[59] MEW aaO 23, 169 f.
[60] MEW aaO 23, 180 f.
[61] MEW aaO 23, 181.
[62] MEW aaO 23, 183.
[63] MEW aaO 23, 184; ebenso sinngemäß Engels schon 1847 MEW 4, 365.
[64] MEW aaO 23, 184 ff.
[65] MEW aaO 23, 187.
[66] MEW aaO 23, 189.
[67] MEW aaO 23, 193.
[68] MEW aaO 23, 199 f.

[69] MEW aaO 23, 207.
[70] MEW aaO 23, 207 f.
[71] MEW aaO 23, 209.
[72] MEW aaO 23, 216.
[73] MEW aaO 23, 218.
[74] MEW aaO 23, 220 f.
[75] MEW aaO 23, 226.
[76] MEW aaO 23, 229 f.
[77] MEW aaO 23, 246 f.
[78] MEW aaO 23, 247.
[79] MEW aaO 23, 279 f.
[80] MEW aaO 23, 285 f.
[81] MEW aaO 23, 286.
[82] MEW aaO 23, 320.
[83] MEW aaO 23, 323.
[84] MEW aaO 23, 328 f.
[85] MEW aaO 23, 334.
[86] MEW aaO 23, 331.
[87] MEW aaO 23, 340.
[88] MEW aaO 23, 341.
[89] MEW aaO 23, 344.
[90] MEW aaO 23, 345.
[91] MEW aaO 23, 349.
[92] MEW aaO 23, 362 f.
[93] MEW aaO 23, 415.
[94] MEW aaO 23, 425.
[95] MEW aaO 23, 429.
[96] MEW aaO 23, 430.
[97] MEW aaO 23, 432 f.
[98] MEW aaO 23, 435.
[99] MEW aaO 23, 465.
[100] MEW aaO 23, 477.
[101] MEW aaO 23, 519.
[102] MEW aaO 23, 512.
[103] MEW aaO 23, 528.
[104] MEW aaO 23, 529.
[105] MEW aaO 23, 532.
[106] MEW aaO 23, 550.
[107] MEW aaO 23, 570.
[108] MEW aaO 23, 574.
[109] MEW aaO 23, 591.

110 MEW aaO 23, 597.
111 MEW aaO 23, 605 f.
112 MEW aaO 23, 620.
113 MEW aaO 23, 641 f.
114 MEW aaO 23, 649.
115 MEW aaO 23, 673 f.
116 MEW aaO 23, 715.
117 MEW aaO 23, 726.
118 MEW aaO 23, 751 f.
119 MEW aaO 23, 762.
120 MEW aaO 23, 788.
121 MEW aaO 23, 790 f.
122 H. Prauß u. a. siehe Löw „Warum ...“ aaO S. 60 ff.
123 Rüstow aaO S. 302.
124 Siehe dazu ausführlicher V 9 b.
125 MEW aaO 23, 181 ff.
126 MEW aaO 23, 53.
127 MEW aaO 23, 185.
128 MEW aaO 23, 583.
129 MEW aaO 23, 186.
130 MEW aaO 23, 184.
131 MEW aaO 23, 672.
132 MEW aaO 23, 726.
133 MEW aaO 23, 732.
134 MEW aaO 23, 673.
135 MEW aaO 23, 209.
136 MEW aaO 23, 208; Engels MEW aaO 16, 211.
137 MEW aaO 23, 639.
138 MEW aaO 23, 556 u. 589.
139 MEW aaO 23, 595.
140 MEW aaO 23, 576.
141 MEW aaO 23, 209.
142 MEW aaO 23, 632.
143 MEW aaO 23, 222.
144 MEW aaO 23, 412.
145 MEW aaO 23, 408.
146 MEW aaO 23, 350.
147 MEW aaO 23, 385.
148 MEW aaO 4, 467.
149 MEW aaO 23, 618.
150 MEW aaO 23, 788.

[151] MEW aaO 23, 200.
[152] MEW aaO 23, 320.
[153] MEW aaO 23, 430.
[154] MEW aaO 23, 570.
[155] MEW aaO 4, 329.
[156] MEW aaO 23, 641.
[157] MEW aaO 23, 665 f.
[158] MEW aaO 23, 702 f.
[159] MEW aaO 23, 730.
[160] MEW aaO 23, 733.
[161] Kolakowski aaO S. 329.
[162] MEW aaO 23, 767 ff.
[163] MEW aaO 23, 285.
[164] MEW aaO 23, 15.
[165] MEW aaO 16, 232.
[166] MEW aaO 23, 787.
[167] MEW aaO 31, 327.
[168] MEW aaO 32, 551.
[169] Friedenthal aaO S. 427.
[169a] MEW aaO 23, 681.
[169b] Weigel aaO S. 129.
[170] MEW aaO 29, 357.
[171] MEW aaO 28, 118.
[172] Peters aaO S. 26 f.
[173] MEW aaO 23, 340.
[174] MEW aaO 23, 528.
[175] MEW aaO 23, 529.
[176] MEW aaO 23, 661.
[177] Löw „Ausbeutung . . .“ aaO S. 438 f.
[178] J. Boyd in Dietz-Verl. „„Das Kapital‘ von Karl Marx und seine internationale Wirkung“ Berlin (Ost) 1968 S. 304.
[179] MEW aaO 3, 253.
[180] MEW aaO 32, 39.
[181] C. Schurz „Lebenserinnerungen“ Berlin 1906 S. 143.
[182] MEW aaO 8, 583 u. 21, 212.
[183] MEW aaO 29, 232 u. 31, 292;gelegentlich auch „Last“ (30, 350).
[184] MEW aaO 31, 134; 31, 178; 31, 292; 32, 43.
[185] MEW aaO 30, 359.
[186] MEW aaO 31, 321.

[187] MEW aaO 27, 228.

[188] Engels: „... er war nur zu froh, wenn er irgendeine theoretische Entschuldigung dafür finden konnte, warum das Werk damals nicht zum Abschluß kam. Alle diese Argumente hat er seinerzeit vis-à-vis de moi gebraucht; sie schienen sein Gewissen zu beruhigen" (MEW aaO 36, 385).

[189] MEW aaO 31, 368 f.

[190] MEW aaO 31, 369.

[191] Siehe Raddatz aaO S. 360 ff.

[192] MEW aaO 27, 462; ähnlich 27, 560.

[193] MEW aaO 31, 132.

[194] MEW aaO 36, 56.

[195] MEW aaO 27, 374.

[196] MEW aaO 28, 226.

[197] MEW aaO 30, 15.

[198] MEW aaO 32, 45.

[199] MEW aaO 30, 248.

[200] MEW aaO 1, 30 f.

[201] Rüstow aaO S. 302.

[202] Padover aaO S. 362.

[203] Löw „Warum ..." aaO S. 38 ff., 91 ff.

[204] MEW aaO 16, 210.

[205] MEW aaO 31, 407.

[206] MEW aaO 31, 338.

[207] Raddatz aaO S. 365.

[208] MEW aaO 23, 12.

[209] MEW aaO 6, 563.

[210] Löw „Warum ..." aaO VII.

[211] MEW aaO 23, 39.

[212] MEW aaO 23, 599.

[213] MEW aaO 23, 465.

[214] Löw „Ausbeutung ..." passim, insbes. 3. Teil.

[215] MEW aaO 27, 228.

[216] MEW aaO 23, 90.

[217] MEW aaO 32, 89.

[218] MEW aaO 32, 91.

[219] MEW aaO 30, 565.

[220] MEW aaO 31, 541.

[221] MEW aaO 31, 418.

VI.

1 Sinngleiche Einlassungen wie die von Maihofer (aaO S. 166) sind jedoch nicht selten. Demnach verdanken wir die soziale Marktwirtschaft Karl Marx: „Das kapitalistische System der westlichen Industrieländer wäre längst auf dem von Marx gewiesenen Wege in dem Strudel proletarischer Revolutionen untergegangen, ohne seine *permanente Reform* aus dem Geiste eben dieser von Marx geborenen *antikapitalistischen Theorie: des Sozialismus.*"

2 MEW aaO 4, 341.

3 MEW aaO 2, 605.

4 MEW aaO 21, 3.

5 MEW aaO 14, V.

6 K. Obermann u. a. „Biographisches Lexikon zur deutschen Geschichte" Berlin (Ost) 1967 S. 312.

7 Kautsky aaO S. 18.

8 N. Lobkowicz RM 24. 7. 81.

9 Weber aaO S. 27 f.

10 Bakunin aaO S. 207.

11 Nach Enzensberger aaO S. 469.

12 MEW aaO 14, 429.

13 Bakunin aaO S. 205.

14 Bakunin aaO S. 206.

15 S. K. Padover spricht in seinem Buch „Karl Marx in seinen Briefen" (München 1981 S. 7) vom „idealistischen Humanisten", den seine Briefe ausweisen würden.
Siehe auch Löw „Warum . . ." aaO X 7.

16 Wagenlehner aaO S. 9.

17 Harnack aaO S. 17.

18 A. Rathmann nach Weber aaO S. 254.

19 Theimer aaO S. 245.

20 Bakunin aaO S. 207.

21 Nach Enzensberger aaO S. 28. Siehe VII 7; ferner: Löw „Warum . . ." aaO X 7; E. Topitsch „Die Legende vom Humanismus des jungen Marx" in Presse 31. 3./1. 4. 1973; Gg. Ertl „Der gute Mensch von Trier – Karl Marx wie ihn niemand kennt" Köln 1973.

22 Nach Enzensberger aaO S. 469.

23 A. Rathmann nach Weber aaO S. 254.

[24] z. B. I. Fetscher „Von Marx zur Sowjetideologie" in „Der Mensch im kommunistischen System" Tübinger Studien zur Geschichte und Politik Nr. 8/1957 S. 102; R. Aron „Demokratie und Totalitarismus" Hamburg 1970 S. 35.
[25] Nach Enzensberger aaO S. 1.
[26] Nach Padover aaO S. 38.
[27] MEW aaO Erg. Bd. 1, 593.
[28] MEGA I 1 483 ff.
[29] MEGA I 1 483.
[30] MEW aaO Erg. Bd. 1, 3.
[31] Friedenthal aaO S. 60.
[32] MEW aaO Erg. Bd. 1, 637.
[33] MEW aaO Erg. Bd. 1, 641.
[34] MEW aaO Erg. Bd. 1, 647.
[35] MEW aaO Erg. Bd. 1, 652.
[36] MEW aaO Erg. Bd. 1, 626.
[37] MEW aaO Erg. Bd. 2, 30 L.
[38] Nach Enzensberger aaO S. 2.
[39] MEW aaO 2, 229.
[40] MEW aaO 2, 504 f.
[41] Nach Enzensberger aaO S. 1.
[42] MEW aaO 27, 10.
[43] MEW aaO 27, 59.
[44] MEW aaO 27, 80.
[45] MEW aaO 27, 133.
[46] MEW aaO 29, 69.
[47] MEW aaO 27, 124.
[48] MEW aaO 27, 125.
[49] MEW aaO 27, 130.
[50] MEW aaO 27, 131.
[51] MEW aaO 27, 204.
[52] MEW aaO 27, 276.
[53] MEW aaO 27, 336.
[54] MEW aaO 27, 415.
[55] MEW aaO 27, 405.
[56] MEW aaO 27, 215.
[57] MEW aaO 27, 226.
[58] MEW aaO 27, 347.
[59] MEW aaO 27, 563.
[60] MEW aaO 27, 72.
[61] MEW aaO 27, 485.

62 MEW aaO 27, 266 f. (Daß sie sich an vielen anderen Stellen genau entgegengesetzt über die Polen geäußert haben, sei nur am Rande bemerkt.)
63 MEW aaO 27, 291.
64 MEW aaO 27, 381.
65 MEW aaO 27, 365.
66 MEW aaO 27, 392.
67 MEW aaO 27, 406.
68 MEW aaO 27, 19.
69 MEW aaO 27, 100.
70 MEW aaO 27, 179.
71 MEW aaO 27, 425.
72 MEW aaO 27, 55.
73 MEW aaO 27, 442 f.
74 MEW aaO 27, 444.
75 MEW aaO 27, 451 f. In späteren Äußerungen nimmt die Kritik an Proudhon noch unvergleichlich schärfere Formen an.
76 MEW aaO 27, 485.
77 MEW aaO 27, 526.
78 MEW aaO 27, 395 f.
79 MEW aaO 27, 575 f.
80 MEW aaO 27, 292.
81 MEW aaO 27, 20.
82 MEW aaO 27, 44.
83 MEW aaO 27, 183.
84 MEW aaO 27, 219.
85 MEW aaO 27, 294.
86 MEW aaO 27, 45.
87 MEW aaO 27, 74.
88 M. Herwegh nach Enzensberger aaO S. 20.
89 Siehe insbes. Enzensberger aaO passim. Bei der Lektüre ist darauf zu achten, von wann die Äußerungen stammen. Den toten Marx umrankten rasch Legenden.
90 Bakunin aaO S. 208.
91 MEW aaO 1, 344.
92 MEW aaO 27, 190.
93 MEW aaO 6, 139.
94 Marx aaO S. 22. (Es fehlt offenbar in der MEGA!).
95 MEW aaO 8, 278.
96 MEW aaO 2, 7.
97 MEW aaO 27, 12.

98 MEW aaO 1, 385.

99 MEW aaO 30, 249.

100 MEW aaO 1, 378.

101 MEW aaO 1, 347 insbes. 377; siehe ferner H. Lamm „Karl Marx und das Judentum“ in: H. Lamm u. a. „Karl Marx 1818 – 1968“ Mainz 1968 S. 11 ff. Sieben Jahre nach Marxens Tod wagte der ehemalige Antisemit Friedrich Engels eine scharfe Kritik an dieser Geisteshaltung, ohne jedoch die Irrtümer von Marx und seine eigenen einzugestehen (MEW aaO 22, 50).

102 MEW aaO 1, 380.

103 MEW aaO 3, 229.

104 MEW aaO 27, 418.

105 MEW aaO 4, 12.

106 MEW aaO 21, 289.

107 Parteihochschule aaO S. 58.

108 MEW aaO 7, 21.

109 z. B. MEW aaO 1, 359; 8, 267; 28, 625.

110 MEW aaO 29, 552.

111 MEW aaO 27, 357.

112 Das Archiv für Sozialgeschichte (1964 Bd. 4) der Friedrich-Ebert-Stiftung hat anerkennenswerterweise eine eingehende Studie von 200 Seiten veröffentlicht: Roman Rosdolsky „Friedrich Engels und das Problem der ‚geschichtslosen‘ Völker“.

113 Friedenthal aaO S. 616. Eine Ausnahme bildet Jones, was Friedenthal offenbar entgangen ist.

114 MEW aaO 27, 50.

115 MEW aaO 27, 70.

116 MEW aaO 27, 111.

117 MEW aaO 27, 330.

118 MEW aaO 27, 351.

119 MEW aaO 27, 254.

120 MEW aaO 27, 493.

121 MEW aaO 27, 227.

122 MEW aaO 27, 293.

123 MEW aaO 27, 472.

124 MEW aaO 27, 500.

125 MEW aaO 27, 550.

126 MEW aaO 27, 40.

127 MEW aaO 27, 62.

128 MEW aaO 2, 504.
129 MEW aaO 32, 45.
130 MEW aaO 8, 544.
131 MEW aaO 1, 390 f.
132 MEW aaO 3, 34.
133 Kolakowski aaO S. 305.
134 MEW Erg. Bd. 1, 514 ff.
135 E. Nölle-Neumann „Weicht keinem Glücke nicht – Untersuchungen über den Zusammenhang zwischen Arbeit, Wohlbefinden und Lebensfreude" FAZ 27. 12. 80.
136 Nach Enzensberger aaO S. 185.
137 MEW Erg. Bd. 1, 593.
138 Siehe insbes. VIII.
139 MEW aaO 32, 371.
140 Siehe Enzensberger aaO S. 587 f.
141 MEW aaO 27, 342.
142 MEW aaO 27, 378.
143 MEW aaO 2, 55.
144 IV 6 g 3.
145 MEW aaO 4, 180.
146 Ebenso die Herausgeber der MEW aaO 16, XXII.
147 MEW aaO 16, 152.
148 MEW aaO 17, 649.
149 MEW aaO 31, 428.
150 MEW aaO 10, 125.
151 Friedenthal aaO S. 49.
152 Braunthal aaO S. 64.
153 MEW aaO 21, 250 f.
154 Höffner aaO S. 24.
155 MEW aaO 2, 55.
156 Th. Schieder u. a. „Handbuch der europäischen Geschichte" Bd. 6 S. 232.
157 MEW aaO 31, 347.
158 MEW aaO 18, 232.
159 Th. Schieder u. a. „Handbuch der europäischen Geschichte" Bd. 6 S. 254 f.
160 Friedenthal aaO S. 185.
161 Marx nach Enzensberger aaO S. 497.
162 MEW aaO 15, 326.
163 MEW aaO 15, 327.
164 MEW aaO 16, 18.

(Seite 265–280)

165 MEW aaO 16, 18 f.
166 Kovalevskij nach Enzensberger aaO S. 479.
167 Nach Enzensberger aaO S. 490.
168 MEW aaO 32, 693. Marx selbst ebenso 32, 243.
169 MEW aaO 21, 206 ff.; 8, 577 ff.
170 MEW aaO 21, 210.
171 MEW aaO 28, 195.
172 Nach Enzensberger aaO S. 48 f.
173 MEW aaO 27, 184 f.
174 MEW aaO 27, 186.
175 Nach H. Stein „Der Kölner Arbeiterverein" Köln 1921 S. 96.
176 Nach H. Stein „Der Kölner Arbeiterverein" Köln 1921 S. 105.
177 MEW aaO 30, 31.
178 Nach Enzensberger aaO S. 285 f.
179 z. B. MEW aaO 31, 63, 69, 130.
180 MEW aaO 31, 156.
181 MEW aaO 31, 71.
182 MEW aaO 33, 495.
183 Potoff aaO S. 35.
184 Enzensberger aaO S. 715 f.
185 Potoff aaO S. 33.
186 MEW aaO 19, 11 ff.
187 MEW aaO 34, 125.
188 Bernstein nach Weber aaO S. 95.
189 Bernstein nach Weber aaO S. 95 f.
190 Auer nach Weber aaO S. 104.
191 MEW aaO 38, 183.
192 Enzensberger aaO S. 664 f.
193 Enzensberger aaO S. 586.
194 MEW aaO 39, 458.
195 MEW aaO 39, 452.
196 MEW aaO 7, 623 f.
197 MEW aaO 31, 13.
198 MEW aaO 31, 428.
199 MEW aaO 31, 15 f.
200 MEW aaO 31, 342 f.
201 Enzensberger aaO S. 490.
202 MEW aaO 4, 479.
203 Siehe dazu Engels MEW aaO 18, 178.
204 J. Weber nach Enzensberger aaO S. 382 f.

205 J. Schneider nach Enzensberger aaO S. 394.
206 Braunthal aaO S. 195.
207 Friedenthal aaO S. 478.
208 „Protokoll des Parteitags zu Halle 1890“ Berlin 1890 S. 41.
209 Nach H. Raschning „Gespräche mit Hitler“ Zürich 1950 S. 124.
210 Siehe dazu Löw „Warum . . .? aaO VIII 3 und 4.
211 MEW aaO 2, 20.
212 MEW aaO aaO 18, 291.
213 MEW aaO 22, 208.
214 MEW aaO 4, 472 f.
215 MEW aaO 19, 189.
216 Friedenthal aaO S. 311.
217 Th. Schieder nach Höffner aaO S. 17.
218 S. Haffner „Engels“ in: „Preußische Profile“ Königstein 1980 s. 167.
219 Lenin aaO 21, 37.
220 MEW aaO 31, 297; ebenso 31, 323.
221 MEW aaO 21, 211.
222 MEW aaO 30, 418.
223 Z. B. MEW aaO 27, 93.
224 Z. B. MEW aaO 16, 235; 16, 361; 19, 96 ff.
225 MEW aaO 19, 335.
226 Siehe MEW aaO 27, 83 f.
227 MEW aaO 27, 169.
228 MEW aaO 27, 170.
229 Brandt aaO S. 24.
230 MEW aaO 27, 339.
231 MEW aaO 27, 512.

VII.

1 Die Ausführungen in diesem Kapitel sind die überarbeitete und ergänzte Fassung meines Vortrags „Karl Marx und die Diktatur in der DDR“, abgedruckt in Löw u. a. aaO.
2 Löw „Rechtsstaat . . .“ aaO S. 120 ff.
3 Akademie aaO S. 107.
4 FAZ 15. 11. 80 S. 3.
5 Lenin aaO 28, 247; siehe auch K. Sorgenicht u. a. „Verfassung der DDR – Dokumente/Kommentar“ Bd. 1 Berlin (Ost) 1969 S. 218.

[6] Akademie aaO S. 249.
[7] Akademie aaO S. 107.
[8] Kautsky aaO S. 5 f.
[9] J. Gurland aaO S. 105.
[10] J. Gurland aaO S. 108.
[11] Leonhard aaO S. 158. Nicht so deutlich im Stichwort „Diktatur des Proletariats“ in C. D. Kernig (Hrsg.) „Sowjetsystem und demokratische Gesellschaft“ o. O. 1966.
[12] Kolakowski aaO S. 479.
[13] Weber aaO S. 21.
[14] Maihofer aaO S. 178.
[15] Wagenlehner aaO S. 21.
[16] Nach Weber aaO S. 258.
[17] MEW aaO 4, 481.
[18] MEW aaO 7, 33.
[19] MEW aaO 7, 553.
[20] MEW 7, 89.
[21] MEW 28, 508.
[22] Leonhard aaO S. 159.
[23] MEW aaO 17, 433.
[24] MEW aaO 18, 266; nur zwei Seiten später nochmals.
[25] Nach Enzensberger aaO S. 413.
[26] MEW aaO 18, 529.
[27] MEW aaO 19, 28.
[28] MEW aaO 22, 199, abgedruckt auch 17, 625. Die Redaktion des Vorwärts hat aus „sozialdemokratische“ „deutsche“ gemacht!
[29] MEW aaO 17, 339.
[30] MEW aaO 22, 235.
[31] Kautsky aaO S. 25.
[32] MEW aaO 19, 13 f.
[33] MEW aaO 19, 29.
[34] Siehe dazu IX.
[35] MEW aaO 22, 235.
[36] MEW aaO 22, 515.
[37] MEW aaO 22, 525.
[38] W. Brandt „Friedrich Engels und die soziale Demokratie“ Bonn 1970, S. 16.
[39] Siehe z. B. MEW aaO 37, 326: „Daß das Proletariat seine politische Herrschaft, die einzige Tür in die neue Gesellschaft,

nicht erobern kann ohne gewaltsame Revolution, darüber sind wir einig." (18. Dez. 1889).

[40] MEW aaO 35, 160.
[41] MEW aaO 17, 342.
[42] Leonhard aaO S. 161.
[43] MEW aaO 19, 28.
[44] MEW aaO 17, 343.
[45] MEW aaO 2, 38.
[46] MEW aaO 2, 613.
[47] MEW aaO 2, 624.
[48] Kautsky aaO S. 27.
[49] MEW aaO 7, 33.
[50] MEW aaO 5, 157.
[51] MEW aaO 5, 402.
[52] Siehe G. Brunner „Karl Marx und die Grundrechte" in Löw u. a. aaO.
[53] MEW aaO 17, 339.
[54] MEW aaO 5, 194.
[55] MEW aaO 8, 87; ebenso 30, 239.
[56] MEW aaO 30, 382.
[57] MEW aaO 5, 401.
[58] MEW aaO 5, 196.
[59] MEW aaO 7, 498.
[60] MEW aaO 7, 252; sinngemäß ebenso MEW aaO 28, 580; in diesem Sinne auch noch der alte Engels (MEW aaO 22, 235).
[61] MEW aaO 34, 129.
[62] Z. B. MEW aaO 1, 370; 7, 553.
[63] MEW aaO 7, 254; 7, 248.
[64] MEW aaO 8, 71.
[65] MEW aaO 7, 249.
[66] MEW aaO 18, 308.
[67] MEW aaO 28, 580.
[68] MEW aaO 4, 317.
[69] MEW aaO 7, 249 f.
[70] MEW aaO 4, 391.
[71] MEW aaO 4, 392.
[72] MEW aaO 4, 393 ff.
[73] MEW aaO 5, 137.
[74] MEW aaO 5, 136.
[75] MEW aaO 8, 45.
[76] MEW aaO 8, 46.

[77] MEW aaO 8, 79.
[78] MEW aaO 19, 27.
[79] MEW aaO 19, 28.
[80] MEW aaO 16, 74; siehe auch 16, 327; 16, 329; 18, 494 ff.
[81] E. Weis „Der Durchbruch des Bürgertums" Bd. IV Propyläen Geschichte Europas, Frankfurt 1978, S. 405.
[82] MEW aaO 7, 247.
[83] Siehe Löw „Ausbeutung . . ." aaO VI 4.
[84] MEW aaO 18, 331. Siehe auch MEW aaO 14, 395; 16, 398; 27, 330.
[85] Nach K. Schreiner (Hrsg.) „Lesebuch der Politik – Schriften und Gedanken" Stuttgart 1972, S. 32.
[86] MEW aaO 39, 90.
[87] MEW aaO 7, 43.
[88] MEW aaO 28, 580.
[89] Dazu ausführlicher Löw „Warum . . .?" aaO S. 109 ff.
[90] Nach W. Weber „Angriff und Abwehr" Aschaffenburg 1978 S. 165.
[91] D. Berg-Schlosser „Demokratische Persönlichkeit" in M. Greiffenhagen u. a. „Handwörterbuch zur politischen Kultur der Bundesrepublik Deutschland" Opladen 1981 S. 123.
[92] Nach Berg-Schlosser, s. o. Anm. 87.
[93] Nach Enzensberger aaO S. 624.
[94] Nach Enzensberger aaO S. 161.
[95] Nach Enzensberger aaO S. 59.
[96] Siehe z. B. Enzensberger aaO S. 67.
[97] Siehe z. B. Enzensberger aaO S. 108.
[98] Siehe z. B. Enzensberger aaO S. 166.
[99] Siehe z. B. Enzensberger aaO S. 185.
[100] Siehe z. B. Enzensberger aaO S. 296.
[101] Nach Enzensberger aaO S. 366 u. 425.
[102] MEW aaO 27, 183.
[103] MEW aaO 27, 501.
[104] MEW aaO 27, 565.
[105] MEW aaO 28, 490.
[106] MEW aaO 29, 376.
[107] MEW aaO 27, 560.
[108] MEW aaO 29, 401.
[109] Nach Weber aaO S. 218.

(Seite 318–327)

VIII.

[1] Lenin aaO 5, 480 f.
[2] MEW aaO 1, XXIV.
[3] Leonhard aaO S. 34.
[4] Leonhard aaO S. 47.
[5] Kautsky aaO S. 35.
[6] Weber aaO S. 75.
[7] Rüstow aaO S. 322.
[8] Stadler aaO S. 61.
[9] Fetscher „Der Marxismus“ aaO S. 617.
[10] Leonhard aaO S. 34.
[11] MEW aaO 4, 474.
[12] MEW aaO 27, 324.
[13] MEW aaO 14, 449.
[14] Kongreß der Akademie der Wissenschaften „Das Problem der Freiheit im Lichte des wissenschaftlichen Sozialismus“ Berlin 1956 S. 403.
[15] Kautsky aaO S. 18.
[16] MEW aaO 29, 605.
[17] MEW aaO 18, 149.
[18] MEW aaO 37, 326.
[19] MEW aaO 39, 39.
[20] MEW aaO 7, 248.
[21] MEW aaO 7, 565 f.
[22] MEW aaO 7, 568.
[23] MEW aaO 33, 329; sinngleich 16, 418; 18, 34.
[24] MEW aaO 16, 428.
[25] MEW aaO 33, 328.
[26] MEW aaO 8, 412 und die folgenden Ausführungen; MEW aaO 16, 330.
[27] H. Marx „ Eine Sammlung von Erinnerungen und Aufsätzen“ Zürich 1934, S.33.
[28] MEW aaO 33, 332.
[29] MEW aaO 18, 171.
[30] MEW aaO 18, 346.
[31] MEW aaO 34, 308 ff.
[32] MEW aaO 37, 328.
[33] MEW aaO 37, 440.
[34] MEW aaO 38, 35 f.
[35] MEW aaO 38, 94.

[36] MEW aaO 38, 517.
[37] MEW aaO 2, 38.
[38] MEW aaO 27, 59.
[39] MEW aaO 27, 114.
[40] MEW aaO 8, 412.
[41] MEW aaO 14, 439.
[42] MEW aaO 16, 362.
[43] Kautsky aaO 5, 36.
[44] Siehe insbes. VII 7 a. E. und die Verweisungen.
[45] Nach Enzensberger aaO S. 63.
[46] Nach Enzensberger aaO S. 149 f.
[47] Nach Enzensberger aaO S. 202, sinngleich S. 196.
[48] MEW aaO 31, 54.
[49] MEW aaO 31, 558.
[50] MEW aaO 29, 630.
[51] MEW aaO 29, 516.
[52] MEW aaO 29, 428.
[53] MEW aaO 29, 429.
[54] MEW aaO 29, 512.
[55] MEW aaO 31, 190.
[56] MEW aaO 16, 79.
[57] MEW aaO 16, 88 f.
[58] MEW aaO 33, 328.
[59] MEW aaO 33, 330 f.
[60] MEW aaO 17, 478.
[61] MEW aaO 16, 85.
[62] MEW aaO 29, 436.
[63] MEW aaO 27, 190.
[64] MEW aaO 27, 281 f.
[65] VII 3.
[66] MEW aaO 38, 90 ff.
[67] MEW aaO 33, 332.
[68] MEW aaO 33, 328.
[69] MEW aaO 18, 171.
[70] MEW aaO 18, 346.
[71] MEW aaO 34, 308; ebenso Engels 21, 215.
[72] Leonhard aaO S. 35.
[73] MEW aaO 34, 441.
[74] MEW aaO 21, 220.

IX.

1 Schon 1956 verkündete das Institut für Marxismus-Leninismus beim ZK der SED: „An der Spitze dieses mächtigen Weltlagers des Sozialismus steht die Sowjetunion, deren Völker bereits den Übergang zu den lichten Höhen des Kommunismus vollziehen; MEW aaO 1, XVIII.

2 Maihofer, aaO S. 176.

3 Bakunin nach Enzensberger, aaO S. 401.

4 MEW aaO 20, XI.

5 Rüstow, aaO S. 292 f.

6 Kolakowski, aaO S. 407.

7 M. Villey „Rechtsphilosophie" in Kernig aaO Bd. 5 Sp. 540.

8 M. Villey „Rechtsphilosophie" in Kernig aaO Bd. 5 Sp. 541.

9 MEW aaO 17, 624.

10 MEW aaO 17, 625; 22, 198 f.

11 z. B. MEW aao 17, 336.

12 MEW aaO 1, 401 f.

13 MEW aaO 3, 62.

14 MEW aaO 21, 165.

15 MEW aaO 17, 538 f.

16 Siehe Löw „Warum ..." aaO S. 59 ff. insbes. S. 70 f., 85 ff.

17 MEW aaO 19, 28.

18 Maihofer aaO S. 173.

19 MEW Erg. Bd. 1 S. 537.

20 MEW aaO 17, 348 f. (Daß dieser Bericht nicht die Wirklichkeit spiegelt, steht auf einem anderen Blatt.)

21 MEW aaO 17, 541.

22 MEW aaO 2, 522 f.

23 MEW aaO 18, 99.

24 MEW aaO 2, 541; s. auch die folgenden Seiten.

25 MEW aaO 19, 223; wortgleich 20, 261.

26 MEW aaO 19, 223 f.; wortgleich 20, 241 f.

27 M. Villey „Rechtsphilosophie" in Kernig aaO Bd. 5 Sp. 542.

28 MEW aaO 3, 61 f.

29 MEW aaO 3, 62.

30 Siehe IV 3.

31 MEW aaO 3, 311.

32 MEW aaO 4, 477.

33 MEW aaO 3, 347.

34 MEW aaO 6, 244 f.
35 MEW aaO 19, 21.
36 MEW aaO 4, 130.
37 MEW aaO 18, 59 ff.
38 MEW aaO 1, 80.
39 MEW aaO 1, 362 ff.
40 MEW aaO 4, 395.
41 MEW aaO 19, 21.
42 MEW aaO 20, 95 f.
43 MEW aaO 20, 98 f.
44 Siehe VIII 4.
45 MEW aaO 3, 6.
46 MEW aaO 3, 164.
47 MEW aaO 4, 373.
48 MEW aaO 4, 377.
49 MEW aaO 20, 177.
50 MEW aaO 23, 791; sinngleich auch 16, 561; 17, 342 f.; „kein Privateigentum an Erde und Produktionsmitteln" – 18, 533.
51 MEW aaO 4, 475 ff.
52 MEW aaO Erg. Bd. 1, 540.
53 MEW aaO 7, 248; sinngleich MEW aaO 2, 37; 4, 370, 375, 377; 21, 215.
54 Lenin aaO 25, 393 ff.; siehe auch Löw „Ausbeutung . . ." aaO S. 222 ff.
55 J. Stalin „Fragen des Leninismus" Moskau 1947 S. 723 f.
56 Institut aaO S. 275 f.
57 Institut aaO S. 276.
58 Institut aaO S. 108 f.
59 Institut aaO S. 562.
60 Institut aaO S. 562.
61 MEW aaO 21, 301; sinngleich 18, 243.
62 MEW aaO 21, 302.
63 MEW aaO 19, 224, 20, 262.
64 MEW aaO 22, 199.
65 Siehe Löw „Rechtsstaat . . ." aaO 128 f.
66 MEW aaO 7, 234.
67 MEW aaO 4, 193.
68 MEW aaO 7, 43.
69 MEW aaO 17, 433.
70 MEW aaO 17, 421.
71 MEW aaO 1, 14.

72 Fast alles, was sie geschrieben haben, kann dafür als Beweis angeboten werden, hier nur eine minimale Auswahl MEW aaO 6, IX, 21 f., 30; 10, 43, 118, 383; 11, 44; 13, 390; 16, 363, 401.

73 Friedenthal aaO S. 416.

74 M. Villey „Rechtsphilosophie" in Kernig aaO Bd. 5 Sp. 542.

75 MEW aaO 6, 338.

76 MEW aaO 5, 395; s. ähnliche Zitate in Löw „Warum ..." aaO S. 183 ff.

77 MEW aaO 20, 91 f.

78 Siehe Löw „Warum ...?" S. 16 ff.

79 MEW aaO 2, 521 ff.

80 MEW aaO 4, 370, ebenso 375.

81 MEW aaO 22, 209.

82 MEW aaO 18, 243.

83 MEW aaO 4, 371.

84 MEW aaO 4, 376.

85 MEW aaO 4, 373.

86 MEW aaO 35, 151.

87 MEW aaO 4, 482.

88 MEW aaO 18, 307.

89 MEW aaO 18, 307 f.

X.

1 K. Löw „Warum ..." aaO passim, insbes. XI.

2 MEW aaO 19, 336.

3 MEW aaO 4, 361 ff.

4 MEW aaO 27, 107.

5 Enzensberger aaO S. 71 f.

6 MEW aaO 3, 42.

7 MEW aaO 21, 212.

8 MEW aaO 20, 23.

9 MEW aaO 6, 81.

10 Künzli aaO S. 16.

11 Für alle diese Verfahrensweisen bieten meine drei Marxismusbände genügend Belege.

12 SZ 31. 12. 1980.

13 MEW aaO 6, 565.

14 Nach „Hochschulmagazin" 1/82 S. 29.

(Seite 383–386)

[15] Münchner Hochschulzeitung – Marxistische Gruppe 4. 11. 81 S. 2.

[16] K. D. Bracher „Die Auflösung der Weimarer Republik" Düsseldorf 1978 S. 134.

[17] Nach FAZ 6. 2. 82.

[18] MEW aaO 16, 216.

[19] MEW aaO 23, 193 f.

[20] MEW aaO Erg. Bd. 1, 536.

[21] MEW aaO 2, 20.

[22] So unlängst wieder Berlinguer (Münchner Merkur 14. 1. 82) und Lew Kopelew (RM 16. 10. 81). Letzterer: „Stalinismus und Leninismus haben mit Marxismus wenig zu tun."

[23] W. Biermann „Nachlaß" (1), Köln 1977 S. 454.

Literaturverzeichnis

(Hier sind nur jene Titel aufgenommen, die für das Thema von größerer Bedeutung sind oder die häufiger zitiert wurden.)

Akademie für Staats- und Rechtswissenschaft der DDR (Hrsg.)	Staatsrecht der DDR – Lehrbuch, Berlin (Ost) 1978
Althusser, Louis u. a.	Das Kapital lesen, Bd. 1 Hamburg 1972
Archiv für Sozialgeschichte	Bd. IV 1964, Hannover 1964
Aron, Raymond	Demokratie und Totalitarismus, Hamburg 1970
Bakunin, Michail	Gesammelte Werke, Berlin 1924
Becker, Werner	Kritik der Marxschen Wertlehre – Die methodische Irrationalität der ökonomischen Basistheorien des „Kapitals", Hamburg 1972
Bienert, Walther	Über Marx hinaus zu wahrem Menschsein – Eine kritische Analyse der Marxschen Anthropologie in ihrer Begegnung mit dem christlichen Menschenbild, Frankfurt 1979
Blum, Wilhelm	Der Marxismus, Lehre und politische Wirklichkeit, Bayerische Landeszentrale für politische Bildungsarbeit, München 1979
Blum, Wilhelm	Vermittlung und Politik – Untersuchungen zur politischen Philosophie und politischen Theologie in Antike und Gegenwart, Waldsassen 1982

Bochenski, Joseph	Marxismus–Leninismus. Wissenschaft oder Glaube, München 1973
Bottomore, Tom B. (Ed.)	Modern Interpretations of Marx, Oxford 1981
Brandt, Willy	Friedrich Engels und die soziale Demokratie, Bonn 1970
Braunthal, Julius	Geschichte der Internationale Bd. 1, Bonn 1978
Cohen, G. A.	Karl Marx's Theory of History – a Defence, New Jersey 1980
Dahrendorf, Ralf	Die Idee des Gerechten im Denken von Karl Marx, Hannover 1971
Djilas, Milovan	Die neue Klasse, München 1963
Enzensberger, Hans Magnus	Gespräche mit Marx und Engels, Frankfurt/M. 1973
Ertl, Georg	Der gute Mensch von Trier – Karl Marx wie ihn niemand kennt, Köln 1973
Fetscher, Iring	Der Marxismus. Philosophie, Ideologie, Soziologie, Ökonomie, Politik, München 1973
Fiedler, Frank (Hrsg.)	Dialektischer und historischer Materialismus, Berlin (Ost) 1974
Friedenthal, Richard	Karl Marx. Sein Leben und seine Zeit, München 1981
Gurland, Arkadij	Marxismus und Diktatur, Frankfurt 1981
Haffner, Sebastian Venohr, Wolfgang	Preußische Profile, Königstein 1980

Hanak, Tibor	Die Entwicklung der marxistischen Philosophie, Darmstadt 1976
Himmelmann, Gerhard	Arbeitswert, Mehrwert und Verteilung. Zur Problematik von Theorie und Praxis in der Marxschen Lehre, Opladen 1974
Höffner, Joseph Kardinal	Bischof Kettelers Erbe verpflichtet, Bonn 1977
Hornung, Klaus	Der faszinierende Irrtum, Freiburg 1982
Hornung, Klaus	Das Konzept der „wahren Demokratie" bei Karl Marx und seine Verwirklichung als monopolistische Parteidiktatur im realen Sozialismus, in: Bossle, Lothar, Selbstgefährdung der offenen Gesellschaft, Würzburg 1982
Iljn, J.	Die Philosophie Hegels als kontemplative Gotteslehre, Bern 1946
Institut für Theorie des Staates und des Rechts der Akademie der Wissenschaften der DDR (Hrsg.)	Marxistisch-leninistische Staats- und Rechtstheorie – Lehrbuch, Berlin (Ost) 1980
Kägi, Paul	Genesis des historischen Materialismus – Karl Marx und die Dynamik der Gesellschaft, Wien 1965
Kautsky, Karl	Über Sozialdemokratie und Kommunismus, München 1948
Kernig, Claus u. a.	Sowjetsystem und demokratische Gesellschaft – Eine vergleichende Enzyklopädie, Freiburg 1966 ff.

Klimaszewsky, Günter (Hrsg.)	Weltanschauliche und methodologische Probleme der materialistischen Dialektik, Berlin 1976
Kolakowski, Leszek	Die Hauptströmungen des Marxismus, München 1978 – Drei Bände. Hier – soweit nichts anderes vermerkt – jeweils Bd. 1
Korsch, Karl	Karl Marx, Wien 1967
Künzli, Arnold	Über Marx hinaus – Beiträge zur Ideologiekritik, Freiburg 1969
Lamm, Hans u. a.	Karl Marx 1918–1968, Mainz 1968
Lehnert, Detlef	Reform und Revolution in den Strategiediskussionen der klassischen Sozialdemokratie, Bonn 1977
Leonhard, Wolfgang	Sowjetideologie heute II, Frankfurt/M. 1965
Löw, Konrad	Rechtsstaat, Demokratie, Sozialstaat. Verständnis und Wirklichkeit in beiden Teilen Deutschlands, Köln 1980
Löw, Konrad	Ausbeutung des Menschen durch den Menschen, Köln 1977
Löw, Konrad	Warum fasziniert der Kommunismus? – Eine systematische Untersuchung, Köln 1981
Löw, Konrad	Grundwerte der Demokratie, München 1970
Löw, Konrad u. a.	Karl Marx und das politische System der DDR, Heidelberg 1982

Lozovsky, A. (Pseudonym für Dridzo, Solomon Abramovic)	Marx and the Trade Unions, Westport Conn. 1976 (first ed. 1935)
McCarthy, Timothy	Marx and the proletariat. A study in social theory, Westport 1978
McLellan, David	Marx – Leben und Werk, München 1974
McMurtry, John	The Structure of Marx's World-View, Princeton 1978
Man, Hendrik de	Zur Psychologie des Sozialismus, Bonn 1976
Mandel, Ernst	Einführung in den Marxismus, Frankfurt 1979
Marx, Karl	Eine Sammlung von Erinnerungen und Aufsätzen, Zürich 1934
Marx, Karl Engels, Friedrich	Pressefreiheit und Zensur, Frankfurt 1969
Marx, Karl Engels, Friedrich	Über Anarchismus, Berlin (Ost) 1977
Marx, Karl Engels, Friedrich	Historisch-kritische Gesamtausgabe (= Marx/Engels Gesamtausgabe, MEGA). Im Auftrag des Marx-Engels-Instituts hrsg. von D. B. Rjazanow und V. V. Adorackij (versch. Orte, u. a. Berlin und Moskau) 1927 ff. (nach Erscheinen der 1. und 3. Abt. 1936 eingestellt).
Marx, Karl Engels, Friedrich	Gesamtausgabe (MEGA). Hrsg. von den Instituten für Marxismus-Leninismus bei den Zentralkomitees der KPdSU und SED, Redaktionsleitung G. Heyden u. A. Jegorow, Berlin (Ost) 1975 ff.

Marx, Karl Engels, Friedrich	Werke (MEW). Hrsg. vom Institut für Marxismus-Leninismus beim ZK der SED, Berlin (Ost) 1956 ff. (auf der Basis der 2. russischen Ausgabe, 1955 ff.)
Marx, Karl	Die Frühschriften, Hrsg. S. Landshut, Stuttgart 1953
Marxistische Blätter (Hrsg.)	Marxismus in unserer Zeit. Beiträge zum zeitgenössischen Marxismus – Veröffentlichungen zum 150. Geburtstag von Karl Marx, Frankfurt 1968
MEW	Marx/Engels-Werke siehe Marx, Karl/ Engels, Friedrich
Motschmann, Klaus	Sozialismus und Nation – Wie deutsch ist die ‚DDR‘, München 1979
Nell-Breuning, Oswald von	Auseinandersetzung mit Karl Marx, München 1969
Nell-Breuning, Oswald von	Wir alle stehen auf den Schuldern von Marx, Stimmen der Zeit, September 1976
Nova, Fritz	Lassalle als sozialistischer Theoretiker, Köln 1980
Obermann, Karl u. a.	Biographisches Lexikon zur deutschen Geschichte 1967
Padover, Paul. K.	Karl Marx. An intimate biography, New York 1978
Pentzlin, Kurt	Marxisten überwinden Marx, Düsseldorf 1969
Peters, Hans-Rudolf	Politische Ökonomie des Marxismus. Anspruch und Wirklichkeit, Göttingen 1980
Phillips, Paul	Marx and Engels on Law and Laws, Oxford 1980

Plechanow, G. W.	Beiträge zur Geschichte des Materialismus. Holbach, Helvetius, Marx, Berlin (Ost) 1946
Popitz, Heinrich	Der entfremdete Mensch, Darmstadt 1980
Popper, Karl R.	Die offene Gesellschaft und ihre Feinde, München 1975
Potthoff, Heinrich	Die Sozialdemokratie von den Anfängen bis 1945, Bonn 1978
Preyer, Gerhard	Untersuchungen zu Voraussetzungen und zur Systematik der Kritik der politischen Ökonomie von Karl Marx, Frankfurt 1977
Raddatz, Fritz J.	Karl Marx, Hamburg 1975
Rauschning, Hans	Gespräche mit Hitler, Zürich 1950
Rosdolsky, Roman	Zur Entstehungsgeschichte des Marx'schen ‚Kapital', Wien 1968
Rosental, Mark	Die dialektische Methode der politischen Ökonomie von Karl Marx, Berlin (Ost) 1969
Rubel, Maximilien u. a.	Marx without Myth, A chronological Study of his Life and Work, Oxford 1975
Rudnick, Adalbert	Die kommunistische Idee, Geschichte und Darstellung, München 1972
Rüstow, Alexander	Ortsbestimmung der Gegenwart. Eine universalgeschichtliche Kulturkritik, Bd. 3: Herrschaft oder Freiheit? Erlenbach-Zürich 1957
Schambeck, Herbert	Kirche und Staat – Fritz Eckert zum 65. Geburtstag, Berlin 1976

Schefold, Christoph	Die Rechtsphilosophie des jungen Marx von 1842. Mit einer Interpretation der „Pariser Schriften“ von 1844, München 1970
Schurz, Carl	Lebenserinnerungen, Berlin 1906
Seigel, Jerrold	Marx's Fate. The shape of a life, Princeton 1978
Sieber, Rolf u. a.	Die Herausbildung der marxistischen politischen Ökonomie, Berlin (Ost) 1969
Somerville, John Parsons, Howard L. (Hrsg.)	Dialogues on the Philosophy of Marxism, London 1974
Sorgenicht, Klaus u. a.	Verfassung der DDR. Dokumente/Kommentar, Bd. 1, Berlin (Ost) 1969
Staatsverlag der DDR	Staatsrecht der DDR. Lehrbuch, Berlin (Ost) 1978
Stadler, Peter	Karl Marx. Ideologie und Politik, Göttingen 1971
Stagl, Josef	Die Morphologie segmentärer Gesellschaften, Meisenheim/Glan 1974
Stalin, Josef	Fragen des Leninismus, Moskau 1947
Theimer, Walter	Der Marxismus, München 1976
Theumer, E.	Zur Weiterentwicklung der materialistischen Dialektik durch W. I. Lenin, in: Staat und Recht, Berlin (Ost) 1980
Topitsch, Ernst	Marx zwischen Mythos und Wissenschaft in: Szczesny, G. (Hrsg.), Marxismus ernstgenommen, Hamburg 1975

Tucker, David F. B.	Marxism and Individualism, Oxford 1980
Wagenlehner, Günther	Staat oder Kommunismus. Lenins Entscheidung gegen die kommunistische Gesellschaft, Stuttgart 1978
Wagner, Joachim	Missionare der Gewalt. Lebensläufe deutscher Terroristen im Kaiserreich, Heidelberg 1980
Weber, Hermann	Das Prinzip Links. Eine Dokumentation. Beiträge zur Diskussion des demokratischen Sozialismus in Deutschland 1847–1973, o. O. 1973
Weigel, Siegfried	Der negative Marx – Marx im Urteil seiner Zeitgenossen, Stuttgart 1976
Wetter, Gustav A.	Sowjetideologie heute I, Frankfurt 1962
Wetter, Gustav A.	Der dialektische Materialismus, Wien 1952
Wolf, Ernst	Gibt es eine marxistische Wissenschaft? Kritik der Grundlagen des dialektischen Materialismus, München 1980
Wolfson, Murray	Marx: Economist, Philosopher, Jew – Steps in the Development of a Doctrine, London 1982
Zentralkomitee der SED (Hrsg.)	„Das Kapital" von Marx und seine internationale Wirkung, Berlin (Ost) 1968
Zentralkomitee der SED (Hrsg.)	Der Kampf von Karl Marx und Friedrich Engels um die revolutionäre Partei der deutschen Arbeiterklasse, Berlin (Ost) 1974

Namenregister

Sachregister

Der Autor

Professor Dr. jur. Konrad Löw
geboren 1931 in München

Lehraufträge für Zivilrecht und Staatsrecht, später politische Wissenschaften. 1972 Professor für Politische Wissenschaften an der Universität Erlangen-Nürnberg. Seit 1975 an der Universität Bayreuth.
Mitglied des Lehrkörpers der Hochschule für Politik, München.